ALTHEIM / GESCHICHTE DER HUNNEN

DRITTER BAND

FRANZ ALTHEIM

GESCHICHTE DER HUNNEN

DRITTER BAND

KAMPF DER RELIGIONEN

IN ZUSAMMENARBEIT MIT RUTH STIEHL

MIT BEITRÄGEN VON

KONSTANTIN G. CERETELI, NORBERT REITER,
ERIKA TRAUTMANN-NEHRING UND WALTER WÜST

WALTER DE GRUYTER & CO.

VORMALS G. J. GÖSCHEN'SCHE VERLAGSHANDLUNG — J. GUTTENTAG, VERLAGSBUCHHANDLUNG
GEORG REIMER — KARL J. TRÜBNER — VEIT & COMP.

BERLIN 1961

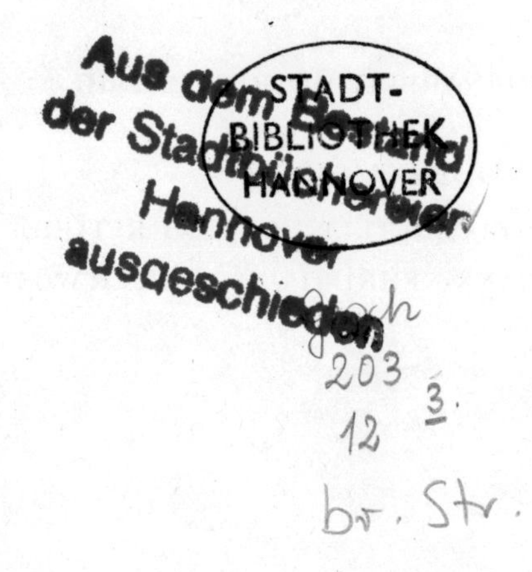

Archiv-Nr. 41 50 61

Herstellung: Walter de Gruyter & Co., Berlin W 30

A. I. CHARSEKIN,

DEM HELFENDEN FREUND,

ZUGEEIGNET

VORWORT

Im vorliegenden Band wird die Stellung der Hephthaliten im Kampf der Religionen behandelt. Damit ist eine Frage aufgenommen, die sachlich zum Bereich des vorigen gehört. Doch ihre Bedeutung ließ eine gesonderte Behandlung als geraten erscheinen. Die Verbindung der umfassenden Mission vor allem des 6. Jahrhunderts mit der Geschichte der Hunnen war bisher nicht erkannt worden. Den entscheidenden Schritt vorwärts hat die Sammlung der syrischen, arabischen und äthiopischen Nachrichten ermöglicht, die im zweiten Band vorgelegt wurde. Wie diese auch erst erlaubt hat, die Rolle der Hephthaliten im Rahmen der hunnischen Gesamtgeschichte zu erkennen.

Die Zielsetzung des vorliegenden Bandes schließt die Ankündigung ein, daß der anfänglich auf zwei, dann auf drei Bände festgesetzte Umfang des Werkes überschritten wird. Es sollen ein vierter Band, der die europäischen Hunnen, und ein fünfter, der deren Nachfahren behandelt, folgen. Den Anlaß zu dieser Erweiterung bildete ein dreifacher Umstand.

Zunächst verlangte die Einbeziehung der geschichtlichen Gesamtlage seit dem 4. Jahrhundert n. Chr. nach ausführlicher Erörterung. Besonders die Verhältnisse des spätantiken Ostens — die sasanidische und die arabische Politik — mußten geklärt und im großen Zusammenhang dargestellt werden. Die Verfasser hielten sich für berechtigt, darauf einzugehen. Wir leben in einem Zeitalter des Überganges, (vielleicht des größten, den die Geschichte kennt), und dies muß den Blick auf jene Jahrhunderte lenken, da das Altertum zur Rüste ging und das Mittelalter sich ankündigte. Es kommen hinzu: der Kampf zweier Weltmächte, die nahezu alles bestimmen; die Einbeziehung der außenstehenden und teilweise „unterentwickelten" Völker in diesen Kampf; deren wechselnde Stellungnahme und im Zusammenhang damit das geistige Ringen um die Seelen des einzelnen wie der Völker insgesamt. Anders gewendet: Ost- und Westrom hier, das sasanidische Iran dort; ihnen zur Seite Germanen, die ersten Slawen, vor allem aber die Nomaden: Hephthaliten und Hunnen, Araber und Dromedarnomaden; das Hin und Her der Bündnisse, der politischen Kombinationen; der

Wechsel zwischen Abwehr und militärischer Verwendung; schließlich der Kampf der Geister und Religionen — sie alle mußten mit der erforderlichen Einläßlichkeit behandelt werden.

Weiter bedeutete die Erschließung bisher nicht herangezogener Quellen, daß diese übersetzt und erläutert wurden. Die Verfasser haben alles getan, den Kreis des Verfügbaren zu erweitern. Sie haben sich bemüht, über die von ihnen behandelten Sprachen hinaus sich das Äthiopische und Neuostaramäische anzueignen; bei dieser Gelegenheit danken sie Maria Höfner und Johannes Friedrich, die sie darin unterstützten. Reisen haben die Verfasser wiederholt in die Länder des Balkans, des Nahen Ostens und zuletzt in den Sudan und nach Abessinien geführt. Überall konnten neue Quellen herangezogen werden.

Schließlich darf festgestellt werden, daß das vorliegende Werk Widerhall gefunden hat. Aus aller Welt sind uns Arbeiten, Hinweise und wiederum unerschlossenes Quellenmaterial zugekommen. Das meiste dessen, was wir auf solche Weise erhielten, erwies sich als außerordentlich wertvoll. Dieser nicht abbrechende Strom hat dazu beigetragen, daß unser Werk auf breiter Grundlage aufgebaut wurde. Vor allem italienische, japanische, sowjetische und ungarische Gelehrte haben uns unablässig unterstützt.

Mit Dankbarkeit sei verzeichnet, daß der Verlag sich zur Erweiterung des ursprünglichen Umfanges bereit gefunden hat. In der Zusammenarbeit mit den Verfassern hat er eine nicht gewöhnliche Großzügigkeit gezeigt.

Weiterer Dank wird unserem verehrten Kollegen Konstantin G. Cereteli in Tbilisi für die Erlaubnis geschuldet, seine heute grundlegende neuostaramäische Lautlehre zu übersetzen. Dr. Norbert Reiter (Slawisches Seminar der Freien Universität), einem Schüler M. Vasmer's, fühlen wir uns für seine Sorgfalt und Mühewaltung besonders verbunden.

K. Czeglédy's Aufsatz „IX századi népmozgalmak a steppén", in: A Magyar Nyelvtudományi Társaság kiadványai 84 (1954), wurde uns durch die Güte I. Trencsényi-Waldapfels bekannt, wenn auch erst nach Abschluß des Manuskriptes. Auf den reichen Inhalt sei ausdrücklich verwiesen.

Die Widmung gilt einem Mann, der uns den Zugang zur wissenschaftlichen Literatur und zu den Forschern der UdSSR mit einer Hilfsbereitschaft ohnegleichen verschafft hat.

INHALTSVERZEICHNIS

Seite

EINLEITUNG

1

Asien als Gegenstand geschichtlicher Betrachtung ist so alt wie Geschichtsschreibung überhaupt. Ihr Beginn fällt mit der Bewußtwerdung des europäischen Geistes zusammen. Die Erkenntnis, daß Europa gegenüber dem größeren Erdteil an seiner Ostflanke ein Besonderes bilde, sprang in dem Augenblick auf, da man sich in seiner Eigenständigkeit von dem übermächtigen Nachbarn bedroht fühlte.

Herodot muß an dieser Stelle zuerst genannt werden. Für den Vater der Geschichte bildete die Auseinandersetzung zwischen Asien und Europa, in Hellas sich verkörpernd, den Vorwurf seines Geschichtswerkes. Es beginnt mit der Erwähnung eines gegnerischen Standpunktes, und diesem antwortet die umfängliche, durch ungezählte Erweiterungen, Einlagen und Abschweifungen durchgehaltene Darlegung, mit der Herodot die eigene Auffassung begründet. Mittels derer er nachweist, wie es zu dem großen Waffengang der Perserkriege kam und wie dieser verlief.

Empedokles ist der zweite, dessen Name fallen muß. Seitdem man die arabische, auf Porphyrios zurückgehende Wiedergabe seines verlorenen „Sühnegedichtes" besitzt[1], weiß man, daß der Akragantiner sich gegen den gleichen Standpunkt wandte, der von Herodot bekämpft worden war. Xanthos der Lyder hatte, im Verfolg iranischer Anschauungen, alles bisherige Geschehen als Ablauf *eines* großen, 6000 gewöhnliche Jahre umfassenden Weltjahres verstanden. Am Beginn dieses Aion stand Zarathustra als Prophet der neuen, wahren Religion, während Xerxes' Niederlage bei Salamis den düsteren Abschluß des Zeitalters bildete. Licht und Dunkel traten sich in metyphysischer Auslegung der Geschichte gegenüber. Was Empedokles daran anzog, war, daß Xerxes' Niederlage den Abschluß eines Weltjahres und den Beginn eines neuen gebracht hatte. Mit dem Aion, der jetzt anhob, mußte folgerichtig auch ein neuer Künder auftreten: ein

[1] Altheim-Stiehl, Porphyrios und Empedokles (1954) 27f., besonders 43f.

Prophet, der Zarathustra zu ersetzen hatte. Kein Zweifel, daß Empedokles sich selbst als solchen betrachtete. Ihres Ranges bewußt, trat griechische Philosophie das geistige Erbe Asiens an.

Griechische Sprache bezeichnet mit dem gleichen Wort den zeitlichen Anfang und die überzeitliche Grundlegung. Damit ist gesagt, daß beiden ein Gemeinsames eigne; daß im rechten Beginnen auch die Form sich auspräge, die dieses und alles, was ihm folgt, zu bestimmen habe. Was im vorliegenden Fall sich ausspricht, ist demgemäß ein Doppeltes. Einmal, daß man mit Asien als Angreifer, Mitbewerber oder Gegenstand eignen Machtstrebens befaßt sei, daß man bedroht werde oder selbst bedrohe. Der geschichtlichen Voraussetzung entspricht sodann als geistige Forderung, daß man sich der solchermaßen gestellten Aufgabe auch in höherem Sinn annehme. Daß man den Gegner nicht nur als Wesensfremden abtue, sondern ihn nach seiner inneren Gesetzlichkeit erfasse; daß man derart ihn sich aneigne und verstehe. Der weltgeschichtlichen Lage tritt das Verlangen nach einer ihr angemessenen Betrachtungsweise zur Seite.

Universale Sicht der Geschichte ist eine Gunst, die nicht errungen, sondern gewährt wird. Wie alle geschichtliche Erkenntnis hängt sie von der Stunde ab, die zu ihr aufruft. Indessen läßt sich nicht leugnen: manchem Zeitalter scheint der umfassende Blick versagt zu sein. Nicht jedem ist gegeben, gleich Hegel in dem Sieger von Jena, als er nach gewonnener Schlacht in die thüringische Kleinstadt einritt, den Weltgeist zu Pferde zu erkennen.

Der Ausgang des Altertums und die Jahrhunderte, die zum Mittelalter führten, haben nicht den Geschichtsschreiber gefunden, der ihr Eigentliches erfaßte. Prokopios und Agathias, Priskos und Menander (soweit die Reste dergleichen erkennen lassen) besaßen ein weites Blickfeld. Byzantinische Politik, die ihre Netze sorgfältig knüpfte, ferne und immer fernere Möglichkeiten in ihre Berechnungen einbezog, mußte zu weitausschauender Betrachtung anleiten. In farbigen, zugleich scharf umrissenen Bildern schien das Erbe ionischer Historie und hellenistischer Völkerbeschreibung sich zu erneuern. Hunnen und Türken, der Nordstamm der Rhōs und die künftigen Ungarn, die Petschenegen, Chazaren und Kumanen haben die Aufmerksamkeit der Byzantiner erregt. Und doch: wie wenig wußte man am Goldenen Horn von der Welt, zu der erst Marco Polo die Tore aufstieß!

Als die Mongolen ihr Reich zusammenfügten, das sich vom Gelben Meer bis nach Schlesien und Ungarn erstreckte, schien wieder einmal der Augenblick gekommen, der zu universaler Schau aufrief. Doch kein Byzantiner leistete dem Folge, und auch dem Venezianer blieb versagt, mehr als die Fülle der Länder und Völker vor eine meist ungläubige Umwelt hinzustellen. Gesandtschaften gingen zwischen Ost und West, aber weder Johannes von Rubruk und Pietro Carpino noch Rabban Ṣaumā, der im Auftrage eines der mongolischen Ilchane mit den europäischen Höfen verhandelte, wußten die Gunst der Stunde zu nutzen. Diesmal war es ein nordafrikanischer Araber, der schuf, was nur dem verstattet sein konnte, der Timur von Angesicht zu Angesicht gegenübergetreten war. Ibn Ḫaldūn, viel genannt und doch wenig erschlossen, hat das zusammenfassende Werk verfaßt, zu dem auch im Jahrhundert der Frührenaissance ein Europäer noch nicht imstande war.

Heute erlebt man wieder den Druck, der, aus den Tiefen eines unübersehbaren Erdteils kommend, sich Jahr um Jahr zu steigern scheint. Gegen eine alt und morsch gewordene Welt gerichtet, wirkt er nach Westen hin und bedrängt, was sich dort auf immer schmäler werdendem Raum zu behaupten sucht. Eine wirtschaftliche und staatliche Zusammenballung von Kräften, dergleichen die Welt bisher nicht gekannt hat, bedroht schon durch ihr Schwergewicht das Fortbestehen dessen, was sich in Asiens westlicher Halbinsel noch gehalten hat.

Das Besondere ist, daß nunmehr auch Afrika sich anschickt, seine Rolle zu spielen. Dem Riesen an Europas Ostflanke tritt der im Süden zur Seite. Rudolf Pannwitz hat als erster ausgesprochen, daß man heute einer Völkerwanderung größten Ausmaßes gegenüberstehe. Er konnte ein Goethe-Wort der Vergessenheit entreißen, das, 1813 gesprochen, seherisch die Vortruppen der gleichen Wanderung ankündigte, die 1945 die osteuropäischen Staaten und Deutschland bis zu seiner Mitte erobern und besetzen sollten. Der Verlust der Ostgebiete, die langsame, aber stetige Abwanderung aus dem Raum zwischen Oder und Elbe sind der Beginn einer Entwicklung, die noch nicht abgeschlossen ist. Hinzutritt die alles übertreffende Höhe der Geburtenziffer Chinas, die nicht nur nach Intensivierung des Anbaues, sondern in gleichem Maß nach Ausdehnung verlangt. Und schon beginnen die Rückwanderer aus aufgegebenen Kolonialgebieten ins Mutterland zu strömen, bestehenden Druck durch neuen verstärkend.

Völkerwanderung von heute lenkt den Blick zurück zur großen Völkerwanderung von einst. Germanen, Türken, Slawen, Araber und Berber brachen in den behüteten Bereich einer Welt ein, die sich Mittelpunkt und alleinige Trägerin der Kultur dünkte. Auch ihr wurden weite Räume entrissen und deren Bewohner von den Neugekommenen in Restgebiete zurückgedrängt. Damit ist man bei dem Volk angelangt, dem man herkömmlich den Beginn der großen Völkerwanderung zuschreibt: den Hunnen. Wie immer man dazu stehe: sie und ihre Nachfolger haben Germanen und Slawen gleich einer Lawine in Bewegung gesetzt, die türkische Wanderung heraufgeführt, die Vorstöße der Araber und Berber mit den ihren begleitet. Unter oder gleichzeitig mit ihnen haben sich Asien und Afrika gegen Europa gewandt, und in hunnischer Nachfolge sind verwandte Völker, von den türkischen Bulgaren bis hin zu Mongolen und Osmanen, über ein Jahrtausend lang gegen Europa angestürmt.

2

Man kennt den Verlauf der hunnischen Geschichte auf europäischem Boden. Diese Reiternomaden, vom Osten kommend, stürzen das südrussische Gotenreich Ermanarichs (375). Dem hunnischen Vorstoß, der bis ans Ufer der unteren Donau gelangt, weichen die Westgoten über den Fluß, während die Ostgoten sich den Siegern unterwerfen. Die Lawine reißt andere Germanen mit sich. Sie überschreiten den Rhein (406), während die Westgoten Italien durchziehen und Rom plündern (410). Stilicho und Aëtius, auf angeworbene Hunnen gestützt, kämpfen verzweifelt um Erhaltung des römischen Westreiches. Schließlich finden die germanischen Eindringlinge in Gallien, Spanien und Nordafrika eine neue Heimat. In den vierziger Jahren des 5. Jahrhunderts führt Attila sein Volk, das nunmehr in der Theißebene seine Sitze hat, auf die Höhe der Macht. Das oströmische Reich erzittert unter den Schlägen des Gewaltigen und muß sich zu immer härteren Zahlungen bereitfinden. Da wendet sich Attila überraschend nach Gallien und damit gegen Westrom. Ein rasch geschlossener Bund mit den dortigen Westgoten und Franken erlaubt Aëtius, dem hunnischen Einfall mit Heeresmacht entgegenzutreten, und zum ersten Male bleibt dem Eroberer der Sieg versagt (451). Neue Erfolge Attilas in Italien verbergen nicht, daß ein Rückschlag eingetreten ist. Wenige Jahre nach seinem Tod (453) bricht das hunnische Reich zusammen. Germanische Untertanenstämme, vor allem Gepiden und Ostgoten, bleiben in der entscheidenden Schlacht siegreich.

Grundzüge und Einzelheiten dieser Geschehnisse stehen seit langem fest. Was der Erörterung bedarf, ist die Vorgeschichte des Volkes, das 375 den Zeitgenossen völlig überraschend aufzutreten schien. Anders gewendet: die Frage nach Herkunft und Wesensart der Hunnen.

Die Beantwortung dieser Frage pflegt den Geschichtsschreiber in Verlegenheit zu bringen. Wenn er auf eine Behandlung der Vorgeschichte nicht geradezu verzichtet, sieht er sich der Theorie gegenüber, derzufolge die Hunnen mit den Hiung-nu der chinesischen Annalen eins gewesen seien. Auch diese waren ein nomadisches Reitervolk, berüchtigt dadurch, daß sie die Nordgrenze des Reiches der Mitte mit ständigen Einfällen heimsuchten. Unter Mao-tun gegen Ende des 3. Jahrhunderts v. Chr. geeinigt, wurden sie zu Chinas gefährlichsten Nachbarn. Erst nachdem dieses, unter dem Kaiser Wu-ti (141—87), sich ein schlagkräftiges Reiterheer geschaffen hatte, gelang es, den Gegner zu überwältigen. Wirren und innere Auseinandersetzungen im Staat der Han ließen indessen die Hiung-nu für eine Weile wieder hochkommen. Es bedurfte neuer Kriege, und seit etwa 100 n. Chr. brach ihre Macht, erneut und diesmal endgültig, zusammen. Ein anderes Nomadenvolk, die Sien-pi, riß die Trümmer der Herrschaft an sich. Um 175 brachen die nördlichen und westlichen Stämme der Hiung-nu aus ihren Sitzen auf und wandten sich nach Westen.

Diese Hiung-nu, die mit ihrer Abwanderung aus dem chinesischen Gesichtskreis verschwanden, hat man den Hunnen, die 375 westlich des Don auftauchten, gleichgesetzt. Urheber dieser Anschauung war Joseph de Guignes (1721—1800). Er hat mit seiner gelehrten „Histoire générale des Huns, des Turcs, des Mongols et des autres Tartares occidentaux", die 1756/58 in fünf Bänden erschien, diese Völker ins europäische Geschichtsbild eingeführt. Gleichsetzung der Hiung-nu mit den Hunnen, die nach Zeit, Wesensart und überdies im Namen einander weitgehend zu gleichen schienen, war denn auch das Beste, was damals gesagt werden konnte. Während de Guignes' zweite Lieblingsthese, wonach die chinesische Schrift aus den Hieroglyphen entstanden und China dementsprechend eine ägyptische Kolonie gewesen sei, der Vergangenheit anheimfiel, hat sich die Verbindung der Hiung-nu mit den Hunnen bis in unsere Tage behauptet.

An Widerspruch hat es freilich nie gefehlt. Inzwischen konnte die sprachliche Verbindung der beiden Völkernamen, nachdem sie lange Zeit durch ihre Sinnfälligkeit verlockt hatte, als Irrtum erwiesen werden. Auch sonst hat aufgebotener Scharfsinn gegenüber dem, was nicht beweisbar war, versagt. Weder geschichtliche Nachrichten noch Bodenfunde vermochten das Band zwischen den nördlichen und westlichen Hiung-nu und den Hunnen zu knüpfen. Wohl taucht der Name der Hunnen, in verschiedener Form, seit 300 n. Chr. nördlich des Ordosbogens und 311 als solcher der Eroberer der chinesischen Hauptstadt, Loy-ang am Hwang-ho, auf (oben 1, 28f.). Aber noch früher, um die Mitte des 2. Jahrhunderts, begegnet er nördlich des Kaukasus in Ptolemaeus' Geographie (oben 1, 3f.; 57f.). Angesichts dessen empfiehlt sich, von geschichtlichen Spekulationen abzusehen und den Nachdruck dorthin zu legen, wo eine dichtere Bezeugung sich anbietet. Solche Wendung bedeutet zunächst nicht mehr als einen Vorschlag. Seine Berechtigung hängt davon ab, ob er zu neuen Ergebnissen führt. In der Tat scheinen solche sich abzuzeichnen.

3

Einmal läßt das Auftreten der Hunnen sich geschichtlich — und das besagt: zugleich zeitlich und wesenhaft — mit anderen nomadischen Vorstößen verknüpfen, die gegen die Grenzen des römischen Reiches herandrängten. Gemeint sind die Araber im Südosten (oben 1, 124f.) und die nordafrikanischen Dromedarnomaden (oben 1, 158f.) im Süden. Alle drei Bewegungen gehen von dem Steppengürtel aus, der meist nördlich, gelegentlich auch nordöstlich oder nordwestlich jener Wüstengebiete verläuft, die als ununterbrochene Zone von der Gobi bis zur Sahara die Alte Welt durchziehen (oben 1, 101f.; 117f.). Es sind gleiche oder doch ähnliche Bedingungen, die allenthalben das nomadische Leben bestimmen. In der Steppe bedeutet Sturz der Klimakurve für Vieh und Mensch tödliche Bedrohung. Sie bringt Trockenheit, Absinken des Grundwassers, scharfen Wechsel von Sommer und Winter, verringerten Weideertrag und plötzliche Hungersnot. Sinken des jährlichen Niederschlags um die Hälfte hat zur Folge, daß die Viehhaltung alsbald auf ein Zehntel herabgeht. Dieser steile Sturz des Ertrags zwingt den Nomaden, in die städtischen und bäuerlichen Bezirke einzubrechen und sich die benötigte Nahrung zu rauben (oben 1, 112f.).

Unter diesem Gesetz steht der Steppenbewohner überall, und die rasche und verhängnisvolle Auswirkung der fallenden Klimakurve erklärt, warum die Nomaden so überraschend, und auch, warum sie meist gleichzeitig gegen die Grenzen andrängen. In der Tat lassen sich der Zeitpunkt des hunnischen Einbruchs in Nordost-Iran (357) und des von niemandem vorausgesehenen

Völkersturmes von 375 nur als Auswirkungen eines plötzlichen Klimawechsels verstehen (oben 1, 112f.). Aber auch im Jahr 395 nötigten ein langer Winter und Dürre im Sommer die Hunnen zum Überschreiten der Donau und zu einem Einbruch in Kleinasien, der sie bis nach Syrien führte (oben 1, 113). Und gleichzeitig fielen die Dromedarnomaden über Libyen sowie große Teile Ägyptens her und raubten, was sie fanden. Auch für die Jahrzehnte, die durch den Aufstieg Attilas und durch Kriege der Sasaniden mit den Weißen Hunnen erfüllt sind, läßt sich ein stetiges Absinken der Klimakurve nachweisen.

Sorgfältige Sammlung aller Nachrichten über bemerkenswerte Witterungsereignisse, die sich bei den gleichzeitigen Autoren finden, hat die Erkenntnis dieser Zusammenhänge ermöglicht. So ließ sich erklären, was bisher unverständlich geblieben war. Noch in einem zweiten Fall hat sich durch das gleiche Verfahren ein Ergebnis erzielen lassen. Von den bereits genannten Weißen Hunnen vermochte die Forschung bis zuletzt nicht zu sagen, warum sie als hunnisches Volk bezeichnet wurden. Man hielt sie für nordiranische Nomaden und war genötigt, jene Bezeichnung als unerheblich beiseite zu schieben. Auch hier konnte allein die vollständige Sammlung aller Zeugnisse den Entscheid erbringen. Neben die Angaben der byzantinischen Geschichtsschreiber hatten die arabischen zu treten; auch die syrische und äthiopische Literatur mußte herangezogen werden. Es ergab sich, daß diese Weißen Hunnen, meist Hephthaliten genannt, das erste, in größerem Umfang faßbare Volk ihrer Art gewesen sind. Nach der Mitte des 4. Jahrhunderts ins nordöstliche Iran einbrechend und bald den gesamten iranischen Osten besetzend, dürfen sie geradezu als das hunnische Muttervolk gelten. Denn aus ihm haben sich alle folgenden Wanderungen gespeist. Nicht nur die europäischen Hunnen haben sich von den Hephthaliten gelöst: auch Awaren, Chazaren und Proto-Bulgaren sind einmal nichts anderes als Stämme des hephthalitischen Verbandes gewesen.

4

Mit dieser Feststellung haben die Weißen Hunnen oder Hephthaliten eine Schlüsselstellung für den geschichtlichen Fragenbereich gewonnen, der mit den Hunnen verknüpft ist. Hunnisches Wesen, wie fortan es sich darstellt, hat sich in ihnen erstmals ausgeprägt. Die Züge, die damals hervortraten, haben sich denn auch in der Folgezeit nicht verloren.

Zunächst handelt es sich bei den Hephthaliten, wie bei den Hunnen immer, um ein Volk türkischer Sprache. Darin stimmen alle Nachrichten überein, und Byzantiner wie Araber sprechen oft genug einfach von „Türken", wenn sie Hephthaliten meinen. Die erhaltenen Sprachreste, vorzugsweise Eigennamen und Titel, bestätigen jene Angaben. Auch die verschiedenen Namen, die diesen Ost-Hunnen zugelegt werden, erklären sich zwanglos, sobald man weiß, daß diese Türken waren. Hephthaliten oder **yaptïl* nennt sich vornehmlich das Königshaus. Es sind die „Starken, Kräftigen, Tapferen"; damit ist dasselbe gemeint, was der Name der Hunnen ausdrückt. Kidariten sodann meint die Westlichen, besagt dasselbe, was die Bezeichnung als „Weiße" Hunnen ins Auge faßt. Nur daß diesmal die Himmelsrichtung, weitverbreitetem Brauch zufolge, als Farbe gegeben wird. Chioniten schließlich waren ursprünglich die iranischen Untertanen, die den Hephthaliten von Anfang an zugehörten. Damit ist man zu einem zweiten, nicht weniger wichtigen Merkmal gekommen.

Erobernde Herrenvölker sind, wirtschaftlich betrachtet, stets Parasiten ihrer Untertanen gewesen. Die Nomaden bedürfen eines derartigen Nährbodens fast immer, und für die Hunnen gilt dies in besonderem Maße. Als solcher haben ihrem europäischen Zweig wiederum iranische Nomaden, Alanen, gedient, und auf dem Höhepunkt der Macht hat man versucht, die Ostgoten in eine ähnliche Stellung zu zwingen. Die Hephthaliten — Türken und Hunnen also — haben, schon bevor sie im Osten Irans ihre Heimat fanden, sich über einen am Balkasch-See nomadisierenden nordiranischen Stamm als herrschende Schicht gelegt. Zusammen mit diesem, den Chioniten, sind die Hephthaliten über Iaxartes und Oxos nach Süden gedrungen. Bis zum Hāmūn-See und in die Nähe Kābuls vermochten sie die Grenzen ihrer Herrschaft vorzuschieben; später noch sind sie in Indien eingedrungen. Länder dichter Besiedlung, alter bäuerlicher und städtischer Kultur unterstanden nunmehr nomadischen Gewalthabern.

Freilich mußte die überlegene Kultur Ostirans diese Hunnen, die Hephthaliten, bald in ihren Bann ziehen. Und die überlegene Zahl der Ansässigen konnte nur zur Verschmelzung mit den Eroberern führen. Diese wuchsen in die Formen eines Lebens hinein, das vorgegeben war. Man wohnte in Städten und auf Burgen, begann sich wie die Einheimischen zu kleiden und zu bewaffnen, eignete sich ihre Kunst, bald auch ihre Sprache und Schrift an. Widerstand vermochten nur jene Stämme zu leisten, die auch nach der Eroberung Ostirans nomadisch geblieben waren. Ihnen entstammten die europäischen Hunnen und deren Nachfolger, die schon genannten Awaren, Chazaren und Proto-Bulgaren. Diese alle hatten auch nach Ansiedlung des herrschenden Clans und seiner Angehörigen an der ererbten Lebensweise festgehalten.

Gleichwohl ist der Verlust der eigenen Art bei den angesiedelten Hephthaliten weniger rasch und allseitig eingetreten, als es scheinen mag. Als die Araber kurz vor der Mitte des 7. Jahrhunderts in diese Länder einbrachen, hatte sich nach den Berichten ihrer Geschichtsschreiber hephthalitisches Wesen im Gebiet südlich des Oxos an vielen Stellen gehalten. Diese Berichte werden ergänzt durch das, was der chinesische Pilger Huei-chʻao angibt, der um 726 Ostiran bereist hat[1]. Gerade über die sprachlichen Verhältnisse versäumt er nie, seinen Leser zu unterrichten.

Zu den Ländern, die er ganz oder teilweise den Hu, also den Hephthaliten, zuweist, rechnet er Bāmiyān. Dessen König gehört diesem Volkstum an, und dasselbe gilt für seine Untertanen. Man ist niemand anderem, weder Arabern noch Türken, untertan, und dazu heißt es: „die Sprache ist hierzulande mit der der übrigen Länder nicht gleich“[2]. Es liegt nahe, darin den ursprünglich türkischen Dialekt der Hephthaliten zu erblicken. Ähnlich steht es mit Ḫottal, das zum Teil den Türken, zum anderen den Hu gehört. Die Sprache ist von dreierlei Art[3]. Einmal bedient man sich der des benachbarten Tochāristān, das indessen den Hu von Huei-chʻao nicht zugerechnet wird. Daneben stehen das Türkische und die einheimische Sprache, also die der Hu oder Hephthaliten.

Am stärksten fortgeschritten war die Iranisierung in der Sogdiane. Huei-chʻao verbindet diese mit den Hu, bemerkt aber ausdrücklich: „die Sprache ist der aller (übrigen) Länder nicht gleich“[4]. Damit kann nur das Soghdische gemeint sein, das sich demzufolge damals bereits restlos durchgesetzt hatte. In der Tat wußte Masʻūdī von den Hephthaliten, die er im Gebiet zwischen Buchārā und Samarkand ansetzte, nicht mehr zu sagen, worin sie sich von den Soghdern unterschieden. Gleichwohl hatte sich auch bei ihnen die Vorstellung gehalten, daß man den Hunnen zumindest politisch zugehörte. Das zeigt der Titel oder Eigenname ihres Herrschers.

[1] W. Fuchs in: SBAW. 1939, 426f.
[2] Ebenda 449.
[3] Ebenda 452.
[4] Ebenda 452.

Er ist in arabischer Schreibung als *ṭarḫūn* erhalten. Über ihn hat jüngst R. N. Frye[5] alles Erreichbare zusammengestellt. Doch seine Zusammenstellung[6] mit *türxün* scheitert an den Lautverhältnissen. Vergleichen lassen sich vielmehr alttürk. *tarxan*[7] und *tarïm*. Hier ist A. v. Gabain eine einfache und darum schlagende Beobachtung geglückt[8]. Sie schied das denominale Suffix *+qan*, *+xan* — ursprünglich einen Titel darstellend (oben 1, 207f.; 210) — in *burxan* zu altchines. **b'i̯uət*, **bur* „Buddha" gehörig, in *täṅrikän* „göttlich" zu *täṅri* „Gott" und in *tar-xan* aus. Zum ersten Bestandteil des letzteren stellte sie *tarïm*, mittels des gleichfalls denominalen Suffixes *+m*, *+ïm*, *+im* gebildet. Wie *tar-xan* und *tar-ïm* sich gegenüberstehen, so auch zuvor genanntes *täṅri-kän* und *täṅri-m* „Majestät". Auch in *tar-/tär-* hätte man demnach die Bezeichnung eines Ranges zu erblicken. Als drittes reiht sich **tarxuṅ* ein. Wieder scheidet als erster Bestandteil *tar-* aus. Als zweiten darf man ohne Weiteres **xun* „Hunne" bezeichnen, der in dieser Form bei den Hephthaliten verschiedene Male begegnet, in Κούγχαν (oben 1, 32; 36f.), in Οὖννοι und *hūnāyē* (oben 1, 38) und chwärezm. *hūn-zādek*, *hūnān* (oben 1, 39).

Der Tatsache, daß in *ṭarḫūn*, **tarxun* bis zum Einbruch der Araber der Name der Hunnen und damit das Bewußtsein sich erhalten haben, daß das soghdische Königtum auf jenes Volk sich zurückführte, entspricht eine andere. Der bereits genannte Bericht des chinesischen Pilgers Huei-ch'ao, der um 726 die ostiranischen Länder besuchte, zählt auf, was sich damals noch zu den Hu oder Hephthaliten rechnete. Während ein Vierteljahrtausend später für Muḳaddasī sich das Land der Haiṭal auf das Gebiet nördlich des Oxos beschränkte, zählt Huei-ch'ao auf[9]: Gandhāra, Zābulistān, Bāmiyān, Kāpiśī, die sechs Reiche der Sogdiane, Ḫottal. Das ist alles Land zwischen der indischen Nordwestgrenze bis hinauf nach *mā warā'a n-nahr* (wie die Araber sagen). Selbständig ist freilich kaum noch etwas: den Türken (T'u-küeh) gehören Gandhāra, Kāpiśī, Zābulistān, Ḫottal sowie die Hälfte Ferγāna's. Hingegen ist arabischer Herrschaft unterstellt die Sogdiane (obwohl man dort einen eigenen König hat), sodann Tochāristān mit Balch (Fu-ti-ya), die andere Hälfte Ferγāna's und Ḫottal.

[5] The History of Bukhara (1954) 132 Anm. 167.
[6] R. N. Frye in: Harvard Journal of Asiatic Studies 14 (1951), 124f.
[7] Oben 2, 92 ergab sich, daß Ṭabarī einmal *ṭarḫān* schreibt, wenn *ṭarḫūn* gemeint ist.
[8] Alttürkische Gramm.[2] 60f. § 48 und 55.
[9] W. Fuchs, a. O. 444f.; 447f.; 451f.

Die einstige Zugehörigkeit zum Reich der Hephthaliten war demnach zu Beginn des 8. Jahrhunderts in Ostiran noch gegenwärtig. In der Tat stand die hephthalitisch-ostiranische Mischkultur, als die Araber vor der Mitte des 7. Jahrhunderts einbrachen, auf ihrem Höhepunkt. Den Glanz Buchārā's und Samarkands, den Wohlstand der Handelsstadt Paikand spiegeln die Berichte der arabischen Geschichtsschreiber. Im Land der Soghder, wo der von China gespeiste Seidenhandel[10] seine Umschlagsplätze besaß, hatte sich erheblicher Reichtum aufgehäuft; die Kaufleute rechnete man gleich Königen und Fürsten. Sowjetische Ausgrabungen in Panǧikant haben die Residenz eines örtlichen Herrschers mit Burg, Stadtpalast und Tempeln freigelegt. Wandgemälde von guter Erhaltung spiegeln das Leben der Stadt: die Schaustellungen der königlichen Macht, den Aufzug der Adeligen und ihrer Frauen, die Kämpfe der gepanzerten Ritter und den Wettstreit der Religionen[11]. Das Archiv des Herrn über Panǧikant, in einem Bergschloß der Nachbarschaft gefunden, zeigt, daß ein diplomatischer Briefwechsel nicht nur mit dem Fürsten der Nachbarschaft, sondern auch mit dem arabischen Emir des Landes und mit China bestand.

Einst hatte buddhistische Mission ganz Ostiran erfaßt. Dieses hatte sich vom Tal des Hilmend im Süden bis nach Samarkand mit Klöstern und Heiligtümern bedeckt. Seit der ersten Hälfte des 7. Jahrhunderts war indessen der Buddhismus zurückgegangen. Im Land nördlich des Oxos hatte man zur nationalen Religion Irans, zur Verkündigung Zarathustras zurückgefunden. Iranische Heldensage, seit alters vorhanden, schuf jetzt ihre große Gestalt: Rustam. Im Epos Firdūsī's sollte er dereinst die Mitte einnehmen. Vater eines türkischen, will sagen: hephthalitischen Sohnes war er so recht eine Schöpfung dieser Mischkultur. Die östlichen Hunnen haben ihn als einen der ihren betrachtet und an ihre europäischen Vettern weitergegeben. Der Zweikampf zwischen Rustam und Soḫrāb, zwischen Vater und Sohn, die voneinander unerkannt bleiben, ist dann an die Goten und

[10] Aus Huei-ch'ao erfährt man zusätzlich, daß der König von Waxān jährlich 300 Ballen Seide als Tribut an die Araber zahlte (W. Fuchs, a. O. 454f.). Weiter, daß die Einwohner von Šiγnān sich durch Überfälle auf die wohlhabenden Hu und die Gesandtschaften bemerkbar machten. „Selbst wenn sie Seide geraubt haben, häufen sie sie in ihren Speichern auf. Sie lassen die Seide verderben und verstehen gar nicht, sich (daraus) Kleider zu machen."

[11] Ein neues Wandgemälde aus Panǧikant zeigt gepanzerte Lanzenreiter und Ungepanzerte, gleichfalls zu Pferd, mit Bogentasche, geradem Schwert und Nagajka: A. M. Belenickij in: Materiali wtorogo soweštanija archeologow i etnografow Srednej Azii (1959) 201.

an andere germanische Stämme weitergegeben worden. Bei den Langobarden, die einstmals in hunnischer und awarischer Nachbarschaft saßen (oben 1, 89; 92f.; 2, 29), hat das Paar die Namen Hadubrand und Hildebrand erhalten (oben 2, 74f.).

5

Bisher unbeachtet blieb, daß die Hunnen überhaupt, die Hephthaliten im besonderen bevorzugter Gegenstand christlicher Mission gewesen sind. Byzanz suchte auch aus politischen Gründen die Hunnenfürsten des Kaukasus für den orthodoxen Glauben zu gewinnen. Christianisierung sollte das Volk in Gegensatz zum sasanidischen Gegner und Nachbarn bringen und diesen eines wichtigen Rekrutierungsgebietes berauben. Größeren Erfolg noch als die Orthodoxen durften sich die Monophysiten zuschreiben. Durch das Konzil von Chalkedon 451 verdammt, hielten sie sich gleichwohl neben der Reichskirche infolge der Fürsprache mächtiger Gönner, nicht zuletzt der Kaiserin Theodora. Bei den Hephthaliten, unter der Bevölkerung der persischen Westprovinzen[1] und unter den Beduinen Arabiens faßte die monophysitische Mission Fuß. Auch Nubien und Abessinien fielen ihr zu, so daß es zuletzt aussah, als würden Orthodoxe und Monophysiten vereint mit friedlichen Mitteln erreichen, was dem Schwert versagt geblieben war. Das sasanidische Reich wurde von Norden und Süden her durch einen Kranz christianisierter oder doch vom Christentum berührter Völker umfaßt.

Die Sasaniden, solchermaßen in die Zange genommen, wurden rasch der drohenden Gefahr inne. Doch sie hatten ihr nichts entgegenzusetzen. Ihre zarathustrische Staatsreligion, überaltert und erstarrt, war zur Mission selten imstande gewesen und war es jetzt weniger denn je. Was sich statt ihrer anzubieten schien, war das östliche Judentum, und in der Tat hielt es auch jetzt unverbrüchlich zu den Persern, wie es dies immer getan hatte. Auf eine reiche und mächtige Judenschaft durften die Sasaniden überall in ihrem Kampf gegen Rom, dann gegen Byzanz zählen. Für einen Augenblick schien es nun, als würden sich die zahlreichen Judengemeinden des westlichen Arabiens unter Führung eines zur gleichen Religion übergetretenen Königs von Yemen gegen die Monophysiten des Landes vereinigen lassen. Doch unter abessinischem Zugriff brach der Versuch zusammen, und die sasanidische Politik sah sich lediglich um eine Hoffnung ärmer (oben 2, 40f.).

[1] Höhlengräber der Insel Charg mit Kreuzeszeichen, vgl. R. Ghirshman in: Arts Asiatiques 1959, 113.

Schon zuvor hatten die persischen Könige sich entschlossen, dem Christentum im eigenen Lande ausnahmsweise entgegenzukommen. Sie zeigten sich bereit, den vor der orthodoxen Verfolgung in ihr Reich geflüchteten Nestorianern Duldung und staatlichen Schutz zu gewähren. Schicksalsgenossen der Monophysiten und zugleich deren schärfste Mitbewerber, wurden diese Nestorianer zu einer Art zweiter Staatskirche im sasanidischen Bereich. Sie wurden damit zum Werkzeug einer gegen Byzanz gerichteten Religionspolitik: um so mehr, als ihnen überall die Mission gestattet wurde. Und hier schritt dann die nestorianische Kirche von Erfolg zu Erfolg. Sie betätigte sich im arabischen Bereich, wo Ḥīra südlich des Euphrat zu ihrem Mittelpunkt wurde. Vor allem aber gingen ihre Sendboten nach Norden und Nordosten. Sie überzogen Chorāsān, dann ganz Ostiran und damit den hephthalitischen Raum mit ihren Gemeinden und Bischofsitzen; nestorianische Gräber finden sich von Sīstān im Süden bis in die Nachbarschaft des Balkasch-Sees im Norden. Nach dem Untergang der Sasaniden hat nestorianische Mission keineswegs innegehalten. Sie hat türkische Stämme gewonnen, ist in China eingedrungen, und wenig hat gefehlt, daß Tschingischans Nachkommen sich zum nestorianischen Glauben bekannten.

Dieser Siegeszug einer christlichen Kirche ist, so zeigt sich, unmittelbar mit den östlichen Hunnen und ihren Nachfolgern verbunden. Indessen ist Geschichte noch seltsamere Wege gegangen. Zu den großartigen Leistungen der Nestorianer gehört die Übersetzung der Schriften griechischer Philosophen, Ärzte, Mathematiker und Astronomen ins Syrische. Diese syrischen Übersetzungen (und nicht die griechischen Originale) haben fast überall den arabischen als Vorlage gedient, und auf diesem Umweg sind dem mittelalterlichen Abendland Werke griechischer Philosopie und Medizin, die verloren schienen, wieder zugekommen. Das schon genannte Ḥīra wurde, zusammen mit Nisibis und Gundēšāpūr, zu einem der Mittelpunkte syrischer und arabischer Übersetzungstätigkeit. Aber daneben hat nunmehr die Hauptstadt Chorāsān's, Merw, zu treten. Dem Boden des einstmaligen Hephthalitenreiches ist die Blüte mittelalterlicher arabischer Wissenschaft entsprossen, und ihr größter Vertreter, Bērūnī, entstammte dem unmittelbar benachbarten Chwārezm. Bis heute hat diese segensreiche Tätigkeit nachgewirkt. In arabischer und syrischer Übersetzung sind Stücke verlorener Schriften, des Briefes Porphyrios' an Anebo etwa[2] oder seines Buches gegen

[2] Altheim-Stiehl, Philologie sacra (1958) 100 f.

die Christen, wiedergefunden worden. Dazu ethische Sprüche Demokrits[3], die man längst verloren glaubte. Daß die östlichen Hunnen auch in der Geschichte einer großen humanistischen Überlieferung ihre Spuren hinterlassen haben, war wohl das überraschendste Ergebnis, das die neue Beschäftigung mit ihrer Geschichte und Kultur gezeitigt hat.

NACHTRAG

Jüngst sind zwei Forscher, L. I. Gumilew (Chunnu. 1960) und O. Pritsak (in: Central Asiat. Journ. 5 [1959], 27f.) wieder für Verbindung der Hiung-nu mit den Hunnen eingetreten. Pritsak ist gelungen, eine weitere Zahl von Vorkommen der Namensformen **hun*, **kun*, **qun* und **xun* zu ermitteln (besonders a. O. 30f.). Darüber hinaus sehen wir nichts, was auf eine geschichtliche Verbindung des Volkes der Hunnen — sei es in Ostiran, sei es in Osteuropa — mit den Hiung-nu hinwiese. Wir räumen ein, daß in beiden Fällen sich vieles unserem Urteil entzieht. Doch wo uns solches zusteht, ergeben sich Fehler, von denen hier nur einer als Beispiel angeführt sei. Es begegnet der Hunnenname „*'un*", was erklärtermaßen auf Zachar. Rhetor 2, 208, 17 *ʿūnāyē* zurückgeht. Hier finden sich in einer Form, die nur drei Laute enthält, vier Fehler. P. schreibt Ālaf statt ʿAin, kurzen statt langen Vokal, gibt einen nicht bestehenden Stat. absol. und fügt einer singularischen Form die Pluralpunktation hinzu, die er vom originalen *ʿūnāyē* übernommen hat (der gleiche Fehler zeigt sich an der andernorts genannten Form *hūn-*). Doch damit nicht genug, ließ P. unerwähnt, daß die zweite Handschrift *ḥūzāyē* hat, und daß dies das Richtige ist, zeigt Ptolemaeus' Σουζαῖοι an entsprechender Stelle (geogr. 6, 4, 3). Denn auf diesen geht bekanntermaßen der Schlußteil bei Zacharias zurück. Ptolemaeus wußte nichts von Hunnen in der Persis oder in der Susiane, und Zacharias kann ebensowenig als Zeuge dessen angeführt werden.

[3] Altheim-Stiehl, Die aramäische Sprache unter den Achaimeniden, 2. Lfg. (1960) 187f.

ERSTES BUCH

KAMPF DER RELIGIONEN

1. KAPITEL

MISSION UNTER DEN HUNNEN

Erweiterung des Quellenbestandes gehört zu den ersten Anliegen des vorliegenden Werkes. Damit wird nicht nur eine Vervollständigung des geschichtlichen Bildes erstrebt. Fast in gleichem Maß geht es um die Berichtigung bestehender Irrtümer. Zu diesen gehört, daß Hunnen und Christentum sich sozusagen ausschließen. Die Vorstellung vom christenfeindlichen Hunnentum ist der Geschichte der europäischen Hunnen entwachsen; Attila als *flagellum Dei* und die haßerfüllten Tiraden kirchlicher Schriftsteller haben maßgebend dazu beigetragen. Was daran richtig ist und was nicht, wird später zu sagen sein. Vorerst hat sich gezeigt, daß zahlreiche Versuche unternommen wurden, die südrussischen und kaukasischen Hunnen dem Christentum zuzuführen. Die dahingehenden Nachrichten wurden bisher in anderweitigem Zusammenhang behandelt. Jetzt gilt es, sie in ihrer gegenseitigen Bezogenheit zu sehen[1].

1

Beachtet wurden bisher allein die Missionsversuche, die um die Wende des 4. und 5. Jahrhundert unternommen wurden[1a]. Sie erfolgten im engsten und nächsten Bereich; sie suchten, was an Hunnen ans nördliche Ufer der Donau gelangt war, zu erfassen.

Schattenhaft bleibt, was man über Timotheos, Bischof von Tomoi und Skythien (oben 2, 197 f.), erfährt. Wundertaten, die ihm zugeschrieben werden (Theodoret., h. eccl. 5, 30 und 31), lassen sich dahin auswerten, daß der tapfere Mann sich aufs nördliche Donauufer begeben hat. Wieweit er gekommen ist, wird nicht gesagt. Seine Erfolge mag man nicht allzuhoch

[1] Die Zeugnisse wurden im Folgenden nicht mehr angeführt, wenn sie in den vorangehenden Bänden bereits behandelt und übersetzt worden sind. Die Quellenangaben lassen sich, wenn man sie zu haben wünscht, leicht an Hand der Register auffinden. Dasselbe Verfahren wurde bereits im Schlußkapitel des ersten und zweiten Bandes angewandt.

[1a] E. A. Thompson, A History of Attila and the Huns 37f.

bewerten. Unsere Nachrichten beschränken sich auf die Feststellung, daß der „Gott der Römer" bei den Hunnen in großer Achtung gestanden habe. Den Bischof selbst hätten diese zu ihren Gelagen eingeladen und ihn mit Geschenken bedacht. Immerhin war ein Anfang gemacht.

Auch Iohannes Chrysostomos richtete seine Bemühungen auf „die nomadischen Skythen, die längs der Donau lagerten". Aufhorchen läßt der Hinweis, ihm sei gelungen, Presbyter, Diakone und Anagnosten zu finden, die den Hunnen das Wort in ihrer Sprache verkündeten. Das setzt voraus, daß die vorangehende Mission insoweit erfolgreich war, als sie einige Hunnen erfaßt und dem geistlichen Stand zugeführt hatte. Die syrische Fassung der dahinlautenden Nachricht weiß von einer früheren arianischen Mission; sie nennt in diesem Zusammenhang die Goten. Wulfila als geschichtliche Gestalt bestätigt diesen Hinweis und nötigt dazu, gotische und hunnische Mission im Zusammenhang zu sehen.

Hunni discunt psalterium, ruft Hieronymus in einem seiner Briefe aus (107, 2), und Orosius spricht davon, daß Hunnen zusammen mit Sueven, Wandalen und Burgundern die Kirchen gefüllt hätten (7, 41, 8). Jenes Wort ließe sich mit der Nachricht verknüpfen, wonach den Hunnen die Verkündigung in ihrer Sprache nahegebracht wurde. Es ist zuzugeben, daß Orosius unter den germanischen Stämmen die Goten nicht anführt, es sei denn, man wolle diese unter den „unzähligen" anderen Völkern vermuten, die der genannten Aufzählung folgen. Hier springt die Inschrift von Apscheronskaja ein, die man schwerlich später als auf den Ausgang des 4. Jahrhunderts ansetzen wird. Sie enthält neben fünf griechischen Wörtern christlichen Inhalts zwei weitere in alanischer Sprache, aber gleichfalls in griechischer Schrift. Demzufolge hat man neben Hunnen und Goten beider Nachbarvolk, die nördlich des Kaukasus sitzenden Alanen, mit christlicher Mission erreicht. Und es bestätigt sich, daß man auch ihnen in der eignen Sprache nähertrat, wie dies für die Goten erwiesen und für die Hunnen wenigstens bezeugt ist. Als drittes kommt hinzu, daß das Feld der Mission sich vom nördlichen Donauufer weiter östlich verlegt hat.

Hier schließen sich Zeugnisse an, die bisher nicht verwertet wurden. Sie zeigen einen neuen Versuch zu hunnischer Mission, der in größerem zeitlichem Abstand den zuvor genannten folgt. Die Anfänge fallen in Iustinians Zeit. Dazu gehört die Bekehrung des Hunnenhäuptlings Gordas, den die syrische Fassung Gurdios, die äthiopische Yäroks nennt. Es gelingt nicht nur, den Anführer des Stammes, sondern auch seinen Bruder zu gewinnen. Freilich ruft das Ereignis eine Gegenbewegung unter der Priesterschaft hervor, die nicht gewillt ist, die Zerstörung der einheimischen Götterbilder hinzunehmen. Leider erfährt man nicht, welche Götter gemeint waren. Genug: der Versuch scheitert und ein darauf einsetzendes Strafunternehmen zeigt, daß das Herrschaftsgebiet des Häuptlings am Ufer des Schwarzen Meeres lag. Kurz darauf tritt ein zweiter Hunnenfürst, Graitis, den die äthiopische Fassung Akraydēs nennt, mit Familie und Unterführern zum Christentum über. Wo er beheimatet ist, wird nicht gesagt. Weitere Nachrichten zeigen, daß man gleichzeitig die früher begonnene Mission über den Kaukasus hinweg wieder aufgenommen hat.

Der Anfang wird von solchen gemacht, die in hunnische Gefangenschaft geraten sind. Es sind Syrer: Iohannes von Rēšʿainā und sein Genosse Thomas, die mit ihrer Tätigkeit um 515 beginnen. Ihnen folgt kurz vor 550 Ḳardūṣaṭ, Bischof von Arrān (südlich des Kaukasus, zwischen den heutigen Städten Baku und Tiflis), mit drei, später sieben Begleitern. Von ihnen wurden die heiligen Schriften in die Sprache der Hunnen übersetzt. Auch damit folgt man den Spuren der früheren Missionstätigkeit[2].

Einen Schritt weiter führen die erstmals in ihrer Bedeutung herausgestellten Angaben aus der gleichzeitigen Kirchengeschichte eines weiteren Syrers, Iohannes' von Ephesos. Sie berichten vom ersten Auftreten der Chazaren und Bulgaren im Westen 584/5. Beide Stämme waren in Nordostiran heimisch und gehörten einstmals zum hephthalitischen Verband. Chazaren werden, offenkundig ein in der Heimat verbliebener Rest, noch 651 zwischen Ferγāna, Kābul und Merw erwähnt. Erstmals zeichnet sich ein neuer, gleichfalls hunnischer Bereich ab. Die Bulgaren nahmen bald nach ihrer Ansiedlung südlich der Donau das Christentum an. Von den Chazaren wird dergleichen nicht gesagt. Wohl aber heißt es, daß das Volk der Pūḡūrāyē, das vor Ankunft der neuen Herren in Berzylia, also im heutigen Daghestān, saß, bereits christlich war. Die Mission über den Kaukasus hinweg hatte demnach in die Breite gewirkt (oben 1, 85 f.; 2, 29 f.).

Mit den zuletzt genannten Ereignissen ist man ans Ende des 6. Jahrhunderts gelangt. Es hat sich gezeigt, daß die missionarische Tätigkeit unter den verschiedenen hunnischen Stämmen doch ungleich lebhafter — und auch erfolgreicher — war, als bisher angenommen wurde. Diesem Ergebnis ordnet sich ein, daß man über die südrussischen und kaukasischen Hunnen

[2] Vgl. noch E. Honigmann, Évêques et évêchés monophysites d'Asie antérieure au VIe siècle (1951) 99 (Bistum in Āδurbaiγān); 112 Anm. 3. Oben 1, 287 f.

hinaus frühzeitig die Hephthaliten im Nordosten und Osten Irans ins Auge gefaßt hat.

Im letzten Hephthalitenkrieg des Sasaniden Pērōz', der zu seinem Tod und zum Untergang seines Heeres 484 geführt hat, begegnet ein syrischer Kaufmann aus Apameia, also ein Mann, dem man vielleicht monophysitisches Bekenntnis zuschreiben darf[3]. Eusthatios überredet die Hephthaliten, Moschus und andere kostbare Wohlgerüche Gott zu Ehren zu verbrennen, auf daß dieser den persischen Betrügern die verdiente Strafe erteile. Man weiß nicht, ob und inwieweit der sich anschließende Erfolg die Hephthaliten beeindruckt hat. Keinesfalls darf von einer breiteren Bekehrung gesprochen werden. Als 502 Hephthaliten in persischen Diensten an der mesopotamisch-armenischen Grenze kämpften, trafen sie auf den syrischen Eremiten Iakobos, der in Endielon, unweit Amida's, ein gottgefälliges Leben führte. Dieser gebot durch seine Wunderkraft den Händen dieser Hunnen Einhalt, als sie bereits den Bogen gegen ihn gespannt hatten, und erst des Sasaniden Kavāδ's I. Fürsprache soll die Gewalttätigen von der über sie verhängten Unbeweglichkeit erlöst haben (Prokop., bell. 1, 7, 5f.). Erfolgreicher scheint die Mission an anderer Stelle gewesen zu sein.

Gegen Ende der sasanidischen Zeit gab es ein eignes Bistum von Bēṯ Kiyōnāyē, in der Nachbarschaft von Mosul und Bēṯ Remmān. Mit Recht hat man darin eine Ansiedlung von Chioniten erblickt[4]: vermutlich weniger Kriegsgefangene als eine Militärkolonie nach Art der Ḳāḏušāyē. Erneut waren damit östliche Hunnen von monophysitischer Mission erfaßt. Bēṯ Kiyōnāyē darf mit einiger Gewißheit als Heimat des Mapryān's Iohannes des Chioniten aus dem Kloster Mār Matthaeus[5] angesprochen werden.

Nicht nur in persischem Sold fochten hephthalitische Hilfstruppen, als solche oder als Ḳāḏišāyē, Καδισηνοί und Chioniten bezeichnet. Ihnen begegnet man auch auf byzantinischer Seite. Zumal in den Heeren Belisars treten „Massageten" auf, osthunnische Stämme, die sich aus dem hephthalitischen Herrschaftsbereich rekrutierten. Eben als Massagete wird Sunikas bezeichnet, der in byzantinischen Diensten stand (Prokop., bell. 1,13,20). Ausdrücklich sagen syrische Quellen, er sei Christ geworden, und dementsprechend rechnete ihn die bisherige Auffassung zu „those few whom we know

[3] E. Honigmann, a. O. 6; 38; 63.

[4] E. Honigmann, a. O. 160.

[5] J. B. Abbeloos und Th. J. Lamy, Gregorii Barhebraei Chronicon ecclesiasticum 2 (1872), 159, 9f.

to have been converted"[6]. Deren Kreis hat sich bereits erweitert, und in der Tat gelang es dieser Mission, auch das Heimatland der Hephthaliten zu erreichen.

Wieder ordnet sich unser Wissen in Zusammenhänge, und keines der Zeugnisse steht vereinzelt. Unter Chusrō I. Anōšarvān 544 und dann wieder 609 wurden Gefangene monophysitischen Bekenntnisses, die Edessas Umgebung entstammten, in Chorāsān und Sigistān angesiedelt[7]. Die letzten Jahre der sasanidischen Herrschaft, die dreißiger des 7. Jahrhunderts, sahen die Einrichtung zweier Bistümer im hephthalitischen Osten, in Herāt und Sigistān[8]. Ein drittes wird gleichzeitig erwähnt. Es lag in Āδurbaiγān, also nach dem Kaukasus hin (Barhebraeus, chron. eccl. 3, 127, 3f.). Wie man in den beiden ersten Fällen zu den östlichen Hunnen vorgedrungen war, so im letzten zu ihren Vettern im Norden.

2

Christliche Mission bei Hunnen und Hephthaliten stand nicht allein. Man glaubte zu wissen, der Schüler und Nachfolger Addai's, Aggai, habe den Gelaniten (*gēlāyē*) an der Südwestecke des Kaspischen Meeres gepredigt (Barhebraeus, chron. eccl. 3, 15, 6). Den Arabern setzten um 600 christliche Stämme in Ṭabaristān erbitterten Widerstand entgegen[1]. Gēlān und Ṭabaristān bilden das Bindeglied zwischen den kaukasischen Hunnen und den Hephthaliten, zumindest in geographischem Sinn. Man sieht sich einer Kette von missionarischen Einsätzen gegenüber, die vom Schwarzen Meer bis zum Oxos reicht.

Auch die Nachfolger der Hunnen wurden von solcher Mission erfaßt. Iohannes von Ephesos meldet, daß die 584/5 südlich der Donau angesiedelten Proto-Bulgaren rasch Christen wurden. Ihre Vettern, die Chazaren, trafen

[6] E. A. Thompson, a. O. 39.

[7] Barhebraeus, chron. eccl. 3, 87, 1f.; Abbeloos-Lamy, a. O. 3, 126 Anm. 1; eine andere Fassung (900 Griechen und Armenier, alle Jakobiten, siedeln sich in Sigistān, Herāt und Gurgān an) in der Chronik von Seʿert 2, 545, 3f.

[8] Barhebraeus, chron. eccl. 3, 125, 2f.; E. Honigmann, a. O. 99; 100; Le couvent de Barṣaumā et le patriarcat Jacobite d'Antioche et de Syrie (1954) 130 Nr. 61; 135 Nr. 76.

[1] B. Spuler, Iran in früh-islamischer Zeit 212 Anm. 13 führt dafür, außer J. S. Assemani, Bibliotheca Orientalis III, 2, 425, zwei Quellenwerke an, die uns nicht zugänglich sind: Aulijā' Allāh Āmulī, Ta'rīḫ-i Rūjān (ed. ʿAbbās Ḫalīdī 1934) 37 und B. Dorn, Die Geschichte Tabaristan's und der Serbedare nach Chondemir (1850) 10f.

nach der gleichen Quelle im Kaukasus eine bereits ansässige Bevölkerung christlichen Glaubens an, die Pūḡūrāyē, die ihren Einfluß frühzeitig auf die Neuankömmlinge ausgeübt haben mögen. Jedenfalls fanden sich die Chazaren und die damals noch zu ihnen gehörigen Magyaren bereit, Herakleios 624 in seinem Kampf gegen Chusrō II. Aβarvēz zu unterstützen (oben 1, 97). Hier hatte sich die Mission im Kaukasus militärisch gelohnt.

Nochmals: Kaukasus, Gēlān, Ṭabaristān, Chorāsān, Sigistān ... ein Land scheint in dieser Reihe zu fehlen. Und doch war es damals ein Durchgangsland des Handels wie wenige: Chwārezm. Das Fehlen ist nur scheinbar. Man hat aus Chwārezm das bedeutsamste Denkmal orthodoxer Mission, das man aus dieser Zeit kennt: ein Festverzeichnis der Melkiten bei Bērūnī, chron. 288, 1—302, 1 Sachau. Trotz seinem Umfang, der Fülle vermittelter Angaben und den gelehrten Erklärungen, die der größte Gelehrte des arabischen Mittelalters beigesteuert hat, hat diese Urkunde ebensowenig Anklang gefunden wie ihr später noch zu nennendes nestorianisches Gegenstück. Immerhin macht S. P. Tolstow eine ehrenvolle Ausnahme. In seiner letzten Behandlung[2] verweist er auf seinen vorangegangenen Aufsatz[3], demzufolge das Neujahrsfest *al-ḳālandas* oder *al-ḳalandās* (die Handschriften bieten beide Formen) der slawischen *koljada*-Feier entspräche. Unter Berufung auf Tolstow hat dann Spuler[4] im Hinblick auf die Metropolitie von Merw behauptet, daß dorthin „auch durch die Chasaren und Ḫvārizmer vermittelte (orthodoxe?) Einflüsse (wohl aus Osteuropa) kamen". Schwerlich dürfte eine der damit geäußerten Ansichten zutreffen, auch nicht die Tolstow's.

Zunächst Spuler. Er beruft sich[5] hinsichtlich der Metropolitie von Merw auf einen Autor des 14. Jahrhunderts und auf Barhebraeus, chron. eccl. 3, 379. In der zweiten Angabe liegt ein Fehlzitat vor. Gemeint sein wird 279, 1f., wo ein nestorianischer Metropolit erwähnt ist. Niemand wird glauben, daß dieser orthodoxe Einflüsse aus Chwārezm nach Merw vermittelt habe. Weit wahrscheinlicher wäre dies bei einem melkitischen Metropoliten, und in der Tat nennt Bērūnī einen solchen (289, 7). Freilich hat ihn Spuler übersehen, was bestätigt, daß er das Festverzeichnis nicht kennt[6].

[2] Auf den Spuren der altchoresmischen Kultur, übers. von O. Mehlitz (1953) 246.
[3] Sowjetskaja Etnografija 2 (1946), 87f.
[4] a. O. 213.
[5] a. O. 213 Anm. 11.
[6] Bereits in „Die aramäische Sprache" 2. Lfg. (1960) 119 mußten wir an Spuler dergleichen bemängeln.

Offenbar standen in Merw ein nestorianischer und ein melkitischer Metropolit nebeneinander.

Was Tolstow angeht, so muß gesagt werden, daß *al-ḳālandas, al-ḳalandās* nichts anderes als latein. *kalendae, calendae* ist, nach vulgärlateinischer Weise im Akkusativ als Casus generalis gegeben[7]. Bērūnī's Etymologie — 292, 17f. *wa-tafsīru ḳālandas ḫairan kāna* — ist ein Mißverständnis. Aber die richtige Ableitung, vom *calare* des Pontifex minor, schimmert noch durch, wenn die Kinder der Christen an diesem Tag *yaḳūlūna ḳālandas ḳālandas bi-ṣautin ʿālin* (292, 19). Auch die Behauptung, daß es sich um ein Festverzeichnis vom Beginn des 11. Jahrhunderts handle, ist unrichtig. Spätestes geschichtliches Ereignis, das darin genannt wird[8], ist das sechste ökumenische Konzil in Konstantinopel 680 (296, 5f.). Bis zu diesem Zeitpunkt ist die Bezeugung ziemlich dicht, wie denn kurz zuvor Sophronios, Patriarch Jerusalem's, genannt wird (294, 13). Mit dem Jahre 680 bricht alles ab, und das zeigt, wie zu verstehen ist. Der islamische Eroberer Chwārezm's, Ḳutaiba b. Muslim, beseitigte nach Bērūnī's eignem Zeugnis (36, 2f.) alle, die chwārezmische Schrift zu schreiben oder zu lesen verstanden und um die Geschichte und Wissenschaft des Landes wußten. Infolgedessen gebe es keine Kenntnis der Geschichte Chwārezm's in der islamischen (geschweige denn in der vorislamischen) Zeit mehr. Bērūnī war gleichwohl gelungen, eine Urkunde aufzutreiben, die vor Ḳutaiba's Wüten hatte gerettet werden können. Man hat den Festkalender vor sich, den die orthodoxe Gemeinde Chwārezm's in nachsasanidischer und vermutlich, wenigstens der Hauptsache nach, schon in spätsasanidischer Zeit ihr Eigen nannte.

Das unschätzbare Dokument bedürfte einer einläßlichen Behandlung, die hier nicht erfolgen kann. Immerhin sei auf einige Einzelheiten hingewiesen.

Zunächst war das Verzeichnis in syrischer Sprache abgefaßt (288, 1; 15; dazu die syrischen Bezeichnungen 289, 5; 292, 7; 293, 3). Es werden gefeiert:

288, 24: die Märtyrer von Neǧrān, die der Verfolgung des perserfreundlichen ḏū Nuwās erlegen waren;

[7] F. Altheim, Geschichte der latein. Sprache (1951) 396f.

[8] Über die scheinbare Ausnahme 292, 13f. und 300, 4f. wird im fünften Kapitel gesprochen werden.

294, 1f: Iohannes Chrysostomos, der mit der Hunnenmission begonnen hatte (oben 2, 4)[9];

294, 9f.; vgl. 291, 23: der Katholikos Sīs(īn), der als erster das Christentum nach Chorāsān gebracht hatte; dazu:

294, 9: *Bl'sws*[10] der Blutzeuge, von den Magiern getötet; und

299, 14f.: *Bršy'*, der zweihundert Jahre nach Christi Auftreten das Christentum nach Merw gebracht hatte[11];

295, 22f.: das Konzil von Ephesos, das Nestorios verdammt hatte;

296, 2f.: das Konzil von Chalkedon, das die Lehre der Monophysiten verdammt hatte; vgl. 301, 17;

299, 12f.: Kyrillos, Nestorios' Gegner; dazu:

300, 20f.: Rabbūlā, gleichfalls Nestorios' Gegner;

299, 5f.: Konstantin der Große als Gründer Konstantinopels;

299, 21f.: Thomas, Apostel Indiens (24);

301, 13f.: die sieben Märtyrer von Nēšāpūr;

301, 21f.: Gregorios, Apostel Armeniens.

Man erkennt, was das Absehen dieser Zusammenstellung war und wohin ihr Anspruch zielte: große Missionare der Völker; die Verkünder des Christentums in Chorāsān; Gegnerschaft gegen die Magier und gegen Nestorios; der Glanz der Stadt am Goldenen Horn. Über den entsprechenden nestorianischen Festkalender wird in einem späteren Kapitel gehandelt werden.

NACHTRAG

Auf einige Besonderheiten des Kalenders sei kurz hingewiesen.

292, 10f. wird Jakob, Bischof von Aelia, genannt. Damit kann nur der Bruder Jesu gemeint sein. Ihn als Bischof Jerusalems zu finden, gemahnt

[9] Übrigens hat Nestorios Homilien Iohannes Chrysostomos' nachgeahmt, teilweise bis in den Wortlaut, und ihnen ganze Wendungen entnommen. Vier solcher Homilien sind in syrischer Übersetzung erhalten, darunter drei unter Iohannes' Namen. Sie sind herausgegeben von F. Nau in: Patrol. Orient. 13, 2, 115f. Dementsprechend legten die Nestorianer ihrem Archegeten den Beinamen χρυσόστομος zu. So Ṣlībā von Manṣūryā in seinem Hymnos über die griechischen Lehrer: ebenda 311 Z. 8; vgl. Masʿūdī, *murūǧ* 2, 328, 2.

[10] Belesys gibt E. Sachau in der Übersetzung (1879) 289; anders 436.

[11] Zu ihm vgl. den Nachtrag.

an das 12. Logion des koptischen Thomasevangeliums (A. Guillaumont, H.-Ch. Puech, W. Till und Yassah ʿAbd al-Masīḥ, Evangelium nach Thomas, 1959), darin Jakobus als derjenige bezeichnet wird, der nach Jesu Tod über die Jünger groß sein wird, zu dem sie als dem Gerechten gehen sollen und um dessentwillen der Himmel und die Erde entstanden seien.

299, 14f. ist *bršy'*, der zweihundert Jahre nach Christi Auftreten das Christentum nach Merw gebracht haben soll, zweifellos Baršabbā. Von ihm berichtet die Chronik von Seʿert, daß er unter Šāpūr I. gewirkt habe (1, 253, 10); man rechnete demnach jene zweihundert Jahre vom Tode Jesu, nicht von seiner Geburt ab. An späterer Stelle wird von Šāpūr II. gesprochen (1, 255, 2f.), wohingegen nur der erste Träger des Namens Sohn eines Ardašēr sein kann (vgl. 253, 10). Baršabbā predigte das Christentum in ganz Chorāsān (1, 256, 9f.), ausgehend von Merw (1, 255, 9f.). Die Chronik beruft sich ausdrücklich auf Daniel bar Maryam (1, 255, 6) als Quelle.

300, 24f: das seltsame Paar des Märtyrers Seleukos und seiner Braut Stratonike dürfte wohl nach Antiocheia am Orontes gehören. Bessere Kenner der Hagiographie, als wir es sind, mögen beurteilen, ob darunter Seleukos I. und Stratonike, spätere Gattin Antiochos' I. und Heldin einer berühmten Liebeserzählung, sich verbergen.

3

Bei der Bekehrung der südrussischen und kaukasischen Hunnen mochten allenfalls die einzelnen christlichen Bekenntnisse — Arianer, Orthodoxe und Monophysiten — in Wettbewerb treten. Anders war es im hephthalitisch-soghdischen Bereich. Der Buddhismus hatte früh mit seiner Mission in Ostiran begonnen, und die Stūpa's und Heiligtümer reichten von Gandhāra und vom Swātgebiet im Süden über den Naubehār von Balch bis zum Afrasyāb von Samarkand im Norden, wo man Wandgemälde buddhistischen Inhaltes gefunden hat[1]. Daneben stand die manichäische Mission, die gleichfalls in früheste Zeit zurückging[2]. Auf den Spuren Mani's und seiner ersten Apostel hatte man in Chorāsān, dann im Land jenseits des Oxos bis hinauf nach Feryāna Anhänger gewonnen und Gemeinden gegründet. Vergessen wird meist das neue Aufblühen des Zarathustrismus. Es wird sich zeigen, daß dieses für die behandelten Zusammenhänge seine Bedeutung hat.

[1] S. Oldenbourg in: Journ. asiat. 215, 122f.
[2] H. H. Schaeder, Iranica (Abh. Gött. Ges. Wiss. 3. F., 10, 1934) 71f.

Wenn man eine jüngst angefertigte Karte betrachtet, darauf die Verteilung der Religionen im frühislamischen Iran verzeichnet ist[3], muß man sich auf manche Überraschung gefaßt machen. Man nehme Chwārezm: seine Hauptstadt Kāϑ wird für christliches Bekenntnis beansprucht; im Rest des Landes scheint, zumindest nach der Karte, keine Religionsübung sich feststellen zu lassen. Geht man zur Sogdiane weiter, so sind Paikand, Buchārā und Samarkand ausgesprochen buddhistische Städte gewesen, während Panǧikant erneut ohne bezeugte Religion bleibt. Und doch haben die im vorigen Band zusammengestellten Zeugnisse ein völlig anderes Bild geliefert.

Niemand leugnet, daß buddhistische Mission in Ostiran früh Fuß gefaßt hat. Aus der aramäisch abgefaßten Aśoka-Inschrift von Pul-i Daruntah oder Lampāka[4] lernt man, daß der kaiserliche Missionar kurz nach der Mitte des 3. vorchristlichen Jahrhunderts an den Pforten Ostirans stand. Die griechisch-aramäische Bilinguis von Ḳandahār, vom gleichen Herrscher gesetzt, zeigt, daß er mit seiner Verkündigung bis nach Arachosien vorgedrungen war[5]. Der jung-avestische Fravardīn-Yāšt spricht in seiner 16. Strophe davon, daß Buddha (hier *gaotəma* genannt) in einem Redewettstreit einem Vertreter zarathustrischer Lehre oder gar Zarathustra selbst unterliegen werde[6]. In der Tat fand Aśoka's Bemühung zunächst keine Fortsetzung. In Haḍḍa reichen die ältesten Funde bis ans Ende des 2. Jahrhunderts n. Chr. zurück[7], und dasselbe gilt von Bāmiyān. Demnach hatte damals oder kurz zuvor ein neues Vordringen des Buddhismus eingesetzt. Als Einfallspforte diente wie vier Jahrhunderte zuvor der Khyberpaß, das Tal des Kābulflusses und des Ghorbend. An der Straße, die dort hindurchgeht, liegen nicht nur Haḍḍa und Bāmiyān: auch Daruntah (Lampāka),

[3] B. Spuler, Iran in früh-islamischer Zeit (1952) Karte III; dazu 206f.; 217f.

[4] W. B. Henning in: BSOS. 13 (1949) 80f.; dazu A. K. Narain, The Indo-Greeks (1957) 28.

[5] Zuletzt Altheim-Stiehl, Die aramäische Sprache unter den Achaimeniden 1. Lfg. (1959), 21f. in Auseinandersetzung mit D. Schlumberger, L. Robert, A. Dupont-Sommer und E. Benveniste in: Journ. Asiat. 1958, 1f. Zuletzt in: East and West 10 (1954), 243f. und oben 2, 167f.

[6] Altheim-Stiehl, Supplementum Aramaicum 33f. Gegenüber P. Thiemes Deutung von *xratu. kāta-* „der von der Weisheit geliebt ist" (bei Altheim-Stiehl, a. O. 36) jetzt O. Szemerényi in: KZ. 76 (1959), 68 Anm. 5: „lover of *xrat*", φιλόσοφος (uns nicht überzeugend).

[7] J. Hackin, L'oeuvre de la délégation archéol. franç. en Afghanistan 1, 9; vgl. 10; 17; 18; 25.

Fundort der zuerst genannten Inschrift, gehört zu den buddhistischen Ruinenstätten der nachchristlichen Jahrhunderte[8].

Doch schon für dieses Stadium des ostiranischen Buddhismus muß vor Überbewertung gewarnt werden. R. Göbl[9] hat an Hand der Münzprägung Kaniška's festgestellt, daß diese sich als Beweis für eine „conversion to Buddhism" nicht verwerten läßt. „Der Buddharevers ist einer Serie anderer Götter eingereiht, noch seltener als diese und bezeichnenderweise ohne Vierteldenar[10]." „Was die Münzen zur Politik Kaniška's sagen, ist ziemlich klar: . . . religiöse Toleranz durch gemeinsame Aufnahme iranischer und indischer Gottheiten sowie Buddhas in die Münzprägung, wobei die iranischen Gottheiten dominieren[11]." Die Darlegungen Göbls sind bisher unwidersprochen geblieben.

Jetzt tritt der Nachweis hinzu, daß die angeblichen Goten auf mittelindischen Weihinschriften[12] auf einer Täuschung beruhen. W. Wüst's Ergebnis schließt aus, daß die buddhistische Mission sich derart nach Norden und Nordwesten ausgebreitet hat, daß sie die Goten erreichen konnte. Man darf als Erleichterung bezeichnen, daß die Forschung nicht mehr mit solchen Möglichkeiten zu rechnen braucht (unten Beilage 1).

Was bleibt, ist trotz diesen Abstrichen immer noch beträchtlich. Daß Buddhas Lehre vor dem Aufkommen des Islam die Masse derer, die nördlich des Oxos wohnten, anhing, ist ausdrücklich bezeugt (Fihrist 345, 13f. Flügel). Tirmiδ und Balch, am Nord- und Südufer des Flusses sich fast unmittelbar gegenüberliegend, lassen eine der Einfallspforten buddhistischer Mission erkennen. In Tirmiδ haben die sowjetischen Ausgrabungen erwiesen, wie tief diese Mission ihre Wurzeln ins Erdreich gesenkt hatte. Pērōz, Bruder Šāpūr's I. (239—272) und dessen Statthalter in Chorāsān, hatte *bwld' yzdy* auf eine seiner Prägungen[13] setzen lassen[14].

[8] A. Foucher, La vieille route de l'Inde 1, 151; 153; Taf. 32d. Vgl. den Bericht Huei-ch'ao's bei W. Fuchs in: SBAW. 1939, 447.

[9] In: Altheim-Stiehl, Finanzgeschichte der Spätantike 190.

[10] a. O. 190f.

[11] a. O. 191.

[12] Zuletzt darüber M. Mayrhofer in: Ztschr. für deutsches Altertum 89 (1959), 289f.

[13] E. Herzfeld, Kushano-Sasanian Coins (1930) 14; 24f.; 30f.; 42; R. Vasmer in: Zeitschrift für Numismatik 42 (1932), 24f.; H. H. Schaeder, Iranica. Abh. Gött. Gesellsch. d. Wiss. 3 F., 10 (1934), 73.

[14] R. Köbert erinnert uns brieflich (unter dem 29. 6. 59) an den Vorschlag H. Kruse's, wonach man bei Iosephos, ant. 18, 1, 5 statt Δάκων τοῖς πλείστοις zu lesen habe: Σάκων τοῖς Ποδισταῖς: Saken, die man Buddhisten nennt (in: Vetus Testamentum 9, 1959, 31f.). Wir glauben, hier Zurückhaltung üben zu müssen.

Im Folgenden haben wir es mit den Jahrhunderten zu tun, die schon den Anfängen des Mittelalters angehören. Damals änderte sich das Bild eines buddhistischen Siegeszuges, der bereits den Oxos hinter sich gelassen hatte. Spätestens seit der Mitte des 7. Jahrhunderts läßt sich ein Umschwung feststellen. „Ils honorent la religion bouddhique; ils sacrifient au dieu du ciel" sagen die chinesischen Quellen und meinen im zweiten Fall Ormuzd[15]. Das könnte auf ein Gleichgewicht der Bekenntnisse weisen. Jedoch fand Hiüen-tsang um 629 in Samarkand nur noch zwei verlassene buddhistische Klöster, denen er vergeblich Insassen zu verschaffen suchte[16]. Mit dem Auftreten der Araber in Chorāsān brechen die Nachrichten nicht ab. Sie zeigen kaum noch Reste des Buddhismus: alles, was diese Autoren bekunden, führt auf entschiedene Vorherrschaft der zarathustrischen Verkündigung.

Man könnte darüber streiten, ob die gelegentlich angeführten Götzentempel nicht doch buddhistische Heiligtümer gewesen seien. Aber die Erwähnung der Feuerhäuser ist eindeutig, und eben aus ihnen werden die Götzenbilder geholt, deren goldener und silberner Schmuck der Raublust, deren hölzerner Kern dem religiösen Eifer der Eroberer — will sagen: dem Feuer — zum Opfer fallen. Man hat vom Afrasyāb bei Samarkand die lange Reihe der Anāhita-Terrakotten, von der achaimenidischen bis in islamische Zeit reichend. Danach mag man sich jene Kultbilder vorstellen, und unser Yäscht, der *arədvī sūra anāhita* gilt, scheint ein solches Bild der Göttin zu beschreiben[17]. Götzentempel und Feuertempel fallen zuweilen nachweislich zusammen, wie dies von dem zarathustrischen Heiligtum gilt, darauf Ḳutaiba b. Muslim auf seinem Rückweg von Buchārā zum Oxos stieß. Besondere Merkwürdigkeit war, daß im heiligen Bezirk Pfauen gehalten wurden.

Naršaḫī, Chronist seiner Vaterstadt Buchārā, hat ein Bild gezeichnet, das allein den Zarathustrismus in vorislamischer Zeit zu kennen scheint. Einmal erwähnt er eine Buddhafigur mit Aedicula, die aus China kam; sonst allein Feuerhäuser, Magier und deren Gesänge. Der Bekehrungseifer der

[15] Chavannes 1, 105.

[16] W. Barthold, Zwölf Vorlesungen über die Geschichte der Türken Mittelasiens. In: Welt des Islam 14—17 (1932—1935) 44; Zur Geschichte des Christentums in Mittelasien (1901) 11.

[17] Einige Beispiele bei R. Hauschild in: Mitt. d. Instituts für Orientforschung der Deutschen Akademie 7 (1959), 1f. Darstellung der Anāhita auf sasanidischen Münzen: R. Göbl in: WZKM. 56 (1960), 36f.

Muslim wendet sich gegen den Feuerkult, dessen Spuren getilgt, dessen Götterbilder geplündert und verbrannt werden sollten. Wie in Buchārā, so stand es auch in Samarkand oder im benachbarten Panǧikant. Die westliche Sogdiane bildete zusammen mit dem am Unterlauf des Oxos liegenden Chwārezm ein Gebiet, das im 7. und beginnenden 8. Jahrhundert vorwiegend, wenn nicht ausschließlich zarathustrisch war.

Dem entsprach, daß man in der Vorstellungswelt der iranischen Sage lebte und ihrem Vorbild gemäß sich verhielt. Nicht nur der Sieger über die Hephthaliten, Bahrām Čōbīn, berief sich auf Rustam, Isfendiyār und Kaichusrō[18]. Ṭarḫūn, König der Soghder, führte Rustam im Munde, als sei er einer der Seinen. Soḫrāb, Rustam's Sohn, galt als Türke oder als Türkenherrscher, demnach als Hephthalite, und war ein Gleichnis dessen, was die hephthalitische Kultur bestimmte. Aber auch dem König von Šūmān standen die großen Bogenschützen iranischer Sage und Geschichte vor Augen, und in Buchārā besangen die Magier den Tod des Helden Siyāvuš und forderten Rache für den Ermordeten, bis in islamische Zeit.

Nur südlich des Oxos lebte die Lehre Buddhas in Heiligtümern und in den großen städtischen Mittelpunkten fort. Die Nachbarschaft Gandhāra's und des Swātgebietes mit der Fülle ihrer Stūpa's und sonstiger buddhistischer Kultstätten mag einen Rückhalt geboten haben. Weit nach Norden vorgeschoben lag in Balch der Naubehār, dessen Vorsteher das Geschlecht der Barmakiden bildete. Sie trugen im Namen die buddhistische Herkunft, mochten sie dieselbe später auch verleugnen. Im Naubehār, der damals schon von den Eroberern ausgeplündert worden war, verrichtete Nēzak Tarchan sein Gebet, bevor er sich zum letzten Verzweiflungskampf erhob. In Balch selbst war nicht vergessen, daß man als Geburtsstadt Zarathustras galt. Das Fest Mihraγān wurde dort bis in islamische Zeit mit großem Aufwand gefeiert, mochte es zuletzt auch des zarathustrischen Charakters entkleidet sein.

Der bereits genannte Pilger Huei-ch'ao gibt auch da ein eindrucksvolles Bild[19]. Der ganze Süden Ostirans ist um 726 buddhistisch. Gandhāra's Hauptstadt Puṣkalāvatī hat einen von Kaniška erbauten Stūpa, hat andere Weihestätten, Klöster und Mönche; Mahāyāna- wie Hīnayāna-Lehre werden ausgeübt. Kāpiśī hängt der Hīnayāna-Lehre an, hat Klöster

[18] Altheim-Stiehl, Ein asiatischer Staat 1 (1954), 209.

[19] W. Fuchs in: SBAW. 1939, 445f.; 447f.; 451f. Soweit wir sehen, ist Huei-ch'ao's Bericht B. Spuler unbekannt geblieben. Er führt lediglich Hiüen-tsang an (a. O. 218).

und Buddha-Reliquien. Zābulistān hat hingegen die Mahāyāna-Lehre angenommen; auch dort finden sich Mönche und Klöster. Bāmiyān bietet dasselbe Bild, nur hat man sich auf Annahme beider Lehren geeinigt. Tochāristān bevorzugt die Hīnayāna-Lehre: „man kennt dort keine häretische Lehre". Weiter ist Ḫottal der Hīnayāna-Lehre ergeben; wieder bestimmen Klöster und Mönche das Bild. Anders hingegen die Sogdiane. In ihren sechs Ländern „verehrt man allgemein den Zarathustrismus, und Buddhas Lehre ist unbekannt; nur in Samarkand gibt es ein buddhistisches Kloster mit einem Mönch. Auch ist nichts von Ehrfurcht bekannt". Ausdrücklich wird die Ehe mit Schwestern und Mutter nach zarathustrischer Art[20] genannt. Ähnlich steht es mit Ferγāna: „Buddhas Lehre ist unbekannt, und es gibt keine Klöster noch Mönche und Nonnen". Weiter: „auch die T'u-küeh (gemeint sind die Türkvölker des Nordens) kennen nicht Buddhas Gesetz und haben weder Klöster noch Mönche". Damit hat sich unser Ergebnis bestätigt.

Eine weitere Frage ist, was zur Wiedergeburt des Zarathustrismus geführt hat. Nichts haben dazu die Türken beigetragen. Sie haben sich nach ihrer ostiranischen Umgebung gerichtet. Im Norden, wo sie Nachbarn der Soghder und Ferγāna's waren, haben sie den Buddhismus nicht angenommen (allerdings auch nicht Zarathustras Lehre). Im Süden sind die türkischen Herren in Gandhāra, Kāpiśī, Zābulistān und auch in Ḫottal zu Verehrern Buddhas geworden. Man muß sich auf Mutmaßungen beschränken. Nach dem Sturz des großen Hephthalitenreiches wanderten die nomadischen Stämme — Awaren, Chazaren und Bulgaren — nach Westen. Im Land nördlich des Oxos verschwand daraufhin das hephthalitische Volkstum rasch. Einen Mittelpunkt gab es noch: ihn darf man, Mas'ūdī zufolge, im Land zwischen Buchārā und Samarkand suchen. Aber Soghder und Hephthaliten, Iranier und türkische Hunnen als völkische Bestandteile zu scheiden, ist nur in besonderem Falle möglich. Die Hephthaliten waren in ihren soghdischen Untertanen aufgegangen. Südlich des Flusses hingegen hatten sich hephthalitische Bezirke noch vergleichsweise unberührt erhalten. Von Bāδγēs und Herāt wird dies ausdrücklich gesagt, und dort war auch Nēzak Tarchan zuhause, den man als letzten Hephthaliten bezeichnen mag. Er hing der buddhistischen Lehre an, und dasselbe wird man für seine Untertanen zumindest in Tochāristān annehmen dürfen. Dann könnte es so sein, daß die Hephthaliten, solange sie unvermischt und ungebrochen dastanden,

[20] Vgl. F. Altheim, Weltgeschichte Asiens im griechischen Zeitalter 1 (1947) 164; über die gleiche Übung bei den Sasaniden Ya'ḳūbī 198, 3f.; 199, 4 Houtsma.

den Buddhismus bevorzugten und ihm bis zuletzt anhingen. Wohingegen in dem Maße, wie nördlich des Oxos das soghdische Volkstum gegenüber den einstmaligen Eroberern sich durchsetzte, die nationale Religion Irans verlorenen Boden zurückgewann. Dem Adel und der reichen Kaufmannschaft der Städte mag ein wohlbemessener Anteil daran zukommen.

4

Was sich an religiösen Auseinandersetzungen im Land nördlich des Oxos abgespielt hat, vergegenwärtigt eines der Wandgemälde von Panğikant. Von A. M. Belenizkij 1958 veröffentlicht[1] (Abb. 1), ist es in seiner Bedeutung noch nicht erkannt worden.

Die dargestellte Szene spielt in einer Säulenhalle. Deren Architrav bildet den oberen Abschluß des Bildes; eine der tragenden Säulen mit konischem Unterteil erkennt man am linken Rand. Auf einem *sarīr*, dessen Längsseite zur Bildfläche parallel verläuft, sitzen vier männliche Personen. An den Gesten der erhobenen Hände zeigt sich, daß sie in angeregter Auseinandersetzung sind. Dem Aussehen nach gehören die erste, dritte und vierte Figur (von links gerechnet) zusammen. Dunkelhaarig, tragen sie das Haar, ob lang oder kurzgeschnitten, eng am Kopf, gleich einer Kappe anliegend. Zwei von ihnen sind bartlos, der dritte hat einen rund gestutzten Bart, der sich unter dem Kinn beiderseits hinzieht, dieses aber ausrasiert läßt. Das Obergewand, mit rundem Halsausschnitt und langen Ärmeln, sitzt eng am Körper; das Unterkleid, beim Sitzen hochgezogen, läßt bis zu den Knöcheln reichende Hosen sehen. Hauptfigur dieser Gruppe ist die dritte von links, ausgezeichnet durch eine reicher ausgestattete Aureole, die ein Flügelpaar krönt, und durch ein helles, mit eingewebtem Zierrat versehenes Obergewand. Diese Figur ist im Gespräch mit seinem Gegenüber, der zweiten Figur, begriffen, und die ausgreifende Geste unterstreicht, was sie vorzubringen hat.

Der Gegner fällt aus dem Rahmen der bereits Genannten. Die helleren, strähnigen Haare wuchern üppig; nach hinten aufwärts gestrichen, werden sie über der Schädelkalotte durch ein Band zusammengehalten und fallen am Rücken sowie seitwärts herab. Schnurrbart und langer, spitz zulaufender Kinnbart vollenden den Gegensatz. Der Oberkörper ist unbekleidet; ein Umhang bedeckt lediglich die Schulter. Das Untergewand beginnt erst an der Hüfte. Durch seine Streifengebung hebt sich jener, durch seine hell-

[1] In: Trudy Tadžiskoj archeologičeskoj ekspedicii 3 (1948), 144—145 fig. 48.

farbige Schmucklosigkeit dieses von den bunten Bordüren und eingewebten Ornamenten ab, die die Kleidung der restlichen Gruppe schmücken. Auch das Sitzen unterscheidet sich: hockten jene drei mit untergeschlagenen Beinen, so sitzt die zweite Figur von links nach europäischer Weise mit herabhängenden Beinen.

Zunächst ist deutlich, daß in der zuletzt genannten Figur ein Arhat in der Weise dargestellt ist, wie man sie aus der buddhistischen Kunst Afghanistans kennt. Haar- und Barttracht, die Gebetsketten, die sparsame und einfache Bekleidung zeigen, daß man es mit einem Vertreter der Lehre des Erleuchteten zu tun hat[2]. Die übrigen drei erweisen die Hosentracht und das Brokatkleid als Vertreter eines reiterlichen und ritterlichen Volkes. Wieder ist es der Adel Panǧikant's, der sich derart darstellt, und die Waffenlosigkeit einerseits, die Aureolen andererseits zeigen, daß man Vertreter der Geistlichkeit, Lehrer oder Priester, vor sich hat. Schwerlich handelt es sich um Buddhisten oder um Anhänger des Arhat, der in ihrer Mitte weilt. Man hat den Eindruck, als setzten die übrigen drei diesem mit Rede und eindringlicher Erörterung zu. Buddhas Lehre ist in ihrem Vertreter angegriffen, dieser in die Verteidigung gedrängt und nicht nur äußerlich, sondern auch innerlich isoliert.

Also ein religiöses Streitgespräch: eine der in jener Zeit beliebten Disputationen der Vertreter zweier Religionen; dergleichen wird noch behandelt werden. Der Arhat hier, drei Gegner auf der anderen Seite — aber welche Lehre hätten diese zu vertreten. Daß sie keine Buddhisten sind, hat sich gezeigt, aber ebensowenig sind sie Manichäer; das beweist ihre Tracht. Stellen sie sich zum Adel Panǧikant's, so können sie nur Zarathustrier sein. Diesen gehörten die Tempel der Stadt, und Dīvāštī(č), Herr des Berges Muγ und Panǧikant's, war gleichen Bekenntnisses.

Von einem Streitgespräch zwischen *gaotəma* (Buddha) und Zarathustra berichtete bereits Yäšt 13, 16. Da waren die Religionsgründer selbst einander gegenübergetreten, und was sie getan, mochten ihre Anhänger in der Folgezeit unzählige Mal wiederholt haben. Daß ein rechter Lehrer und Künder der zarathustrischen Religion mit Schülern auftrat, zeigt der gleiche Yäšt, wenn 97 von den *Fravaši* „des Saēna, des *Ahu*-betenden, des *Aša*-gläubigen (*ašaonō*), . . . der zuerst mit hundert Schülern auftrat", gesprochen wird.

[2] Besonderer Belege bedarf es nicht. Nur für die Barttracht sei auf Mémoires de la délég. archéol. Française en Afghanistan 6 (1930) pl. 64 verwiesen.

Nochmals sei zum Wandgemälde zurückgekehrt. Zwischen den beiden Mittelfiguren und Führern des Gesprächs liegt ein rechteckiger Gegenstand, in farbig abgesetzte Felder geteilt und durch eine senkrechte Mittelleiste sowie zwei quergelegte Bandketten gegliedert. Man denkt an einen Kasten oder ein Behältnis, dessen wertvollem Inhalt die reiche Verzierung der Außenseite entspricht. Eine weiter unten befindliche Figur, zwischen den beiden ersten mit dem Oberkörper ins Bildfeld hineinragend, hält ein Blatt, dessen Größe der des Behälters entspricht. Offensichtlich war dieser dazu bestimmt, jene Blätter zu bergen, und enthielt bereits solche, gleich dem hölzernen Kasten, darin die koptischen Mani-Handschriften, ebenfalls aus übereinandergelegten Papyrusblättern bestehend, lagen[3]. (Auch der talmudische Traktat Bāḇā mṣīʿā 73b weiß von Urkunden im Kasten des Königs: *muhrᵉḵē . . . b-sipṭā ḏ-malkā.*) Da der Knabe, der das Blatt hält, sich seinem Äußeren nach zur Dreiergruppe stellt, müssen Behältnis und Inhalt, Kasten und die darin enthaltenen Schriften den Zarathustriern gehört haben. Zum Streitgespräch mit dem Buddhisten hatten sie ihre heiligen Schriften mitgebracht beriefen sich auf sie.

Das Wandgemälde, wenn richtig gedeutet, führt mitten in die Auseinandersetzung hinein, darin der Zarathustrismus Sieger blieb. Entstanden um die Wende des 7. zum 8. Jahrhundert oder in den beiden ersten Jahrzehnten des letzten, mochte es eine Auseinandersetzung darstellen, die im Laufe der vergangenen hundert Jahre sich abgespielt hatte. Als Episode aus dem siegreichen Kampf der einheimischen Religion gegen den Eindringling, der aus Nordwestindien herübergekommen war, hatte man das Streitgespräch der Darstellung für wert gehalten. Ein wieder zarathustrisch gewordenes Panǧikant und das dort führende Herrschergeschlecht legten, indem man das Geschehnis abbilden ließ, Bekenntnis zu jener Religion ab, die jetzt den muslimischen Eroberer zu bestehen hatte.

5

Christliche Hunnenmission auf der einen Seite, auf der anderen die völkischen Verschiebungen im einstmals hephthalitischen Bereich und die wahrscheinlich darauf beruhende zarathustrische Wiedergeburt unter den Soghdern mögen als örtlich begrenzte Ereignisse erscheinen. Eine Geschichts-

[3] Dasselbe gilt für zwei berühmte hebräische Pergamenthandschriften, des späten 9. und frühen 11. Jahrhunderts: den Propheten-Kodex, der heute in der Karäer-Synagoge von Kairo-ʿAbbāsīye aufbewahrt wird, und den Leningrader Bibelkodex B19a: P. Kahle, Der hebr. Bibeltext seit F. Delitzsch (1961), 76; 78.

schreibung des Altertums, die sich weigert, von der Veränderung unseres Weltbildes Kenntnis zu nehmen, ist ohnedies wenig geneigt, die Länder zwischen Kaukasus und Balkasch-See, Āδurbaiγān und Hindukusch in ihre Betrachtung einzubeziehen. Und doch zeigt sich täglich, daß im Spannungsbereich zweier sich gegenüberstehender Weltmächte jede Verschiebung, mag sie am entlegensten Ort sich ereignen, aufs Ganze wirkt. In einer Zeit, in der der Gegensatz Ostroms und des sasanidischen Persiens das Geschehen bestimmte, war es nicht anders.

Das Schicksal wollte, daß die sasanidische Politik in erster Linie betroffen war. Mission unter den Hunnen mußte in dem Maß, wie sie erfolgreich war und ausgriff, Ostrom ein Übergewicht verleihen. Germanen und hunnische Stämme bildeten jeweils das Becken, daraus sich die Werbungen beider Heere, des oströmischen und des persischen, speisten. Seit den Ereignissen, die 375 begannen und in Attilas Herrschaft ihren ersten Höhepunkt erreichten, war die bisherige Vorzugsstellung der Germanen erschüttert. Ost- und Westgoten, Wandalen, Heruler, Gepiden, Langobarden hatten die harte Faust der Hunnen und Awaren gespürt. Vor dem Schrecken war, wer sich zu entziehen vermochte, nach Gallien, Spanien und Nordafrika, nach Oberitalien oder aufs Südufer der unteren Donau ausgewichen. Hunnen und Massageten hatten unter Belisars und Narses' Führung Wandalen, Ostgoten und Franken zu Paaren getrieben. Noch hatten Oströmer und Perser untereinander die Masse der Söldner, die aus dem weiten hunnischen Bereich ihnen zuströmten, geteilt. Kadisener, Massageten und kaukasische Hunnen fochten auf beiden Seiten und ließen sichs nicht nehmen, bei passender Gelegenheit die Partei zu wechseln. Gelang es, die hunnische Führerschicht oder gar die Masse für das Christentum zu gewinnen, so mußten sich für die Sasaniden die Aussichten auf Anwerbung hunnischer und hephthalitischer Hilfstruppen zusehends verringern.

Als Beispiel für andere mag die Geschichte der Τζάνοι oder Σάνοι stehen, die Prokop (bell. 1, 15, 21—25) berichtet. Im Mündungsgebiet des Phasis, unfern von Kolchis, wohnend, suchten sie das römische Gebiet mit ihren Plünderungen heim. Versuche, sie durch Zahlungen zum Ruhehalten zu bewegen, mißlangen. Die Barbaren hielten sich nicht an die beschworenen Verträge und verheerten erneut Armenien und das römische Gebiet. Auch wenn man sie besiegt hatte, waren sie nicht recht zu fassen. Schließlich gelang, sie durch Einreihung ins römische Heer (ἐς καταλόγους ἐσεγράψαντο) zu gewinnen. Sie stellten fortan eine Truppe, gewöhnten sich an eine seßhafte Lebensweise und gaben nicht nur ihre bisherigen Sitten, sondern auch ihre Religion auf. Bekehrung zum Christentum besiegelte die eingetretene Wendung.

Auf sasanidischer Seite konnte man nicht daran denken, es mit einer zarathustrischen Gegenmission zu versuchen. Zwar hört man gelegentlich davon, Zarathustra habe sein Avesta in sieben Sprachen geschrieben: auf griechisch, hebräisch, hyrkanisch, in der Sprache von Merw und Zarnak, auf persisch und sakisch. Andere nannten noch das Aramäische und Armenische[1]. Das mochte einer Mission in den verschiedensten Sprachen gleichen, wie Christen, Manichäer oder Buddhisten sie trieben. Doch traf jene Angabe nicht zu: außer dem avestischen Original gab es nur die mittelpersische Übersetzung. Von einer Bewegung, die über die Grenzen Irans hinausgeführt hätte, konnte nicht die Rede sein.

Vielleicht hätte man dergleichen erwogen, wäre die zarathustrische Wiedergeburt in der Sogdiane früher eingetreten. So setzte sie erst ein, als die Macht des sasanidischen Reiches bereits im Sinken war. Zu dem Zeitpunkt, da man erstmals vernimmt, der Zarathustrismus habe in Buchārā an Boden gewonnen, war Chusrō II. Aβarvēz gestürzt, der Krieg gegen Herakleios verloren, stand die Anarchie vor den Toren. Ein Jahrzehnt später kämpfte man mit dem muslimischen Eroberer ums eigne Fortbestehen, und bald sollte dieser sich anschicken, den ganzen Osten bis nach Ferγāna und Kābulistān zu erobern.

Aber auch, wenn man jene Ruhe und Sicherheit besessen hätte, an der es in Wirklichkeit gebrach, war fraglich, ob man mit einer zarathustrischen Gegenmission unter den Hunnen Erfolg haben würde. Jene Wiedergeburt nördlich des Oxos fiel, wenn die zuvor geäußerte Ansicht zutrifft, mit dem Erstarken des soghdischen Volkstums zusammen. Wieder ging es nicht um eine Mission außerhalb von Irans Grenzen. Gerade die Hephthaliten, wo immer sie sich noch unvermischt gehalten hatten, also die Bevölkerungsteile hunnischer Abstammung, hatten den Buddhismus vorgezogen.

Auch im eignen Land gelang den Zarathustriern nicht allzuhäufig, Proselyten zu gewinnen. Pērōz ließ die Christen auffordern, die Sonne als Gott, hingegen Feuer, Wasser und Sterne[1a] als Götterkinder zu verehren (Chronik von Seʿert 2, 101, 3). Doch bedurfte es äußersten Druckes, um dem Gebot eine begrenzte Wirkung zu verschaffen. Meist versagte auch der Einsatz

[1] Bidez-Cumont, Les mages hellénisés (1938) 1, 40; 2, Fr. S 5 Anm. 1; S 6 Anm. 5; S 9a; F. Altheim, Niedergang der Alten Welt 2 (1952), 242.

[1a] „Großer Gott, Sonne und Feuer": Ioh. Ephes. 3, 280, 2 Brooks.

aller Machtmittel. Man erfährt einmal, daß ein Priester durch Hang zu weltlichen Vergnügen zum Übertritt sich bewegen ließ (Chronik von Seʿert 2, 467, 3f.; ähnlich 2, 159, 8f.; Biogr. des Mār Abbā[1b] 249, 4f. Bedjan). Einen Sonderfall bildete Paulus der Perser, Verfasser einer Chusrō I. Anōšarvān gewidmeten Einleitung in die Logik[2], der „in kirchlichem Wissen und philosophischer Disziplin" sich ausgezeichnet hatte (Barhebraeus, chron. eccl. 3, 97, 15f.). Er wurde aus Enttäuschung über eine nicht erlangte Metropolitenwürde zum Magier (ebenda 97, 18f.; Chronik von Seʿert 2, 147, 2f.). Sonst aber vernimmt man eher das Gegenteil. Bekehrungen fielen mit Abwendung vom Zarathustrismus zusammen, und es wird sich noch zeigen, wie sehr die herrschenden Schichten des Sasanidenreiches durch ihre Haltung dies begünstigten.

Beispiele des Übertritts sind zahlreich. Ein nachmaliger Katholikos oder auch ein Metropolit waren ursprünglich Magier gewesen[3]. Man widerstand der Verlockung, sich zum Zarathustrismus zu bekennen, auch wenn man die Weigerung mit dem Tode bezahlen mußte (Barhebraeus, chron. eccl. 3, 41, 6f.). Magier in kleiner oder großer Zahl ließen sich taufen (ebenda 3, 101, 2f.; Michael Syrus 262 l. Z. 29 syr.; 2, 165 1. Übers. uam.). Selbst Angehörige des Königshauses oder der hohen Klerisei wagten den Schritt (Chronik von Seʿert 2, 164, 5f.). Weitere Fälle müssen gesondert behandelt werden.

6

Unter den Inschriften der Synagoge von Dura-Europos, deren datierte Stücke sämtlich in das 14. Regierungsjahr Šāpūr's I. (mit dem 23. September 253 beginnend) fallen[4], erscheint in B. Geiger's Ausgabe Nr. 52 wie folgt[5]:

1 *LZNH '[Z]DH ʿBYDWN 'YK š'ty*
2 *YHWWN Wyzd'n K'L' ʿŠMYTN*
3 *'DYN ŠWM⟨m⟩'n QDM*

"This make ye known, that joyous
ye are, and to God's voice listen;
then peace upon us [will be]."

1b *Aḇā*: Payne Smith; *Āḇā*: Baumstark. Aber ἄββα, *Abbo*, jüd.-aram. E.N. *Abbā* sind eindeutig.

2 Dazu Altheim-Stiehl, Porphyrios und Empedokles (1954) 23f.

3 Barhebraeus, chron. 3, 59, 18f.; 60 Anm. 2; 89, 6; Biogr. des Mār Abbā 210, 5f. Bedjan; J.-B. Chabot in: Journal asiat. 1896, 48f.

4 Altheim-Stiehl, Philologia sacra 79f.

5 In: The Excavations at Dura-Europos. Final Report VIII Part I (1956): The Synagogue 312f.

Über Geigers Lesungen ist von uns das Nötige gesagt worden[6]. Im vorliegenden Fall halten wir *LZNH* 1, ebendort *'[Z]DH* und *š'ty*, sodann *YḤWWN* und *K'L'* 2, schließlich *'DYN ŠWM⟨m⟩'n* für Verlesungen. Sie wiegen um so schwerer, als sie teilweise die Annahme grammatischer Ungeheuerlichkeiten zur Folge haben. *'ŠMYTN* soll, da Geiger zu Beginn fälschlich 'Ain liest (er bemerkt dazu: "not even Polotsky has noticed, that this word begins with a *w* = 'Ain"), als Form von *'ŠMHWN* = *āšnūtan*, *ŠWM⟨m⟩'n* als *ŠLM'n* zu lesen sein. Die erste Annahme bedarf keiner Widerlegung, die zweite erledigt sich dadurch, daß zwar im Buchpehlevi eine Schreibung von *l* mittelst *w* begegnet, nicht aber in den Inschriften. Daß eine Lesung *K'L'* mit *k* statt *ḳ* durch daneben erscheinendes *QDM* (nicht *MDM*) ausgeschlossen wird, bedarf kaum eines Wortes. Schließlich dürfte *yzd'n* als Bezeichnung des Gottes der Juden, dazu noch auf einer in der Synagoge angebrachten Inschrift, keinen Verständigen überzeugen. Man darf Geigers Lesung auf sich beruhen lassen.

Zuvor hatte P. J. de Menasce[7] (den Geiger nicht anführt) richtig *'BYDWN*, *'YK* und *ŠMYTN* gelesen und seinerseits eine Deutung versucht. Ausgehend von *ŠMYTN* = *vikand* „détruit" meinte er: „On peut penser que cette inscription non datée a trait à quelque accident de travail qui a obligé nos peintres à effectuer un replâtrage". Seine Deutung unterscheidet sich durchaus von der Geigers; freilich geht auch sie in die Irre.

Zunächst unsere Lesung und Übersetzung:

L'YNY 'YNH 'BYDWN 'YK ŠRRT ZY
yḥwdy Wyzd'n 'ḤL' ŠMYTN
Y'TWN W'ŠMḤN QDM

„Er blickte dorthin, wo die Wahrheit der
Juden (war), und den anderen Gott zerstörte er,
kam und hörte zu".

Zunächst bezieht sich *'BYDWN* nicht auf Herstellungsarbeiten. Als „periphrase verbale"[8] gehört es mit *'YNH* zusammen und ist durch *L'YNY*

[6] Altheim-Stiehl, Supplementum Aramaicum 116f.; Finanzgesch. der Spätantike 377f.; Philologia sacra 59f. — B. Geiger hat darauf in: East and West 10 (1959), 86f. geantwortet und ohne Angabe neuer Gründe seine bisherigen „Lesungen" wiederholt. Unsere Entgegenung findet man ebenda 87.

[7] Journ. asiat. 1952, 518f. Erstmals haben wir uns in: Zeitsch. f. Relig.- u. Geistesgesch. 7 (1955), 350f. mit der Inschrift beschäftigt.

[8] S. Telegdy: in Acta Arch. Hung. 1 (1951), 315f. (die Kenntnis des Aufsatzes wird J. Harmatta verdankt).

verstärkt. Das Subjekt bleibt ungenannt, hingegen wird das Objekt mit einem Nebensatz umschrieben, der mit relativischem *'YK* = *kū* beginnt. Subjekt dieses Nebensatzes ist das auf *'YK* folgende Wort, das zunächst unbesprochen bleibt. In der zweiten Zeile folgt, mit *W* angeschlossen und als Weiterführung des Hauptsatzes zu verstehen: „den anderen Gott zerstörte er".

Es fällt die Schreibung *'ḤL'* auf. Sie steht anstelle der bekannten Ideogramme *'ḤL, 'ḤLN*. Die Form entspricht aram. *uḥrā* „Anderer" und kehrt auf der zweiten Inschrift von Tang-i Sarvak in der zweiten Zeile als *'ḥr'* wieder[9]. Zweifellos ist *'ḤL'* gesetzt, um das zugehörige *yzd'n* als singularisch zu kennzeichnen.

Das gleiche Subjekt, das für *'BYDWN* und *ŠMYTN* anzuerkennen ist, liegt bei *'ŠMHN QDM* vor. Der Ungenannte sah dorthin, wo etwas war, und dann hörte er zu. Was mag es gewesen sein? Die Lösung gibt *ŠRRT*[10] *ZY yḥwdy*. Die Form *ŠRRT* kennt man (auch da eine Besonderheit) aus den Aršāma-Pergamenten und noch aus dem Dura-Pergament 12[11]. Die Schreibungen *ŠMYTN* statt *ŠMYTWN*, *'ŠMHN* statt *'ŠMHWN* besitzen in der Synagogeninschrift Parallelen: *Y'TN* statt *Y'TWN*, *YMYTN* statt *YMYTWN*.

Die „Zerstörung" des „anderen" Gottes war ein Vorgang, der sich im Inneren des Ungenannten vollzog, von dem die Inschrift berichtet. Mit anderen Worten: es handelt sich um eine Bekehrung oder den Beginn einer solchen. Sie vollzog sich an einem Nichtjuden hin zum jüdischen Glauben. *Yzd'n* zeigt, daß er Zarathustrier war.

Man hat bemerkt, daß Teilnahme am jüdischen Gottesdienst nicht einschloß, daß man an den Vorrechten und Verpflichtungen der Juden teilnahm oder gleich diesen gesellschaftlicher Verachtung anheimfiel[12]. In der Judenschule des pisidischen Antiocheia erscheinen am Sabbath außer Juden auch solche, die „Gott fürchten" (Acta 13, 16) oder „gottesfürchtige Judengenossen" (13, 43). Am nächsten Sabbath vermag in derselben Schule „fast die ganze Stadt" zusammenzuströmen, um „Gottes Wort zu hören" (13, 44).

[9] Altheim-Stiehl, Supplementum Aramaicum 90f.; 93f., unter Richtigstellung der Lesungen W. B. Hennings in: Asia Major N. S. 2 (1952), 171f.

[10] Unsere frühere Lesung *šyrt* geben wir auf.

[11] Zuletzt Altheim-Stiehl, Die aramäische Sprache 1. Lfg. (1959), 44.

[12] A. D. Nock, Conversion (1932) 62.

Auch unser Ungenannter beschränkt sich darauf, der „Wahrheit" der Juden in der Synagoge zu lauschen.

Vorher indessen hatte er „den anderen Gott" in seinem Inneren „zerstört". *ŠMYTN* ist aram. *šmṭ*, syr. *šmaṭ* „eripuit", womit sich vergleichen läßt, wenn Apuleius von einem Weibe sagt (met. 9,14): *spretis et calcatis divinis numinibus in vicem certae religionis mentita sacrilegia praesumptione dei, quem praedicaret unicum*[13]. Doch die stärkste Ähnlichkeit mit unserer Inschrift zeigt Ibn Hišām's Bericht über den Perser Salmān (1, 136, 16f. Wüstenfeld), mag dieser auch nicht zum Judentum, sondern zum christlichen Glauben sich bekehrt haben[14].

Salmān entstammte dem Dorf Ǧaiy bei Iṣfahān. Sein Vater war *dēhkān* des Dorfes. Salmān war nach seinen Worten eifrig in der Religion der Magier und mit der Wartung des heiligen Feuers befaßt. Eines Tages ging er an „einer Kirche von den Kirchen der Christen" vorüber und vernahm das Gebet darin. „Ich trat ein", heißt es wörtlich, „zu ihnen, zu sehen, was sie täten, aber nachdem ich sie gesehen, da gefiel mir ihr Gebet, und ich empfand Begehr nach ihrem Tun, und ich sagte: 'Dies ist, bei Gott, besser als das, was wir haben', und, bei Gott, nicht verließ ich sie, bis die Sonne unterging . . . Dann sagte ich zu ihnen: 'Wo ist der Ursprung dieses Glaubens?' Sie antworteten: 'In Syrien'".

Auch die Bekehrung Izates' II. von Adiabene und seiner Mutter Helena zum Judentum darf angeführt werden (Ioseph., ant. 20, 2, 24f.)[15]. Der Religionswechsel war schon vor dem Regierungsantritt des Königs erfolgt, doch erst jetzt ließ Izates sich beschneiden. Der Adel Adiabenes beklagte sich, der Herrscher hebe das Herkommen auf, ziehe andere Völker (gemeint ist: die Juden) vor (ebenda 20, 4, 75; 81). Der aufsässige Adel suchte erst den Araberkönig Abias, dann den Arsakiden Vologeses I. gegen Izates in den Krieg zu hetzen.

Was waren τὰ πάτρια, die Izates verletzte? Der König trägt einen zarathustrischen Namen: *izad*, avest. *yazata-*[16]. Also mußte die angestammte

[13] A. D. Nock, a. O. 283.

[14] Die Stelle ist Nock unbekannt geblieben.

[15] P. Kahle, The Cairo Geniza (1947) 184f.; dagegen F. Altheim, Literatur und Gesellschaft 2 (1950), 228f.

[16] Zum Namen P. Kahle, a. O. 184 Anm. 4; dagegen F. Altheim, a. O. 2, 228 Anm. 7; zuletzt A. D. Nock, in: Amer. Journ. Arch. 1949, 278 Anm. 24 Ende.

Religion, auf die unser Bericht anspielt, der Zarathustrismus sein. Man versteht auch, warum man gerade Vologeses I. mit dem Hinweis auf jenes καταλῦσαι τὰ πάτρια anstachelte, während man bei dem Araber sich mit Geldzahlungen und Hilfeversprechen begnügte. Denn der Arsakide tritt in der Überlieferung als eifriger und bewußter Vertreter der zarathustrischen Religion hervor[17].

7

Auch wer zurückblickt, muß erkennen, daß zarathustrische Mission seit jeher unter besonderem Vorzeichen stand. Es empfiehlt sich, an Hand der bisherigen Ergebnisse zu lesen, was J. Bidez und F. Cumont ihrem Meisterwerk an Betrachtungen vorausgeschickt haben[1]. Da war die ursprüngliche Lehre Zarathustras, die Ahuramazda erhob, Ahramanyu sowie die *daēva* verdammte, und mit ihnen jedwede Zauberei, die sich den Dämonen zuwandte; die sich auf sittliche Entscheidung gründete und das in ihr ausgesprochene Gebot. Von Gestirntheologie und Astrologie wußte man nichts. Um so stärker war der Umschlag in hellenistischer Zeit. Zarathustra verband sich mit den Chaldäern und ihrer Wissenschaft. Chaldäer und Magier — oder wie sie jetzt hießen: Magusäer — spendeten den Dämonen und brachten Ahramanyu nächtliche Opfer dar. Zurvān trat Ahuramazda zur Seite und wurde zuweilen zum obersten Prinzip, dem dieser sowie sein finsterer Gegenpart erst entsprungen waren.

Die jüngere, synkretistische Form des Zarathustrismus vermochte sich weithin zu verbreiten. Sie hat ihre Eroberungen im Westen gemacht, sich von Babylonien über Kleinasien bis zur Ägäis ausgebreitet; sie hat zahlreiche apokryphe Schriften in griechischer Sprache hervorgebracht. Ausdehnung und Einwirkung auf andere Völker und Religionen, meinen beide Forscher, könne kaum überschätzt werden. Anders die ursprüngliche Lehre: ihr Siegeszug in Iran selbst war unbestreitbar[2], aber ihr gelang nur selten, über dessen Grenzen hinaus zu wirken. Armenien, daneben Kappadokien und Pontus blieben die einzigen Gebiete, die man unter

[17] Die Belege bei F. Altheim, a. O. 229.

[1] Les mages hellénisés 1, Vf.

[2] Altheim-Stiehl, Die aramäische Sprache 1. Lfg., 89f.; F. Altheim, Zarathustra und Alexander (1960) 39.

den Achaimeniden gewann[3]. Sonst mußte man darauf verzichten, unter den Untertanen des weiten Reiches zu missionieren. Beide Entwicklungsstufen des Zarathustrismus standen nach ihrer Verbreitung in schroffem Gegensatz.

Die Sasaniden hatten nicht gezögert, hellenistisches Magusäertum und alle Arten eines hellenistisch-orientalischen Synkretismus zurückzudrängen. Man wünschte die ursprüngliche Verkündigung in ihrer Reinheit herzustellen. Sofort wiederholte sich, was die achaimenidische Zeit gekennzeichnet hatte. Irans Religion gelang nicht mehr, Anhänger zu finden; sie mußte sich auf Erhaltung des Bisherigen beschränken. Ein christlich gewordenes Armenien, christliche Gemeinden im Zweistromland und in den Nachbarprovinzen setzten dem Zarathustrismus erbitterten, meist unüberwindlichen Widerstand entgegen. Auch die sasanidische Staatskirche und ihre blutigen Verfolgungen haben nicht vermocht, das Unmögliche möglich zu machen.

An anderweitigen Versuchen, den Mißstand zu beheben, fehlte es nicht. Šāpūr I. (239[4]—272) hat den Ausweg gewählt, daß er den Manichäismus zur Mission im Römerreich einsetzte. Der Religionsgründer Mani selbst befand sich im *comitatus* Šāpūr's I., als dieser seine Feldzüge im Westen führte[5]. Es kam zur Mission des manichäischen Bischofs Addā in Ägypten, die vor Šāpūr's 20. Jahr fällt[6]. Auch nach Osten bekamen die Manichäer für eine Weile freie Hand. Mār 'Ammō, Aramäer gleich Addā[7], zog nach Abaršahr, der Hauptstadt Chorāsān's. Pērōz, Šāpūr's Bruder und Statthalter als

[3] W. Eilers in: Relig. in Gesch. u. Gegenwart[3] Art. Iran S. 880. Die Mithrasreligion hat mit Zarathustrismus nichts zu tun. Hingegen wäre das spätere Königreich Pontos zu nennen. Persische Magier erwähnt dort Strabon 733. Und neben dem Kult der Anaitis steht der 'Ωμανοῦ καὶ 'Αναδάτου: Strabon 512. **An-ā-dā-ta-* ist: „wer ohne Heimzahlung ist". Der Makellose paßt zum „Guten Sinn". Sonstige iranische Einflüsse erwähnen Bidez-Cumont, Les mages hellénisés (1938) 1, 30. Nachzutragen ist, daß die sechs Reiter, die mit Mithridates II. Ktistes (302/1—266/5), dem Gründer der Dynastie, aus Antigonos' Lager entrinnen, Dareios' Mitverschworenen gegen Gaumāta entsprechen (Appian., Mithr. 2, 9). Die Flucht zu Pferde ist eine Vorwegnahme der Flucht Ardašēr's I. vom Partherhof, eine gleichzeitige Parallele zur Flucht Seleukos' I. aus Babylon: F. Altheim, Niedergang der Alten Welt 1 (1952), 15f.; 17.

[4] Altheim-Stiehl, Philologia sacra 79f.

[5] Alex. Lycop. 4, 19f. Brinkmann; Kephal. 15, 33f.; über eine *moneta comitatensis* (Legende *BB*') der Sasaniden vgl. R. Göbl bei Altheim-Stiehl, Ein asiatischer Staat 1, 87f.; Numismat. Zeitschr. 77 (1957), 18.

[6] H. H. Schaeder, Iranica 71, mit falscher Umrechnung.

[7] H. H. Schaeder, a. O. 71 Anm. 3.

lb' kuš'n mlk'[8], gehörte zu Mani's ältesten Anhängern[9]. Doch seitdem der Religionsgründer mit der Masse seiner Anhänger der zarathustrischen Priesterschaft unter Kartīr's Leitung erlegen war, kam manichäische Mission für einen Sasaniden nicht mehr in Frage.

Mār 'Ammō war *niβēγān nigār aβāγ* „samt den Schriften (und) dem Bilde" nach Osten gezogen. Manichäische Mission hat niemals auf die anschaulische Wirkung der Darstellung verzichtet. Da ihr damit Erfolg nicht versagt blieb, verfielen Šāpūr oder seine Umgebung darauf, Ähnliches bei dem zweiten Schützling seiner Religionspolitik zu versuchen: bei den Juden. So kam es zu der geschichtlichen Einzigartigkeit, daß in Dura-Europos die Synagoge von oben bis unten, auf königliche Kosten, mit Wandgemälden ausgeziert wurde[10]. Die Juden hatten seit den Achaimeniden auf die persische Karte gesetzt. Unter den Arsakiden hatten sie es so gehalten, und unter den Sasaniden sollte es nicht anders sein. Es wird sich zeigen, daß die Juden an anderem Ort die persische Sache mit Nachdruck und zweitweise mit Erfolg vertraten. Daß die Ausmalung der Synagoge ihnen Anhänger zugeführt habe, wird niemand sagen wollen. An der nordiranischen Grenze gab es einige Städte mit starker jüdischer Bevölkerung, vor allem Gurgān[11] und das spätere Maimana, aber das war zu wenig, um sich auszuwirken[12]. Die Zeit, da das Judentum unter den Chazaren Proselyten gewinnen sollte, war noch nicht gekommen.

In dieser Lage verhieß die zarathustrische Renaissance in der Sogdiane wenigstens einen Aufschub. Aber sie kam zu spät, und ohnedies waren damals hunnische Hilfstruppen aus diesem oder den Nachbarländern nicht mehr zu erwarten. Für die Sasaniden war die Lage um so schmerzlicher, als das Christentum auch an der persischen Südflanke erfolgreich missionierte. Auch dort gewann sich Byzanz neue Bundesgenossen.

[8] H. H. Schaeder, a. O. 73.

[9] Fihrist 328, 26f.; 337, 10 Flügel; H.-Ch. Puech, Le Manichéisme (1949) 46; 131 Anm. 179.

[10] Altheim-Stiehl, Philologia sacra 78f.; 81f.

[11] B. Spuler, Iran in früh-islamischer Zeit (1954) 216 und Anm. 5, wo Barhebraeus, chron. Syr. 32, 24f. Bedjan übersehen ist.

[12] Spulers Annahme, a. O. 216, in Chwārezm habe eine starke Judenschaft bestanden, hat sich inzwischen erledigt: Altheim-Stiehl, Finanzgeschichte der Spätantike (1954) 266f. Wie man Ibn Ḫurdāḏbeh 153 de Goeje für das Bestehen einer Judenschaft in Chorāsān anführen kann (B. Spuler, a. O. 215 Anm. 10), bleibt ein Rätsel. Dort wird zwar von den jüdischen *ar-Rāḏānīya* gesprochen, aber von Chorāsān fällt kein Wort. Sollte eine Verwechslung mit den *tuǧǧāru r-rūs* vorliegen, die nach 154, 15 über Gurgān nach Baghdad zogen?

2. KAPITEL

MISSION UNTER DEN ARABERN

1

Der Ḥiǧāz mit seinen Städten Mekka und Medina ist nicht erst mit Mohammed und seinen Nachfolgern in den Spannungskreis der beiden Großmächte Byzanz und sasanidisches Iran getreten. Es trifft zu, daß die Forschung lange der Ansicht war, sasanidische Herrschaft habe nie bis Yamāma, geschweige denn bis zur Tihāma gereicht. Diese Ansicht ist freilich genötigt, eine Reihe ausdrücklicher Hinweise beiseite zu schieben. Und sie wird, wie noch zu zeigen, durch einen Neufund widerlegt.

Für Hišām ibn al-Kalbī war der Laḫmide Imru'u l-ḳais (oben 1, 125f.) Statthalter (*min ʿummāl*) Šāpūr's I., Hormizd's I. und Bahrām's I. über die arabischen Grenzstämme der Rabīʿa, Muḍar und anderer in den Wüsten des ʿIrāḳ, des Ḥiǧāz und der Ǧezīra[1]. Sein Nachfolger ʿAmr übernahm diese Statthalterschaft, und sie erstreckte sich erneut über die Grenzgebiete der Muḍar und Rabīʿa[2]. Nöldeke bemerkte dazu[3], daß die Könige von Ḥīra ihre Autorität wohl bis tief in die Wüste ausgeübt hätten, aber bis in den Ḥiǧāz, nach Mekka und Medina, habe ihr Arm nicht gereicht. Und doch sagt Ṭabarī an einer weiteren Stelle, Šāpūr II. sei auf seinen Feldzügen gegen die Araber nach Yamāma und bis in die Nähe von Medina gekommen[4]. Dies könnte dazu stimmen, daß die Könige Ḥīra's *ʿummāl* der Sasaniden in der Wüste und bis in den Ḥiǧāz waren.

Den Ausschlag gibt Imru'u l-ḳais' zuvor (oben 1, 126f.) behandelte Grabschrift. Sie bezeichnet die Maʿadd, also Rabīʿa und Muḍar[5], als Unterworfene des verstorbenen Herrschers. Die Sitze der Maʿadd erstreckten sich damals von der Umgebung Mekkas bis zur Nordgrenze Neǧrān's. Dazu paßt, daß

[1] Ṭabarī, ann. 1, 833, 21 f.
[2] Ṭabarī, ann. 1, 845, 18 f.
[3] Übers. 46 Anm. 4; ebenso G. Rothstein, Die Dynastie der Laḫmiden in al-Ḥīra 131.
[4] ann. 1, 839, 7 f.; vgl. 844, 4.
[5] Hierzu und zum Folgenden: J. Ryckmans in: Muséon 66, 430 f.; W. Caskel, Entdeckungen in Arabien 28.

Imru'u l-ḳais in seinem Siegeszug bis vor Neǧrān gelangt ist (Z. 2—3). Die neugefundene ḥimyarische Inschrift R 535 hat in ihrer zweiten Zeile „Mar'ul-ḳais, Sohn des ʿA[mru]m, König von Ḫaṣaṣatān" dort bestätigt[6] (dazu oben 1, 129f.; 2, 294). In Neǧrān hat sich der Name Maʿaddīya bis heute gehalten[7]. Prokop, der über die dortigen Verhältnisse unterrichtet ist, kennt die Μααδδηνοί an der Küste, nördlich von Ḥimyar und diesem unterworfen[8]. Dementsprechend sucht Iustinian den König Esymphaios zu bewegen, daß er den flüchtigen Phylarchen der Μααδδηνοί wieder in sein Land zurückführe und mit dem Heer von Ḥimyariten, Sarazenen und Μααδδηνοί in das Gebiet der Perser einfalle[9].

Damit sind Begründung und Anfang von Ḥīras Herrschaft über den Ḥiǧāz ermittelt. In spätere Zeit führt Ṭabarī's Nachricht[10], wonach Chusrō I. Anōšarvān den Laḫmiden Munḏir b. Nuʿmān[11] zum König über ʿOmān, Baḥrain sowie Yamāma bis nach Ṭā'if und den übrigen Teilen des Ḥiǧāz gemacht habe. Nöldeke hat auch diesmal die Ausdehnung der laḫmidischen Herrschaft nach dem Ḥiǧāz bezweifelt[12]. Doch die äthiopische Übersetzung der Chronik des Bischofs Iohannes von Nikiu nennt Munḏir geradezu „König des Ḥiǧāz"[13]. Der Brief Tansar's läßt das sasanidische Reich Arabien bis ʿOmān umfassen[14], und Balʿamī nennt unter seinen Bestandteilen Ḥīra, Baḥrain, Yamāma, den Ḥiǧāz und Ṭā'if[15]. Balāḏurī[16] bestätigt das Gesagte indirekt, indem er eine Äußerung anführt, derzufolge Ḫaibar niemals unter persischer Herrschaft gestanden habe. Und erneut ist das Berichtete durch einen Fund bestätigt worden.

Denn der gleiche Munḏir von Ḥīra — gemeint ist der dritte seines Namens, der von etwa 504 bis 554 regierte — erscheint auf der ḥimyarischen

[6] G. Ryckmans in: Muséon 69, 152f.; J. Pirenne, a. O. 167; 170.
[7] H. St. J. B. Philby, Arabian Highlands 318.
[8] Prokop., bell. 1, 19, 4f. Über irrige Ansichten W. Caskels vgl. Altheim-Stiehl, Finanzgeschichte der Spätantike 143 Anm. 18; 351f.
[9] Bell. 1, 20, 13.
[10] Ann. 1, 958, 13f.
[11] Th. Nöldeke, a. O. 170 Anm. 1; G. Rothstein, a. O. 75.
[12] Th. Nöldeke, a. O. 238 Anm. 4; vgl. 46 Anm. 4; als echt bewertet von S. Smith in: BSOS. 16 (1954) 442.
[13] 159, 3; 392 Übers. Zotenberg.
[14] J. Darmesteter in: Journ. Asiat. 1894, 1, 241; 546; G. Widengren in: Orientalia Suecana 1 (1952), 84.
[15] p. 222 Zotenberg.
[16] 32, 4f. Būlāḳ.

Inschrift R 506 von Muraiġān, aus dem Jahr 547[17]. Hier wird von einem Feldzug des äthiopischen Herrschers über Ḥimyar, Abraha, berichtet. Sein Unternehmen gibt sich als Gegenmaßnahme gegen eine *ġazwa* der Ma'add und gegen räuberische Unternehmungen[18] der banū 'Āmir. Der König schlug die Gegner in *ḥlbn.* Die Ma'add mußten Geiseln stellen: 'Amr, Sohn Mundir's III. von Ḥīra, gewährleistete in eigener Person, daß der Stamm ruhig blieb[19], und wurde von seinem Vater zum Statthalter über die Ma'add ernannt.

Wieder erscheinen die Ma'add, also die Rabī'a und Muḍar, unter lahmidischer Herrschaft. Was fürs 3. Jahrhundert gegolten hatte, galt noch immer fürs 6. Dies bestätigt die Ausdehnung von Mundir's III. Herrschaft, wie sie Ṭabarī angibt. Seltsamerweise haben weder G. noch J. Ryckmans das Zeugnis erwähnt. Dagegen haben sie richtig die Übereinstimmung mit Prokop[20] hervorgehoben. Dort wird berichtet, wie ein Gesandter Iustinians Abessinien und die unter abessinischer Herrschaft stehenden Ḥimyar zu einem Zug gegen die Μααδδηνοί zu bewegen versucht. Die Bemühungen wurden unter Abramos, also unter Abraha, fortgesetzt. Dieser läßt sich nach wiederholten Versprechen zu einem Zug gegen das Land der Perser herbei, bricht das Unternehmen jedoch bald wieder ab.

J. Ryckmans[21] setzt das in Inschrift R 506 erwähnte Geschehen mit Abramos' abgebrochenem Feldzug bei Prokop gleich. Die Inschrift zeigt, daß Abraha bis *ḥlbn* kam. Gemeint ist Ḥalibān, etwa 420 km nördlich von Muraiġān, 100 km südwestlich von Māsil, auf dem direkten Weg nach Ḥīra und Ktesiphon[22].

War bisher nur von Ḥīra und den Sasaniden die Rede, so führt Abraha's Feldzug auf die Gegenseite. Ostrom tritt als Mitwirkender hervor. In

[17] G. Ryckmans in: Muséon 66, 275f.; J. Ryckmans, ebenda 339f.; W. Caskel, a. O. 27f.; Kritik an Caskels Textkonstitution durch J. Ryckmans in: Bibliotheca Orientalis 14 (1957), 92f. Zur Datierungsfrage: W. Caskel, a. O. 30; A. F. L. Beeston in: BSOS. 16 (1954), 390f.; J. Ryckmans, La persécution des chrétiens Himyarites en sixième siècle (Istanbul 1956). Demgegenüber haben wir betont, daß man an der Gleichung 640 ḥimyar. = 525 christl. festhalten müsse: Altheim-Stiehl, Finanzgeschichte der Spätantike 147f.; 351f. Ebenso J. Pirenne in: Muséon 69, 166f.

[18] Wir nehmen hier Caskels Verbesserung an.

[19] Eine etwas andere Deutung geben jetzt A. F. L. Beeston in: BSOS. 16 (1954), 391; S. Smith, ebenda 435 Anm. 11; 437.

[20] Bell. 1, 20, 13.

[21] a. O. 342.

[22] a. O. 339; W. Caskel, a. O. 29.

Abraha's Inschrift wird es freilich nicht erwähnt. Aber Prokop ordnet jenen Feldzug Iustinians perserfeindlicher Politik ein. Es bleiben die chronologischen Fragen.

Prokop rückt Iustinians Gesandtschaft an Abessinien und Ḥimyar in Kavāδ's I. letzte Zeit; dieser starb im Spätsommer 531. Abramos, so bemerkt Prokop weiter, kam erst später (ὕστερον) zur Herrschaft. Nachdem er Iustinian des öfteren einen Feldzug gegen die Perser versprochen hatte, raffte er sich endlich und ἅπαξ μόνον dazu auf[23]. Das läßt sich mit einer Ansetzung auf 547 vereinen.

Unmittelbar zuvor fällt die ḥimyarische Inschrift CIH. 541. Abraha, so erfährt man, empfing im Jahre 657 ḥimyar. = 542 christl. die Gesandten der Römer, Perser und ihrer Vasallenfürsten. Man befand sich demnach nicht im Krieg, sondern in Friedensverhandlungen. Wieder erbringt Prokop die Bestätigung. In einem Vertrag, den Belisar 542 mit Chusrō I. Anōšarvān schloß, ließ er diesem durch Unterhändler versprechen, πρέσβεις ἐς αὐτὸν ἥξειν παρὰ βασιλέως . . . οἳ δὴ τὰ ἀμφὶ τῇ εἰρήνῃ ξυγκείμενα πρότερον ἔργῳ ἐπιτελῆ πρὸς αὐτὸν θήσονται[24]. Im Frühjahr 543, wurde Chusrō, der sich in Āδurbaiγān aufhielt, die Ankunft der kaiserlichen Gesandten Konstantianos und Sergios angekündigt. Οὓς δὴ Χοσρόης προσδεχόμενος ἡσυχῇ ἔμενεν[25]. Was dazu geführt hat, daß es zu keinem Abschluß kam, darf beiseitebleiben. Genug: die Gesandtschaften am Hof Abraha's fügen sich fürs Jahr 542 durchaus dem geschichtlichen Bild.

Den Abschluß des Waffenstillstandes zwischen Byzanz und Persien setzt Prokop ins 19. Jahr Iustinians[26]: er fällt ins Frühjahr 545[27]. Kurz danach begannen der Ġassānide Ḥāriṯ und der Laḫmide Munḏir III. einen Sonderkrieg, verursacht dadurch, daß Ḥāriṯ einen Sohn seines Gegners gefangennahm und der ʿUzzā (τῇ Ἀφροδίτῃ) opferte[28]. Die beiden Großmächte beteiligten sich nicht am Kampf, der die arabische Halbinsel weiterhin in Atem hielt. Bereits 546 erlitt Munḏir seine erste Niederlage, die ihn

[23] Bell. 1, 20, 13.

[24] Prokop., bell. 2, 21, 25, u. a. m.; E. Stein, Histoire du Bas-Empire 2, 497; vgl. 502. Die ausgezeichnete Unterrichtung, teilweise auf Augenschein beruhend, betont B. Rubin, Prokopios von Kaisareia 122f.

[25] Prokop., bell. 2, 24, 5; E. Stein, a. O. 499.

[26] Bell. 2, 28, 4.

[27] E. Stein, a. O. 2, 502; S. Smith, a. O. 436 Anm. 4.

[28] Hierzu und zum Folgenden G. Rothstein, a. O. 82f.; E. Stein, a. O. 2, 503, mit Quellenangaben.

zum Rückzug zwang. In diesem Rahmen müssen die Ereignisse gesehen werden, von denen die Inschrift R 506 berichtet.

Ihre Abfassung fällt, wie gesagt, auf 547. In diesem Jahr kehrte Abraha's Streitmacht aus Ḥalibān zurück[29]. Verhandlungen mit ʿAmr, Mundir's III. Sohn, waren vorangegangen. Ḥīra mußte daran gelegen sein, sich zum Ġassāniden im Norden nicht einen weiteren Feind im Ḥiǧāz zu erwerben. So war man zur Verständigung mit Abraha bereit, um so mehr, als dieser gerade seinen Sieg bei Ḥalibān erfochten hatte. Dieser Sieg selbst und die sich anschließenden Verhandlungen fallen, wie man richtig gesehen hat[30], noch ins Jahr 546.

NACHTRAG

Über Geschichte und Chronologie ḏū Nuwās' hat sich nach Abschluß des Manuskripts W. Caskel in einer Besprechung von J. Ryckmans, La persécution des Chrétiens Himyarites au sixième siècle (1956) in ZDMG. 1959, 421 geäußert. Caskel ist unsere Besprechung in: Finanzgeschichte der Spätantike 353—365 (von dem doppelten Umfang der seinen) unbekannt geblieben. Er nimmt den von J. Ryckmans behaupteten Beginn der ḥimyaritischen Ära noch an, obwohl wir denselben ausführlich widerlegt haben, und der Urheber, wie wir unterrichtet zu sein glauben, ihn selbst aufgegeben hat. Caskel sind weiter die äthiopischen Zeugnisse, die oben 2, 40—46 behandelt wurden, unbekannt geblieben.

Mißlicher noch ist ein anderes. Wir hatten in: Aramäische Sprache 2. Lfg., 117f. vorsichtig gewisse Zweifel an Caskels syrischer Quellenkenntnis geäußert. Jetzt findet man auf S. 423 *d-ašmeh-wā* statt *da-šmēh-wā*, *men šuryā* statt *men šūrāyā*, also in jedem Wort zwei Transkriptionsfehler. S. 424 Anm. 2 begegnet *zĕriphutho*, also *zrīp̱ūṯā* „ferocia" statt, wie es in diesem Fall heißen müßte (Finanzgeschichte 361): *zārīp̱tā* „impetus".

[29] Z. 8—9.

[30] Hierzu und zum Folgenden J. Ryckmans, a. O. 342, allerdings mit nicht ganz zutreffender Darstellung der Ereignisse. Abwegig B. Spuler in: Vierteljahrsschrift für Sozial- und Wirtschaftsgeschichte 45, 522; dagegen Altheim-Stiehl, Die aramäische Sprache unter den Achaimeniden 2. Lfg. (1960), 117f. Letzte Behandlung der in diesem Kapitel besprochenen Ereignisse bei B. Rubin, Das Zeitalter Iustinians 1 (1960), 305f., mit eingehenden, teilweise auf W. Caskel zurückgehenden (vgl. Vorwort XII) Angaben. Für diese gilt dasselbe, was im sich anschließenden „Nachtrag" gesagt ist.

2

Ḥira hat, soviel hat sich erwiesen, zumindest im 3.—4. und dann im 6. Jahrhundert seine Herrschaft auf beduinische Stämme des Ḥiğāz erstreckt. Vasallen der Sasaniden, haben die Könige Ḥira's diese Herrschaft im Namen ihrer Oberherren ausgeübt. Es bleibt die Frage offen, ob die Laḫmiden auch die Städte des Ḥiğāz ihrem Bereich einverleibt haben. Zunächst scheint wenig dafür zu sprechen. Imru'u l-ḳais ist die Eroberung Neğrān's nicht gelungen. Mundir wurde zum König über ʿOmān, Baḥrain sowie Yamāma bis nach Ṭā'if bestellt[1]. Man weiß nicht, ob die Stadt selbst ihm unterstand oder nicht.

Hier springt eine Angabe bei Ibn Ḫurdādbeh ein[2]. Ihm zufolge war über Medina und die Tihāma in vorislamischer Zeit seitens des *marzbān* der Wüste ein *ʿāmil* gesetzt, der den *ḫarāğ* einzog. Dann geht es weiter: „Und es waren Ḳuraiẓa und an-Naḍīr Könige, welche sie eingesetzt hatten über Medina, über al-Aus und al-Ḫazrağ". Subjekt für *mallakūhā* können nur der *marzbān* und die Perser sein. Damit ist eindeutig eine sasanidische Herrschaft über Medina bezeugt[3]. Dies hervorzuheben ist um so dringender, als die Nachricht in J. Wellhausens immer noch grundlegender Abhandlung über „Medina vor dem Islam"[4] fehlt. De Goeje's Ausgabe des Ibn Ḫurdādbeh erschien im gleichen Jahr und war (so scheint es) noch nicht zugänglich.

Den ersten Teil der Angabe hat auch Yāḳūt. Nur nennt er[5] statt des *marzbān* der Wüste den *marzbānu z-Zāra*, des Ortes in Baḥrain[6]. Dort stand bei der arabischen Eroberung neben dem einheimischen Stammesfürsten ein sasanidischer *marzbān*[7]. Dasselbe traf auch für die letzten Zeiten Ḥira's zu. Nach dem Sturz Nuʿmān's III. im Jahr 602 wurde ein Araber nicht-laḫmidischer Abkunft mit der Herrschaft betraut, und ihm wurde ein Perser

[1] Ṭabarī, ann. 1, 958, 13 f.
[2] 128, 9 f. de Goeje.
[3] W. Caskel (brieflich) bezweifelt, daß Ibn Ḫurdādbeh eine andere Quelle vor sich hatte als den Vers eines der *anṣār*, den er im Folgenden anführt. Demgegenüber ist daran zu erinnern, daß *ʿummālu l-ḫarāğ* Ṭabarī, ann. 1, 963, 4 f. (vgl. Dīnawarī 73, 13 f.) der korrekte Ausdruck ist (Altheim-Stiehl, Ein asiatischer Staat 1, 45). Ihn konnte Ibn Ḫurdādbeh dem angeführten Vers nicht entnehmen.
[4] Skizzen und Vorarbeiten 4, 1 f.
[5] 4, 460, 11.
[6] Ibn Ḫurdādbeh 152, 10; vgl. Th. Nöldeke, Übers. 18 Anm. 2.
[7] G. Rothstein, a. O. 131 f.; Ṭabarī, ann. 1, 985, 7 spricht von einem *ʿāmil*.

an die Seite gestellt[8]. Anders war es in dem unter Chusrō I. Anōšarvān eroberten Yemen geordnet. Wahriz, der das Land seinem König gewonnen hatte, bestellte einen einheimischen Unterkönig und kehrte zurück[9]. Als der neu eingesetzte Herrscher den aufsässigen Abessiniern unterlag, kam Wahriz ein zweites Mal und schuf Ordnung. Chusrō setzte ihn als Statthalter ein, und als solcher erhob Wahriz die Steuern[10]. Die Bestellung eines neuen Königs erfolgte diesmal nicht.

Nach arabischer Auffassung stand der persische *marzbān* in Baḥrain in Abhängigkeit von den Laḫmiden[11]. Damit erklärt sich das Nebeneinander der Gewalten. Die Könige von Ḥīra wären dann auch in Medina *min 'ummāl* der Sasaniden, deren dortiger *'āmil* wäre der jeweils regierende Laḫmide gewesen. Doch daneben blieben die Könige aus den jüdischen Stämmen Ḳuraiẓa und an-Naḍīr, von denen Ibn Ḫurdāḏbeh spricht. Diese Ordnung konnte nur für die Zeit gelten, da die jüdischen Stämme die Oberhand über die zugewanderten arabischen al-Aus und al-Ḫazraǧ besaßen, also bis zur Mitte des 6. Jahrhunderts[12]. Wie es danach mit dem sasanidischen *'āmil* bestellt war, ist nicht bekannt. Munḏir III. behielt zunächst die Herrschaft über die Ma'add, wie sich gezeigt hat. Aber sein Sohn Nu'mān war nur noch *'āmil* über Ḥīra und die angrenzenden Teile des 'Irāḳ[13]. In der Tat lassen die Ereignisse in Medina seit der Mitte des 6. Jahrhunderts[14] — mit der Sumair-Fehde beginnend und bis zur Schlacht von Bu'āṯ herabreichend — keinen Raum mehr für ein Fortbestehen des sasanidischen Regimes.

Auch im Ḥiǧāz waren demnach die Juden Stützen und Parteigänger der Sasaniden. Es bedarf keiner weiteren Ausführung, daß noch in Mohammeds Zeit die jüdischen Stämme Medinas und Ḫaibar's auf persischer Seite standen; das ist an anderer Stelle gezeigt worden[15]. Die Sasaniden bedienten sich der dort ansässigen Ḳuraiẓa und an-Naḍīr, wie sie sich der Vasallenkönige von Ḥīra bedienten, wenn es galt, die Beduinen des südlichen Ḥiǧāz zu kontrollieren. Der Bund zwischen Persern und Juden

[8] G. Rothstein, a. O. 119f.; vgl. Ṭabarī, ann. 1, 2017, 11f.
[9] Ṭabarī, ann. 1, 957, 11f.
[10] Ṭabarī, ann. 1, 958, 2f.
[11] G. Rothstein, a. O. 132. Bezeichnend ist, daß 'Amr b. Hind von Ḥīra dem *'āmil* von Baḥrain die Ermordung des Dichters Mutalammis übertragen konnte: Ibn Ḳutaiba, lib. poes. 85, 6f. de Goeje.
[12] J. Wellhausen, a. O. 7f.
[13] Ibn Hišām, v. Moh. 42, 1f.
[14] J. Wellhausen, a. O. 27f.
[15] Altheim-Stiehl, Finanzgeschichte der Spätantike 158f.

griff jedoch weiter aus. Nicht nur in Medina, auch in Yemen waren die sasanidischen Parteigänger jüdischen Glaubens. Und hier traten zu den politischen Fragen die religiösen hinzu. Es kam zur Verfolgung der arabischen Christen durch einen jüdischen Araberkönig.

Ḏū Nuwās kennt man aus den Berichten der arabischen Geschichtsschreiber, aus dem syrischen Buch der Ḥimyariten[16], dem gleichfalls syrisch abgefaßten Brief des Bischofs Šemʿōn von Bēṯ Aršām[17]. In jüngster Zeit sind inschriftliche Zeugnisse hinzugetreten[18]. Die ḥimayrischen Inschriften R 507 und 508 führen in die Kämpfe der ersten Jahre nach ḏū Nuwās' Thronbesteigung (spätestens Frühjahr 632 ḥimyar. = 517 christl.)[19]. Es wird sich zeigen, daß damit die Zahl der Quellen, die zur Verfügung stehen, nicht abgeschlossen ist.

Die arabische Überlieferung weiß davon, daß sich schon vor ḏū Nuwās yemenitische Könige zum Judentum bekannten. Das gilt nicht nur für die Nachrichten, die auf Ibn Isḥāḳ zurückgehen, sondern auch für Ḥamza und Bērūnī[20]. Ḏū Nuwās hingegen nahm erst bei seiner Thronbesteigung das Judentum an[21], und nicht in Yemen, sondern in Medina soll er das Judentum kennengelernt haben[22]. Man hat gesagt, die Annahme des Namens Yūsuf habe eine politische Verheißung bedeutet[23]. In der Tat war es dem neuen König ernst mit seinem Glauben. Er wurde zum unbarmherzigen Verfolger der Christen, und nicht nur in Neǧrān. Die beiden von ḏū Nuwās' *ḳailān* gesetzten Inschriften R 507 und 508 zeigen, daß er auch während seiner ersten Abessinierkämpfe jede Gelegenheit benutzte, um Kirchen zu verbrennen und Christen zu töten[24].

Was hat dieser Mann geplant? W. Caskel[25], der sich erstmals die Frage vorlegte, zog vor allem ein jüdisches Westarabien in Betracht. Dort habe

[16] A. Moberg, The Book of the Himyarites (Acta Reg. Soc. Human. Lund. VII) 1924.

[17] I. Guidi in: Atti della Academia dei Lincei 7, 471 f.

[18] G. Ryckmans in: Muséon 56, 284f.; J. Ryckmans, a. O. 326f.; W. Caskel, a. O. 8f. Weitere Literatur wurde zuvor angeführt.

[19] W. Caskel, a. O. 25.

[20] K. Garbers in: Documenta islam. inedita (her. von J. Fück) 48f.; Islam 30, 44f., besonders 48 f.

[21] Ṭabarī, ann. 1, 919, 12.

[22] Ḥamza Iṣf. 133, 12f. Gottwald.

[23] W. Caskel, a. O. 25. Wichtig auch sein Hinweis auf jüdische *aḥbār* in der liḥyanischen Inschrift 292 Jaussen-Savignac: Lihyan und Lihyanisch 52; 133.

[24] 507, 4; 508, 3—4; vgl. I. Guidi, a. O. 482 (Brief des Šemʿōn von Bēṯ Aršām und Martyr. Arethae 4); W. Caskel, a. O. 22.

[25] a. O. 26.

sich ḏū Nuwās auf die kriegerische Judenheit der Oasen des Nordens: in Medina, Ḫaibar und, wie man hinzufügen darf: in Taimā'[26], Ḥiğr, Wādī l-Ḳurā, Fadak, Maḳnā und auf der Insel Iotabe[27] stützen können. Er fügt hinzu, vielleicht sei von ihm gar ein Angriff auf Syrien im nächsten persisch-oströmischen Krieg beabsichtigt gewesen. Caskel hat nicht bemerkt, daß ḏū Nuwās und die Juden Medinas tatsächlich zusammengegangen sind. Ḥamza von Iṣfahān[28] zufolge hatte der spätere Herrscher Yemens in Medina die jüdische Religion kennengelernt. Vor allem aber hatten ihn die Juden Medinas zur Verfolgung der Christen Neğrān's angestiftet. Aber führen diese Nachrichten wirklich in der von Caskel gewiesenen Richtung?

Neğrān hatte ein Syrer zum Christentum bekehrt, so berichtete Ibn Isḥāḳ[29]. Daß christliche Mission hier zum politischen Werkzeug geworden sei oder eine dahingehende Stellungnahme bedeutet habe, geht aus diesem Bericht nicht hervor. Ḥamza[30] indessen hat darüber hinaus die Nachricht, die Bekehrung Neğrān's sei durch einen Ġassāniden betrieben worden. Das läßt aufhorchen, wenn man an die spätere Religionspolitik der byzantinischen Klientelkönige denkt. Aber die Nachricht enthält eine Schwierigkeit. Christliche Mission in Neğrān muß spätestens gegen Ende des 5. Jahrhunderts erfolgreich gewesen sein. Damals waren die Ġassāniden noch keine byzantinischen Klientelkönige, und noch weniger waren sie monophysitischen Bekenntnisses[31].

In die Zeit Yazdgard's I. (399—420) setzt die Bekehrung Neğrān's die Chronik von Se'ert (1, 330, 10f.). Der Kaufmann Ḥannān sei, als er von Konstantinopel ins heimische Neğrān zurückkehrte, von dort in die Persis gegangen. Dabei sei er durch Ḥīra gekommen und habe dort sich zum Christentum bekehren lassen. Daheim habe er dann viele für seinen neuen Glauben gewonnen, andere im Land der Ḥimyar[32] und in Abessinien.

[26] Zu al-A'šā Nr. 25 Geyer und W. Caskels Abhandlung in: Studi orientalistici in onore di G. Levi Della Vida 1 (1956), 132f. vgl. die Kritik bei Altheim-Stiehl, Philologia sacra 83f.

[27] F. Buhl in: Enc. Islam 3, 390; W. Caskel, Das altarab. Königreich Lihyan 19; Lihyan und Lihyanisch 44; S. Smith in: BSOS. 16 (1954), 428; 443f.; 463.

[28] 133, 12f.; S. Smith, a. O. 462f.

[29] Ṭabarī, ann. 1, 920, 10; Ibn Hišām, v. Moh. 21, 3; Th. Nöldeke, Übers. 178 Anm. 1.

[30] 133, 15f. Weitere Nachrichten bei E. Honigmann, Évêques et évêchés monophysites d'Asie antérieure (1951) 131 Anm. 1.

[31] Danach ist unsere Bewertung in: Finanzgeschichte der Spätantike 156 richtigzustellen.

[32] A. Scher spricht in seiner Übersetzung fälschlich vom „territoire de Ḥamir".

Auch über die zuvor bezweifelte Nachricht, daß die Missionierung Neğrān's von den Ġassāniden ausgegangen sei, gibt dieselbe Chronik Aufklärung. Häretiker, die zu Mundir (III.) b. Nu'mān nach Ḥīra geflohen waren, zogen weiter (2, 144, 13f.) „nach Neğrān und blieben dort und säten daselbst aus das Bekenntnis Iulians, des Lehrers Severus', der sagte, daß der Leib unseres Herrn des Messias vom Himmel herabgestiegen sei". Dieser Zustrom von Monophysiten nach Neğrān fiel demnach später als die ursprüngliche Mission. Er hat indessen das Bild des dortigen Christentums entscheidend bestimmt.

3

Nachrichten, die bisher von der Forschung (die Verfasser eingeschlossen) übersehen worden sind, füllen manche Lücke aus. Die Mehrzahl der Zeugnisse wurde, in Übersetzung und mit Erläuterungen versehen, im zweiten Band vorgelegt (S. 40f.). Weiteres mag hier nachgetragen werden.

Da ist zunächst das Zeugnis der Chronik von Se'ert. In ihr heißt es von Masrūḳ, also von ḏū Nuwās: (1, 331, 4f.) „Seine Mutter war eine Jüdin, die unter den Einwohnern von Nisibis gefangen wurde, und sie kaufte einer der Könige Yemens. Sie gebar Masrūḳ und lehrte ihn die jüdische Religion. Er wurde König anstelle seines Vaters und tötete eine Menge von den Christen. Es hatte erzählt die Nachricht über ihn Barsahdē in seinen Nachrichten."

Bar Sahdē aus Karkā d-bēt Slōk ist als Verfasser eines kirchengeschichtlichen Werkes bekannt[1]. Geschrieben hat er in vorislamischer Zeit, so daß sein Zeugnis an sich Beachtung verdient. Gleichwohl gestattet es nicht recht, die Fragen, die sich an die Person des jüdischen Königs knüpfen, nach irgendeiner Richtung zu beantworten. Es fällt auf, daß von einer ungehinderten Nachfolge seines Vaters auf dem Königsthron gesprochen wird, was zumindest mit einem Teil der sonstigen Nachrichten im Widerspruch steht[2].

Warum ḏū Nuwās über die von ihm veranstaltete Christenverfolgung in Neğrān an Mundir III. von Ḥīra berichtet habe, war stets eine unbeantwortete Frage. An früherer Stelle hatten wir vermutet, Mundir sei damit

[1] A. Baumstark, Geschichte der syrischen Literatur 135.
[2] Altheim-Stiehl, Finanzgeschichte der Spätantike 154f.

nahegelegt worden, diesen Bericht an seinen Oberherrn, Kavāδ I., weiterzugeben[3]. Aber daß dies wirklich geschehen sei, wird nirgendwo gesagt. Und warum der Umweg über den Laḫmiden, der dazu in dem Augenblick, da ihn ḏū Nuwās' Schreiben erreichte, auf römischem Boden stand[4]? Ḏū Nuwās' Verhalten ist doch nur dann verständlich, wenn er längst in engste Verbindung mit Munḏir getreten war.

Barhebraeus hat eine Angabe erhalten, die geeignet scheint, Licht auf diese Zusammenhänge zu werfen (Chron. eccl. 1, 201, 14f.). „In dieser Zeit, als ein jüdischer Mann aus Ḥīra[5] über die Ḥimyar herrschte, die ein Stamm der christlichen Araber des Südens waren, und sie nötigte, den Messias zu leugnen, und diese es nicht wollten, da erlitten viele von ihnen, Männer und Frauen, den Märtyrertod durch das Schwert. Und von hier waren die neǧrānischen[6] Blutzeugen." Daß mit dem Juden ḏū Nuwās gemeint ist, zeigt die Erwähnung Ḥimyar's und der Märtyrer von Neǧrān.

Die Angabe, ḏū Nuwās sei aus Ḥīra gekommen, gibt den Schlüssel zu dem, was sich dem Verständnis bisher nicht erschloß. Da die arabischen Quellen betonen, ḏū Nuwās habe dem ḥimyarischen Königshaus angehört[7], mag er angesichts des bezeugten politischen Umsturzes nach Ḥīra ausgewandert sein. Sein dortiger Aufenthalt erklärt, wie es zu den Beziehungen zu Munḏir III. kam. Wenn ḏū Nuwās diesem einen Bericht über die Christenverfolgungen sandte, so durfte er der Zustimmung des Laḫmiden von vornherein gewiß sein. Dieser war noch nicht Christ geworden, und dem entspricht die Wirkung des Berichtes. Die arabischen Heiden in Munḏir's Gefolge gefallen sich in dem höhnischen Hinweis, daß es mit Christus zu Ende gehe. Sei dieser doch von Römern[8], Persern und Ḥimyar verstoßen[9]. Ähnlich äußert sich dann auch Munḏir selbst vor seinen Großen[10].

Auch ḏū Nuwās' Verbindung mit den Juden Medina's empfängt neues Licht. Es hat sich gezeigt, daß Munḏir III. 547 noch die Herrschaft über

[3] Altheim-Stiehl, Finanzgeschichte der Spätantike 157.
[4] I. Guidi, a. O. 481.
[5] *Men ḥērtā ḏ-nuʿmān*, dazu die Herausgeber 1, 202 Anm. 2; Th. Nöldeke, Übers. 25 Anm. 1.
[6] *Neǧrānāyē* mit Plene-Schreibung in der ersten Silbe.
[7] Altheim-Stiehl, a. O. 155f.
[8] Zur Erklärung I. Guidi, a. O. 481 Amn. 5.
[9] I. Guidi, a. O. 481; 502, 4f.
[10] I. Guidi, a. O. 487; 508, 4f.

die Maʿadd im südlichen Ḥiǧāz ausübte. Für Iohannes von Nikiu erstreckte sich seine Gewalt über die ganze Landschaft: Mundir III. (*amūṭārōs*) ist ihm *nĕgūša hĕǧāz*. Daraufhin darf man annehmen, daß auch die laḫmidische Herrschaft über Medina noch nicht gebrochen war. Der Jude, der sich zuvor in Ḥīra aufgehalten hatte, begab sich zu seinen Glaubensgenossen nach Medina. Beide Städte gehörten zum gleichen Herrschaftsbereich.

Ein erneuter Umsturz in Yemen, die Beseitigung des dort herrschenden Usurpators war kein bedeutungsloses Unternehmen. Wer dergleichen angriff, mußte sich zuvor politischer Unterstützung versichert haben. Denn Rückwirkungen auf das Verhältnis der beiden Großmächte konnten alsbald eintreten und haben denn auch nicht auf sich warten lassen. Man gewinnt den Eindruck, daß ḏū Nuwās' Verschwörung und Erhebung von Ḥīra aus geleitet war. Mundir III. hatte übernommen, das Vorhaben auf alle Weise zu fördern und seinem Urheber, im Fall des Mißlingens, Schutz zu gewähren. Um so stolzer durfte ḏū Nuwās sein, wenn er Mundir vom Gelingen und weiteren Maßnahmen berichten konnte. Freilich versteht man auch, daß Abraha von Yemen aus, sobald neue Übergriffe der unter Ḥīra's Herrschaft stehenden Maʿadd erfolgten, sich durch einen Vorstoß nach Ḥalibān, halbwegs in Richtung auf Ḥīra und Ktesiphon, Luft zu schaffen versuchte.

Ḥīra war ein persisches Klientelkönigtum, und sicherlich wurde es im Fall ḏū Nuwās' von der sasanidischen Politik lediglich vorgeschoben. Ḥīra's Herrscher haben immer den Vermittler abgegeben, so oft ein Yemenite das Ohr des Großkönigs erreichen wollte[11]. Ein jüdischer König Yemens konnte kein Freund Roms sein, sondern war der natürliche Verbündete Persiens, hat man gesagt[12]. Wieviel mehr galt dies von einem jüdischen Herrscher, der die Christen mit Feuer und Schwert verfolgte. Die Christen sollten, ḏū Nuwās' Bericht zufolge[13], entweder Juden werden oder sterben.

Daß antichristliche Einstellung mit antirömischer zusammenfiel, bestätigt Iohannes von Nikiu. Sein Ṭamnūs — wie gezeigt, ist er niemand anderes als ein verschriebener ḏū Nuwās (oben 2, 43f.) — läßt sich dahin vernehmen: „Da die Römer die Juden quälen und sie töten, hindert mich nichts mehr, daß ich daraufhin Christen töte, wenn ich sie finde". Die Verfolgung der Christen in Neǧrān rief Byzanz auf den Plan, und das mit diesem verbündete Äthiopien nahm die Maßregelung der christlichen Kaufleute

[11] Ṭabarī, ann. 1, 950, 11f.; Ibn Hišām, v. Moh. 42, 1f.
[12] W. Caskel, a. O. 25.
[13] I. Guidi, a. O. 483; 502, 11f.; im besonderen 503, 3f.

zum Anlaß, um den Kampf gegen ḏū Nuwās zu eröffnen. Er endete mit dessen Untergang.

Iohannes von Nikiu läßt in unmittelbarem Zusammenhang mit ḏū Nuwās' Besiegung den „König der Nubier" sich dem Christentum zuwenden. Es kann kein Zweifel daran bestehen, daß dieses schon früher in Nubien und im Reich von Aksūm Eingang gefunden hatte; an 'Ēzānā's Bekehrung zu erinnern, mag genügen. Iohannes von Ephesos (3, 183, 1f. Brooks), Michael Syrus (321, l. 34f.; 2, 265 r. Übers. Chabot) und Barhebraeus (chron. eccl. 1, 229, 13f.) berichten von der Mission Iulianos' und Theodoros' von Philai, welche die Unterstützung nicht Iustinians, wohl aber die Theodoras hatten (542—543). Zwei der Autoren begründen dieses neue Unternehmen mit den ständigen Grenzeinfällen der Nubier (Iohannes von Ephesos 3, 183, 9; Barhebraeus, chron. eccl. 1, 229, 18f.). Es heißt sogar, daß die Mission nicht nur Nubien, sondern auch Äthiopien (Iohannes von Ephesos 3, 232, 19: *kūšāyē*) erreichte. Ausdrücklich wird gesagt, daß die Bekehrten dem monophysitischen Glauben gewonnen wurden[14].

Doch es gibt mancherlei Gründe, die nahelegen, daß diese Darstellung nicht zutrifft. Man hat darauf verwiesen, daß die nubischen Grabsteine der Zeit, soweit sie christliche Inschriften tragen, zeigen, daß die von Byzanz ausgehende und von den Melkiten Ägyptens unterstützte Mission einen nachhaltigeren Erfolg aufzuweisen hatte[15]. Auch in der Folgezeit behauptete sie das Feld, und Longinos war nicht gegeben, dagegen anzukommen[16]. Erst Iustinos' II. Tod 578 gab der anderen Seite freie Bahn. Seit 580 erschien Longinos erneut in Nubien, durch den dortigen Herrscher aufgefordert und beschützt, und diesmal durften sich die Monophysiten den vollen Erfolg zuschreiben.

Hinzukommt, daß dasselbe Bekenntnis bei den Arabern an der Euphratgrenze erfolgreich war, wiederum zur gleichen Zeit (Barhebraeus 3, 99, 13f.). Schon zu Anfang des 6. Jahrhunderts bildete Tagrīṯ, später Hochburg der Monophysiten, einen Mittelpunkt ihrer missionarischen Tätigkeit in Babylonien und Persien (ebenda 3, 85, 16f.). Von Ḥīra ging Sergios nach der

[14] Barhebraeus, chron. eccl. 1, 233, 2f. Mit *triṣaṯ* (corr. St.) *šuḇḥā* oder *ortoḏoksō* (1, 225, 6; 259, 11 uam.) ist bei ihm das monophysitische Bekenntnis gemeint; vgl. Abbeloos-Lamy, a. O. 1, 186 Anm. 2. Über Iulianos' Mission bei den Axumiten: E. Honigmann, a. O. 131; 229 Anm. 5; über Longinos' Mission bei den Nobaden 224f.

[15] U. Monneret de Villard, Storia della Nubia cristiana (1938) 61f.

[16] U. Monneret de Villard, a. O. 66f.

Mitte desselben Jahrhunderts zu den Ḥimyar, wo er drei Jahre blieb. Dann weihte er seinen Nachfolger und starb in Yemen[17]. Ab 559 wirkte Mār Aḥūḏemmēh unter den arabischen Beduinen (ebenda 3, 99, 13f.)[18], und als die sasanidische Herrschaft zuende ging, setzte man für die christlich gewordenen Taġlib einen eigenen Bischof ein (ebenda 3, 123, 13f.).

Einzelheiten gibt Aḥūḏemmēh's syrische Biographie, die in einer Handschrift von 936 erhalten ist[19]. Der Bischof der Araber gehörte selbst diesem Volk an und war in nestorianischem Glauben erzogen[20], wurde dann aber zum Monophysiten. Er besuchte die Stämme der Ǧezīra (*gzīrtā* 21, 11), erstreckte jedoch seine Bemühung bis Hille und zu den Tanūḫ von Ḥīra (28, 11). Obwohl die Sprache der Beduinen als schwierig galt (22, 3) — für den Syrer und wohl auch für den städtischen Araber — gelang doch, in jedem der bekehrten Stämme einen Priester und einen Diakon einzusetzen (27, 1f.).

Schon verglich man die monophysitische Mission, die von Tagrīṯ ausging, mit der so erfolgreichen des alexandrinischen Patriarchats in Abessinien (Barhebraeus 3, 129, 6f.). Die gegenseitige Bezogenheit offenbarte sich denn auch alsbald. Ein tätiger Vertreter der monophysitischen Sache, der von Tagrīṯ aus wirkte: Šemʿōn von Bēṯ Aršām, wußte den König von Nubien oder Abessinien (*l-malkā ḏ-kūš*) zugunsten monophysitischer Bischöfe, die in persischem Kerker saßen, zum Einschreiten zu veranlassen. Und Kavāδ I. gab dem Ersuchen statt (Michael Syrus 263 r. 33f.; 2, 167 Übers.).

Den Sasaniden konnte das Bedrohliche ihrer Lage nicht verborgen bleiben. Wohin man blickte, drängte sich auf, daß man sich hatte überrumpeln lassen. Betrachtete man, was ḏū Nuwās' Untergang für Neǧrān und Yemen besagte, erwog man die Christianisierung Äthiopiens und Nubiens oder die Mission unter den arabischen Wüstenstämmen, so mußte man sich gestehen, daß auf allen Seiten die Rührigkeit byzantinischer Politik Fortschritte gemacht hatte. Mission, orthodoxe sowohl wie monophysitische, erwies sich als geschicktes Werkzeug dieser Politik. Nicht nur von Norden, den Hunnen und Hepthaliten her, sondern auch im Süden und Südosten zeichnete sich eine Umfassung ab.

[17] Michael Syrus 320 l. 26f.; 2, 264 l. Übers.; Weitere Angaben bei E. Honigmann, a. O. 128f.

[18] Dazu F. Nau, Les Arabes chrétiens de Mésopotamie et de Syrie (1933) 15f.

[19] Patr. Orient. 3, 1, 7f. und F. Nau's Angaben S. 13.

[20] 19, 4f. und F. Nau's Anmerkungen 3—4; vgl. 12.

Es läßt sich nicht umgehen, bei der grundsätzlichen Bedeutung dieser Feststellungen zu verweilen. Es war gezeigt worden, daß das Auftreten der Hunnen als ersten Türkvolkes einer umfassenden Bewegung sich einreiht. Bewohner des Steppengürtels, der, der Wüstenzone vorgelagert, gleich dieser die gesamte Alte Welt, von der Gobi bis zur Sahara, durchzieht; Viehzüchtende und Wandernde wie die Beduinen Arabiens oder die nordafrikanischen Dromedarnomaden: sie alle gehörten jener Bewegung an. Diese Stämme und Völker standen unter dem Gesetz, das die Klimakurve ihnen vorschrieb. Ein nur geringfügiges Sinken bedeutete Entbehrung und Hungersnot; es zwang die Betroffenen, sich am Fruchtland und ihren Bewohnern schadlos zu halten (oben 1, 101f.). Dann drängten die Nomaden aus der Steppe und ihren dortigen Weidegründen nach Norden und Süden gegen die großen Herrschaftsbereiche, gegen die Länder bäuerlichen und städtischen Wesens vor; von diesen sind das oströmische Reich und das der Sasaniden an vorderster Stelle zu nennen. Unter nomadischem Druck setzten sich andere Völker in Bewegung, vor allem Germanen und Slawen, und diese Völkerwanderung, die schob und preßte, sich zuweilen zur Lawine verwandelte, sollte zum Untergang des weströmischen Reiches führen.

Dieses Gesamtbild, im zweiten Buch des ersten Bandes entworfen, zeichnete sich in den unmittelbar vorangegangenen Betrachtungen erneut ab. Aber es tat dies gleichsam unter entgegengesetztem Vorzeichen. Was dort sich als zerstörerische Kraft darstellte, schien sich jetzt für das oströmische Reich als unerwartete Hilfe zu erweisen. Byzanz suchte die Kräfte, deren Besiegung durch das Schwert ihm versagt geblieben war, auf religiösem Weg sich einzuverleiben. Dadurch, daß man mit weitgreifender Mission die Nomaden im Norden und Süden erfaßte, begann, was bisher Gegner auf Tod und Leben zu sein schien, sich zum Bundesgenossen zu wandeln. Die Nomaden wurden zu einem Werkzeug, dessen man sich in jenem zweiten Kampf zu bedienen hoffte, den man zu bestehen hatte: dem gegen den östlichen Nachbarn und Mitbewerber, den Staat der Sasaniden. Eine Last, die bisher Byzanz allein getragen hatte, konnte wenigstens teilweise auf die Schultern derer abgewälzt werden, von denen man solche Hilfe bisher nicht erhofft hatte.

Es war eine bedeutende politische Konzeption, mit der Byzanz es damals versucht hat und auf die es in Zukunft noch oft zurückgreifen sollte. Auf persischer Seite hatte man dem zunächst nichts entgegenzusetzen. Dem konstitutiven Mangel, der dem Zarathustrismus als Staatskirche anhaftete, war nicht abzuhelfen, und Ersatzlösungen, die man versucht hatte, war ein nachhaltiger Erfolg versagt geblieben. Ein Anderes kam hinzu, um die Lage noch ungünstiger zu machen. Es sollte sich zeigen, daß die späteren Sasaniden, daß vor allem ihr führender Kopf, Chusrō I. Anōšarvān, von einer gläubig-zarathustrischen Haltung weit entfernt waren. Ja, im Schoß der zarathustrischen Staatskirche selbst war eine Bewegung erwachsen, deren grundlegende Gedanken von dem, was bisher im Schwange war, weit wegführen sollten.

ZWEITES BUCH

DIE SPÄTSASANIDISCHE ZEIT

3. KAPITEL

MAZDAK UND PORPHYRIOS

1

Die große Krise, die um die Mitte des dritten Jahrhunderts n. Chr. Römerreich und Alte Welt überhaupt erschütterte, hat auch in der Geistesgeschichte Epoche gemacht. Sie ließ den bisherigen Weltanschauungen zwei weitere hinzutreten: eine Erneuerung der platonischen Philosophie auf griechischer Seite und die Lehre Manis und seiner Nachfolger auf der iranischen. Fast gleichzeitig entsprangen sie den beiden Großstaaten, feindlichen Nachbarn und dennoch zusammen die „Lichter" und „Augen der Welt" bildend[1]: Rom und dem Reich der Sasaniden. Wie diese getrennt zugleich und verbunden waren, so auch die Systeme, die ihnen dem Ursprung nach zugehörten.

Denn nicht nur Gleichzeitigkeit vereinte Neuplatoniker und Manichäer. Die Tatsache, daß es sich auch im zweiten Fall um Wiederaufnahme von Altem handelte, knüpft ein weiteres Band. Jener nie ruhende Kampf zwischen dem Vater der Größe[2] und dem Herrn der Finsternis, der die Mitte von Manis Weltmythos einnimmt, war ohne Zarathustras Vorbild nicht denkbar. Gleich den Wiedererweckern Platons ging man auch in Iran auf eine Überlieferung zurück, die zu den großen und maßgebenden des eignen Volkes, der eignen Kultur zählte, und suchte sie in zeitgemäßer Form zu erneuern.

Freilich besagte, was beide Systeme solcher Art einte, auf der anderen Seite, daß sie durch tiefe Unterschiede getrennt blieben. Dualismus bestimmte die manichäische Lehre im gleichen Maß, wie Neuplatonismus durch die Einheit des Göttlichen bedingt war. Gewiß verzichtete dieser nicht auf die Mannigfaltigkeit der Götterwelt, die griechisches Erbe bildete[3]. Aber man nahm ihr den Sinn, indem man Vielheit auf Einheit zurückführte. Artemis und Aphrodite — einst sich ausschließende Aspekte der Welt, die

[1] Petr. Patr. fr. 13, FGH. 4, 188.

[2] Die Zeugnisse am bequemsten bei H.-Ch. Puech, Le Manichéisme 154 Anm. 295.

[3] F. Altheim, Aus Spätantike und Christentum 56f. und in dem von C. Brinkmann herausgegebenen Sammelband „Soziologie und Leben" 179f.

in Euripides' „Hippolytos" unversöhnt und unversöhnbar aufeinanderprallten und den tragischen Konflikt schufen — waren nun zu „Kräften" und „Energien" derselben göttlichen Macht geworden. In dem Maß, wie die antiken Götter ihrer Form und damit ihrer göttlichen Substanz entkleidet wurden, wuchs die Bedeutung dessen, der sie alle in die eigne umfassende Wesenheit aufnahm: des Sonnengottes. Aber auch er blieb sichtbares Abbild und Werkzeug des großen Einen, der über ihm stand. In steil aufsteigender Pyramide war die Gesamtheit der göttlichen Welt diesem als „Idee der seienden Dinge" unterstellt[4].

Mani schrieb in der neugeschaffenen syrischen Literatursprache. Aber er war seiner Abkunft nach nicht Aramäer, sondern Iranier. Auch die Neuplatoniker entstammten einem festumgrenzten Bereich. Ammonios Sakkas, die Hermetiker und Plotin selbst waren Ägypter; Porphyrios Phönizier; Longinos, Kallinikos und Amelios Syrer; Iamblichos trug einen arabischen Namen. Angesichts dieser Herkunft genügt nicht, daß man vom Osten des Römerreichs spricht. Kleinasien, vor allem Kappadokien, dereinst Heimat dreier großer Kirchenlehrer, blieb außerhalb. Auch semitische Herkunft bestimmte nicht die Zusammengehörigkeit. Wohl aber dürfte zutreffen, daß alle Genannten Ländern entstammten, die einmal zu Hochburgen des Monophysitismus werden sollten. Das mag überraschen, aber bei näherem Zusehen enthüllt sich darin eine wesenhafte Zusammengehörigkeit.

Als das Konzil von Chalkedon die Einigungsformel des Westens, enthalten im ‚Tomos' Leos des Großen, annahm, waren die beiden Naturen Christi nach seiner Fleischwerdung anerkannt, trotz der Einheit der Person. Dem Bund von Konstantinopel und Rom waren Dioskuros und die um ihren Patriarchen gescharten Bischöfe Ägyptens unterlegen. Alexandrinische Theologie hatte immer danach gestrebt, die göttliche Natur Christi zuungunsten der menschlichen zu betonen. So gewann die eine Seite gegenüber der anderen den Vorrang, und zuletzt vertrat die Kirche Ägyptens die Lehre von der einen göttlichen Natur, den Monophysitismus. In ihr fanden sich die Gegner der Formel von 451 zusammen: alle, die einig waren in der Verwerfung von Leos ‚Tomos'. Die Annahme des Chalcedonense führte zum unheilbaren Bruch mit dem monophysitischen Ägypten und Syrien.

Man braucht es nur auszusprechen: die Monophysiten haben die Haltung der ägyptischen und syrischen Neuplatoniker fortgeführt. Sie unter-

[4] F. Altheim, a. O. 19f.

drückten nicht gänzlich, was ihnen vorgegeben war: weder der Neuplatonismus die Vielheit der antiken Götter noch die Monophysiten den Logos neben dem Vater. Aber sie entwerteten, was der Einheit widersprach, indem sie es in ihr aufhoben. Es ist dieselbe Haltung, die bei Neuplatonikern und Monophysiten hervortritt, und schwerlich war Zufall, daß beide sich aus Ägypten und Syrien rekrutierten. Leidenschaftliches Streben nach Einheit war für die Menschen dieser Länder ebenso bezeichnend wie für Iran der Dualismus.

Es bleiben die Araber. Jüngst hat man die innere Verwandtschaft von Monophysitismus und Islam unterstrichen. Man bezeichnete Eutyches, einen der Väter der monophysitischen Lehre, als Vorläufer Mohammeds[5]. In der Tat gehen auch da die Entwicklungen parallel. Mohammeds Verkündigung war erneut getragen von dem Gedanken der Einheit, davon, daß Gott keinen „Genossen" habe. Er stellte sich in eine Reihe mit seinen neuplatonischen und monophysitischen Nachbarn und Vorgängern. Nur daß Mohammeds religiöse Leidenschaft dem, was man vor ihm fühlte und erstrebte, eine ungleich schärfere Prägung verlieh.

Am erstaunlichsten bleibt, daß Neuplatonismus auch iranisches Denken bestimmt und es gerade in seinem Eigentlichen umgeformt hat. Die Lehre von der göttlichen Einheit griff in das Land hinüber, das stets den Dualismus vertreten hat. Sie war stark genug, den klassischen Mythos Irans auszuschalten, und für eine Weile konnte es scheinen, als werde dort die Einheit über die göttliche Zweiheit obsiegen.

Nach der Schließung ihrer athenischen Schule 529 verließen die Häupter der neuplatonischen Lehre das oströmische Reich und suchten bei den Sasaniden Zuflucht. Sie hofften, dort den platonischen Staat wiederzufinden, darin Gerechtigkeit herrsche, Königtum und Philosophie zusammenkämen und der Untertan sich maßvoll und bescheiden zeige. Die Wirklichkeit ergab ein Bild, das die ausgewanderten Philosophen den Tod in der Heimat einem ehrenvollen Leben am Perserhof vorziehen ließ. So lautet der Bericht Agathias'[6]. Was weder er noch die ausgewanderten Philosophen wußten, war, daß kurz zuvor eine Lehre, die sich auf die neuplatonische gründete, in Iran eine Revolution herbeigeführt hatte.

Mazdak und die Mazdakiten, deren Erhebung unter Kavāδ I. (488 bis 497, 499—531) die gesellschaftliche und wirtschaftliche Ordnung des Sasa-

[5] H. Grégoire in: Mélanges Ch. Diehl 1, 107f.

[6] 2, 30—31.

nidenreiches erschütterte, gelten der geläufigen Geschichtsbetrachtung als Vorgänger und Wegbereiter sozialistischen Denkens. Doch schon Th. Nöldeke, dem man die erste wissenschaftliche Betrachtung Mazdaks und seiner Lehre verdankt[7], wies daraufhin, daß sich der Reformer von all seinen angeblichen oder wirklichen Nachfolgern durch seinen religiösen Charakter scheide[8]. Schärfer gefaßt hat dies A. Christensen in seiner umfassenden, bis heute grundlegenden Abhandlung über die Regierung Kavāδ's I. und den mazdakitischen Kommunismus[9]. Er unterstrich, daß Mazdaks Lehre auf dem Fundament, das Mani gelegt habe, aufbaue; daß sein System nur eine Weiterbildung und Sonderentwicklung des manichäischen darstelle[10]. Christensen war zu diesem Schritt über Nöldeke hinaus durch die Entdeckung manichäischer Originalschriften in Chinesisch-Turkestan, überhaupt durch die weittragenden Ereignisse der manichäischen Forschung befähigt worden. Es besteht kein Zweifel, daß Christensen eine wichtige Erkenntnis gelungen ist. Nur muß die Frage aufgeworfen werden, ob mit dieser geistesgeschichtlichen Kennzeichnung Mazdaks das Entscheidende über ihn gesagt ist. Es wird sich zeigen, daß eine weitere Entdeckung, die Christensen so wenig bekannt sein konnte wie vor ihm Nöldeke die manichäischen Funde, einen nochmaligen Schritt weiter gestattet. Er führt indessen, das sei vorweggenommen, von Christensens Ergebnis weit ab.

Ausgangspunkt der Betrachtung soll ein originales Bruchstück aus einer Schrift Mazdaks sein: einziges, das sich erhalten hat. Wieder wird Christensen die Erkenntnis verdankt, daß man Mazdaks eignes Wort vernimmt. Aber Übersetzung und Deutung des in arabischer Übersetzung erhaltenen Bruchstückes lassen bei Christensen manches zu wünschen übrig. Überdies ist aus der Erkenntnis, daß es sich um ein originales Stück handelt, nicht die Folgerung gezogen, die gezogen werden muß.

Was bis dahin zur Verfügung stand und heute noch meist zur Verfügung steht, waren doxographische Berichte, die Mazdaks Lehre nach festen Kategorien wie Gütergemeinschaft, Weibergemeinschaft, Lehre von den Prinzipien oder den Elementen klassifizierten. Solche Klassifikationen mögen für bestimmte Zwecke nützlich sein, sie besitzen den Vorzug der Verein-

[7] Gesch. d. Perser u. Araber 455f.
[8] a. O. 459f.
[9] Kgl. Danske Videnskab. Selskab., Hist.-filol. Medd. IX, 6; die Ergebnisse wiederholt: L'empire des Sassanides² 316f.
[10] a. O. 96f.; L'empire des Sassanides² 337f.

fachung und festen Einordnung. Aber die geistige Form einer Lehre droht bei solchem Verfahren sich zu verflüchtigen. Sie tritt nur entgegen, wo der Wortlaut in seiner persönlichen und nicht wiederholbaren Prägung zur Verfügung steht. Es ist in aller Erinnerung, welch entscheidenden Schritt es für die Erschließung der vorsokratischen Philosophie bedeutete, als man sich von den doxographischen Berichten abwandte und sich an das hielt, was im Wortlaut erhalten war. Mit diesem Augenblick begann eine neue Epoche der vorsokratischen Forschung. Die Abwendung von den doxographischen Berichten und die Hinwendung zu einem Text, der, mag er noch so knapp sein, dennoch gewährleistet, daß Mazdak selbst zu uns spricht, soll im folgenden vollzogen werden.

2

Aš-Šahrastānī hat in seinem *kitābu l-milal wa-n-niḥal* einen Bericht auch über die Lehren Mazdaks gegeben[1]. Er beginnt mit einigen Notizen über das Leben, läßt einen kurzen Bericht doxographischer Art folgen und gibt, mit *ḥukiya* oder *ḥakā* beginnend[2], einige Ergänzungen. Zu Beginn erscheint als Gewährsmann Muḥammed b. Hārūn, genannt Abū ʿĪsā l-Warrāḳ[3] mit seinem *kitābu l-maḳālāt*[4].

Ein dritter Abschnitt wird mit *wa-ruwiya ʿanhu* eingeleitet. Was den Abschnitt von allem, was vorangeht, scheidet, ist die große Zahl iranischer Namen und Begriffe, bei denen, wie sich zeigen wird, die mittelpersische Form überall noch durchschimmert. Mit *-hu* in *ʿanhu* kann dem Zusammenhang nach nur Mazdak gemeint sein. Diese Überlieferung erhebt den Anspruch, auf den Reformer selbst zurückzugehen. Obwohl zunächst in dritter Person von Mazdak gesprochen wird, besteht kein Zweifel, daß man die eignen Worte besitzt[5]. Das zeigt die Terminologie, und die zahlreichen Einzelheiten sowie die Originalität der vorgetragenen Anschauungen be-

[1] p. 192, 19f. Cureton; Bd. 1 p. 119f. der Bombayer Ausgabe von 1314 H.

[2] Ob mit A. Christensen, a. O. 80 Anm. 2, ein Wechsel der Quelle anzunehmen ist (*ḥukiya*) oder wiederum Abū ʿĪsā l-Warrāḳ spricht (*ḥakā*), läßt sich nicht entscheiden.

[3] Daß er ehemals Zarathustrier war (A. Christensen, a. O. 79), zeigt aš-Šahrastānī 188, 14f.; vgl. L. Massignon in: Enc. d. Islam 4, 1218; C. Brockelmann, Gesch. d. arab. Lit.-Suppl. 1, 341.

[4] Al-Bērūnī, Chronol. 277, 13; 284, 6; 23 Sachau.

[5] A. Christensen, a. O. 80 Anm. 3, nimmt eine dritte Quelle an, „qui prétend citer les paroles même de Mazdak".

stätigen es[6]. Wenn zu Anfang eine stilistische Angleichung erfolgt ist, so geschah dies im Anschluß an den vorangehenden Bericht und spricht nicht dagegen, daß, in leicht überarbeiteter Form, ein Bruchstück einer der Schriften Mazdaks vorliegt. In dem Abschnitt über die Buchstaben, der mit *ḳāla* eingeleitet wird, spricht Mazdak in direkter Rede, setzt also das wörtliche Bruchstück fort.

Danach saß der, dem Mazdaks Verehrung galt — also vermutlich der Gott des Lichtes — auf seinem Thron in der oberen Welt, so wie dies Ḫusraw in der unteren Welt tat. Es ist bezeichnend, daß der Name des Gottes nicht genannt ist; das wird uns im folgenden nochmals begegnen. Ihm gegenüber befinden sich vier Mächte (*ḳuwā*), die später als geistige Mächte bezeichnet werden (*al-ḳuwā r-rūḥānīya*):

1. die Macht der Unterscheidung (*tamyīz*), gleichgesetzt dem *mōbaδān mōbaδ*;
2. die Macht der Einsicht (*fahm*), gleichgesetzt dem Groß-*hērbaδ*;
3. die Macht der Wachsamkeit (*ḥifẓ*)[7], gleichgesetzt dem *spāhbaδ*;
4. die Macht der Freude (*surūr*), gleichgesetzt dem *rāmiškar*.

Rāmiškar übersetzt Christensen mit „musicien". Prägnanter ist seine Erklärung als „maître de plaisir du roi", was *ḳuwwatu s-surūr* entspräche.

Jene vier Mächte lenken die Angelegenheit der beiden Welten (*yudabbirūna amra l-ʿālamain*) durch sieben ihrer Wezīre. *Tilka* bezieht sich im Arabischen allgemein auf das Fernerliegende, meint also die vier Mächte der oberen Welt. „Ihre Wezīre" sind dann die Wezīre der vier *ḳuwā*. Die Wezīre regieren *amra l-ʿālamain* „die Angelegenheit der beiden Welten", also die obere und untere Welt[8]. Denn nur so wird der spätere Satz verständlich, daß, wenn dem Menschen sich alle genannten Mächte vereinigen, er bereits in der unteren Welt ein zu Gott Gehöriger wird; darüber wird später zu handeln sein. Die sieben Wezīre tragen folgende Bezeichnungen:

1. *sālār*, mittelpers. *sarδār* „der Oberste, das Oberhaupt";
2. *bēškār*[9], mittelpers. *pēškār* „dessen Tun zuerst ist, der zuerst handelt";

[6] A. Christensen, a. O. 82.

[7] A. Christensen, a. O. 81: „la Mémoire". Das kann *ḥifẓ* auch heißen, aber dann kommt die Gleichsetzung mit dem *spāhbaδ* nicht heraus.

[8] Unrichtig Th. Haarbrückers Übersetzung (Schahrastani's Religionsparteien u. Philosophenschulen, Halle 1850—1851) 1, 292 „die Angelegenheit der Welten"; ihm folgend Christensen.

[9] *byšk'h* u. ä. Oxon. Arab. XLVII Hunt. 158 und XCV Poc. 83, die wir verglichen haben.

3. *bālwan*, vgl. altpers. **bardvan*[10] „der Hohe";
4. *barwān*, mittelpers. *parvān* „der Ausführende[11]";
5. *kārdān*, mittelpers. ebenso „der um das Werk weiß";
6. *dastwar*, mittelpers. *dastəvar* „Richter";
7. *kūdak*, mittelpers. *kōδak* (*kōδaγ*) „der Geringfügige"[12].

Die sieben Wezīre wiederum drehen sich im Inneren eines Kreises von zwölf *rūḥānīyūn* „Geistwesen". Diese heißen:

1. *ḫwānandah*, lies: **hwāḏandah*[13], mittelpers. *xu̯āδandaγ* „der Begehrende";
2. *dahandah*, mittelpers. *dahandaγ* „der Gebende";
3. *sitānandah*, mittelpers. *stānandaγ* „der Wegnehmende";
4. *barandah*, mittelpers. *barandaγ* „der Herbeischaffende";
5. *ḫwarandah*, mittelpers. *xu̯arandaγ* „der Essende";
6. *dawandah*, lies: **darandah*, mittelpers. *darandaγ* „der Behaltende";
7. *ḫīzandah*, mittelpers. *xēzandaγ* „der Emporsteigende";
8. *kišandah*, mittelpers. *kišandaγ* (*kašandaγ*) „der Pflügende"[14];
9. *zanandah*, lies: **raḏandah*[15], mittelpers. *raδandaγ* „der (sich) Bereitmachende"[16];
10. *kunandah*, mittelpers. *kunandaγ* „der Handelnde";
11. *āyandah* und *šawandah*, mittelpers. *āyandaγ* und *šavandaγ* „der Herbeikommende" und „der Weggehende";
12. *bāyandah*, mittelpers. *pāyandaγ* „der Bewahrende" oder „der Bleibende"[17].

Wie der Herr des Lichtes in der oberen Welt in Ḫusraw sein Gegenbild für die untere besitzt, so auch die vier geistigen Mächte das ihre in den vier Erzämtern des *mōbaδān mōbaδ*, des obersten *hērbaδ*, des *spāhbaδ* und des *rāmiškar*. Die sieben Wezīre, die folgen, wirken in beiden Welten, der

[10] Vgl. avest. *barəzman-* „hoch".

[11] A. Christensen, a. O. 81 Anm. 2.

[12] Die Einzelheiten bei Chr. Bartholomae, Altiran. Wb. 472 zu awest. *kutaka-*.

[13] *ḫwāhandah*: Oxon. Arab. XCV. O. Szemerényi bemerkt uns unter dem 6. 3. 54: „*xwāhandaγ* ist die Form, die man fürs Mittelpers. erwarten sollte: intervokalisches *d* wird hier zu *-h-*; *dahand* von *da-dā* ‚geben'".

[14] Zu neupers. *kašīδan*, awest.[3] *karš-* „pflügen": Chr. Bartholomae, Altiran. Wb. 457; H. S. Nyberg, Hilfsbuch des Pehlevi 2, 128.

[15] *wlydh*: Oxon. Arab. XLVII.

[16] Zu avest. *rād-* „(sich) bereitmachen": Chr. Bartholomae, a. O. 1520f.; vgl. mittelpers. *rāδēnītan*.

[17] A. Christensen, a. O. 81; „celui qui reste".

oberen und der unteren. Wie es sich dabei mit den zwölf Geistwesen verhält, wird nicht gesagt. Man wird sie sich gleich den Wezīren in beiden Welten, der oberen und der unteren, zu denken haben.

Die Einzelerklärung mag mit den Geistwesen beginnen. Die sprachliche Form ihrer Namen ist überall dieselbe: es sind Partizipien des Präsens von Verben, die eine Tätigkeit ausdrücken. Die Geistwesen sind also Handelnde, im Gegensatz zu den Mächten, die geistige δυνάμεις und demzufolge geistige Aspekte des Lichtherrn darstellen. Damit entfaltet sich eine Polarität von Aspekt und Tun, Beharren und Handeln, Sein und Werden, und diesem „Syzygienprinzip"[18] wird man auch bei den Wezīren begegnen.

Bei den Geistwesen ist im Gegensatz zu den Mächten die iranische Originalbezeichnung gegeben. In der Erklärung wurde des öfteren von Christensen abgewichen, und in drei Fällen sind leichte Konjekturen vorgenommen worden. Sie umfassen stets nur einzelene Buchstaben und überdies solche, deren Verwechslung in der arabischen Schrift sich erfahrungsgemäß leicht einstellt: *n* statt *ḏ*, *w* und *z* statt *r*. Diese Änderungen schienen uns unerläßlich, denn nur so wird die Anordnung der Geistwesen sinnvoll. Jetzt ist deutlich: je zwei dieser *rūḥānīyūn* bilden ein Paar von Entsprechungen. Es stehen sich gegenüber: Verlangen und Geben, Nehmen und Beschaffen, Verzehr und Erhalt, Wachsen der Frucht und Bearbeitung des Ackers, Bereitschaft und Handeln, Bewegung (denn Kommen und Gehen darf man unter diesem Oberbegriff zusammenfassen) und Beharren. Damit erhält man die verlangten zwölf *rūḥānīyūn*, nicht, wie Christensen[19], entgegen der ausdrücklichen Angabe zu Beginn: dreizehn.

Auch die Wezīre sind nach demselben Prinzip geordnet. Nur treten sich diesmal nicht das Spendende, Wachsende, Behaltende auf der einen Seite, Verbrauch und Verzehr auf der anderen gegenüber. Sondern der Oberste, Hohe und Planende steht dem Handelnden, Ausführenden und Richtenden zur Seite, will sagen: Gedanke und Tat scheiden sich. Jene Polarität, die bei dem Vergleich der Mächte und Geistwesen sich gezeigt hatte, begegnet erneut. Und mehr noch: sie durchzieht die gesamte Gruppe der Wezīre. Nur der siebente Wezīr, „der Geringfügige", ordnet sich dem nicht ein. Sondern als unterstes Glied (und demgemäß auch bezeichnet) leitet er über zu den zwölf Geistwesen, die den Wezīren gegenüber eine niedere Ordnung darstellen. Denn nicht in der Spannung von Gedanke und Tat entfalten sie sich,

[18] J. Friedländer in: JAOS. 29, 116; F. Meier in: Art. Asiae 16, 149.

[19] a. O. 81 Anm. 4. Oxon. Arab. XCV läßt Nr. 10 der *rūḥānīyūn* aus.

sondern in der materiellen von Verbrauch und Beschaffung. Auf der anderen Seite führen der erste, dritte und fünfte Wezīr, die ein Gedankliches ausdrücken, aufwärts zu den Mächten, die dem Thron des Lichtherrn zunächst stehen.

Man erkennt eine Rang- und Stufenordnung. Zuoberst Gott oder das Licht; vor ihm die vier Mächte; dann die Wezīre, geschieden nach Gedanke und Ausführung; schließlich die Geistwesen, auch sie geschieden: nach Verbrauch und Beschaffung. Es zeigt sich eine Abfolge, die vom Licht und seinen geistigen Aspekten über Gedanke und Tat, über Befriedigung der Lebensbedürfnisse zu deren materieller Beschaffung hinabsteigt. Je höher einer der Genannten steht, um so licht- und geisthaltiger ist er: um so mehr auch reiner, in sich ruhender Gedanke. Je mehr man aber hinabsteigt, um so stärker gelangt man in den Bereich des Materiellen, aber auch des Handelns.

Es folgt ein weiterer Satz, den Christensen[20] übersetzt: „Dans chaque homme toutes les quatre forces sont réunies, et les sept et les douze sont devenus maîtres dans le monde inférieur, et l'obligation leur a été ôtée". Diese Wiedergabe ist vom arabistischen Standpunkt eine Unbegreiflichkeit, und sie ist überdies sinnlos. Es kann nur heißen: „Und jeder Mensch, dem sich diese vier Mächte, die sieben Wezīre sowie die zwölf (Geistwesen) vereinen, der wird ein zu Gott Gehöriger (*rabbānī*)[21] (bereits) in der unteren Welt, und genommen wird von ihm die (irdische) Last (*taklīf*)". Die Welt ist aufgeteilt in viele Einzelmächte und -kräfte. Sie durchwalten und ordnen die genannten Bereiche; sie sind tätig nach verschiedener Richtung. Aber wenn einmal alle sich in einem Menschen vereinen, dann vollzieht sich ein Zusammenschluß, der jede Teilung überwindet und den Menschen zu Gott emporführt.

Nun ein neuer Gedanke, durch *ḳāla* eingeführt. Ḫusraw in der oberen Welt, so heißt es, regiert mit den Buchstaben, deren Summe den gewaltigsten Namen (*al-ismu l-aʿẓam*: wohl den des Lichtgottes) ergibt. Zuvor wurde die Bezeichnung Ḫusraw für den Herrn der unteren Welt gebraucht (*ḫusraw bi-l-ʿālami l-asfal*), und der Gott der oberen Welt blieb unbezeichnet (*maʿbūduhu*). Auch jetzt erhält der Herr der oberen Welt keinen Namen. An die Stelle tritt ein metonymes „Ḫusraw in der oberen Welt". Das kann nur so verstanden werden, daß damit jener namenlose Herr der oberen

[20] a. O. 81 f., im engen Anschluß an Th. Haarbrücker, a. O. 1, 292.
[21] Die beiden Oxforder Handschriften geben *rabbān*.

Welt gemeint ist, der „Ḫusraw in der unteren Welt“ entspricht. Der Sinn jener Buchstaben, mit denen der Herr der oberen Welt regiert, bleibt dem Menschen im allgemeinen verschlossen. Demjenigen jedoch, der sich eine Vorstellung von ihnen zu bilden vermag (*man taṣawwara min tilka l-ḥurūfi šai'an*), eröffnet sich das größte Geheimnis (*as-sirru l-akbar*). Jetzt wird auch klar, warum der Herr der oberen Welt unbenannt bleibt. Nur der, dem sich das „größte Geheimnis“ aufgetan hat, kann seinen Namen kennen, und niemals wird ein derart Wissender seine Erkenntnis preisgeben. Demjenigen Menschen dagegen, so erfährt man weiter, dem „das höchste Geheimnis“ verwehrt ist (*man ḥurima ḏālika*), bleibt im Gegensatz zu den geistigen Mächten (*fī muḳābalati l-ḳuwā l-arba'*): nämlich in Blindheit der Unwissenheit (*'amā l-ǧahl*) gegenüber Macht der Unterscheidung, in Vergessen (*nisyān*) gegenüber Einsicht, in geistiger Trägheit (*balāda*) gegenüber Wachsamkeit, in Kummer (*ġamm*) gegenüber Freude.

Man erkennt die Entsprechung zu dem, was zuvor gesagt wurde. Wie der Mensch, dem sich die Mächte vereinen, Gott ähnlich zu werden vermag, so kennt, wer um den Sinn der Buchstaben weiß, das größte Geheimnis.

3

Bei der Deutung des Bruchstückes haben wir uns tunlichst an den Wortlaut Šahrastānī's gehalten. Es wurde erklärt, was dasteht und wie es dasteht. Indessen sei nicht verschwiegen, daß eine Reihe von Unstimmigkeiten den Eindruck erwecken, es liege ein verkürzter und darum ein nicht in sich schlüssiger Text vor. Zu Beginn entsprechen sich der ungenannte Herr der oberen Welt und Ḫusraw in der unteren, die vier Mächte in der oberen und die vier Reichsämter in der unteren Welt. Auch bei den sieben Wezīren und den zwölf Geistwesen erwartet man dieselbe Scheidung nach beiden Welten. Die Bezeichnung als Wezīre ist ebenso geeignet für die untere Welt wie die als Geistwesen für die obere. Man wird den Eindruck nicht los, als sei in beiden Fällen nur eine Bezeichnung statt der jeweils zu erwartenden Doppelglieder gegeben. Es kommt hinzu, daß bei den Mächten, also bei der oberen Welt, die Bezeichnung arabisch ist, die der Reichsämter in der unteren aber mittelpersisch. Demgemäß wird der Herr der oberen Welt mit einem *ma'būduhu* umschrieben, während in der unteren Ḫusraw regiert. Die einzelnen Wezire und Geistwesen erscheinen sämtlich in mittelpersischer

Form, während die Klasse als solche arabisch bezeichnet ist. Im Verfolg des bisherigen Gedankenganges müßte man dem entnehmen, daß die Wezīre als Gesamtheit und als Einzelne der unteren Welt zugehören und ihr Gegenstück in der oberen Welt fehlt. Die *rūḥānīyūn* hingegen als Gesamtbezeichnung gehören zu der oberen Welt, aber die entsprechenden Einzelglieder wären ausgelassen. Umgekehrt hätte man die mittelpersischen Bezeichnungen der Geistwesen der unteren Welt zuzuweisen, aber ihre Gesamtbezeichnung wäre weggefallen und durch *rūḥānīyūn*, was eigentlich zur oberen Welt gehörte, ersetzt worden.

Schließlich eine letzte Schwierigkeit. Christensen[1] hat bemerkt, daß die Siebenzahl den Planeten, die Zwölfzahl den Tierkreiszeichen entspricht. Das wird sich noch bestätigen. Aber gerade wenn man annimmt, daß die Planeten sich innerhalb der Tierkreiszeichen drehen, so wirkt dieselbe Vorstellung (*hāḏihi s-sab'atu tadūru fī iṯnā 'ašara rūḥānīyan*)[2] bei Wezīren und Geistwesen unplastisch und geradezu absurd.

Soviel über die Deutung des Bruchstückes. Jetzt soll die geschichtliche Einordnung versucht werden.

Zunächst erhebt sich die Frage, wer mit Ḫusraw in der unteren Welt, dem Gegenbild des ungenannten Lichtherrn in der oberen Welt, gemeint sein könne. Auf keinen Fall geht es um Mazdaks Zeitgenossen und Träger des Namens: den späteren Chusrō I. Anōšarvān (531—579). Denn Mazdak konnte seinen schärfsten Gegner, der später den Propheten und Tausende seiner Anhänger umbrachte, schwerlich in ehrender Weise nennen. Dazu kommt, daß Mazdak Chusrō bereits vor dessen Thronbesteigung erlag (Ende 528 oder Anfang 529)[3], ihn also nicht als Herrscher kannte. Schließlich zeigt unser Bruchstück selbst, daß es vor Anōšarvān's Herrschaft verfaßt ist. Die Erwähnung nur eines *spāhbaδ* beweist, daß für Mazdak ein einziger „*spāhbaδ* der Länder" bestand und er noch nicht durch jene vier Träger des Titels abgelöst war, deren Ernennung eine der ersten Regierungshandlungen Anōšarvān's bildete[4].

Ḫusraw kann nur den König schlechthin, nicht einen besonderen Träger des Namens meinen. Es ist also ähnlich arabischem *kisrā* zu verstehen, was von sämtlichen Sasaniden gebraucht werden kann. Aber *kisrā* als Bezeich-

[1] A. Christensen, a. O. 102.
[2] Wir geben die korrekte Form.
[3] A. Christensen, a. O. 124f.
[4] Ṭabarī, ann. 1, 894, 5f.; Dīnawarī 69, 11f.; Th. Nöldeke, a. O. 155 Anm. 2.

nung des Perserkönigs schlechthin konnte erst aufkommen, nachdem die beiden größten unter ihnen, Chusrō I. und II., dem Namen Glanz verliehen hatten. Man steht erneut vor der Schwierigkeit, daß Mazdak eine Bezeichnung verwendet, die er aus seiner Zeit heraus gar nicht verwenden konnte.

Den Ausweg zeigt eine Bemerkung Ibn Ḫurdāḏbeh's, die man übersehen hat. In einem Abschnitt, der von den Beinamen der Könige Chorāsān's und des Ostens handelt, erscheint als einer der ihren der König von Chwārezm: *ḫusraw ḫwārizm*[5]. Also war Ḫusraw die Bezeichnung des Herrschers, der in der Inschrift von Paikuli[6] (parth.) als *ḫwrzmn mlk'* erscheint.

Chwārezm unterstand, wenn man von einer kurzen Episode unter Bahrām V. Gōr absieht[7], niemals der sasanidischen Herrschaft. Insbesondere haben weder Chusrō I. Anōšarvān noch Chusrō II. Aβarvēz über das Land irgendeine Souveränität ausgeübt. Von ihnen kann demnach die Bezeichnung Ḫusraw nicht stammen. Wohl aber weiß man — und dies aus berufenstem Munde — daß ein mythischer König von Chwārezm den Namen trug. Bei al-Bērūnī[8], gebürtigem Chwārezmier, erscheint an der Spitze aller Dynastien als erster Herrscher des Landes: Kai Ḫusraw. Von diesem Urkönig ist die Bezeichnung für die geschichtlichen Nachfolger abgeleitet.

Madzak exemplifiziert demnach nicht an den Sasaniden, sondern an dem Herrscher des zum sasanidischen Reich nicht gehörigen, weit im Norden gelegenen Chwārezm. Das ist um so auffälliger, als Kavāδ I., wenigstens zu Zeiten, Anhänger Madzaks war oder doch als solcher galt. Was veranlaßte, jenen Typus des Herrschers zu wählen, kann nur darin gesucht werden, daß Chwārezms Königtum Mazdak und seinen Hörern gegenwärtig war. Mit anderen Worten: Mazdak entstammte selbst Chwārezm oder dessen Nachbarschaft und trat dort erstmals hervor.

Das widerspricht freilich der bisherigen Meinung. Wenn man Tabrīz oder Iṣṭaḫr außer acht lassen darf[9], so maß man bisher das größte Gewicht

[5] 40, 2 de Goeje.

[6] 42'.

[7] E. Sachau, in: SBAKWien 73, 505f. nach einer Notiz al-Baihaḳī's, die auf al-Bērūnī's verlorene Geschichte von Chwārezm zurückgeht.

[8] Chronol. 35, 9f. Sachau.

[9] Dazu die Begründung bei A. Christensen, a. O. 99f. Die Namensform ist nach Christensen gegeben. E. Littmann schreibt uns (6.3.54): „Die Lesung *Murġāb* (vgl. unten) ist genial und wird das Richtige treffen. Der Ort, den Christensen vorschlug, wurde auf den Karten *kūt el-amāra* geschrieben. Ich glaube freilich, daß ich vor 38 Jahren *'Amāra* feststellte. Aber ich bin mir dessen nicht mehr ganz sicher. Der erste Teil des Namens ist *kūt*: ein Ort dieses Namens in Babylonien ist schon aus alter Zeit bekannt".

Ṭabarī's[10] Nachricht bei, wonach Mazdak in Maḏarīya geboren war. Nur darüber bestand Zweifel, wo dieser Ort zu suchen sei. Nöldeke[11] erwog die Susiane, während Christensen ihn an der Stelle des heutigen Ḳūṭ al-ʿAmāra suchte[12]. Doch Nöldeke gibt seinen Ansatz selbst nur als Vermutung (mit Recht), und Gleichsetzung von *maḏarīya*[13] mit *māḏarāyā*, die Christensen vorschlägt, ist paläographisch wenig wahrscheinlich. Vielleicht führt eine andere Überlegung zum Ziel. Der Name, den Ṭabarī gibt, geht, wie anerkannt, auf das sasanidische Königsbuch zurück[14]. Man hat demnach das Recht, ihn in die Pehlevīschrift umzusetzen und das Ergebnis als das eigentlich Überlieferte zu betrachten. Dabei muß von allen diakritischen Punkten, die Zusatz der arabischen Schreiber sind, abgesehen werden. Mit leichtester Änderung[15] wäre *mwlg'b* zu lesen, und damit erhielte man *mwrg'b* = Murġāb.

Das führt weit weg von der Susiane und vom ʿIrāḳ. Man gelangt in das äußerste Chorāsān, dorthin, wo dieses im Nordosten an die Sogdiane, im Norden an Chwārezm grenzt. Hierhin weisen denn auch weitere Angaben, die man bisher vernachlässigt hat. Balʿamī läßt Mazdak aus Nēšāpūr[16], andere lassen ihn aus Nisā stammen. Hauptgewährsmann für letzteres ist al-Bērūnī[17], selbst Chwārezmier und damit erneut Instanz, gegen die sich ein Einspruch schwerlich erheben läßt. Nöldeke[18] hat *ns'*, das E. Sachau fälschlich als Nasā vokalisierte (es ist das antike Nisaia oder Parthaunisa), als Verwechslung mit Fasā, dem Geburtsort des zweiten Gründers der Sekte, Zrāḏušt, aufgefaßt[19]. Von vornherein wenig wahrscheinlich, wird diese Auffassung ausgeschlossen durch die Tatsache, daß Murġāb, Nēšāpūr und Nisā in die gleiche Gegend gehören. Sie bestätigen sich gegenseitig, und zusammen mit dem Auftreten Ḫusraws in unserem Bruchstück erheben sie zur Gewißheit, daß Mazdak im nördlichsten Chorāsān das Licht der Welt erblickt

[10] Ann. 1, 893, 10. Nicht *al-Maḏarīya*, wie Christensen schreibt (a. O. 99). Der Fehler bereits bei Th. Nöldeke, a. O. 457; vgl. noch G. Le Strange, The Lands of the Eastern Califate (1930) 38.

[11] a. O. 154 Anm. 3; vgl. 457.

[12] a. O. 100.

[13] Adnotatio e) zu Ṭabarī, ann. 1, 893.

[14] A. Christensen, a. O. 28f.

[15] Die Einzelheiten bei Altheim-Stiehl, Ein asiatischer Staat 1, 200.

[16] Trad. Zotenberg 2, 142f.

[17] Chronol. 209, 11 Sachau.

[18] a. O. 457 Anm. 3.

[19] Vgl. Ṭabarī, ann. 1, 893, 8.

hat. Daß die bei al-Bērūnī, chron. 209, 11 und 211, 11 erhaltene Namensform *maždak* diese Herleitung bestätigt, wurde an anderer Stelle[20] gezeigt. Nur unter solcher Voraussetzung ist die Nennung des Chwārezmšāh als Beispiel des Herrschers, irdischen Gegenbildes des Lichtherrn, verständlich.

4

Daß zwischen Mazdaks Lehren und denen Manis Zusammenhänge bestehen, hat Christensen[1] beobachtet. Sie erstrecken sich über den Gegensatz der beiden Prinzipien, der Lichtwelt und der des Dunkels, hinaus auf Einzelheiten, vor allem der Terminologie. Auch die Aufzählung langer Reihen und Gruppen göttlicher Wesen, nach Name und Funktion umständlich festgelegt, ist manichäische Art. Aber Madzak darum als bloßen Nachfolger Manis zu bezeichnen, ist schwerlich angängig. Schon in der Lehre von den Elementen zeigen sich Unterschiede. Während Mani deren fünf kannte, wußte Mazdak, Šahrastānī zufolge, nur von dreien. Ebenso besitzt die Gliederung nach Mächten, Wezīren und Geistwesen, trotz manchen Berührungen im einzelnen, insgesamt auf manichäischer Seite keine Entsprechung. Und wieder stehen die Zahlenangaben auf Mazdaks Seite allein.

Vor allem aber zeigt sich ein Unterschied darin, daß Mani dem Vater der Größe den Fürsten der Finsternis entgegenstellt, während bei Mazdak der letzte ohne Entsprechung bleibt. Auch fehlt der unausgesetzte Kampf von Licht und Finsternis, Gut und Böse, der Manis Lehre das Gepräge gibt. Mazdaks Lichtherr und alles, was ihm nahesteht, ist nicht kämpferisch, überhaupt nicht handelnd, sondern ruht in sich als fernes, unberührtes Sein. Erst gegen die Basis der Pyramide hin treten Handelnde auf: in immer größerer Zahl, je weiter sie sich von der Spitze entfernen, und stets den Seinsmächten untergeordnet.

Šahrastānī bemerkt ausdrücklich nach al-Warrāḳ, daß die Lehren Mazdaks und Manis sich in vielem entsprächen. Besonders gelte dies von den beiden Prinzipien Licht und Finsternis[2]. „Nur pflegte Mazdak zu sagen, das Licht wirke mit Zielstrebigkeit (*bi-l-ḳaṣd*) und freiem Entscheid (*wa-l-iḫtiyār*),

[20] Altheim-Stiehl, Philologia sacra 90.

[1] a. O. 101f.; 102 Anm. 1—2; Empire des Sassanides[2] 340f.; 341 Anm. 1 und 3; 342 Anm. 1.

[2] Beide werden in der Chronik von Se'ert 2, 125, 3f. neben der Weibergemeinschaft als Kennzeichen der Lehre Zrādušt's, Mazdak's Genossen, hervorgehoben (vgl. 2, 125, 8f.). Seltsam 2, 147, 6f.

die Dunkelheit aber blindlings (*ʿalā l-ḫabṭ*) und gemäß dem Zufall (*wa-l-ittifāḳ*). Und das Licht sei wissend (*ʿālim*) und wahrnehmend (*ḥassās*), die Dunkelheit aber unwissend (*ǧāhil*) und blind (*aʿmā*). Die Mischung (beider Prinzipien) aber sei eingetreten infolge von Zufall und *ḫabṭ*, nicht aber von Zielstrebigkeit und freiem Entscheid. Und so finde die Rettung nur durch Zufall und nicht durch freie Entscheidung statt."

Nöldeke[3] hat erstmals darauf verwiesen, daß Malalas[4] Kavāδ I. als Δαράσθενος bezeichnet und daß eine bestimmte manichäische Sekte bei dem gleichen Autor als τὸ (δόγμα) τῶν Δαρισθενῶν erscheint[5]. Malalas selbst deutet diesen Namen τὸ δόγμα τοῦ ἀγαθοῦ[6]. Nöldeke hat auch in der gemeinsamen Bezeichnung ein *durust-dēn, darazd-dēn* = ὀρθόδοξος erkannt und darin den Namen der Sekte gesehen, der auch Mazdak angehörte.

Von Christensen[7] wurden diese Beobachtungen aufgenommen. Auch er faßt Δαράσθενος und τῶν Δαρισθενῶν als *dərist-dēnān* „ceux qui professent la vraie foi". Ebenso meint er, daß bei Malalas Kavāδ's I. Beiname diesen als Anhänger Mazdaks bezeichne und daß somit die *dərist-dēnān* als dessen Anhänger anzusehen seien. Anderes, was Christensen hinzugefügt hat[8], ist weniger oder gar nicht überzeugend. Aber der Kern seiner Darlegungen, vor allem, soweit er sich mit denen Nöldekes berührt, läßt sich halten und bildet auch für uns den Ausgangspunkt.

Im einzelnen berichtet Malalas, in Rom sei zu Diokletians Zeit der Manichäer Bundos aufgetreten. Er habe sich von Manis Lehre getrennt und verkündet, der gute Gott habe den bösen bekämpft und besiegt. Darum müsse man den guten Gott als Sieger ehren. Später war Bundos nach Persien gezogen und hatte dort seine Lehre verbreitet.

In der Tat stimmt Bundos mit Madzak überein darin, daß der böse Gott und Fürst der Finsternis aus dem Kampf ausgeschieden ist. Es ist also durchaus denkbar, daß in Mazdaks Lehre sich die seines Vorgängers Bundos fort-

[3] a. O. 457 Anm. 1.
[4] 429, 11f.
[5] 309, 19f.
[6] Nichts mit Malalas' Angabe 309, 19f. vermochte A. Schenk Graf v. Stauffenberg, D. röm. Kaisergesch. bei Malalas 404f., anzufangen. Ihm ist weder die Zusammengehörigkeit beider Stellen aufgefallen, noch wußte er von den Aufstellungen Nöldekes und Christensens.
[7] a. O. 18; 96f.
[8] So die Gleichsetzung von Bundos und Zrāḏušt, a. O. 98f., und der Versuch, jenen Namen, den Malalas überliefert, in Fehlschreibungen der arabischen Autoren wiederzufinden, a. O. 97f.

setzte. Freilich ist damit allein wenig gewonnen. Denn Bundos' Person wird durch Malalas' Bericht allein noch nicht faßbar. Hier scheint ein Name weiterzuführen, der bisher in diesen Zusammenhang nicht gerückt wurde: der des syrischen Periodeuten Būḏ.

Das Schriftstellerverzeichnis, das von ʿAḇdīšōʿ b. Brīḵā nach 1315/6 im Versmaß Afrem's verfaßt wurde[9], nennt Būḏ als Übersetzer des Buches Ḳalīla wa-Dimna aus dem Indischen ins Syrische[10]. Diese Angabe enthält insofern eine Unrichtigkeit, als die ältere syrische Übersetzung aus dem mittelpersischen Text erfolgte, der seinerseits auf den Arzt Burzōē zurückging. Man wird der Urheberschaft Būḏ's in diesem Fall keine Bedeutung zumessen, und auch für seine Altersbestimmung hat sie auszuscheiden. Allenfalls kann man dem entnehmen, daß der Name Būḏ noch in spätsasanidischer Zeit bekannt war und ein Werk darum ihm untergeschoben werden konnte.

Anderer Art sind die Schriften, die Būḏ daneben zugewiesen wurden. Es sind Reden gegen Manichäer und Markioniten sowie eine Betrachtung über das Ἄλφα τὸ μέγα der aristotelischen Metaphysik. Nimmt man alle drei zusammen, so verweisen sie am ehesten auf einen Neuplatoniker und auf die Zeit, da Plotinos seinen erhaltenen Traktat gegen die Gnostiker, Alexander von Lykopolis gegen die Manichäer und Porphyrios gegen die Christen schrieb. Die Heranziehung der aristotelischen Philosophie hat ihre Parallele erneut in Porphyrios. Das führt in die zweite Hälfte des 3. nachchristlichen Jahrhunderts, stimmt also zu Malalas' Bundos.

Es bleiben die verschiedenen Namensformen. Sanskr. *budhá-* „Weiser"[11] mag für einen angeblichen Übersetzer aus dem Indischen stimmen. Es paßt jedoch nicht für einen Mann, der gegen Manichäer sowie Markioniten auftrat und Aristoteles erklärte. Da Bundos sich nach Persien begab, mag er von dort gekommen sein. Man hat *Bundāδ* neben *Windāδ*, *Windafarnah-* neben (Gen.) Ὑνδοφέρρου, Γονδοφέρρου[12], und so mag Bundos neben *Bindōē*, *Windōē* stehen. Mit Assimilation des *n*, die im Syrischen üblich ist[13], mag ein **Bund* sich zu **Budd* gewandelt haben. Da dieses als *bwd* plene geschrieben wurde, kam es zur unrichtigen Lesung Būḏ.

[9] J. S. Assemani, Biblioth. Orient. Clementino-Vatic. (1719—28) III 1, 325f.; zur Datierung A. Baumstark, Geschichte der syr. Lit. 325 Anm. 2.

[10] Ebenda III 1, 219 und S. 125.

[11] F. Justi, Iran. Namensb. 71r.

[12] F. Justi, a. O. 369.

[13] Th. Nöldeke, Kurzgef. syr. Gramm.[2] 21f. § 28.

Gleichgültig, ob man den angedeuteten Gedankengang annimmt oder nicht: Bundos scheint Neuplatoniker gewesen zu sein. Was nun seine und Mazdak's Lehre angeht, so gelangt man über Möglichkeiten in dem Augenblick hinaus, da man daran geht, den Inhalt von Mazdaks originalem Bruchstück in geistesgeschichtlichen Zusammenhang zu stellen.

Zwei Beobachtungen stellen sich sogleich ein. Einmal ist durch den Wegfall des Fürsten der Finsternis Manis dualistisches System beseitigt. Es besteht zwar der Gegensatz von oberer und unterer, lichter und dunkler Welt fort. Aber die gesamte Ordnung hat in dem, was Mazdak „verehrte" (Šahrastānī: *ma'būduhu*) und was vor ihm Bundos als Sieger zu „ehren" (τιμᾶν) empfahl, eine monarchische Spitze erhalten. Als zweites kommt hinzu die durchgängige Höherbewertung alles Geistigen, Denkenden, in sich Ruhenden und Planenden gegenüber dem Handeln; darauf wurde wiederholt hingewiesen. Beides hängt innerlich zusammen. Denn die Beseitigung des ständigen Kampfes zwischen Manis zwei Prinzipien schließt nicht nur den Dualismus, sondern auch die aktive Auseinandersetzung als alles umfassende Kategorie aus. Beides aber führt auf den Neuplatonismus.

Eine erste Bestätigung erbringt die zuvor gemachte Beobachtung, daß Mazdak den Namen seines Lichtherrn nie nennt. Er gleicht dem Weltgott, von dem der Panegyriker von 313 sagt: *quem . . . te ipse dici velis, scire non possumus*[14]. Er ist der θεοῦ ὀνόματος κρείττων der Hermetiker[15], der ὀνόματος οὐ προσδεῖται[16]; der ἄρρητος[17]. Hier liegt überall neuplatonische Terminologie bereits vor. Doch dabei bleibt es keineswegs.

Heute kennt man Porphyrios' Schrift über die Sonne, zurückgewonnen aus Macrobius[18] und Julians Rede über den König Helios[19]. Verfaßt wurde diese Schrift vor 263, noch bevor sich Porphyrios nach Rom begab und dort in Plotins Kreis eintrat[20]. Die Gedanken, die Porphyrios in seiner Schrift vortrug, und die Nachwirkung, die sie gehabt haben, spiegeln sich in Mazdaks Bruchstück.

[14] 9, 26.
[15] 1, 298 Scott aus Lactant., div. inst. 4, 614.
[16] 1, 162, 26; vgl. 14; 156, 20.
[17] 1, 536 fr. 11.
[18] Sat. 1, 17—23.
[19] F. Altheim, Aus Spätantike u. Christentum 2f.; 15f.; vgl. P. Courcelles, Les lettres grecques en Occident 19f.; M. Rosenbach, Galliena Augusta. ΑΠΑΡΧΑΙ 3 (1958), 53f.
[20] F. Altheim, a. O. 9f.

Denn ähnlich wie bei Mazdak der Herr des Lichts, nimmt bei Porphyrios die Sonne die höchste Stellung ein. Sie ist sichtbares Abbild der *divinitas* oder θειότης, der *divina mens* oder des göttlichen νοῦς. Selbst ohne Namen und unsichtbar, offenbart dieser sich in der Sonne, die Mittler zwischen ihm und der übrigen Welt ist.

Mit νοῦς und Sonne beginnt eine göttliche Hierarchie, die sich mit der Mazdaks deckt. Dabei sollen die vier Mächte zunächst beiseite bleiben. In den sieben Wezīren aber hat man längst die Planeten, in den zwölf Geistwesen, innerhalb deren sich die Wezīre bewegen, die Tierkreiszeichen erkannt[21]. Auch bei Porphyrios steht die Sonne an der Spitze der Planeten[22], und ebenso sind die zwölf Tierkreiszeichen Auswirkungen der Sonne und an ihrem Wesen teilhabend[23]. Wie die Götter, so sind auch jene Gruppen *virtutes* und *effectus*, δυνάμεις und ἐνέργειαι der Sonne. Wie bei Mazdak, so entfalten sich bei Porphyrios alle diese Wesenheiten in einer Pyramide von Eigenschaften des höchsten Wesens und dessen handelnden Untergebenen.

Mazdak hatte mit dem Lichtherrn in der oberen Welt Ḫusraw in der unteren verglichen. Ähnliche Vergleiche begegnen zwar nicht bei Porphyrios selbst, wohl aber bei den griechischen und römischen Panegyrikern der diokletianischen und konstantinischen Zeit. In der sonnenhaften Ausdeutung des Herrschers und einer sich daran knüpfenden Symbolik sind sie von Porphyrios' Gedankenwelt überall bestimmt[24]. Eusebios in seiner Rede, die er anläßlich der dreißigjährigen Regierungsdauer Konstantins verfaßt hat, nennt den Kaiser irdisches Abbild Gottes und seiner Ordnung[25]. Konstantin sendet gleich der Sonne Strahlen bis in die entferntesten Teile der Oikumene. Träger dieses Lichtes, das dem Herrscher entströmt, sind die vier Caesaren. Wie Helios lenkt Konstantin deren Viergespann[26]. Damit haben auch Mazdaks vier Mächte, die sich dem Lichtherrn gegenüber befinden, und die vier höchsten Reichsämter, Ḫusraw zur Seite, ihre Entsprechung erhalten. Sie sind die Umsetzung der vier Caesaren ins Iranische.

[21] A. Christensen, a. O. 102.
[22] Macrob., Sat. 1, 17, 2.
[23] Macrob., Sat. 1, 21, 16—27.
[24] F. Altheim, Aus Spätantike u. Christentum 46f.; 51f.; 54f.; vgl. Lit. u. Gesellsch. 1, 138f.
[25] l. Const. p. 199, 2f,; 215, 21 Heikel; vgl. H. Mattingly in: Proceed. Brit. Acad. 37, 258f.
[26] l. Const. 3,4.

Das Ergebnis wird gestützt durch eine Nachricht bei Masʿūdī. Danach war Mazdak Mōbaδ und Erklärer des Avesta[27]. „Er setzte an die Stelle seines (des Avesta) Äußeren (*li-ẓāhirihi*) ein Inneres (*bāṭin*) im Gegensatz zu seinem (des Avesta) Äußeren, und er war der erste, der aufgeführt wird von den Meistern der Erklärung und des Inneren und der Abkehr von dem Äußeren im Gesetz Zarathustras[28]". Äußere und innere, wörtliche und allegorische Deutung, — wer wollte darin das neuplatonische Vorbild verkennen?

Entscheidende Neuerungen, die Mazdaks Lehren gegenüber denen Manis aufweisen, sind demnach vom frühen Neuplatonismus her bestimmt. Damit gewänne auch Bundos an Umriß. Wenn er unter Diokletian erstmals hervortrat, könnte er die neuplatonischen Einflüsse in Rom aufgenommen und sie später, nach seiner Übersiedlung nach Iran (Περσίς bedeutet sicherlich nicht die Persis im engeren Sinn), dorthin verpflanzt haben. Traf er um die Jahrhundertwende dort ein, war Mani tot, und seine Schüler, soweit nicht der Verfolgung erlegen, waren über den Oxos nach Nordosten ausgewichen[29]. Dorthin oder in die Nachbarschaft mag sich auch Bundos gewandt haben. Genug: im nördlichen Chorāsān hätte die Lehre zwei Jahrhunderte gelebt, bis sie zu Anfang des 6. Jahrhunderts mit Mazdak aus ihrer Verborgenheit hervortrat. Chorāsān, einstiger Ausgangspunkt, hat dann wieder die Rückzugsstätte gebildet, als Mazdaks Unternehmen zusammenbrach[30].

Solches könnte man annehmen, und in der Tat haben die Verfasser es an früherer Stelle[31] getan. Doch bleiben mancherlei Schwierigkeiten. Wie hätte man sich vorzustellen, daß Bundos' Lehre zwei Jahrhunderte in der Verborgenheit gelebt habe und dann plötzlich vom Dunkel zum Licht und zu geschichtlicher Bedeutung hervorgetreten sei? War Chorāsān ein kulturelles Rückzugsgebiet, darin sich dergleichen in Abgeschlossenheit erhalten konnte? Es wird sich noch zeigen, daß eher das Gegenteil zutrifft. Und wie stand es mit Porphyrios' Schrift über die Sonne, die in besonderem Maß auf

[27] *Kitāb at-tanbīh wa-l-išrāf* 101, 10f. de Goeje.

[28] Der letzte Satz Masʿūdī's zielt auf die Bāṭinīya oder Ismaʿīlīya, die sich im ʿIrāḳ auch Mazdaḳīya nannte. Es kann hier nicht verfolgt werden, wie eng der tatsächliche Zusammenhang ist. Aber wer bei aš-Šahrastānī den Abschnitt über die Bāṭinīya durchliest (147—152 Cureton), wird einer Fülle von Beziehungen begegnen.

[29] Fihrist 337, 15f. Fl.

[30] Zuletzt B. Spuler, Iran in früh-islam. Zeit. 205. Von der mazdakitischen Bewegung in Chwārezm unter Führung Ḫurzād's, die S. P. Tolstow (Auf den Spuren d. altchoresm. Kultur 241f.) behauptet, konnten wir uns nicht überzeugen: Altheim-Stiehl, Finanzgeschichte der Spätantike 264f.

[31] Ein asiatischer Staat 1, 204.

Mazdak gewirkt hat, und dem, was ihr an Nachfolge zuteil wurde? Im sechsten Kapitel wird man erfahren, wieviel an griechischem Schrifttum in Chorāsān bekannt war und sich bis in islamische Zeit gerettet hat. Eben Porphyrios nimmt im Rahmen des Erhaltenen eine besondere Stellung ein.

Die Antwort muß vorerst offen bleiben. Später, anhand eines reicheren Stoffes, soll sie erteilt werden.

NACHTRAG

Von einem meiner Schüler werde ich auf die 1958 erschienene Schrift „Konstantin der Große" (Urban-Bücher 29) von H. Dörries hingewiesen. Ihr Verfasser wendet sich gegen den Versuch, Konstantin mit dem Neuplatonismus zu verknüpfen (a. O. 117 Anm. 4). Neuplatonische Lehre sei dem „Abendland" erst nach der Mitte des 4. Jahrhunderts durch die Übersetzungen eines Marius Victorinus bekannt geworden. Noch für Augustin sei in den achtziger Jahren desselben Jahrhunderts Kenntnis neuplatonischen Schrifttums eine Ausnahme gewesen. Auch die „sehr unbestimmte Religiosität" der gallischen Panegyriker dürfe man nicht als neuplatonisch ansprechen. Dasselbe gelte für Konstantin. Porphyrios als einer der Hauptvertreter des Neuplatonismus im Osten komme als Anreger schon darum nicht in Frage, weil er einer der geistigen Urheber der Christenverfolgung gewesen sei.

Dörries' Konstantinbild wird von dem Grundsatz bestimmt, es sei nicht, was nicht sein dürfe. Zugegeben, daß ein neuplatonisch beeinflußter Konstantin eine Unbequemlichkeit ist. Aber Ablehnung solcher Unbequemlichkeit gerät in Gefahr, Bekenntnis alles sein zu lassen und Philologisches zu mißachten. Für beides bietet Dörries Belege. Uns geht allein das Zweite an.

Da wird die Inschrift des Konstantinbogens behandelt (a. O. 30). *Instinctu divinitatis* wird wieder einmal — diesmal von einem Philologen — gedankenlos als „auf Eingeben der Gottheit" übersetzt. Darum sei daran erinnert: *divinitas* bedeutet, wie jedes Lexikon zeigt, „Göttlichkeit", nicht „Gottheit". Diese Tatsache wurde allseitig (natürlich auch von J. Vogt und A. Alföldi) übersehen, von mir 1952 ins Gedächtnis gerufen[1], von Vogt anerkannt[2] und in einer darauf folgenden Erörterung gegen Mißdeutungen erhärtet[3]. Zugegeben wurde auch die Richtigkeit meiner weiteren Feststel-

[1] Aus Spätantike und Christentum 50f.
[2] In: Relazioni del Congresso di scienze storiche 1955, 740.
[3] F. Altheim, Röm. Religionsgesch. 2² (Göschen 1956), 158f.

lung, daß ein neuplatonischer Terminus — θειότης — vorliegt[4] und daß diesem *divina mens* des Panegyrikers und Eusebios' θεῖον πνεῦμα entsprechen. An die *summa divinitas* des Mailänder Edikts[5] konnte erinnert werden.

Dörries ist von alledem unberührt geblieben. Daß die neuplatonische Auffassung des Sonnengottes schon bei dem Vater Constantius erscheint, daß schon damals *divina mens* begegnet, wurde von P. Orgels[6] und unabhängig davon von mir gezeigt[7]; beides ist, soweit ich sehe, angenommen[8]. Wiederum konnten die Beweise den gallischen Panegyrikern entnommen werden, deren „sehr unbestimmte Religiosität" Dörries bemängelt.

Auch sonst wird dem Leser Einiges zugemutet. Porphyrios Vertreter des Neuplatonismus im Osten? Ist vergessen, daß er 263 nach Rom kam und von Plotin lernte, neben ihm lehrte und wirkte? Hat das Zeugnis, das die arabisch erhaltene Inhaltsangabe von Empedokles' Καθαρμοί für ihr gemeinsames Wirken darstellt[9], auf Dörries den Eindruck verfehlt? Daß man in Rom von alledem keine Notiz nahm, läßt sich mit aller Schlüssigkeit widerlegen. Gallienus' Verhältnis zu Plotin sollte bekannt sein, und daß Porphyrios' Schrift über die Sonne desselben Kaisers religiöses Programm bestimmt hat, ist vor kurzem nachgewiesen worden[10]. Alles hundert Jahre vor Marius Victorinus' Übersetzungen. ... Und von Bundos (oben 75f.; 79) braucht gar nicht gesprochen zu werden.

Porphyrios' Benutzung seitens seiner christlichen Gegner würde eine Erörterung für sich bilden. Über seine Bedeutung für die Kontroversliteratur wäre manches zu sagen, und einiges wird im sechsten Kapitel berührt werden. Von einem jener Werke, denen christliche Apologetik ihre Argumente entnahm, den beiden Briefen an den Ägypter Anebo, ist jetzt ein arabisches Bruchstück wiedergefunden worden[11]. Es entstammt dem ersten Brief, und erst im zweiten stellte Porphyrios Fragen über die ägyptischen Götter. Seltsames Zusammentreffen, aber schwerlich zu leugnen ist,

[4] Aus Spätantike und Christentum 50f.
[5] Dazu J. Moreau in: Annal. Univ. Savar. 2, 100f.
[6] In: Bull. Acad. Roy. de Belge 5. sér., 34 (1948), 179.
[7] Am zuletzt gen. O. 53f.
[8] J. Moreau in: Rev. ét. anc. 55, 311.
[9] Altheim-Stiehl, Porphyrios und Empedokles (1954) 27f.; F. Altheim, Der Unbesiegte Gott (rde 35, 1957) 82f.; Il dio invitto (1960) 124.
[10] M. Rosenbach, Galliena Augusta (ΑΠΑΡΧΑΙ 3, 1958) 53f.
[11] Vorläufig Altheim-Stiehl, Philologia sacra 100f.

daß den „christlichen" Kaiser zur Zeit des Konzils von Nicaea der gleiche Wissensdurst trieb.

Man hat seit drei Jahrzehnten die Wandinschrift aus der Syringe des oberägyptischen Theben von 326. Nikagoras dankt für ein Stipendium, daß ihm, dem gebürtigen Eleusinier, die ägyptische Religion kennen zu lernen ermöglichte. Er dankt dem Kaiser, τῷ τοῦτό μοι παρασχόντι, also Konstantin, und zugleich dankt er den Göttern ... [12]. Überflüssig zu sagen, daß Dörries dieses Zeugnis mit keinem Wort erwähnt.

Schließlich: Porphyrios als geistiger Urheber der Christenverfolgung. In seiner Schrift gegen die Christen bediente er sich in erster Linie der quellenkritischen und philologischen Methode; Geschichtliches und Philosophisches rangierte in zweiter Linie. Man sieht nicht, wo die Berührung mit den Beweggründen liegt, aus denen Dörries die letzte Christenverfolgung erwachsen läßt (a. O. 11f.). Dieser erwähnt denn auch anläßlich ihrer Porphyrios mit keinem Wort. Er holt das Unterlassene erst nach, als er sich nach einem Einwand gegen eine Anschauung umsieht, deren Ablehnung ihm von vornherein feststeht. A.

5

Am Schluß des Bruchstückes steht der Satz über die Buchstaben. Christensen[1] hat darin Kabbalistik erblickt. Doch es liegt damit weniger einfach.

Der Herr der oberen Welt, so heißt es da, regiert durch Buchstaben. Wer sich von diesen eine Vorstellung gebildet hat, dem eröffnet sich das größte Geheimnis. Die Summe der Buchstaben ergibt den gewaltigsten Namen.

Die Summe der Buchstaben führt demnach auf das Prinzip der Welt. Und wie diese Summe den Menschen das Höchste enthüllt, so hatte zuvor das Zusammenwirken der vier Mächte, sieben Wezīre und zwölf Geistwesen den Menschen befähigt, Gott ähnlich zu sein. Die Summe derer, die die göttliche Hierarchie ausmachen, müßte dann der Summe der Buchstaben entsprechen.

[12] J. Baillet in: CRAI. 1922, 282f.; dazu P. Graindor in: Byzantion 3, 209f.; J. Moreau in: Ann. Univ. Savar. 1, 2, 162.

[1] a. O. 102.

Die vier, sieben und zwölf ergeben zuzüglich des Lichtherrn die Zahl 24. Und 24 ist nicht die Buchstabenzahl des aramäischen Alphabets (sie ist 22), sondern die des griechischen[2]. Das findet seine Bestätigung darin, daß die Siebenzahl der Wezīre der der griechischen Vokale entspricht. Diese bilden das aus der Buchstabenmystik bekannte Pleroma. Die 24 Buchstaben des griechischen Alphabets wurden den zwölf στοιχεῖα τοῦ κόσμου gleichgesetzt, wobei je zwei Buchstaben ein solches στοιχεῖον bildeten. Das konnte in der Form geschehen, daß das erste und dreizehnte, das zweite und vierzehnte usw. Glied des Alphabets zusammengefaßt wurden, aber auch so, daß man das erste und letzte, das zweite und vorletzte usw. vereinigte[3]. Für Mazdak bildeten überdies die zwölf Geistwesen eine Reihe, die nach ihrer Zahl — diesmal einfach und nicht verdoppelt — mit der der στοιχεῖα τοῦ κόσμου übereinstimmte.

Genug: die Buchstabenspekulation, die bei Mazdak vorliegt, ist griechischen Ursprungs. Das bestätigt das bisherige Ergebnis, demzufolge Gedankengut griechischer Philosophie bei ihm sich feststellen ließ. Es bedarf der Hervorhebung, daß in jener Spekulation nichts enthalten ist, was sich mittelbar oder unmittelbar auf Christliches zurückführen läßt. Das verweist in eine Zeit, da noch nicht eine alles überwuchernde christliche Vorstellungswelt auch die Buchstabenspekulation erfaßt hatte. Wieder liegt die diokletianische Zeit am nächsten, und dies besagt: wieder wird man auf Bundos geführt. Wieder könnte er Urheber dessen gewesen sein, was sich an Griechischem in Mazdaks Bruchstück niedergeschlagen hat.

Noch bleibt ein Wort zu sagen über die Verbindung, in der unser Bruchstück zu dem steht, was man als Mazdaks soziales Programm bezeichnet hat. Es bestätigt sich, daß auch dieses mehr religiös als eigentlich sozial gedacht war.

Höchste Möglichkeit des Menschen ist, *rabbānī* und damit Gott gleich (oder ähnlich) zu werden. Die Erreichung dieses Ideals setzt voraus, daß man sich zuvor der eignen Besonderheit entäußert hat. Dementsprechend gebot Mazdak, *bi-ḳatli l-anfus*, „um sie vom Bösen und von der Ver-

[2] Zum folgenden F. Dornseiff, D. Alphabet in Mystik und Magie² 1926; R. Reitzenstein, Poimandres 256f.; A. Dupont-Sommer, La doctrine gnostique de la lettre „Wāw" 15f.

[3] A. Dupont-Sommer, a. O. 40 Anm. 4.

mischung mit der Finsternis zu befreien[4]". Gemeint ist nicht (wie Haarbrücker und ihm folgend Christensen übersetzen) „Ertötung der Seelen", sondern Abtötung der Individualität. Denn dies mußte in der Tat gefordert werden, wenn man sich dem obersten und göttlichen Prinzip anzugleichen strebte.

Böses und Vermischung mit der Finsternis gehören mit der Individualität auf die gleiche Seite. Dorthin gehören auch Widerspruch, Haß und Kampf, deren Anlaß Mazdak zumeist in Frauen und Besitz erblickte[5]. Darum wünschte er auch hier jede Besonderheit zu beseitigen und schon im Bereich des Materiellen ein für alle gültiges, die individuellen Unterschiede aufhebendes Prinzip einzuführen. Mazdak ließ die Menschen an Frauen und Besitz gleichermaßen teilhaben wie an Wasser, Feuer und Weide[6].

So ergibt sich eine Ordnung, die von Verschiedenheit und Streit zur Gleichheit, vom Besonderen zum Allgemeinen, vom „Psychischen" zum „Pneumatischen", von der Individualität zu Gott hinführte. Sie durchlief die Stadien des Materiellen, des Seelischen, der irdischen Ordnung und mündete in die himmlische, deren oberstes Prinzip der Herr des Lichtes war.

[4] 1, 193, 7f. Cureton.

[5] 1, 193, 4f.

[6] 1, 193, 6f.; vgl. Eutychios 2, 177, 2f. Pocock.; 1, 206, 15f. Cheikho, wo statt Mazdak die Pocockschen Handschriften *mazdiḳ*, Cheikhos A und B sowie der Oxon. Marsh. 435 *marziḳ* haben. Über diese Namensformen zuletzt Altheim-Stiehl, Philologia sacra 90f.

4. KAPITEL

CHUSRŌ I. ANŌŠARVĀN

1

Mazdak's Bewegung, so zeigte sich, hat durch Kavāδ's I. Sohn Chusrō den entscheidenden Schlag erhalten. Gleichwohl hat derselbe Mann, als er den Thron bestieg (Chusrō I. Anōšarvān 531—78), fortgeführt, was der verhaßte Gegner begonnen hatte. Der Einbruch griechischer Philosophie, den Porphyrios eingeleitet hatte, sollte sich erweitern und vertiefen. Und wieder war Porphyrios dabei eine führende Rolle zugewiesen.

Von den philosophischen Interessen des Sasaniden hat Agathias[1] ein Bild entworfen, das trotz betonter Unfreundlichkeit aufschlußreich ist. Anōšarvān's Bewunderer — Perser, aber auch Oströmer — bezeichneten ihn als vollendeten Kenner nicht nur der aristotelischen, sondern auch der platonischen Philosophie. Weder „Timaios" noch „Phaidon" oder „Gorgias", nicht einmal „Parmenides" sei ihm unbekannt geblieben. Agathias äußert Zweifel und wendet sich gegen die Auffassung derer, die diesen Barbaren „allzuweise nennen und nahezu allen überlegen, die irgendwo und irgendwann philosophiert haben, gleich als ob er jedweder Kunst und Wissenschaft Prinzipien und Ursachen erkannt hätte, dergleichen die Peripatetiker vom Meister der Bildung (Aristoteles) behaupten".

Man erkennt, welchen Anspruch Anōšarvān erhob, mochte er nun eine glückliche Hand dabei haben oder nicht. Auch muß man zugeben, daß dieser Anspruch nicht völlig grundlos war. Hatte doch Anōšarvān den vertriebenen Neuplatonikern Aufnahme gewährt und ihnen, als sie ihm enttäuscht den Rücken kehrten, überdies — gewiß bei einem asiatischen Großkönig eine Tat ungewöhnlicher Großherzigkeit — Straflosigkeit in der Heimat erwirkt[2]. Eine besondere Rolle spielte an Anōšarvān's Hof der

[1] 2, 28—31.
[2] Agathias 2,31.

Syrer Uranios. Der König ließ ihn, wie sich noch zeigen wird, mit den Magiern disputieren. Agathias, auch hier gehässig, nennt Uranios einen Schwindler, während er anderen als ἀξιόπιστος ἀνήρ und Gewährsmann für arabische Verhältnisse galt (FGrHist. 675 T 1).

Der König selbst beteiligte sich an führender Stelle bei solchen Disputen. Das zeigt die Schrift eines der Neuplatoniker, die sich am persischen Hof aufhielten. In lateinischer Übersetzung besitzt man Priscianus Lydus' *Solutiones eorum de quibus dubitavit Chosroes, Persarum rex*[3]. Zweifel als philosophische Grundhaltung, andererseits eine ungewöhnliche Wißbegierde treten in diesen Fragen entgegen. Nicht beachtet wurde bisher, daß man die ausführliche Schilderung eines dieser Dispute besitzt. Sie steht in Barhebraeus' chron. eccl. 3, 89, 5f. Abbeloos-Lamy[4], der sich seinerseits auf eine nicht erhaltene Kirchengeschichte der Nestorianer beruft.

Zweiter Teilnehmer war der Katholikos der Nestorianer, Abbā mit Namen. Barhebraeus berichtet von ihm, daß er „zuerst Magier war, dann gläubig und getauft wurde. Er ging nach Nisibis, und dort lernte er Syrisch schreiben. In der Kirchengeschichte der Nestorianer haben wir geschrieben gefunden, daß dieser Abbā, nachdem er Syrisch schreiben gelernt hatte, danach entbrannte, auch das Griechische schreiben zu lernen. Er ging nach Edessa und wurde Schüler eines Mannes namens Thomas, eines Jakobiten, der hinreichend Griechisch zu schreiben wußte. Er (Abbā) ging mit ihm (Thomas) nach Alexandreia und war in dessen Umgang, als er (Thomas) Bücher aus dem Griechischen ins Syrische übersetzte". Barhebraeus erörtert im Anschluß daran die Frage, ob Abbā's Lehrer und Genosse mit Thomas von Ḥarḳel[5] eins gewesen sei, lehnt aber aus chronologischen Gründen die Vermutung, mit Recht, ab.

Diesen Katholikos Abbā, so fährt der Bericht (91, 7f.) fort, „rief Chusrō Anōšarvān, der weise König (es wird die gleiche Bezeichnung verwandt, die auch Agathias kennt und bekämpft), und disputierte mit ihm über die Religion. Er sagte ihm: ‚Zähle mir auf, wieviele Völker Maria Gottesgebärerin nennen und Kyrillos (seine Lehre) annehmen. Und wieviele jene sind, welche (Maria Gottesgebärerin) nicht nennen und Nestorios annehmen'. Und es ver-

[3] Ed. I. Bywater, Suppl. Arist. 1, 2, 39f.

[4] Einige Übersetzungsfehler der lateinischen Fassung, die von den Herausgebern der syrischen zur Seite gestellt ist, sind im Folgenden stillschweigend berichtigt.

[5] A. Baumstark, Geschichte der syrischen Literatur (1922) 188f.

stummte der Katholikos darum, weil er nicht lügen konnte und von der Wahrheit besiegt war. Doch als er (dazu) genötigt wurde, antwortete er: ‚Alle Völker der Christen gebrauchen dieses Wort (Gottesgebärerin) und nehmen Kyrillos an, wir allein nennen (Maria) nicht (so) und nehmen Nestorios an'. Da fuhr ihn der König an und sagte:, Alle lügen demnach, und ihr allein besitzt die Wahrheit? In Wahrheit seid ihr weit weg von den Christen in eurer Religion und Lebensweise. Wo ist erhört, daß einem Katholikos und einem Bischof ein Weib gehört, das mit ihm lebt, so wie euch? Oder daß, nachdem das Weib eines Klerikers gestorben ist, dieser ein anderes nimmt, danach ein anderes und noch eines, wie es eure Kleriker tun?' Der Katholikos erwiderte: ‚Wir nämlich, weil der Logos von Maria nicht ausgegangen ist, nennen diese nicht Gottesgebärerin. Und was die Frage der Weiber angeht, siehe, ich habe kein Weib, noch hatte ich jemals eines. Die, die vor mir waren, haben die Erlaubnis vom Apostel Gottes genommen, der sagt: ‚Besser ist, ein Weib zu nehmen als von der Begierde verbrannt zu werden'. Und die Kleriker wiederum, die viele Weiber nehmen, eines nach dem anderen, berufen sich gleichfalls auf Paulus, der gesagt hat: ‚Der Presbyter soll *eines* Weibes Mann sein', will sagen: zwei zusammen soll er nicht haben. Eines aber nach dem anderen ist nicht verboten! 'Der König antwortete: ‚Alle diese Gründe sind nichtig. Paulus nämlich sagt, daß er Apostel sei nicht von den Menschen, auch nicht durch einen Menschen, sondern durch Jesum den Messias. Auch unsere Väter, die Magier, hätten sie nicht gewußt, daß es ein Gott sei, der geboren wurde von der Jungfrau in Bethlehem, wären nicht aufgebrochen aus dem Osten, ihn anzubeten, und hätten ihm nicht Gaben dargebracht. Und jenes (Wort), daß es gut sei, ein Weib zu nehmen, hat der Apostel den Söhnen der Welt gesagt, die des Fleisches Begierde drückt. Wer indessen auf der Stufe der Apostel steht, dem ziemt durch Gottes Liebe, daß er in keiner Weise[6] in Begierde nach Geschlechtsverkehr entbrenne. Und (was) jenes (Wort angeht): ‚Ein Presbyter sei *eines* Weibes Mann'[6a], so wäre, falls er den Weltlichen gestattet hätte, daß zwei Weiber zusammen einem Mann gehörten, vielleicht glaublich, daß er die Presbyter daran hinderte. Darum rate ich dir, o Katholikos Abbā, daß du auf jenem Wege umkehrest und den übrigen der christlichen Völker anhängest, und dies wird dir zur Ehre gereichen bei uns und bei ihnen'."

[6] Über *wa-* vor Negation: Th. Nöldeke, Kurzgef. syr. Gramm.[2] 266 § 339.
[6a] Lies: *gaḇrā.*

Kürzer, aber im Wesentlichen übereinstimmend[7], äußert sich Michael Syrus (366 r. 11f. syr.; 2, 339 Übers.). Danach lobte Chusrō Anōšarvān, „der alle Bücher der Philosophen gelesen und alle Religionen geprüft hatte, die Lehre der Christen. Und als er Nestorianer und Orthodoxe versammelt hatte, begann der Katholikos der Nestorianer und sprach viel. Das Oberhaupt aber der Orthodoxen, Bischof Aḥūḏemmēh, entgegnete dem Katholikos. Als Chusrō auch die Lehre der Orthodoxen gehört hatte, gefiel sie ihm, und er sagte: ‚Das ist die Wahrheit'. Und er verachtete Nestor(ios)."

Schon unter Kavāδ I. war Šemʿōn von Bēṯ Aršām, rühriger Monophysit und leidenschaftlicher Gegner der Nestorianer, daran gegangen, Grundlagen für solche Streitgespräche zu schaffen. Šemʿōn war ein Mann der schriftlichen Sicherung. Von Griechen, Armeniern und Syrern, die er den Nestorianern abspenstig gemacht hatte, ließ er sich Bescheinigungen darüber geben. Sie wurden durch königliches Siegel bekräftigt und als *litterae confessionis*[8] in Tagrīṯ niedergelegt (Barhebraeus, chron. eccl. 3, 85, 11f.). Ähnlich verfuhr Šemʿōn auch jetzt. Sieben Jahre lang sammelte er auf Reisen die christlichen Bekenntnisse aller Länder, ließ sie in deren Sprache durch die Bischöfe aufschreiben und von deren Königen durch ein Bleisiegel bekräftigen (Michael Syrus 264 l. Z. 9f. syr.; 2, 167 Übers.). Um diese Urkunden vor Zerstörungen zu schützen, wurden sie auf große Leinentücher geschrieben, die durch besondere Imprägnierung die Schrift aufnahmen (ebenda 264, l. Z. 3f. syr.). An Hand solcher Unterlagen ließ sich nachweisen, was Anōšarvān behauptete, daß die Nestorianer mit ihrer Ansicht über die Gottesmutter allein standen. Unser Gewährsmann sagt denn auch, für die Perser sei durch Šemʿōn's Maßnahme ausgemacht gewesen, daß die Lehren der Nestorianer nichts taugten.

Diese Zusammenstellung christlicher Bekenntnisse, die „bewahrt wurden im Land der Perser", bildete den Vorgänger eines doxographischen Werkes, das den griechischen Philosophen gewidmet war. Auch diese Sammlung von Lehrmeinungen diente dem Streitgespräch und der Erörterung vor dem König. Gemeint ist die Übersetzung von Porphyrios' Φιλόσοφος ἱστορία Den Voraussetzungen, darauf sie beruhte, soll der nächste Abschnitt gewidmet sein.

[7] Die Chronik von Seʿert 2, 147, 4f. und 2, 160, 10f. gibt eine Begründung für Chusrō's offenkundige Abneigung gegen Mār Abbā (denn er ist mit dem Katholikos 161, 3 gemeint).

[8] *Kṯāḇē d-ṭylwy*. Was der zweite Teil ist, bleibt unbekannt; vgl. C. Brockelmann, Lexic. Syriac.² 274l.

2

Von Chusrō I. Anōšarvān sagt die Chronik von Se'ert 2, 147, 1: „Er kannte die Philosophie, sie erfassend, und man sagt, daß er sie erlernt hatte bei Mār Barṣaumā, Bischof von Ḳardā, in der Zeit, als er (Chusrō) dort weilte, und bei Paulus, dem persischen Philosophen, der das Christentum verleugnete, als ihm die Metropolitie der Persis nicht zufiel". Der zweite Lehrer des Königs wird in anderem Zusammenhang sogleich begegnen.

Nach Agathias wurden für Anošarvān griechische Schriften (wie der Zusammenhang zeigt, waren philosophische gemeint) von einem Unbekannten (ὑπό του) ins Persische übersetzt. Unser Gewährsmann entrüstet sich darüber, wie man die Lauterkeit der Originale und ihren natürlichen Stil (ἐλευθέριον) in eine bäurische und unmusische Sprache habe übertragen können. Der Sache nach mußte es sich freilich um Übersetzungen aus dem Syrischen handeln, wo man auf eine längere Übung bereits zurückblicken konnte. Schwerlich mochte sich Chusrō Anōšarvān das Syrische angeeignet haben. Dafür sind solche bezeugt, die aus dem Syrischen ins Mittelpersische übersetzten (Chronik von Se'ert 2, 328, 11f.). Ma'nā, Metropolit der Persis, wurde um dieser schätzenswerten Eigenschaft Yazdgard I. (399—420) bekannt[1]. Ähnlich wird man sich Paulus des Persers Tätigkeit bei dem König vorstellen dürfen. Ihn empfahl nicht nur der Glaubenswechsel, sondern die Tatsache, daß er außer in den kirchlichen Wissenschaften in der griechischen Philosophie bewandert war. Damit näherte er sich Anošarvān's Anliegen, und unter Paulus' Schriften führt unser Berichterstatter, Barhebraeus (chron. eccl. 3, 97, 17f.), die „εἰσαγωγή, die bewundernswerte, in die Logik" an. Sie ist im Gegensatz zu dem, was bisher genannt wurde, erhalten.

J. P. N. Land hat diese Einführung in die Logik im vierten Band seiner Anecdota Syriaca abgedruckt[2]. Mit einer eigens für Chusrō Anōšarvān verfaßten Einleitung versehen, stammt sie von einem Nestorianer, der sich in der Subscriptio „Paulus der Perser aus der Stadt *dyryšr* (Dēr-i Šahr)" nennt. Das Leben dieses Mannes, der nach unverbürgter Nachricht zuletzt Magier geworden sein soll (Barhebraeus, chron. eccl. 3, 97, 20), hat das Interesse[3] des gelehrten und unvergeßlichen[4] G. Mercati erregt. Die er-

[1] Weitere Angaben 2, 328 Anm. 2 in Scher's Ausgabe.

[2] a. O. 1—32 syr.

[3] Per la vita e gli scritti die Paolo il Persiano (1899).

[4] Vgl. F. Altheim, Literatur und Gesellsch. 2 (1950), 236 Anm. 11; Altheim-Stiehl, Philologia sacra 19 Anm. 1.

haltene Schrift zieht ihr Wissen aus Aristoteles' logischen Schriften und Porphyrios' Εἰσαγωγή[5]. „Die Philosophie", redet Paulus den König an, „die das wahre Wissen um alle Dinge ist, wohnt in Euch; aus dieser Philosophie, die Euch innewohnt, sende ich Euch eine Gabe[6]". Von der Philosophie heißt es dann, ihre Früchte seien „Heilbringung und Kraft und Macht und Herrentum und Herrschaft und Königtum und Friede und Rechtsurteile und Gesetze". Philosoph und Staatsmann gehören nach platonischer Weise zusammen. Erneut zeigt sich, welchen Anspruch Anōšarvān erhob. Was Agathias sagt, wird schwerlich übertrieben gewesen sein.

Paulus' Einführung läßt sich auch sonst ohne Schwierigkeit mit Agathias' Bericht vereinen. Uranios, der königliche Hofphilosoph, so heißt es da, gab sich als Zweifler. Er widersprach schon beim ersten Aufwerfen der Fragen oder fragte, bevor er antwortete, nach deren Anlässen. Er wollte nicht, daß ein Gespräch in Ordnung vor sich gehe, sondern verwirrte, was deutlich war, und verhinderte, daß die Wahrheit gefunden wurde. Er ahmte damit die ἐφεκτικὴ ἐμπειρία (die ein Urteil vermied) der Skeptiker Pyrrhon und Sextus Empiricus nach. Diesen seinen Liebling ließ Anōšarvān mit den Magiern disputieren: γενέσεώς τε καὶ φύσεως πέρι, καὶ εἰ τόδε τὸ πᾶν ἀτελεύτητον ἔσται, καὶ πότερον μίαν τὴν ἁπάντων ἀρχὴν νομιστέον. Dazu läßt sich ein Passus aus Paulus' Einleitung stellen[7]: „Es werden aber erfunden (die Menschen) als solche, die unter sich streiten und sich wechselseitig widerlegen". Das wird zunächst am Gegensatz der Gottesvorstellung gezeigt, dann geht es weiter: „Einige sagen, die Welt und alles, was in ihr sei, sei geschaffen; andere urteilen, nicht alles sei geschaffen. Und es gibt solche, die sagen, aus dem Nichts sei die Welt geschaffen; es gibt solche, die behaupten, er (Gott) habe sie aus dem Urstoff geschaffen. Und es gibt solche, die sagen, daß die Welt ohne Anfang sei und auch ohne Ende immer bestehen bleibe; es gibt andere, die anders lehren[8]". Das sind dieselben Fragen wie jene, die Uranios mit den Magiern erörterte, aber es ist auch derselbe Skeptizismus, der sich in seinen Verhalten ausdrückte.

Ein weiteres Stück darf nicht fehlen. Es steht in der Einleitung zu Ibn Muḳaffaʿ's Übersetzung des zuvor genannten Buches Kalīla wa-Dimna. Hier spricht der berühmte Arzt Burzōē, der das Buch aus Indien mitge-

[5] J. P. N. Land, a. O. 4, 102; 104f.
[6] Zum Singular J. P. N. Land, a. O. 4, 1 (Übers.) Anm. 1.
[7] J. P. N. Land, a. O. 2, 9f. syr.
[8] Statt *bārōyā* Z. 14 und 15 ist *d-ḇārōyā* zu lesen (Hinweis C. Brockelmann's).

bracht und ins Mittelpersische übersetzt hatte[9]. „Ich habe gefunden Religionen und Bekenntnisse in großer Zahl, bei Leuten, die sie geerbt haben von ihren Vätern; bei Anderen, die durch Furcht und Zwang zu ihnen genötigt wurden; bei (wieder) Anderen, die mittels ihrer die diesseitige Welt mit dem, was sie ausmacht: Rang und Lebensunterhalt, zu erlangen trachten. Sie alle behaupten, daß sie das Richtige täten und auf dem rechten Wege seien; wer anderer Meinung sei als sie, beschreite den irrigen Weg und tue das Falsche. Sie unterscheiden sich voneinander in der Auffassung des Schöpfers und der Schöpfung, des Beginnes der irdischen Dinge und ihres Endes und was sonst noch in Betracht kommt, und jeder ist jedem ein Tadler und ein schmähender Gegner. So beschloß ich, mich zu halten an die Gelehrten unter den Anhängern jeden Glaubens und an ihre Häupter und nachzudenken über das, was sie beschreiben und darlegen, ob ich vielleicht dadurch zu scheiden vermöchte das Wahre vom Eitlen und ihm (dem Eitlen) vorzuziehen das Wahre und ihm (dem Wahren) dann anzuhängen: mit Vertrauen und Gewißheit, ohne zu glauben, was ich nicht weiß, und ohne dem zu folgen, was ich nicht verstehe. Ich tat dies und fragte und betrachtete, aber ich fand nicht einen unter ihnen, der mich nicht bestärkt hätte in dem Lob seiner Religion und in dem Tadel der Religion solcher, die anderer Meinung waren als er. Da wurde mir klar, daß sie aus Leidenschaft so argumentierten und sprachen, nicht aus Gerechtigkeit, und nicht fand ich bei einem von ihnen über jene (seine Religion) eine Kennzeichnung, die Gerechtigkeit und Wahrheitsliebe entsprochen hätte, so daß er sie Verständigen hätte zu wissen geben und man sie hätte annehmen können".

Alle aufgeführten Zeugnisse stimmen darin überein, daß ein sicheres Urteil über die jenseitigen Dinge sich nicht gewinnen lassen. Denn die Meinungen der einzelnen Richtungen und ihrer führenden Männer stünden im Gegensatz. Gegenüberstellung des miteinander Unvereinbaren ist die Methode, mittels derer überall solche Skepsis begründet wird. Merkwürdig nur, daß nirgendwo bestimmte Namen oder Kennzeichen, sei es der Lehrmeinungen, sei es ihrer Vertreter angeführt sind. Und doch war Chusrō Anōšarvān der König, „der alle Bücher der Philosophen gelesen hatte" (Michael Syrus). Hier mußte ein Buch einspringen, das in doxographischer Form über derartiges berichtete und in handlicher Formulierung die nötigen Angaben

[9] p. 33f. Cheikho. Mit Burzōē ist der königliche Leibarzt gemeint, der in der Chronik von Seʿert 2, 149, 7; 152, 3 als *birūn*, var. lect. *birōē* erscheint.

bereitstellte. An anderer Stelle[10] ist gezeigt worden, daß diese Aufgabe von der Übersetzung eines solchen Handbuches erfüllt wurde. Porphyrios' Φιλόσοφος ἱστορία, die im Original verloren ist, liegt uns heute in arabischen Übersetzungen vor. Aus der des Abū l-Wafā' al-Mubaššir b. Fātik haben sich einzelne Abschnitte[11], und in aš-Šahrastānī's *kitābu l-milal wa-n-niḥal* hat sich ein Auszug des Gesamtwerkes erhalten. Vorangegangen war eine syrische Übersetzung, von der dem Verfasser des Fihrist nur das vierte Buch zu Gesicht gekommen war (253, 18 Flügel). Sie wird unter Anošarvān angefertigt sein und mag zu den für den König μεταβεβλημένα ὑπό του εἰς τὴν Περσίδα φωνὴν τῶν Ἑλλήνων ξυγγράμματα gehört haben. Nur liegt es bei ihr ähnlich wie bei Paulus dem Perser: das Werk war nicht ins Persische, sondern ins Syrische übersetzt. Aber es gab solche, die beide Sprachen nebeneinander verstanden (Barhebraeus, chron. eccl. 3, 27, 6f.; oben S. 86), und Dolmetscher waren am Hof zur Hand (ebenda 3, 65, 8f.).

Es läßt sich hinzufügen, daß aš-Šahrastānī dort, wo er von den Fragen der älteren Philosophie (also nicht der islamischen) spricht und von ihrer Beschränkung auf Natur und Geist, er die außerordentliche Vielfalt der Ansichten hervorhebt (251, 13f. Cureton). Das mußte der Fragestellung, die zuvor gekennzeichnet wurde, entgegenkommen. Schließlich entsprechen sich Gegenstand und Art der Fragen, die behandelt wurden. Denn auch bei Porphyrios geht es um den Schöpfer, die Erschaffung der Welt, Art und Zahl der ersten Erscheinungen sowie das Ende der Dinge und dessen Zeitpunkt. Es sind dieselben Fragen, die bei Paulus dem Perser und Uranios oder von Burzōē angeführt werden.

3

Auch die sasanidische Religionspolitik mußte sich ändern. Zu Verfolgungen kam es nur vereinzelt, vor allem im umstrittenen Grenzland Armenien. Sonst aber bestimmten jetzt Skepsis und Duldsamkeit das Bild. Der Friede von 561 gewährte den Christen freie Kultübung im sasanidischen Herrschaftsbereich[1]. Der Schiedspruch des *marzbān* (Michael Syrus 262 l. Z. 37f.

[10] Altheim-Stiehl, Porphyrios und Empedokles (1954) 7f.

[11] F. Rosenthal: in: Orientalia 6, 21f.

[1] E. Stein, Hist. du Bas-Empire 2, 520; T. Andrae, Les origines de l'islame et le christianisme (franz. Übers. 1955) 33f.

syr.; Übers. 2, 166 l.) und der königliche Erlaß (ebenda 263 r. Z. 41f. syr.; 2, 167 Übers.) schlichteten fortan Streitigkeiten unter den christlichen Bekenntnissen. Schon vorher hatte Kavāδ's I. Gattin, die Mutter Chusrō's Anōšarvān, oberhalb vom Kloster *ṭrml* ein Oratorium bauen lassen. Sie war von Dämonen geplagt worden, und der Abt dieses Klosters hatte sie geheilt (Zachar. Rhetor 98, 19f. Brooks). Das geschah noch heimlich, wie ausdrücklich gesagt wird (ebenda 99, 6). Unter dem Nachfolger war davon nicht mehr die Rede. Anōšarvān's Leibarzt, der Katholikos Ioseph, saß unmittelbar nach dem ersten Magier vor dem König (Zachar. Rhetor 2, 217, 24f.; vgl. Barhebraeus, chron. eccl. 3, 95, 22f.). Dieser ließ Nestorianer und Orthodoxe miteinander disputieren oder tat es selbst mit dem Katholikos, wie sich gezeigt hat. Sowohl unter Chusrō I. wie unter dem zweiten des Namens wird von Fortschritten des Christentums im Perserreich berichtet (Michael Syrus 366 r. 19f. syr.; 2, 339 Übers.; 388 mittl. 6f. syr.; 2, 374 Übers.; Barhebraeus, chron. Syr. 92, 24f. Bedjan). Als Chusrō II. Aβarvēz Maurikios' Tochter Maria heiratete, erbaute er je eine Kirche für die Gottesmutter, die Apostel und den Märtyrer Sergios (Michael Syrus 387 mittl. 21f. syr.; 2, 372 Übers.; Barhebraeus, chron. Syr. 92, 23; hist. dyn. 156, 11f. Pocock; Chronik von Se'ert 2, 466, 9f.). Man weiß auch von Weihgeschenken, die der gleiche König dem H. Sergios nach Ruṣāfa stiftete[2]; man kennt die Christen, die in seinen Diensten standen (Chronik von Se'ert 2, 524, 3f.).

Der zarathustrische Klerus gewann seine Stellung von einst nicht mehr zurück[3]. Zwar sagte ein Mobaδ kurz vor Yazdgard's III. Tod, daß Religion und Königtum nur miteinander bestehen könnten (Ṭabarī, ann. 1, 2874, 8f.). Doch unter Chusrō II. Aβarvēz war ein bewußtes Zurückgreifen auf die Symbolik sonnenhaften und überhaupt kosmischen Inhaltes üblich. Der Palast von Ganzak zeigte, in gewölbter Halle, umgeben von Sonne, Mond und Sternen, den thronenden Herrscher[4]. Die erhaltenen Beschreibungen des Taxt-i Tāḳdīs beweisen die beherrschende Bedeutung der kosmischen Symbole[5]. Auf dem Sonnenwagen ließ dieser König sich darstellen, gen Himmel fahrend[6], und auf einem Thron, der von geflügelten Tieren

[2] P. Peeters in: Analecta Bolland. 65 (1947) 5f.
[3] Altheim-Stiehl, Ein asiat. Staat 1, 202; 204; A. Christensen, L'Iran sous les Sassanides² 425f.
[4] H. P. L'Orange, Studies on the Cosmic Kingship in the Ancient World 18f.
[5] Ph. Ackerman in: A Survey of Persian Art 1, 775f.
[6] H. P. L'Orange, a. O. 37f.; vgl. Ṯa'ālibī 699f. Zotenberg; A. Christensen, L'Iran sous les Sassanides² 466f.

getragen wurde[7]. Balāḏurī (266, 7 Būlāḳ) läßt den letzten Reichsfeldherrn Rustam Sonne und Mond anrufen.

Zuwendung zur Gestirnssymbolik besagt — und setzt voraus —, daß auch der Gestirnglaube an Einfluß gewonnen hatte. Astrologie hatte im Land der Chaldäer ihren Einfluß nie verloren, und unter den letzten Sasaniden trat sie beherrschend und sozusagen alles überwuchernd hervor (Chronik von Seʿert 2, 465, 6f.). Wie dergleichen bei Chusrō Aβarvēz genügte, um den treuesten Diener zu töten, wurde an anderer Stelle gezeigt[8]. Auch sonst trieben Sterndeuter unter diesem König ihr Wesen (Ṭabarī, ann. 1, 1009, 17f.; 1052, 9f.; 2252, 2f.), der sich rühmte, ihre Gilde gut genährt, zu sich emporgehoben und besoldet zu haben (ebenda 1012, 1f.). Vorzeichen spielten ihre Rolle (ebenda 1048, 19f.), wie sich denn ein ausgesprochener Fatalismus erkennen läßt[9]. Im Traum feilscht Yazdgard III. mit Mohammed darum, wieviel Jahre dieser noch dem persischen Volk bewilligen werde (ebenda 2681, 5f.). Am Ende steht die Äußerung dieses letzten Sasaniden (ebenda 2251, 13f.): „Siehe, der Fisch hat das Wasser getrübt, und die Strauße[10] stehen gut und ebenso die Venus, und die Wage steht im Gleichgewicht, und gegangen ist Bahrām[11]". Es war die Todesstunde des Reichs, die sich derart ankündigte.

[7] H. P. L'Orange, a. O. 64f.; 72f.
[8] Altheim-Stiehl, Ein asiat. Staat 1, 146f.
[9] Th. Nöldeke, Übers. 367 Anm. 2.
[10] A. Fischer, Arab. Chrestomathie[5] 137 unter *an-naʿāʾim*.
[11] Wörtlich *vərəϑraγna-* „Sieg", so P. Thieme; vermutlich Herakles, wozu F. H. Cramer, Astrology in Roman Law and Politics 4.

DRITTES BUCH

NESTORIANER UND SASANIDEN

5. KAPITEL

NESTORIANISCHE MISSION

1

Die Wende kam für die Sasaniden von einer Seite, von der man sie schwerlich hätte erwarten können. Jene Lockerung des Zarathustrismus strenger Observanz, der die spätsasanidische Zeit von der vorangehenden schied, dazu religiöse Skepsis und Indifferenz ließen die Könige Möglichkeiten nachhängen, die sie früher niemals beachtet hätten.

Entscheidendes Ereignis bildeten die Maßnahmen gegen die Schule von Edessa in den Jahren 457 und 489. Beidemale wanderten die dortigen Nestorianer ins Perserreich ab. Unter ihnen war Barṣaumā, der durch Vermittlung Bābowai's, des Katholikos der persischen Nestorianer, dem König Pērōz (457—484) vorgestellt wurde. In den Jahren, die der Auswanderung folgten, tat Barṣaumā alles, um dem nestorianischen vor den anderen christlichen Bekenntnissen im Perserreich den Vorrang zu sichern. Obwohl er nach Pērōz' Tod (484) nicht, wie er erhofft hatte, Nachfolger Bābowai's wurde, hatte er doch maßgebenden Anteil am Aufbau der Schule von Nisibis, die die 489 geschlossene von Edessa fortsetzte[1]. An die Spitze trat Narsai, und es waren namhafte Vertreter griechischer und syrischer Gelehrsamkeit, die den Boden des byzantinischen Reiches verließen und an der neugegründeten Stätte sich ansiedelten. Durch Einführung der Priesterehe schied sich die nestorianische Kirche von ihren christlichen Schwestern und schloß sich dem an, was unter der zarathustrischen Geistlichkeit üblich war.

Als die Magier Chusrō I. Anōšarvān zur Verfolgung der armenischen Monophysiten anstachelten, hieß es (Michael Syrus 344 r. Z. 5f. syr.; 2, 304 r. Übers.): „Siehe, die Römer in ihrer ganzen πολιτεία verlangen von allen und nötigen sie mit Gewalt, daß sie sich ihrem Glauben unterwerfen. Hinsichtlich derer, die sich nicht dazu bringen lassen, geht aus (*nappīḳ*) ein

[1] Dazu J.-B. Chabot in: Journ. asiat. 1896, 43f.

Edikt, daß sie sterben. Und warum tun wir nicht ebenso?" Was die Nestorianer anging, so wollten sie keine Zarathustrier werden. Sollte der Grundsatz der Staatsreligion auch für sie gelten, so mußten sie zu persischen Christen im Unterschied von solchen byzantinischer Art werden. Darauf stellte denn auch Barṣaumā seine Rede vor König Pērōz ab: „Nur wenn sich das Bekenntnis der Christen in deinen Ländern vom Bekenntnis der Christen in den Ländern der Griechen unterscheidet, wird sich ihr Herz und ihr Sinn auf dich hin ausrichten" (Barhebraeus, chron. eccl. 3, 65, 16f.). Barṣaumā zögerte nicht, Nestorios selbst als Mann persischer Gesinnung (ebenda 3, 67, 4) hinzustellen, der darum von den Griechen gehaßt wurde (ebenda 9). Mache man die Christen im Perserreich zu Nestorianern, so würden diese und die Griechen in wechselseitigem Haß entbrennen (mit anderen Einzelzügen auch Michael Syrus 425 l. Z. 38f. syr.; 2, 438 Übers.).

Diese Äußerungen sind unmißverständlich, und die darin ausgesprochenen Absichten mußten, wurden sie ausgeführt, eine Sonderstellung aller Nestorianer bewirken. Das galt vor allem gegenüber den oströmischen Christen. Noch in der zweiten Hälfte des 8. Jahrhunderts konnte ein Orthodoxer behaupten: „Die Nestorianer sind für uns keine Christen. Und wenn in den Ortschaften einer von ihnen verkehrt, dann erlauben wir ihm nicht, daß er unsere Kirchen betritt. In Wahrheit sind sie den Arabern ähnlicher als uns" (Barhebraeus, chron. eccl. 3, 173, 10f.). Auf die enge Beziehung zu den Muslim werden wir zurückkommen.

Barṣaumā erhielt vom König die erbetenen Soldaten (ebenda 3, 60, 10f.; 15f.) und begann alsbald mit der zwangsweisen Bekehrung der übrigen Christen im Sasanidenreich. Den Beschlüssen der Reichssynoden, der Festlegung des Kanons und der Durchführung der Priesterehe folgte eine eigene Schreibweise (ebenda 3, 77, 10f.), die man von der edessenischen oder älteren (ebenda 3, 79, 4f.) unterschied. Mār Abbā scheint sogar eine neue Übersetzung der hl. Schrift versucht zu haben, die nur gegen die Pšiṭtā gerichtet sein konnte[2]. Auch nach Pērōz' Tod behaupteten die Nestorianer ihre einmal gewonnene Stellung[3]; zeitweilig erhob sich neben dem königlichen Palast in Seleukeia eine ihrer Kirchen (vgl. ebenda 3, 95, 14f.). In dem Maß, wie die persischen Christen dem nestorianischen Bekenntnis sich zuwandten, hörten die Christenverfolgungen auf (ebenda 3, 39, 17f.).

[2] J.-B. Chabot in: Journ. asiat. 1896, 50.
[3] Zum Folgenden I. S. Assemani, Bibl. Orient. 3, 2 (1738), LXXXVIIf.

Nicht einmal die vorübergehende Begünstigung des Monophysiten[4] Šemʿōn von Bēṯ Aršām durch Kavāδ I. (ebenda 3, 86, 6f.) noch die unverhohlene Abneigung, die Anōšarvān gegenüber dem Katholikos Mār Abbā empfand (oben S. 86f.) und die zu dessen Verbannung und Einkerkerung führte, auch nicht die vor 552 erfolgte Zerstörung der nestorianischen Kirche in Seleukeia bewirkten eine dauernde Entfremdung. Man konnte die Nestorianer nicht mehr entbehren. Sie standen „im Dienst" des Königs, wie die Chronik von Seʿert 2, 147, 5 sagt.

Das zeigte sich, als Chusrō II. Aβarvēz seinen großen Krieg gegen Byzanz begann (Barhebraeus, chron. eccl. 1, 263, 25f.). Als ihm Mesopotamien und Syrien zugefallen waren, gedachte er zunächst, Edessa einen nestorianischen Bischof aufzudrängen (616). Da dieser von den Einwohnern der Stadt abgelehnt wurde, versuchte der Sasanide es mit einem Monophysiten. In der Folge wurde diese Maßnahme auch anderswo durchgeführt. Und mit Befriedigung verzeichnete die monophysitische Geschichtsschreibung, daß alle Anhänger chalkedonensischen Bekenntnisses von den Bischofsstühlen Syriens vertrieben wurden (ebenda 1, 265, 3f.). Als Herakleios nach Jahren eines furchtbaren Krieges der Sieg zugefallen war, kam die Vergeltung, und der gleiche Geschichtsschreiber mußte sich bereitfinden, die arabische Eroberung als Rache Gottes zu preisen, „der durch die Ismaeliten aus den Händen der Griechen uns befreit hat" (ebenda 1, 273, 12f.)[5].

Weitreichender und erfolgreicher war eine andere Verwendung der Nestorianer im Dienst der sasanidischen Politik. Nachdem ihnen die führende Stellung unter den christlichen Bekenntnissen im Perserreich zugefallen war, schritten sie zur Durchführung einer Mission, die der von Byzanz mit Erfolg eingeleiteten entgegentreten sollte. Eben unter Mār Abbā zeichnete sich ab, wohin man sich wenden würde. In drei Richtungen ging

[4] Sollte hier Kavāδ's vorübergehende Neigung zur Lehre der Mazdakiten mitgesprochen haben, die gleich dem Monophysitismus den Gedanken der göttlichen Einheit vertrat (oben S. 74)?

[5] Seltsam ist der Gebrauch, den B. Spuler, a. O. 210 und Anm. 3, von dieser Stelle macht. Er führt sie als Beleg dafür an, daß im Perserreich die letzten Spuren orthodoxen Christentums ausgerottet wurden. Weder waren Edessa und Amida persische Städte noch Syrien und Mesopotamien Bestandteile des Sasanidenreiches. Daß von Monophysiten weit mehr als von Nestorianern gesprochen wird, ist Spuler gleichfalls entgangen. Es fällt auf, daß er die Seiten der lateinischen Übersetzung und nicht das syrische Original anführt.

das neue Bestreben. Nach Norden, also nach Āδurbaiγān, wohin Mār Abbā verbannt wurde und sieben volle Jahre geweilt hat; nach Osten und Nordosten, wo unter ihm die ersten Schritte zur Hephthalitenmission getan wurden; schließlich nach Süden, an die Euphratgrenze, wo man die Gewinnung der Araber kräftig vorantrieb. Hier ist Mār Abbā, nach einem bewegten Leben, in der Stadt beigesetzt worden, die zum Mittelpunkt arabischen Nestorianertums werden sollte: in Ḥīra[6].

Dabei bedarf es keiner Erörterung über die arabische Mission. Die Grundzüge sind bekannt, und es genüge, an sie zu erinnern[7]; eine einläßliche Untersuchung hoffen wir an anderem Orte zu geben. In Ḥīra und Nachbarschaft wurde die monophysitische Bewegung aus den Stellungen, die sie eingenommen hatte, wieder verdrängt; sie mußte sich in der Folgezeit auf Tagrīṯ beschränken. Die Laḫmiden warfen sich, nachdem 593 Nuʿmān III. von Ḥīra zum Nestorianismus bekehrt worden war, zu dessen Vorkämpfern auf. Es geschah, als der Erbfeind auf byzantinischer Seite: die Ġassāniden zu Schutzherren der Monophysiten geworden waren.

2

Das Alter der nestorianischen Mission in Āδurbaiγān[1] war bisher schwer auszumachen. Nichts wies darauf hin, daß sie hoch hinaufging, und doch mußte eine zeitliche Festlegung von Bedeutung sein. Die neuostaramäischen Dialekte der dortigen Nestorianer, besonders der Gemeinden am Urmiasee, nach ihrer Ursprungszeit festzulegen, war das Bestreben eines jeden, der sich mit ihnen beschäftigte. Schon Th. Nöldeke's Ausführungen merkt man die Enttäuschung an, als er feststellen mußte, daß die literarischen Zeugnisse über das Auftreten der Nestorianer in Āδurbaiγān nicht übers 12. Jahrhundert zurückgingen[2].

[6] F. Nau, Les Arabes chrétiens de Mésopotamie et de Syrie (1933) 41 mit Einzelheiten.

[7] Vorläufig vergleiche man das in der vorigen Anmerkung genannte Buch.

[1] Auf das nach Abschluß des Manuskriptes erschienene Buch aus N. Pigulewskaja's Schule: R. Gusejnow, Sirijskie istočniki XII—XIII ww. ob Azerbajdžane (1960), sei wenigstens verwiesen. Wir danken Z. I. Jampolskij dafür, daß er es uns zugänglich gemacht hat.

[2] Th. Nöldeke, Gramm. der neusyrischen Sprache (1868) XXIIIf.

Ältestes Bistum in diesem Land schien bis auf Weiteres jenes monophysitische bleiben zu müssen, das in den dreißiger Jahren des 7. Jahrhunderts gegründet worden war (oben S. 21). Und doch konnte schon beim damaligen Stand der Forschung manches zur Vorsicht raten. Im benachbarten Gurgān waren nestorianische Bischöfe früh bezeugt[3]. Gewiß war Gurgān nicht Āδurbaiγān, und noch weniger hatte es mit der Gegend westlich des Urmiasees zu tun. Aber was von der Landschaft südöstlich des Kaspischen Meeres galt, mochte an dessen südwestlichem Ufer nicht undenkbar sein. Um so mehr, als dieses doch den Mittelpunkten des ʿIrāḳ, die von Seleukeia-Ktesiphon bis nach der Adiabene sich erstreckten, ungleich näher lag. Es kam eine Erwägung hinzu. Sollte Mar Abbā, als er in die Verbannung nach Āδurbaiγān ging, in ein Land geschickt worden sein, darin er keinen seiner Glaubensbrüder antreffen würde?

Inzwischen sind neue Quellen hinzugetreten, die Nöldeke, als er seine Grammatik der neusyrischen Sprache schrieb (1868), noch nicht zugänglich waren. Da ist zu nennen die syrisch abgefaßte Biographie Mār Abbā's[4], die noch ins spätere 6. Jahrhundert zurückgeht[5]. Oder die arabische Chronik von Seʿert, die sich ihrerseits auf ein kirchengeschichtliches Werk des Syrers Daniel bar Maryam gründet, das aus vorislamischer Zeit stammt[6]. Diese Chronik bestätigt das frühe Auftreten nestorianischer Bischöfe in Gurgān[7]. Die Biographie spricht vom „eifrigen und rechtschaffenen und Gott liebenden Mār Yōḥannān, Bischof von Āδurbaiγān" (252, 3f. Bedjan). Damit ist für die vierziger Jahre des 6. Jahrhunderts ein nestorianisches Bistum bezeugt. Dem entspricht die Chronik von Seʿert (2, 159, 8f.). Nach ihr hatte Mār Abbā im Land seiner Verbannung einen Gegner, der ihm nach dem Leben trachtete. Seinen Namen nennt die Biographie: Paṭros Gurgānārā (sic.: 249, 3). Dieser war ein Abtrünniger (der arabische Text gibt *ḳṭrsh*, was zu syrischem *ḳūṯrāsā* „remotio", vgl. *ḳaṭarasis* „remotio, abrogatio, condemnatio", gehört)[8], der zum Magiertum übergetreten war. Es handelte sich demnach um einen einstigen Nestorianer, auch er ein Zeuge für das Bestehen nestorianischer Gemeinden nicht nur in Gurgān (worauf

[3] Zuletzt E. Honigmann, Le couvent de Barṣaumā 126.
[4] Herausgeg. von P. Bedjan in seiner Histoire de Mar-Jabalaha (1895) 206—287.
[5] A. Baumstark, Geschichte der syrischen Literatur 137.
[6] A. Baumstark, a. O. 207.
[7] 2, 159, 8.
[8] Dazu A. Scher in Adnot. 1 zum Text 2, 159; C. Brockelmann, Lexic. Syriac.[2] 705 r.

sein einstiges Bistum und sein Beiname weisen[9]), sondern wohl auch in Āδurbaiγān.

Sodann ist zu nennen die Stelle der Biographie (266, 15f.), darin von der Einsetzung eines Bischofs für die hephthalitischen Christen gesprochen wird; sie wird weiter unten übersetzt und besprochen werden. Das Ereignis fällt in die Jahre der Verbannung Mār Abbā's nach Āδurbaiγān (542/3—548/9) und zeigt das Bestehen einer ansehnlichen Kirche am Verbannungsort sowie einer Gemeinde; auch eine Versammlung der nestorianischen Bischöfe konnte dorthin berufen werden. Der kirchliche Apparat war demnach vorhanden, und das stimmt zur Erwähnung eines gleichzeitigen nestorianischen Bischofs von Āδurbaiγān.

Als letztes sei eine Episode angeführt, die zeitlich in jene drei Jahre fällt, da Mār Abbā nach seiner heimlichen Rückkehr aus Āδurbaiγān nach Seleukeia im Winter 548/9 von Chusrō I. Anōšarvān im eignen Gefolge gefesselt umhergeschleppt wurde. Damals gelangte Mār Abbā erneut ins Land seiner Verbannung, und sein Zug dorthin wird folgendermaßen beschrieben: (258,7): „Als der Aufbruch geschah und der König der Könige sich aufmachte, um nach Āδurbaiγān zu gehen, ließ er den Heiligen bringen in seinen Fesseln, in großen Qualen, über Gebirge und Hügel, in Hitze und Glut, in Durst und Hunger, mit vielen Fasten, ihn zusammen mit seinen Schülern. Gläubige allerorts, wohin er gelangte, empfingen ihn mit großer Ehre. Sie nahmen Erde von der Umgebung seiner Wohnstätte mit, zur Heiligung („pulvis loci quo martyres coronati fuerunt, quem oleo et aqua dilutum ad extremam unctionem adhibent": C. Brockelmann. a. O. 243 l.) und Segnung. An jedem Ort, da der König der Könige Halt machte, baten (*wa-* del.) die Christen — Ort für Ort —, daß der Heilige aus jenen harten Fesseln gelöst würde. Als der König der Könige nach Āδurbaiγān gekommen war und die Magier jenes Ortes, an dem der Selige (früher) gefangen gehalten worden war, hörten, daß er am Tor war (259, 1), kamen sie alle zu seiner Verehrung und Begrüßung, indem sie weinten (darüber), welcher Güte sie beraubt seien, daß der Ausgezeichnete von ihnen weggegangen war". Aus der Schilderung gewinnt man den Eindruck, als befänden sich zwischen der Hauptstadt und Āδurbaiγān, an dem Weg also, den der König nahm, eine nicht abbrechende Kette nestorianischer Gemeinden. Dazu paßt, daß außer in Gurgān auch im medischen Ray unter Chusrō I. Anōšarvān Nestorianer bezeugt sind (Chronik von Seʿert 2, 150, 9).

[9] P. Bedjan in der Adnot. 1 zu S. 249.

3

Von einem nestorianischen Metropoliten in Merw hört man erstmals um die Mitte des 6. Jahrhunderts[1]. Dieser Theodoros war angeblich von Mār Abbā selbst 540 eingesetzt worden[2]. Auch von seinem Nachfolger David weiß man, der freilich zu seinem Katholikos in weniger guten Beziehungen stand[3]. Für die Folgezeit helfen Angaben Ṭabarī's weiter, die sich auf den Tod des letzten Sasaniden beziehen. Es heißt vom Müller von Merw, dem Mörder Yazdgard's III., daß er „dessen Leiche in den Murġāb warf. Dann gingen hinaus einige von den Bewohnern Merw's, töteten den Müller und zerstörten seine Mühle. Es ging hinaus (auch) der Bischof Merw's, ließ den Leichnam Yazdgard's aus dem Murġāb holen, legte ihn in einen Sarg, geleitete ihn nach Iṣṭaḫr und setzte ihn im (Feuer-)Tempel bei" (ann. 1, 2874, 15f.). In manchem abweichend, wird an späterer Stelle gesagt, daß die Mörder „ihn (den Leichnam Yazdgard's) in den Fluß von Merw (Übersetzung von Murġāb) warfen. Es floß mit ihm (dem Leichnam) das Wasser, bis es kam zur Mündung des Razīḳ. Da verfing er (der Leichnam) sich an einem Holz. Darauf kam zu ihm der Bischof Merw's. Er hob ihn auf und wickelte ihn (den Leichnam) in einen Ṭailasān[4], der mit Moschus parfümiert war, und legte ihn in einen Sarg und brachte ihn nach Bā-i Bābān unterhalb von Māǧān. Da setzte er ihn in einem Gewölbe bei, das Amtssitz des Bischofs gewesen war, und verschloß es" (ann. 1, 2881, 7f.).

Die Beisetzung in Istaxr dürfte ungeschichtlich sein, während die Angabe über die ungleich bescheidenere Grabstätte zutreffen wird. In beiden Berichten ist die Rolle des Bischofs dieselbe, und sie stimmt zur Bezeugung nestorianischer Metropoliten Merw's (vgl. noch Barhebraeus, chron. eccl. 3, 171, 16f.)[5]. An späterer Stelle erwähnt Ṭabarī (ann. 2, 1925, 13) Māsarǧasān, eine Parasange von der Stadt entfernt, worin I. Guidi[6] das Kloster des Hl. Sergios scharfsinnig erkannt hat.

[1] Abbeloos-Lamy in Barhebraeus, chron. eccl. 1, 86 Anm. 5.

[2] De Lacy O'Leary, How Greek science passed to the Arabs (1948) 66; eine Angabe in den Quellen ließ sich nicht finden. Sie geht vermutlich zurück auf I. S. Assemani, Bibl. Orient. 3, 2 (1778), LXXXII und CCCCXXVI.

[3] A. Scher zur Chronik von Se'ert 2, 149, 5f. in Anm. 1; vgl. 2, 174, 4 und Anm. 10.

[4] B. Spuler, a. O. 211; 516.

[5] I. S. Assemani, a. O. LXXXI gibt mehr.

[6] Adnot. zur Stelle; De Lacy O'Leary, a. O. 117.

Erstaunlich ist, wie früh die nestorianische Mission auf das Hephthalitenreich übergegriffen hat.[7] Man besitzt darüber einen einläßlichen Bericht in der schon genannten syrischen Biographie Mār Aḇbā's. Er zeigt, daß in den Jahren seiner Verbannung nach Āδurbaiγān (542/3—546/7) unter den Hephthaliten bereits nestorianische Gemeinden bestanden und daß man dort wünschte, daß einer der vorhandenen Priester (*ḳaššīšā* 266, 16 Bedjan) seitens des Katholikos zum Bischof geweiht werde. Das Ereignis fällt in die Zeit, da das große Hephthalitenreich dem vereinten Ansturm der Osttürken und Chusrō's I. Anōšarvān noch nicht erlegen war. Der Herrscher dieses Reiches heißt dementsprechend *haptrān kūḏāy*, trägt also einen iranischen Titel (266, 15; 267, 12)[8]. Der ganze Abschnitt lautet in Übersetzung: (266, 15) „Der Herrscher der Hephthaliten schickte einen Priester zum König der Könige, und die hephthalitischen Christen (267, 1) schrieben Briefe an den Seligen, daß er jenen Priester, der von dort zum König der Könige geschickt worden war, zum Bischof für das ganze Reich der Hephthaliten mache. Als der Priester vor den König trat und dieser erfuhr, weswegen er (der Priester) geschickt worden war, wunderte sich der König, als er davon hörte, und bewunderte die Größe der Kraft Jesu, daß auch die hephthalitischen Christen den Ausgezeichneten (Mār Abḇā) als Haupt und Lenker betrachteten. Er (der König) schickte zu ihm (Mār Abḇā), daß er ginge und schmücke die Kirche wie üblich, daß er ginge zu seinem Haus und zu seiner Kirche, daß er versammle die Bischöfe nach seiner Gewohnheit und daß er jenen Mann zum Bischof mache, der zu ihm (dem König) vom Herrscher der Hephthaliten geschickt worden war. Als diese frohe Botschaft vom Volk des Herrn vernommen worden war, da ging hinaus (*wa-* del.) der Heilige aus dem Haus der Gefangenen zu dieser großen Kirche seines Stuhles, der apostolischen." Die vollzogene Weihung wird 269, 1f. festgestellt.

Der Bericht bestätigt sich an der gleichfalls ausgezeichneten Darstellung, die Theophylaktos Simokattes von der Rebellion Bahrām Čōbīn's gibt.

[7] Freilich ist die Behauptung, daß zusammen mit Kavāδ I. bei seiner Flucht zu den Hephthaliten eine Anzahl Nestorianer in die gleiche Gegend gekommen seien (A. R. Vine, The Nestorian Churches, 1937, 62 unter Berufung auf A. Mingana in: Bull. of the John Rylands Library 9, 303), unbegründet. Sie beruht auf einer falschen Übersetzung der Stelle Zachar. Rhetor 215, 11f. Brooks. Darüber ist oben 1, 287f. gehandelt worden. Auch ist völlig unglaubwürdig, daß Arrān ein Name für Herāt sein soll (A. R. Vine, a. O. 62 Anm. 1); vgl. gleichfalls oben 1, 287f.

[8] Anders 266, 16f.; 267, 7: *krestyānē haptrāyē*; 267, 3f.: *malkūṯā ḏ-haptrāyē*.

Dort tragen die Hephthaliten in Bahrām's Heer das Kreuzeszeichen auf der Stirn. Darum wurden Gefangene, die man auf der Siegerseite machte, dem byzantinischen Kaiser überstellt (5, 10 p. 225, 11f. Bonn). Eine weitere Nachricht ist hier anzureihen. Naršaḫī berichtet von einer christlichen Kirche in Buchārā, die Ḳutaiba b. Muslim bei der Eroberung der Stadt zur Moschee gemacht habe[9]. Der Übersetzer und Bearbeiter von Naršaḫī's Chronik vermutete bereits, es müsse sich um eine nestorianische Kirche gehandelt haben[10]. Dies erweist sich nunmehr als richtig, und man wird vermuten dürfen, daß es die Bischofskirche der hephthalitischen Nestorianer gewesen sei, daß also der von Mār Abbā geweihte Bischof der Hephthaliten aus der Sogdiane stammte.[11]

Das frühe Übergreifen der nestorianischen Mission ins damals noch bestehende Hephthalitenreich war bisher nicht beachtet worden. Es ist um so bemerkenswerter, als man nach anderer Richtung nicht so erfolgreich gewirkt hat. Zwar soll 635, der Stele von Hsi-an-fu zufolge, A-lo-pen aus Ta-Chʻin als Verkünder der nestorianischen Lehre den chinesischen Kaiserhof erreicht haben. Und drei Jahre später bestätigte ein kaiserliches Edikt das Vorhandensein einer solchen Kirche[12]. In Chwārezm jedoch traf man auf eine starke zarathustrische Bastion, und was daneben an Möglichkeiten bestand, hatten vorerst die Melkiten sich genommen.

Neben dem Festverzeichnis der dortigen Melkiten hat al-Bērūnī das der Nestorianer erhalten (chron. 309, 1—315, 5). Doch dieses unterscheidet sich nicht nur inhaltlich von dem melkitischen, sondern auch seiner geschichtlichen Stellung nach.

Bērūnī spricht nirgends davon, daß der nestorianische Kalender syrisch abgefaßt war. Zwar kommen syrische Bezeichnungen für eine Reihe von Festen vor:

309, 14 *māʿalṯā*; syr. *maʿʿaltā* (dazu Th. Nöldeke, Kurzgef. syr. Gramm.[2] 17 § 23 E)

309, 15 *ḳds ʿtʾ*; syr. *ḳḏoš ʿētā*

314,1 *mʾrt*; syr. *mārt* (geschrieben *mrty*) oder *mārtā*.

314, 21 *ḳuddās*; syr. *ḳuddāš(ā)*.

[9] R. N. Frye, The History of Bukhara 53.

[10] R. N. Frye, a. O. 138 Anm. 196. F. war die zuvor übersetzte Stelle aus der Biographie Mār Abbā's unbekannt geblieben.

[11] Vgl. I. S. Assemani, a. O. CCCCXXVI.

[12] Zuletzt E. Benz in: Le civiltà dell' Oriente 3 (1958). 253.

Doch andere syrische Namen sind arabisiert:

309, 18 *as-subbār*; syr. *subbārā* „annuntiatio"
311, 3 *al-fārūḳa*, syr. *prūḳyā*
311, 16 *aṣ-ṣalabūt*; syr. *ṣlībūṯā*.

Die Namen der Klöster sind durchweg in arabischer Form gegeben:

310, 13 *dairu n-nās*
310, 18 *dairu abī ḫālid*
310, 19 *dairu l-ḳādisīya*
310, 19 *dairu l-kaḥḥāl*
310, 20 *dairu ṯ-ṯaʿālib*.

All dies weist auf spätere Entstehung. Fiel der melkitische Kalender in die Zeit vor der arabischen Eroberung Chwārezm's, so der nestorianische in die danach.

Das nestorianische Festverzeichnis ist nicht als solches, nach Tagen und Monaten geordnet, vorgeführt. Ständig wird man auf die melkitische Vorlage hingewiesen, und durch Abstriche, Änderungen und Zusätze entsteht das Bild der nestorianischen Ordnung (309, 6f.). Man gewinnt den Eindruck, als handle es sich bei dieser um eine Umarbeitung des melkitischen Kalenders, den man vorgefunden hatte. Daraus ergäbe sich, daß das melkitische Exemplar erhalten blieb, weil die Nestorianer sich seiner bemächtigt hatten, um es für ihre Zwecke umzuarbeiten. Es läge dann nicht ein zeitliches Nebeneinander zweier Festkalender vor, sondern ein Nacheinander. Der melkitische war längst außer Gebrauch, als Bērūnī ihn zur Verfügung erhielt.

Auch dafür läßt sich eine Bestätigung erbringen. Bērūnī war für die Erklärungen, die er gab, auf seine christlichen Gewährsmänner angewiesen. Am 14. Tammūz feierten die Melkiten Iohannes aus Merw den Jüngeren, und die Erklärer bemerkten dazu: „getötet in unserer Zeit (300, 4f.)." Kein Zweifel, daß sie sich damit auf Mār Yōḥannān *d-mrwn* bezogen, den Barhebraeus unter dem Jahr 958 nennt (Chron. eccl. 1, 403, 8). Das auch für uns nicht recht verständliche *mrwn* deuteten sie auf Herkunft aus Merw und waren so in der Lage, beide Männer gleichzusetzen. Aber dieses Verfahren ist schwerlich richtig gewesen. Die gelehrten Herausgeber von Barhebraeus' Kirchengeschichte, J. B. Abbeloos und Th. J. Lamy, haben der Frage nach der Herkunft jenes Yōḥannān *d-mrwn* eine längere Anmerkung[13] gewidmet.

[13] a. O. 1, 403f. Anm. 2.

Daraus ergibt sich, daß *mrwn*, wie immer es zu deuten sei, nicht auf Herkunft aus Merw weist. Bei Barhebraeus handelt es sich überdies keinesfalls um einen Nestorianer. Und, wie man hinzufügen darf, wird Mār Yōḥannān nicht als der jüngere bezeichnet und einem älteren Träger des Namens gegenübergestellt.

Die Erklärung, die Bērūnī erhalten hatte, traf demnach nicht zu. Ein Monophysit oder gar ein Nestorianer hatte in einem melkitischen Festverzeichnis nichts zu suchen. Nie hätten die Melkiten Chwārezm's solch eines Mannes gedacht. Wenn Bērūnī's Gewährsmänner einen Nestorianer in das ältere Festverzeichnis der Melkiten hineindeuteten, so waren sie selbst Nestorianer. Es lag ihnen daran, den Tag eines Blutzeugen aus der Nachbarschaft, dessen Verehrung doch aller Wahrscheinlichkeit nach eingewurzelt war, als einen der Ihren auszugeben.

Anders wird man in einem zweiten Fall urteilen. Antonius der Märtyrer ist 292, 13f. mit Abū Rūḥ, dem Vetter Hārūn ar-Rašīd's, gleichgesetzt. Bērūnī bekannte, nichts dergleichen in irgendeiner Quelle gefunden zu haben, und E. Sachau, sein gelehrter Herausgeber und Übersetzer, mußte dieses Bekenntnis wiederholen[14]. Inzwischen hat sich herausgestellt, daß es sich um einen weit älteren Ḳuraiš, Nachfahren 'Omar's, gehandelt hat[14a].

Wenn diese Darlegung zutrifft, so liegt im nestorianischen Kalender ein spätes Stück vor. Er fällt ins 8.—9. Jahrhundert, wenn nicht danach. Er kommt für die Fragen, die hier behandelt werden, kaum noch in Betracht. Immerhin mag darauf verwiesen werden, daß man das Gedächtnis des Katholikos Mār Abbā am siebenten Freitag nach Epiphanias feierte (314, 18f.). Dieser Mann hatte den ersten nestorianischen Bischof Merw's im Jahr 540 und kurz darauf den ersten hephthalitischen Bischof geweiht. (oben S. 103; 104). Daraus ersieht man, daß die Mission, die Chwārezm den Nestorianern gewonnen hat, von Merw und Chorāsān ausgegangen ist. Im Gefolge der arabischen Eroberung bekehrte oder verdrängte[15] sie die dortigen Melkiten, die in einem Jahrhundert, da Byzanz um sein Fortbestehen kämpfte, an der orthodoxen Kirche keinen Rückhalt mehr besaßen.

Das Zusammengehen von Arabern und Nestorianern bedarf der Hervorhebung. Zum ersten Mal zeichnet sich ab, was unter den 'Abbāsiden

[14] Übersetzung (1879) 436.
[14a] P. Peeters in: Anal. Bolland. 31, 421.
[15] B. Spuler, a. O. 209, meint freilich, die nestorianische Kirche sei „dem Missionsauftrag des Heilands in großartiger Weise nachgekommen“.

sich vollenden sollte: die privilegierte Stellung der nestorianischen Kirche auch unter muslimischer Herrschaft[16]. Was diese Sonderstellung noch unterstrich, waren unmißverständliche Äußerungen aus nestorianischem Mund. Im Jahr 910 kam es zum Streit zwischen dem nestorianischen Katholikos und einem chalkedonensischen Metropoliten, den die in Baghdad ansässigen Griechen vom antiochenischen Patriarchat sich erbeten hatten. Angesichts des Wezīrs durfte der Katholikos sagen: „Wir Nestorianer lieben die Gesamtheit der Araber, und wir beten für ihren Sieg" (Barhebraeus, chron. eccl. 3, 235, 24f.). Und als der Vertreter der nestorianischen Sache vor Gericht, „einer von den großen Schriftgelehrten der Araber" (ebenda 3, 237, 7), Argumente anführte, die man schon unter den Sasaniden vorgebracht hatte (oben S. 98)[17], wurde zugunsten der Nestorianer entschieden. „Ferne sei dem Wezīr, daß er gleichsetze die Nestorianer, die keinen anderen König außer dem der Araber haben, und die Griechen, deren Könige niemals aufhören mit dem Kriege gegen die Araber" (ebenda 3, 237, 9f.). Die einen seien Freunde, die anderen aber Feinde. In der Tat konnte schon 130 Jahre zuvor ein Orthodoxer bemerken, daß die Nestorianer den Arabern näherstünden als seinem eigenen Bekenntnis (ebenda 3, 173, 13f.)[18].

Am Beispiel Chwārezm's läßt sich auch die Lage weiter im Osten beurteilen. Es kann kaum ein Zweifel daran bestehen, daß die Muslim auch in der Sogdiane Wegbereiter einer weitergehenden nestorianischen Mission gewesen sind. Der erbitterte Widerstand der Soghder, Hephthaliten und Türken mußte durch die harte Faust des Eroberers gebrochen sein, wenn man daran gehen wollte, im Herrschaftsbereich eines wiedererstarkten Zarathustrismus für ein christliches Bekenntnis zu werben. Und erst, wenn die Sogdiane durchschritten war, konnte man daran denken, die Mission weiter nach Nordosten zu tragen.

Unter dem Jahre 1075 erstmals wieder (oben S. 104) hört man, daß ein Soghder zum Metropoliten geweiht wurde (Barhebraeus, chron. eccl. 3, 305, 3f.). In die vorangegangenen Jahrhunderte, nach der arabischen Er-

[16] E. Benz in: Le civiltà dell'Oriente 3 (1958) 248; B. Spuler, a. O. 213. Sein Verweis auf Barhebraeus, chron. eccl. 3, 256 und 332 in Anm. 1 gehört zu den leider häufigen Fehlzitaten.

[17] Diese Konstanz der Verhältnisse, die den Nestorianern eine ähnliche Stellung unter den ʿAbbāsiden wie unter den Sasaniden sicherte, wurde allein von E. Benz, a. O. 247f., hervorgehoben.

[18] Das günstige Urteil der Nestorianer über die Araber gibt die Chronik von Seʿert 2, 582, 1f.; vgl. noch I. S. Assemani, Bibl. Orient. 3, 2 (1738), IIC f.

oberung, muß die Masse des christlich-soghdischen Schrifttums fallen, die meist aus dem Syrischen übersetzt ist[18a]. Und erst 1007 konnte der nestorianische Metropolit Merw's seinem Katholikos melden[19], daß der Chān der im Nordosten, auf Bergen und Almen lebenden Keräit, eines türkischen Stammes (*krait aukēṯ turkāyē*) zur Annahme des Christentums bereit war (ebenda 3, 279, 1f.). Damit war der entscheidende Schritt auf die Mongolei hin getan[20]. In China hingegen war der Nestorianismus gegen Ende des 9. Jahrhunderts erloschen[21].

[18a] O. Hansen in: Jahrb. der Mainzer Akademie der Wiss. und Literatur 1951, 296f.

[19] B. Spulers Ansicht, a. O. 214, das Bistum Talas (Ṭarāz, vgl. R. N. Frye, a. O. 106 Anm. 22) sei Ausgangspunkt der nestorianischen Mission gewesen, wird durch Barhebraeus' Wortlaut widerlegt. Im übrigen waren die Bewohner Ṭarāz' keine Nestorianer, sondern schamanistische Türken; so richtig R. N. Frye, a. O. 150 Anm. 295.

[20] Literatur bei B. Spuler, a. O. 214 Anm. 8; E. Benz, a. O. 251; 258.

[21] E. Benz, a. O. 253.

6. KAPITEL

MERW, STADT DER ÜBERSETZER

Die Geschichte der syrischen Übersetzungen aus griechischer Literatur begann bereits vor dem Werden einer eigenen nestorianischen Kirche. Doch erst in der Perserschule zu Edessa wandte man sich der aristotelischen Philosophie zu und suchte die einseitige Bevorzugung der Kirchenväter, der asketischen und martyrologischen Schriften, der ägyptischen Mönchslegenden zu überwinden. Einen neuen Auftrieb bedeutete die Gründung der Schule von Nisibis. Auch um die Wende des 8. Jahrhunderts zum 9. nahm die Beschäftigung mit Aristoteles besonderen Rang ein, und durch Ḥunain b. Isḥāḳ (809/10—876) und seine Schüler wurde das wissenschaftliche Erbe der griechischen Antike, neben den Philosophen jetzt auch die Ärzte, der islamischen Welt übermittelt. Nur daß nunmehr Baghdad und Baṣra in den Vordergrund traten, wohin sich der aus Ḥīra stammende Nestorianer gewandt hatte.

Bei alledem ist ein weiterer Mittelpunkt nestorianischen Übersetzertums übersehen: Chorāsān mit seiner Hauptstadt Merw. Es wäre verkehrt, die dortige Wissenschaft erst mit dem 9. Jahrhundert und mit Īšōʿdāḏ beginnen zu lassen. Gerade wegen der Einwirkung auf Hephthaliten und Soghder, aber auch auf Chwārezm in vor- und frühislamischer Zeit muß die Bedeutung Merw's herausgestellt werden.

1

In dem Abschnitt seiner Chronologie, der über die Ära der Schöpfung handelt, spricht Bērūnī über die Unterschiede des Ansatzes, die zwischen Juden und Christen bestehen (15, 4f. Sachau). Während die ersten zwischen Adam und Alexander den Großen 3 448 Jahre setzen, berechnen die Christen den Abstand auf 5 180. Beide Teile verfolgen mit ihren Zahlen verschiedene Absichten und bedienen sich entsprechender Beweise. Um diese geht es in der folgenden Erörterung.

Trotz den vorhandenen Gegensätzen ist den Parteien ein Verfahren gemeinsam, das als *ḥisābu l-ǧummal* (15, 9f.; 17, 3) bezeichnet wird. Es werden gewisse Zitate oder es werden (auf christlicher Seite) prägnante Formeln herausgegriffen, deren Buchstabenfolge wird in Zahlenwerte umgesetzt und addiert[1]. Den derart entstandenen Zahlen wird eine Weissagung entnommen. Bērūnī bemüht sich, die Absurdität dieses verbreiteten Verfahrens darzulegen. Was Juden und was Christen auf solche Weise ermittelt zu haben glauben, wird abgelehnt. Alsdann kehrt die Erörterung zum Ausgangspunkt zurück, will sagen: zum verschiedenen Ansatz der Schöpfungsära bei Juden und Christen (20, 12f.).

Beide nämlich, so wird hinzugefügt, besitzen zwei verschiedene Fassungen (*nusḫa*) der Tora, und deren unterschiedliche Angaben stimmen mit den jeweiligen Lehren beider Religionen überein. Die griechische Fassung in Händen der Christen, Septuaginta genannt, ist nach deren Ansicht eine korrekte Übersetzung der hebräischen. Doch die Juden sagen, das Übersetzungswerk sei unter Zwang zustande gekommen, und darum sei manches verfälscht worden. Bērūnī neigt der zuletzt genannten Auffassung zu (21, 8), ohne indessen seine Gründe anzugeben.

Bisher hatten den entgegengesetzten Meinungen der Juden und Christen die beiden Fassungen der Tora entsprochen. Überraschender Weise stellt sich heraus, daß noch eine dritte vorhanden ist. Sie gehört den Samaritanern (deren Stellung umrissen wird), und man erhält damit neue Angaben. Rechnet man in allen drei Fällen die Lebensdauer der unmittelbaren Nachkommen Adams zusammen, so beträgt der Zeitraum zwischen der Vertreibung aus dem Paradies und der Sintflut bei den Juden 1 656 Jahre, bei den Christen 2 224 und bei den Samaritanern 1 307 (21, 15f.). Man erwartet indessen als Ausgangspunkt die Schöpfung, nicht die Vertreibung aus dem Paradies. Und weiß man nicht recht, was bei einem Streit zwischen Juden und Christen die Samaritaner zu tun haben, so wird man überdies von der weiteren Angabe (eines Geschichtsschreibers) überrascht, nach dem der Ab-

[1] E. Sachau bemerkt in der englischen Übersetzung (1879) 372: „By Ḥisāb-aljummal the author understands the notation of the numerals by means of the letters of the Arabic alphabet, arranged according to the sequence of the Hebrew alphabet." Weiteres bei F. Rosenthal, Die aramaistische Forschung 252 Anm. 5.

stand zwischen der Schöpfung Adams und der Sintflut genau 2 226 Jahre, 23 Tage und vier Stunden betragen habe (21, 19f.).

Aber nicht nur die Tora liegt in verschiedenen Fassungen vor, sondern auch die Evangelien. Hier sind es vier (22, 4f.). Der Unterschied wird verdeutlicht an den Stammbäumen Jesu bei Matthäus 1, 2—16 und Lukas 3, 23—31. Beide stimmen nicht überein, wie doch zu verlangen wäre.

Damit ist das ursprüngliche Thema, auf die Ära der Schöpfung lautend, gänzlich verlassen. Weder Evangelien noch Stammbaum Christi haben mit ihr etwas zu tun. Bērūnī bemüht sich denn auch nicht weiter, sondern zählt zusätzlich Evangelien, die des Markion, Bardesanes, der Manichäer und anderer, auf. Damit schließt der Abschnitt (23, 9—15).

Wie wenig er den Anforderungen eines straff gegliederten gedanklichen Aufbaus entspricht, hat bereits die Inhaltsangabe gezeigt. Von vornherein liegt die Vermutung nahe, daß Bestandteile verschiedener Herkunft und verschiedener Zielsetzung vom Verfasser in den Dienst seiner Sache gestellt und ohne viel Rücksicht auf ihr Eigenleben vereint worden sind.

Als Teil für sich sondert sich der umfangreiche Abschnitt über den *ḥisābu l-ǧummal* und dessen Widerlegung aus. Bērūnī bricht die Erörterung über den Gegenstand ab, verweist auf die Möglichkeit, die Frage an passenderem Ort fortzusetzen und will zum Hauptgedanken zurückkehren. Er kennzeichnet diesen Abschnitt damit eindeutig als Einlage. Aber kehrt Bērūnī danach wirklich zum Hauptgedanken zurück?

Zunächst scheint es so. Die neue Feststellung, daß Juden und Christen verschiedene Fassungen der Tora besitzen, könnte dem Umstand entsprechen, daß beide Religionen den Abstand zwischen Adam und Alexander verschieden berechnen. Dem Gegensatz in der Chronologie entspräche ein solcher der Schriften, auf die man sich beiderseits beruft. Gleichwohl ist der Zusammenhang trügerisch. Weder die hebräische Tora noch die griechische liefern eine entsprechende Zahl, und es wird auch nicht angegeben, auf Grund welcher Berechnung man zu den beiden abweichenden Angaben gekommen sein könnte.

Der Wortlaut Bērūnī's erbringt die Bestätigung. Zu Anfang war von Juden und Christen gesprochen worden (15, 4f.). Jetzt aber geht es um zwei Fassungen der Tora (20, 12f.). Beide geben verschiedene Zahlen: das ist richtig. Aber diese Zahlen beziehen sich nicht auf den Abstand zwischen Adam und Alexander, sondern auf den zwischen der Vertreibung aus dem Paradies und der Sintflut (21, 16f.). Es ist klar, daß der zweite den verschiedenen Fassungen der Tora zu entnehmen war, wenn man die Lebensdauer der unmittelbaren Nachkommen Adams zusammenrechnete. Wohingegen der Abstand zwischen Adam und Alexander in keiner von beiden enthalten sein konnte. Die Erörterung der beiden Fassungen der Tora ist demzufolge äußerlich der Besprechung der Schöpfungsära angehängt.

Die Unvereinbarkeit der Bestandteile, einmal erkannt, zieht alsbald weitere Kreise. Während im letzten Fall von den beiden Fassungen der Tora gesprochen und die Entstehung der griechischen einläßlich erzählt wird, handelt es sich zuvor um sämtliche Bücher des Alten Testaments, nicht um den Pentateuch allein. Wieder zeigt sich eine mangelnde Entsprechung, und es kommt hinzu, daß zuvor die Sätze, an denen die Christen ihr *ḥisābu l-ǧummal* vornehmen, nicht in griechischer, sondern diesmal in syrischer Sprache gegeben waren (16, 7; 18, 19).

Noch einen Schritt weiter führt, daß sich eine dritte Fassung der Tora einstellt. Die Samaritaner haben mit dem Gegensatz von Juden und Christen — dem schwachen Faden, daran bisher der Gedankengang hing — nichts mehr zu tun. Es ist deutlich, daß Bērūnī eine ihm vorliegende Erörterung, die von den drei verschiedenen Fassungen der Tora sprach, seinem Text angepaßt hat, indem er zunächst von zweien handelte, und erst in Abstand eine dritte folgen ließ. Daß diese Erörterung ursprünglich einer anderen Zielsetzung unterworfen war als jene, in deren Rahmen Bērūnī nachträglich sie einwies, zeigt die Tatsache, daß den beiden oder besser: drei Fassungen der Tora volle vier der Evangelien folgen. Zweifellos war damit eine Steigerung beabsichtigt, mittels deren nachgewiesen werden sollte, daß den vorhandenen Mißlichkeiten bei der Tora noch größere bei den Evangelien entsprachen.

Das Eigenleben dieses Gedankenganges, den Bērūnī erst nachträglich in den Dienst eigner Darlegung gestellt hat, ist demnach offenkundig. Bei der Tora ist, was die Juden sagen, ohne Verwirrung (20, 13). Diese wird erst von den Christen hereingebracht, die zu Unrecht behaupten, eine authentische Übersetzung zu haben. Aber, so geht es nach Erwähnung der Samaritaner weiter, bei den eignen Schriften der Christen steht es noch schlimmer. Da hat man vier Evangelien, und damit nicht genug: melden Häretiker und

Gnostiker weitere Schriften dieser Art an. Ein derartiger Gedankengang hatte, um es noch einmal zu sagen, mit dem Ansatz der Schöpfungsära nichts zu tun. Dagegen entstammte er augenscheinlich einer Polemik gegen die Christen. In ihr wurden die Juden geschont, wie auch die Samaritaner, Markion, Bardesanes und die Manichäer keiner Abwertung unterzogen sind. Alle Wucht der Kritik — einer höchst sachverständigen Kritik — richtet sich gegen die Christen.

Dabei zeichnet sich eine Gliederung ab, die sich in ihrer Klarheit vorteilhaft von dem abhebt, was Bērūnī in diesem Abschnitt seinem Leser zumutet. Bevor jedoch darauf eingegangen werden kann, müssen aus dem — aufs Große hin gesehen — einheitlichen Abschnitt 20, 12—23, 15 zwei Bestandteile ausscheiden, denen ohnedies der jüngere Ursprung auf der Stirne steht.

Da ist einmal das Zeugnis eines Historikers Athenaios[2], das Bērūnī dem *kitābu l-ḳirānāt* des Ibnu l-Bāzyār entnommen hat (21, 19f.). Dieses Zeugnis trägt zur Frage der drei Fassungen, die von der Tora bestehen, sowie ihrer gegenseitigen Unterschiede nichts bei. Auch ist es ohne Bedeutung für die Zahl der Jahre zwischen Paradiesvertreibung und Sintflut, in der sich jene Fassungen unterscheiden. Denn bei dem Historiker handelt es sich um den Abstand zwischen der Schöpfung Adams und der Flut, also um eine andere Zeitspanne. Wohl aber dient diese neue Anführung dazu, und wird von Bērūnī ausdrücklich in diesem Sinn verwandt, die Unsicherheit des Wissens über die chronologischen Angaben zu erhärten. Es ist also eingefügt, um den widerstrebenden Gedankengang unseres Abschnittes, der eine Polemik gegen die Christen und den Wert ihrer Überlieferung enthält, möglichst in den Dienst von Bērūnī's Anliegen — der Frage, ob es eine gesicherte Ära der Schöpfung gebe — zu stellen.

Der Einschub ist aus einem islamischen Werk genommen, und dasselbe gilt von der zweiten Stelle, die auszuscheiden hat. Auf die Nennung des Evangeliums der Manichäer folgt 23, 12f.: „Von ihm gibt es eine Fassung, die ‚Evangelium der Siebzig' heißt. Sie wird zurückgeführt auf *bl'ms*. Zu deren Beginn (heißt es), daß Sallām b. ʿAbdillāh b. Sallām es niedergeschrieben habe nach der mündlichen Mitteilung Salmān's des Persers[3]." Hier hat die Angabe der Nationalität den Gedanken wachgerufen, es könne sich bei dem Machwerk um eine manichäische Schrift gehandelt haben.

[2] E. Sachau in seiner Übersetzung 374 schlägt Anianus vor.

[3] Dazu R. Köbert in: Analecta Biblica 12 (1959), 174 Anm. 4; 180.

Man kennt die Geschichte des Persers Salmān (oben S. 39) genügend, um sagen zu können, daß er mit dem Evangelium Mani's ebensowenig zu tun hatte wie dieses mit dem der Siebzig.

Was bleibt, sei zunächst in Übersetzung gegeben.

2

„(20, 12) Ich sage, daß jedem, Juden und Christen, eine Fassung der Tora eignet, die verkündet, was mit der Lehre ihrer Anhänger übereinstimmt. Von der (Fassung), die den Juden gehört, meinen sie, daß sie diejenige sei, die der Verwirrung ferngeblieben ist. Jene, die den Christen gehört, wird ‚Tora der Siebzig' genannt. Dies geht darauf zurück, daß ein Teil der Kinder Israel, als Nebukadnezar gegen Jerusalem gezogen war und es zerstört hatte, sich von dort wegbegab, Zuflucht beim König Ägyptens suchte und unter seiner Schutzherrschaft blieb, bis Ptolemaios Philadelphos herrschte. Es gelangte zu diesem König die Kunde von der Tora und von ihrer himmlischen Herkunft. Er stellte Nachforschungen an über jenen Teil (der Kinder Israel's), bis er sie in einer Landstadt fand, ungefähr 30000 Mann. Er bot ihnen seine Gastfreundschaft an, ließ sie kommen und behandelte sie gütig. Dann gab er ihnen die Erlaubnis, nach Jerusalem zurückzukehren: Kyros, der Statthalter Artaxerxes' I.[1] über Babylon, hatte es (inzwischen) wieder aufgebaut, und er hatte auch die Bebauung Syriens wieder aufgenommen. Sie (die Juden) verließen (die Stadt) mit einem Teil seiner (des Königs) Beamten, durch die er ihnen Schutz angedeihen ließ. Er (der König) sagte zu ihnen: ‚Seht, ich habe ein Anliegen an euch. Wenn ihr mir darin willfahrt, ist meine Dankbarkeit gegen euch vollkommen. Es (das) Anliegen geht dahin, daß ihr mir schenken möget ein Exemplar eures Buches, der Tora.' Sie sagten ihm jenes zu und schworen ihm, es zu erfüllen. Nachdem sie nach Jerusalem gekommen waren, führten sie ihr Versprechen aus, indem sie ihm ein Exemplar von ihr (der Tora) schickten, doch war es in hebräischer Sprache, und er (der König) verstand es (das Hebräische) nicht. Er wandte sich erneut an sie mit der Bitte um jemanden, der beides, Hebräisch und Griechisch verstünde, damit er für ihn (den König) (die Tora) übersetzte. Er versprach demselben Geschenke und Wohltaten. Da wählten sie (die Juden) aus ihren zwölf Stämmen (21, 1) 72 Männer, von jedem Stamm sechs Leute aus den Reihen der Gelehrten und Priester.

[1] Bahman sc.: b. Isfendiyār: dazu Altheim-Stiehl, Die aramäische Sprache 2. Lfg. 191.

Ihre Namen sind unter den Christen bekannt. Sie (die 72) übertrugen sie (die Tora) ins Griechische, nachdem er (der König) sie getrennt und für je zwei Männer von ihnen einen bestellt hatte, der sich um deren Bedürfnisse kümmerte[2], bis sie (die 72) vollendet hatten seine (des Buches) Übersetzung. So gelangten in seinen Besitz 36 Übersetzungen. Er verglich sie miteinander und fand bei ihnen (an Abweichungen) nichts außer solchem, was sich unvermeidlich einstellt hinsichtlich der Unterschiedlichkeit der Ausdrücke bei übereinstimmenden Begriffen. Er gab ihnen, was er versprochen hatte, und versah sie aufs beste mit allem Notwendigen. Da baten sie ihn, daß er ihnen eine von jenen Fassungen (von den vorhandenen 36 Übersetzungen) schenke, um sich gegenüber ihren Genossen zu rühmen und zu brüsten. Das ist die (Fassung), die bei den Christen gilt, und nicht habe bei ihr (hinsichtlich des Originals) eine Umstellung oder Änderung stattgefunden, so sagen sie. Die Juden (allerdings) behaupten (*taḳūlu*: Sachau) das Gegenteil dessen. Und zwar, daß man sie zwang zu seiner (des Buches) Übersetzung und dazu unter Druck anhielt auf jene (geschilderte) Weise durch Furcht vor Gewalt und schlechter Behandlung, nicht bevor man sich einig geworden war über Änderungen und Angleichungen. Nicht findet sich in dem, was sie (die Christen) erwähnen — gesetzt, wir billigen dem überhaupt Wahrscheinlichkeit zu — (etwas), was den Zweifel beseitigte. Vielmehr ruft es (was sie anführen) ihn (den Zweifel) noch stärker hervor. — Nun gibt es bei der Tora nicht diese zwei Fassungen allein. Vielmehr hat sie eine dritte Fassung bei den Samaritanern, die bekannt sind als ἀθίγγανοι (*al-lāmasāsīya*)[3]. Sie sind die Nachfolger, denen Nebukadnezar Syrien zuteilte, als er die Juden gefangengenommen und es (Syrien) von ihnen geräumt hatte. Die Samaritaner hatten ihm geholfen und hatten ihn auf die Schwächen der Kinder Israel hingewiesen. So hatte er sie (die Samaritaner) nicht belangt, sie weder getötet noch gefangengenommen, sondern hatte sie weiterhin in Palästina (nunmehr) unter seiner Herrschaft wohnen lassen. Ihre Lehren sind gemischt aus Judentum und Magiertum; ihre Masse wohnt an einem Ort Palästinas, der Neapolis (*nābulus*) heißt; dort sind ihre Synagogen. Nicht überschreiten sie die Grenze Jerusalems seit den Tagen Davids, des Propheten[4], weil sie behaupten, daß er Gewalt und Unrecht getan und den

[2] Anders E. Sachau in seiner Übersetzung 374. Doch scheint uns möglich, ohne Änderungen auszukommen.

[3] Dazu E. Sachau in seiner Übersetzung 374.

[4] Dazu 292, 10f., wo er neben Jakob, Bischof von Aelia-Jerusalem, erscheint.

heiligen Tempel von Neapolis nach Aelia (und das ist Jerusalem) übertragen habe. Sie berühren (möglichst) andere Menschen nicht, und wenn sie sie berührt haben, dann waschen sie sich. Sie anerkennen die Prophezeiungen keines (der Propheten) der Kinder Israel, der nach Moses gelebt hat. — Was die Fassung angeht, die bei den Juden gilt, und auf die diese sich berufen, so gibt sie das, wozu mittels der Lebenszeiten der Nachkommen Adams der Zeitraum sich summiert zwischen Adams Vertreibung aus dem Paradies und der Sintflut, die sich in Noahs Zeit ereignete, mit 1656 Jahren an. Was die Fassung, die bei den Christen gilt, angeht, so beträgt das, wozu sich dieser Zeitraum summiert, 2242 Jahre. Was (die Fassung) betrifft, die bei den Samaritanern gilt, so sagt sie, daß er (der Zeitraum) 1307 Jahre betrage ... (22, 4) Nicht nur zur Tora gehört eine Vielfalt von Fassungen und deren Unterschiedlichkeit, sondern dasselbe gilt fürs Evangelium. Denn ihm gehören bei den Christen vier Fassungen, vereinigt in einer Rolle (oder: in einem Codex), deren erste von Matthäus stammt, die zweite von Markus, die dritte von Lukas und die vierte von Iohannes, wobei sie verfaßt hat jeder von diesen Schülern gemäß seiner (Jesu) Verkündigung in seinem Land. Was in jeder einzelnen von ihnen steht an Beschreibungen des Messias und an Erzählungen über ihn in den Tagen seiner Verkündigung und in der Zeit seiner Kreuzigung, unterscheidet sich — wie man behauptet — vielfach von dem, was in der anderen steht. So daß hinsichtlich seines (Jesu) Stammbaums, der der Stammbaum Josephs, des Verlobten Marias und Stiefvaters Jesu, ist, Matthäus sagt, er laute[5]:

1. Joseph	11. Zerubabel	21. Joram	31. Salmon
Jakob	Sealthiel	Josaphat	Nahasson
Matthan	Jechonja	Asa	Aminadab
Eleazar	Josia	Abia	Ram
5. Eliud	15. Amon	25. Rehabeam	35. Hezron
Achin	Manasse	Salomon	Perez
Zadok	Hiskia	David	Juda
Azor	Ahaz	Jesse	Jakob
Eljakim	Jotham	Obed	Isaak
Abiud	Usia	Boas	Abraham

[5] Die Namen sind im Zweifelsfall nach der heutigen Fassung der Lutherbibel gegeben. Eine Untersuchung der sprachlichen Formen bei Bērūnī könnte aufschlußreich sein.

Und er (Matthäus) beginnt in dem Stammbaum mit Abraham, (ihn) herabführend (bis Joseph). Was Lukas betrifft, so sagt er, daß er (der Stammbaum) laute:

1. Joseph
Heli
Matthat
Levi
5. Melchi
⟨Janna⟩
Joseph
Mattathias
Amos
Nahum
11. Hesli
Nagai
Maath
Mattathias
15. Simei
Joseph
Juda
Johannan
Resa
Zerubabel
21. Sealthiel
Neri
Melchi
Addi
25. Kosam
Elmadad
Her
Joseph
Elieser
Jorem
31. Matthat
Levi
Simeon
Juda
35. Joseph
Jonam
Eljakim
Melea
Mena
Matatha
41. Nathan
David

Die Entschuldigung der Christen und ihre Beweisführung demgegenüber lautet dahin, daß sie sagen, zu den Regeln, die in der Tora festgesetzt sind, gehöre, daß, wenn ein Mann gestorben sei, eine Ehegattin zurücklassend, von der er keine Söhne habe, an seine Stelle bei ihr der Bruder des Verstorbenen trete, damit er seinem (gestorbenen) Bruder Nachkommenschaft sichere. Sodaß dann, was von ihm (dem an die Stelle getretenen Bruder) erzeugt werde, zum Verstorbenen gehöre seitens des Stammbaumes, zum Lebenden seitens der Zeugung und der Wirklichkeit. Sie sagen: Joseph stammte (23, 1) demgemäß von zwei Vätern ab, und zwar war Eli sein Vater seitens des Stammbaumes und Jakob sein Vater seitens der Zeugung. Sie (die Christen) sagen: Als Matthaeus ihn (Joseph) genealogisch einordnete nach der Zeugung, da tadelten ihn die Juden. Sie sagten: Die Genealogie ist nicht richtig, weil in ihr nicht auf den Stammbaum Bezug genommen ist. Daraufhin paßte sich Lukas ihnen (den Juden) an, indem er seinen Stammbaum gemäß der Vorschrift aufstellte. Beide Stammbäume gehen auf David zurück. Darin lag der Zweck (der Aufstellungen), denn es war bekannt vom Messias, daß er ein Sohn Davids sein werde. Im Übrigen wurde allein der Stammbaum Josephs mit dem Messias verknüpft, nicht der Stammbaum Mariä, weil Gesetz der Kinder Israels ist, daß niemand von ihnen heirate außer im Rahmen seines Stammes und seines Clans, damit die Genealogien nicht verschieden seien, und die Sitte besteht, nur den

Stammbaum der Männer, nicht den der Frauen anzuführen. Da Joseph und Maria beide von einem Stamm waren, mußten beide zusammen auf denselben Ausgangspunkt zurückgehen, und darin lag der Zweck der Festlegung der Genealogie und ihrer Bekanntmachung. — Bei der Anhängerschaft Markions und der Anhängerschaft Bardesanes' gilt jeweils ein Evangelium, das sich in manchen Punkten von diesen (den erwähnten) Evangelien unterscheidet. Bei den Anhängern Mani's gilt ein Evangelium ganz für sich, das sich überall in Gegensatz stellt, von Anfang bis Ende, zu dem, was die Christen lehren. Jene (die Manichäer) unterwerfen sich dem, was es (ihr Evangelium) enthält; sie behaupten, es sei das richtige und entspreche dem, was der Messias vertreten und was er gebracht habe, und daß alle anderen (Evangelien) nichtig seien und ihre Anhänger Lügner hinsichtlich des Messias."

3

Die Übersetzung läßt die Gliederung klar hervortreten. Die verschiedenen Fassungen der Tora und der Evangelien bilden die Hauptstücke. Bei der Tora gibt es drei Fassungen, und die christliche ist zugleich die fragwürdigste. Bei den Evangelien gibt es zunächst vier kanonische Fassungen. Sie widersprechen einander, und überdies behaupten die Anhänger Markions, Bardesanes' und Mani's, sie besäßen jeweils die wahren Evangelien, und alle anderen seien erlogen. Die Unterschiede werden beide Male an Genealogien aufgezeigt. Die unmittelbaren Nachkommen Adams unterscheiden sich in allen Fassungen, und das Ausmaß der Verschiedenheit tritt hervor, wenn man bis zu Noah herab die Lebensjahre addiert. Entsprechend unterscheiden sich die Angaben über die Vorfahren Christi trotz allem, was die Christen sagen, um die Unterschiede zu verwischen.

Schon diese Gliederung und der philologisch gut begründete Gedankengang legen nahe, an ein griechisches Original zu glauben. Aelia statt Jerualem (21, 14) führt in gleicher Richtung. 'Αρχαιολογία (21, 9—12) und νόμοι (21, 12—15) der Samaritaner folgen sich nach der Weise griechischer Ethnographie. Auf gleiche Weise ordnen sich die νόμοι gemäß dem Prinzip der Assoziation[1]. Von den Lehren der Samaritaner geht es zu den Synagogen, die sich in der Stadt Neapolis befinden. Diese selbst scheidet sich von Aelia-

[1] K. Trüdinger, Studien zur Geschichte der griech.-röm. Ethnographie (Diss. Basel 1918) 34f.; 132; E. Norden, Die germanische Urgeschichte bei Tacitus 460; 463f.; F. Altheim, Weltgeschichte Asiens 2 (1948), 21f.

Jerusalem, und der Gegensatz wiederholt sich in der Übertragung des Tempels von Neapolis nach Jerusalem. Von Jerusalem halten sich die Samaritaner fern, wie sie sich von der übrigen Menschheit abschließen. Den Tempel hat ihnen der Prophet David genommen, und so nehmen sie keinen der jüdischen Propheten nach Moses an.

Allgemein darf man sagen, daß der griechische Autor, dessen Stimme man in arabischer Übersetzung vernimmt, in nachhadrianischer Zeit geschrieben hat. Bardesanes und Mani führen ins 3. Jahrhundert, und dazu stimmt die Beweisführung, die zugunsten der Echtheit der sich so stark unterscheidenden Stammbäume der Vorfahren Jesu gegeben wird. Man kennt dergleichen aus Eusebios, h. eccl. 1, 7: περὶ τῆς ἐν τοῖς εὐαγγελίοις νομιζομένης διαφωνίας τῆς περὶ Χριστοῦ γενεαλογίας. Da erfährt man, daß die Fassungen bei Matthäus und Lukas διαφωνεῖν . . . νομίζονται τοῖς πολλοῖς (1, 7, 1). Es waren demnach zu Eusebios' Zeit bereits Angriffe gegen die Echtheit der unter sich so verschiedenen Fassungen erfolgt. Eusebios beschränkt sich darauf, eine ältere Widerlegung aus der Feder des Sextus Iulius Africanus anzuführen. Aus dessen Brief an Aristeides (1, 7, 1; vgl. 6, 31, 3) werden umfangreiche Bruchstücke mitgeteilt. Hier gehen uns die Abschnitte 1, 7, 2—10 und 16 an. Sie erörtern die Frage an dem Namenmaterial der beiden Stammbäume und suchen den Ausgleich dadurch herbeizuführen, daß sie den Vater nach dem Namen (κλήσει: 1, 7, 3) von dem tatsächlichen Erzeuger scheiden (vgl. τῶν μὲν δοκούντων πατέρων, τῶν δὲ ὑπαρχόντων: 1, 7, 4). Sie führen demnach die gleichen Gründe ins Feld, die bei Bērūnī den Christen zugewiesen werden. Was dieser gibt, ist in abgekürzter Form Africanus' Beweisführung. Damit ist man erneut in severische Zeit gelangt.

Einen Schritt weiter führt die Erzählung vom Entstehen der griechischen Tora-Übersetzung. Die Verwandtschaft mit dem, was der Brief Aristeas' berichtet, ist augenfällig. Doch daneben sind Unterschiede vorhanden, die sich nicht übersehen lassen; sie bedürfen darum keiner Aufzählung. Wenn gesagt wird, den Christen seien die Namen der 72 Übersetzer bekannt (21, 1), so zeigt dies, daß eine christliche Fassung der Legende vorlag, deren jüdische Form der Aristeasbrief gibt. Dieser stand in hohem Ansehen, wie Iosephos' ausführliche Wiedergabe ant. 12, 2, 11—118 zeigt. Auch die Kirchenväter[2] übernahmen die Erzählung „und steigerten dabei noch ihre

[2] O. Eißfeldt, Einleitung in das Alte Testament[2] (1956) 749.

wunderhaften Züge". Aber welcher von ihnen läge in unserem Fall zu grunde? Eine Einzelheit führt weiter. Je zwei der insgesamt 72 Übersetzer arbeiten zusammen, und am Ende liegen 36 Manuskripte vor, durch Einzelheiten der sprachlichen Form unterschieden. Im Aristeasbrief entspricht dem nichts. Für solche Unterschiede innerhalb der griechischen Fassungen konnte sich nur ein Mann interessieren, der dergleichen sammelte. Sollte die Erzählung, die doch Christen (und nicht Juden, wie man beim Aristeasbrief erwarten müßte) zugewiesen ist, auf den Urheber der Hexapla zurückgehen? Nach Eusebios war Origenes bemüht, ἀνιχνεῦσαι . . . τὰς τῶν ἑτέρων παρὰ τοὺς ἑβδομήκοντα τὰς ἱερὰς γραφὰς ἑρμηνευκότων ἐκδόσεις καί τινας ἑτέρας (h. eccl. 6, 16, 1). Oder, wie es kurz darauf heißt: ἔκ τινων μυχῶν τὸν πάλαι λανθανούσας (sc. γραφὰς) χρόνον ἀνιχνεύσας προήγαγεν εἰς φῶς.

Dann wären Africanus und Origenes die Gegner, die der bei Bērūnī vorliegende Christenfeind bekämpft. Kelsos scheidet damit aus, und es bleibt Porphyrios' κατὰ Χριστιανούς. Man weiß von seiner Kritik, die sich an Jesu Stammbaum heftete[3]. Nunmehr liegt sie in arabischer Übersetzung vor.

4

Bērūnī's sprachliche Kenntnisse, soweit sie in seiner Chronologie entgegentreten, sind bekannt. E. Sachau, der den Autor aus vieljährigem Umgang kannte, faßt seine Ermittlungen in einem Satz zusammen: „There is a possibility of his having had a smattering of Hebrew and Syriac, but of Greek he seems to have been ignorant, and whatever he relates on the autority of Greek authors . . . must have been communicated to him by the ordinary channel of Syriac-Arabic translation"[1]. Da eine arabische Übersetzung der Bücher κατὰ Χριστιανούς von keinem arabischen Autor erwähnt, überdies das Buch von einem solchen nie angeführt wird, fühlt man sich zu dem Schluß gedrängt, Bērūnī habe eine syrische Übersetzung vorgelegen. Innerhalb der syrischen Literatur war Porphyrios' Werk bekannt. Davon zeugen zwei Bruchstücke, mögen sie bisher auch unbeachtet geblieben sein.

[3] J. Bidez, Vie de Porphyre (1913) 74.

[1] E. Sachau im Vorwort seiner englischen Übersetzung von Bērūnī's Chronologie (1879) XII.

Das erste steht bei Barhebraeus, chron. Syriac. 32, 14f. Bedjan: „Nach Dareios (II.) Nothos war Herrscher Artaxerxes (II., bezeugt von Juni 404 bis Nov. 359[2]) ⟨vierund-⟩vierzig Jahre (überl. *arbʿīn* ist Haplographie für *arbʿīn w-arbaʿ*) . . . Diesen Arṭaḥšašt nennen Aswērōs die Hebräer. Und hinsichtlich dieses meinte Iohannes (von Ephesos), daß in seinen Tagen die Angelegenheit der Esther war. In der Auslegung der Siebzig (der Septuaginta) wurde er Arṭaksarksīs genannt.“ Soweit der Wortlaut. Das hebräische Aḥašwērōš ist in der Umschreibung wiedergegeben, die Tobit 14, 5 als Ἀσυηρος, Esra 4, 6 und Daniel 9, 1 als Ἀσουηρος erscheint[3]. Barhebraeus' Angabe entstammt demnach einem griechischen Autor, der hebräisch verstand, aber sich der im Griechischen üblichen Umschreibung bediente. Dieser Grieche stellte den Gegensatz zwischen der hebräischen Namensform des Originals und der der griechischen Übersetzung fest. Ihm war auf Grund seiner Sprachkenntnisse klar, daß beide Namen nicht eins waren. Das war ein Philologe von Rang, und schwerlich kommt ein anderer als Porphyrios in Frage. Er zeigte auch diesmal die Widersprüche der hebräischen und der griechischen Fassung, nur nicht an der Tora, sondern an einem anderen Buch des Alten Testamentes.

Ein Christ hingegen hatte die Gleichung *Aḥašwērōš*, *Aswērōs* = Artaxerxes anzunehmen, und dies tat denn auch Iohannes von Ephesos. An diese Anerkennung mußte sich die Frage schließen, welcher von den Achaimeniden des Namens Artaxerxes gemeint sein könne. Iohannes entschied sich für Artaxerxes II. Was seine Gründe waren, ist unbekannt und ist schwerlich von Bedeutung. Er war kein Kenner der achaimenidischen Geschichte, im Gegensatz zu Porphyrios, von dem der aus seiner „Chronik“ stammende Abschnitt über die altpersischen Könige in arabischer Übersetzung erhalten ist[4] (Eutychios 1, 75, 14f. Cheikho).

Iohannes von Ephesos hatte Porphyrios' Erörterung über Aswērōs-Artaxerxes vor sich und glaubte, daraus chronologische Schlüsse ziehen zu dürfen. Lag ihm eine syrische Übersetzung des Werkes κατὰ Χριστιανούς

[2] Parker-Dubberstein, Babylonian Chronology (1956) 19.
[3] R. Stiehl bei Altheim-Stiehl, Die aramäische Sprache 2. Lfg. (1960), 203f.
[4] Altheim-Stiehl, Supplementum Aramaicum 45f. Wir freuen uns der brieflich ausgesprochenen Anerkennung seitens G. Levi Della Vida's (unter dem 27. 12. 59). Er verwies gleichzeitig auf seinen Aufsatz in: Journ. Amer. Orient. Soc. 69 (1950), 182f., wo er ein Galen-Bruchstück bei Eutychios nachwies und eine Untersuchung dessen chronographischer Quelle anregte (a. O. 186f.). Wir werden diese im fünften Band vorlegen.

vor? Iohannes verstand zweifellos Griechisch und bedurfte einer solchen Übersetzung nicht. Die Antwort muß offen bleiben.

Auch das zweite Bruchstück hat sich bei Barhebraeus erhalten. H. eccl. 1, 49, 2f. findet sich ein Abschnitt über Origenes. Eusebios' Kirchengeschichte wird zu Anfang als Quelle genannt, und in der Hauptsache speist sich die Darstellung des Syrers aus ihr[5]. Zum Schluß aber begegnet ein zweiter Gewährsmann: Porphyrios. Mit welchen Vorwürfen dieser seinen christlichen Gegner verfolgte, weiß man aus Eusebios, h. eccl. 6, 19, 2—14. Dementsprechend erscheint bei Barhebraeus der große Christenfeind als vornehmster unter Origenes' Feinden und Verleumdern (1, 51, 10f.). Es folgt ein wörtliches Bruchstück (12f.): „Er sagte, als er (Origenes) ging, auf daß er unterrichte Heiden in einem Dorf, und sie ihm sagten: ‚Bete mit uns, darauf werden wir alle uns dir fügen und werden uns taufen lassen' und er (also) betete, da lachten die Heiden über ihn und wurden nicht gläubig."

Wie Porphyrios' sonstige Äußerungen gegen Origenes aus κατὰ Χριστιανούς stammen (Eusebios, h. eccl. 6, 19, 9), so auch diese. Da bei Eusebios die Äußerung nicht zu finden war, stellt sich erneut die Frage, ob Barhebraeus oder seine Quelle sie einer syrischen Übersetzung des porphyrianischen Werkes entnahm.

Das zweite Bruchstück ist umfangreicher als das erste. Gleichwohl könnte man sagen, daß es in ihm ursprünglich fremdem Zusammenhang erscheint, herausgerissen und als Zeugnis in den Dienst eines Gedankens gestellt, der dem originalen Werk fremd war. Auch dieses Bruchstück weist nicht, so scheint es, auf das Bestehen einer vollständigen Übersetzung des Werkes hin. Doch es bleibt eine Besonderheit. Barhebraeus sagt, als Bischof Demetrios daran ging, Origenes aus Alexandria zu vertreiben, habe er es aus Neid getan, aber religiöse Gründe vorgeschoben. So sei Origenes als Ketzer gekennzeichnet worden, und der Makel hafte ihm bis heute an. Dies habe dann anderen zum Vorwand gedient, sein geistiges Gut sich anzueignen. Und zuletzt seien Verleumder aufgetreten, deren schlimmster Porphyrios gewesen sei ... Abgesehen vom zu Anfang und vom zuletzt Erwähnten, findet man von alledem bei Eusebios nichts. Wie also kam es zu dieser Darstellung, vor allem zu den ausdrücklich aufgezählten, vermeintlichen oder wirklichen Irrlehren, die Demetrios seinem Gegner zuschob?

[5] Ebenso Chronik von Se'ert 2, 191, 5f.

Bezeichnend ist, daß Origenes behauptet haben soll, Sohn und Heiliger Geist seien Geschaffenes (*beryāṯā* 1, 51, 4). Das mußte einen Nestorianer angehen, und die Parallele zur Vertreibung des Nestorios, der Nestorianer überhaupt, drängte sich auf. Also stammte dergleichen aus nestorianischer Quelle, und von dorther könnte auch das porphyrianische Bruchstück kommen. Doch wäre man damit auf eine nestorianische Übersetzung des gesamten Werkes gestoßen?

Hier wird Bērūnī's großes Bruchstück von Bedeutung. Erst Bērūnī hat es in den bei ihm vorliegenden Zusammenhang gerückt und es seinen Zwecken dienstbar zu machen versucht. Und nur einer syrischen Übersetzung konnte es Bērūnī entnommen haben, wenn ihm schon keine arabische vorlag. Als er seine Chronologie verfaßte, stand er im Dienst eines Herrn von Gurgān, dem er 390/1 h. sein Werk widmete[6]. Vorher hatte Bērūnī in seiner Heimat Chwārezm gelebt. Er konnte die syrische Übersetzung des Stückes nur in Chwārezm, Gurgān oder in Chorāsān überhaupt erhalten haben. Solche Übersetzung eines griechischen Werkes besagte, daß sie von einem Nestorianer stammte, und Merw, die nestorianische Metropolitie für ganz Chorāsān, war dann der Ort, wo sie geschaffen wurde.

Auch jetzt noch bleibt manches offen. Der vergleichsweise große Umfang des bei Bērūnī erhaltenen Bruchstückes muß die Erwägung nahelegen, ob die ermittelte syrische Übersetzung sich auf Exzerpte beschränkte oder das ganze Werk umfaßte. Oder, wie G. Levi Della Vida brieflich (unter dem 13. 1. 60) an einen der Verfasser formulierte: „Resta da vedere se (Bērūnī) abbia conosciuto il κατὰ Χριστιανούς integralmente oppure attraverso degli excerpta, il che mi sembra più verisimile, tanto più che il Fihrist non lo conosce tra le opere di Porphyrio". Dem läßt sich eine Beobachtung hinzufügen. Es fällt auf, daß im Bruchstück die Widerlegung der Geschichte der 72 Ältesten kurz geschieht und hinsichtlich der Gründe, die Africanus zugunsten der beiden Stammbäume anführt, fast gänzlich fehlt. Vielleicht interessierten den nestorianischen Übersetzer die Gründe, die man von christlicher Seite zugunsten der Septuaginta und der Stammbäume vorbrachte, mehr als deren Widerlegung. Dann hätte man aus Porphyrios' umfangreichem Werk nur solche Teile übersetzt und ausgezogen, deren man sich in der Kontroverse bedienen konnte. Und solch eine Sammlung von Auszügen wäre Bērūnī in die Hand gefallen.

[6] E. Sachau, a. O. VIII.

Den Ausschlag gibt eine Bemerkung im Brief Barṣaumā's von Susa, der in der Chronik von Se'ert erhalten ist (2, 562, 3f.). Wenn dort Kaiser Herakleios dem Katholikos Īšō'ya(h)ḇ gegenüber[7] von Maria als der θεοτόκος gesprochen hat, so ist dies eine Beleidigung des Evangeliums, das beginnt: „Stammbaum Jesu des Messias, Sohnes Davids, Sohnes Abrahams" (2, 564, 9). Gemeint ist der Beginn des Matthäusevangeliums und des dort gegebenen Stammbaums Christi. Man erkennt, daß die Nestorianer diesen Stammbaum zum Erweis ihrer Ansicht von der Χριστοτόκος verwandten. Erörterungen über die Bedeutung und die Beweiskraft dieser Urkunde mußten jeden Nestorianer angehen. Kein Wunder, daß sie von Porphyrios' Gedankengang weniger dessen Kritik als all jenes sich aneigneten, was Sextus Iulius Africanus zugunsten der Echtheit vorgebracht hatte.

5

Damit beantwortet sich die Frage, was die Nestorianer Chorāsān's mit einer Streitschrift gegen die Christen zu tun hatten und was sie veranlaßte, sich eines Werkes anzunehmen, das damals in den westlichen Ländern längst den Flammen übergeben worden war. Porphyrios' Vorzug bestand in der Schärfe der Beobachtung und der Stärke seiner Beweisführung, und daran sollten sich die Nestorianer schulen. „Nestorios, auf den sich diese Sekte zurückführte, stellte sich in Gegensatz zu den Melkiten und brachte eine Lehre über die Grundlage heraus, die notwendig gemacht hat den Bruch zwischen ihnen (den Melkiten) und ihm. Und dies, weil er anfeuerte zu betrachten und zu untersuchen und Folgerungen zu ziehen und Analogien zu ermitteln, um bereit zu sein, den Widersachern zu entgegnen, mit ihnen zu disputieren und sich ihnen nicht fügen zu müssen."[1] Bērūnī, von dem diese Worte stammen (chron. 309, 2f.), stellt damit den Nestorianern ein nicht geringes Lob aus. Von einem zweiten Werk aus Porphyrios' Feder weiß man, daß es in diesem Sinn benutzt wurde. P. Kraus bemerkt zum „Brief an Anebo": „Porphyre demande à un prêtre égyptien de le libérer des certains doutes d'ordre philosophique qui lui sont survenus au sujet des cultes païens et des mystères. En réalité, ses questions sont très embarrassantes pour le représentant des cultes. Il est connu que les contradictions relevées par Porphyre ont fourni l'arsénal des chrétiens dans leur

[7] Anläßlich dessen Gesandtschaft: 2, 557, 4f.; 8f. Zu den Ereignissen J.-B. Chabot in: Journ. asiat. 1896, 85.

[1] Anders Sachau: „in fact, to give up the Jurare in verba magistri."

lutte contre le paganisme"[1a]. Der Zufall will, daß wiederum in der Nachbarschaft Chorāsāns ein Bruchstück dieses Werkes sich erhalten hat[2].

Zunächst muß erwähnt werden, was bisher bekannt war. Die 1957 erschienene Studie M. Sicherl's über „Die Handschriften, Ausgaben und Übersetzungen von Iamblichos de Mysteriis" (Texte und Untersuchungen 62) sieht sich veranlaßt, auch auf den Anlaß der Schrift einzugehen. Einem Scholion zufolge, das in der handschriftlichen Überlieferung meist dem Text vorangeht[3], verbirgt sich unter dem vorgeschobenen Namen Abamon als wahrer Verfasser: Iamblichos. Diesem habe schon Proklos im Kommentar zu Plotins Enneaden die Abfassung zugewiesen. Abamon's oder besser: Iamblichos' Ausführungen geben sich als Antwort auf Fragen, die Porphyrios an den Ägypter Anebo gerichtet hatte[4]. Schon die Editio princeps Th. Gale's 1678 versuchte eine Herstellung von Porphyrios' Brief an Anebo. Sie wurde „aus de Mysteriis und den Zitaten bei Eusebios, Theodoretos, Kyrillos, Augustinus kompiliert"[5]. G. Parthey's Ausgabe 1857 übernahm diesen Versuch, „ohne daß ihm — außer Textvarianten und den Fundstellen der Zitate — Neues hinzugefügt wurde"[6]. J. Bidez, so erfährt man schließlich, plante eine Neuausgabe der Bruchstücke[7].

Ein weiteres Bruchstück findet sich im Ὑπομνηστικὸν βιβλίον Ἰωσήππου cap. 144, 58. J. Moreau, dieser Schrift jüngst eine ebenso gelehrte wie scharfsinnige Abhandlung widmend[8], hat die Literatur über jenes Bruchstück zusammengestellt[9]. Bei Parthey ist es nicht aufgeführt, und demzufolge weiß Sicherl nichts von ihm. Man könnte vermuten, daß der erhaltene Satz dem zweiten Buch zugehört.

Übersehen ist bei alledem die arabische Überlieferung. Obwohl sie von uns bei anderer Gelegenheit angeführt wurde[10], hat Sicherl diesen Hinweis nicht verfolgt. Das früher Gegebene sei darum wiederholt und ergänzt.

[1a] Jābir ibn Ḥayyān (Mém. présentés a l'Institut d'Égypte 45) 2 (1942), 128.

[2] Erstmals bei Altheim-Stiehl, Philologia sacra (ΑΠΑΡΧΑΙ 2, 1958) 100f. und hier mit Verbesserungen wiederholt.

[3] M. Sicherl, a. O. 20f.

[4] M. Sicherl, a. O. 1.

[5] M. Sicherl, a. O. 197.

[6] M. Sicherl, a. O. 199f.

[7] M. Sicherl, a. O. 197 Anm. 2.

[8] In: Byzantion 25—27 (1955—1957), 241f.

[9] Ebenda 259 Anm. 2, darin eine Äußerung A. Delatte's.

[10] Altheim-Stiehl, Porphyrios und Empedokles (1954) 7f. Vorangegangen war P. Kraus, a. O. 2, 128 Anm. 5 Ende.

Der Fihrist[11] nennt unter Porphyrios' Werken *kitābāni ilā Anābū*. Dazu bemerkte der künftige Herausgeber des Fihrist, J. Fück, uns brieflich: „Daß es sich bei dem Brief an Anebo um zwei Bücher handelte, wird von Ibn al-Ḳifṭī 257, 6 und Barhebraeus in seiner Chronik 133 Salhani bestätigt. Salhani druckt *lb'nw'*, gewiß unrichtig. Auf den Briefwechsel Porphyrios' mit dem Priester Anebo verweist Mas'ūdī, tanbīh 162, 5f. de Goeje. Die Stelle ist behandelt von P. Kraus in seinem Jābir b. Ḥayyān 2, 128". Wir schließen Kraus' Übersetzung der Äußerung Mas'ūdī's an: „Nous avons rapporté les relations qu'eurent entre Porphyre de Tyr et Anabou, prêtre égyptien; ce Porphyre est l'auteur du livre de *l'Isagogue* ou l'introduction au livre d'Aristote; il etait chrétien (*sic*), mais il défendait en secret les croyances des Sabéens grecs; et Anabou était attaché aux doctrines des philosophes anciens, celles qu'avaient professés Pythagore, Thalès de Milet et d'autres, qui sont celles des Sabéens d'Égypte. Ils posèrent l'un à l'autre des questions sur les sciences théologiques dans des épîtres connues de quiconque s'intéresse aux sciences anciennes."

An einer zweiten Stelle des Fihrist[12] wird unter den Schriften ar-Rāzī's († 925)[13] eine Widerlegung von Anebo's Brief an Porphyrios genannt. Man erfährt bei dieser Gelegenheit, daß sich Anebo über Aristoteles' Lehre von Gott äußerte. Anebo hätte demnach den Aristoteliker Porphyrios in gleicher Weise über die aristotelische Gotteslehre befragt, wie es Porphyrios gegenüber dem Ägypter mit den ägyptischen Göttern gehalten hat. Man lernt demnach hinzu, daß Porphyrios' Brief an Anebo zwei Bücher umfaßte und daß ihm ein solcher Anebo's an Porphyrios vorangegangen war.

Schließlich ist aus Porphyrios' Antwort ein längeres Bruchstück in arabischer Sprache in as-Šahrastānī's *kitābu l-milal wa-n-niḥal* erhalten (345, 7—16 Cureton). Es lautet: „Auch er (Porphyrios) folgte Aristoteles' Ansicht und stimmte mit ihm in allem überein, was er lehrte. Er behauptete, daß unrichtig sei, was als von Platon stammend über die Entstehung der Welt berichtet wird. Er (Porphyrios) sagt in seinem Sendschreiben an Anebo: Was angeht das, worin Platon allein stand nach eurer Meinung, nämlich, daß er der Welt einen zeitlichen Anfang beigelegt habe, so ist es eine unrichtige Behauptung. Platon nämlich hat nicht gemeint, daß die Welt einen zeitlichen Anfang habe, sondern einen Anfang hin-

[11] 1, 253, 16 Flügel.
[12] 1, 300, 18f.
[13] Über ihn zuletzt J. Fück in: Ambix 4, 137f.

sichtlich der Ursache, indem er behauptete, die Ursache ihres Seins sei ihr Anfang. Er (Porphyrios) hatte gemeint, daß derjenige, der in seiner (Platons) Lehre (die Ansicht) vermute, daß die Welt sowohl geschaffen als auch Neues aus Nichts sei, ferner, daß sie entstanden sei aus dem Chaos zur Ordnung, fehlgehe und irre. Es sei nämlich nicht immer richtig, daß Nichtexistenz der Existenz zeitlich vorangehe, weil die Ursache eines Dinges etwas anderes als dieses sei, weiter, daß jede schlechte Ordnung der Ordnung zeitlich vorangehe. Platon meint nur, daß, wenn der Schöpfer hervortreten ließ die Welt aus der Nichtexistenz in die Existenz, ihr Vorhandensein nicht aus sich selbst folge, sondern daß die Ursache der Existenz vom Schöpfer herrühre"[14].

Das Bruchstück handelt von Platon, aber die Art, wie aš-Šahrastānī es einführt, zeigt, daß es einer Erörterung über Aristoteles entstammt. Weiter ergibt sich, daß Anebo die Erörterung eröffnet hatte. Dazu stimmt die Angabe des Fihrist, daß es einen Brief Anebo's an Porphyrios gab und daß darin über Aristoteles' Lehre von Gott gesprochen wurde. Man müßte dem Bruchstück beides entnehmen, läge nicht die ausdrückliche Angabe des Fihrist vor.

In Iamblichos' Antwort wird auf den Gegenstand nicht eingegangen. Wenn es auch 8, 1 heißt, Porphyrios habe nach dem πρῶτον αἴτιον gefragt, so zeigt doch der Fortgang, daß es sich um die ägyptische Lehre darüber handelte, überhaupt, daß die Erörterung eine andere Richtung nahm. Das legt die Vermutung nahe, daß die beiden Bücher, in die Porphyrios' Antwort an Anebo zerfiel, verschiedenen Inhaltes waren. Anebo hatte nach Aristoteles' Lehre von Gott gefragt, und Porphyrios wird im ersten Buch darauf geantwortet haben. Ihm entstammte das in arabischer Übersetzung erhaltene Bruchstück. Im zweiten Buch hingegen stellte Porphyrios seine präzisen und unerbittlich formulierten Fragen[15] über die ägyptischen Götter, und darauf gab nicht Anebo, wohl aber Iamblichos die in der Schrift über die Mysterien erhaltene Antwort. Man hat diese Schrift das „Grundbuch der spätantiken Religion"[16] genannt. An Hand der arabischen Überlieferung ist ein wichtiges Stück seiner Vorgeschichte geklärt worden.

[14] Wir verdanken R. Köbert-Rom Belehrung.

[15] J. Bidez, a. O. 81f.

[16] M. P. Nilsson, Geschichte der griech. Religion 2 (1950), 429; Gnomon 23 (1951), 407.

6

Merw wäre demnach nicht nur ein Mittelpunkt nestorianischer Mission, sondern auch der nestorianischen Übersetzungstätigkeit gewesen. Man wäre berechtigt, die Hauptstadt Chorāsān's neben Edessa, Nisibis, Baghdad und Ḥīra zu nennen. Das mag zunächst überraschen. Aber zugunsten der Auffassung läßt sich ein Umstand anführen, der bisher nicht beachtet wurde. Merw (Margiane) gehörte zu den Gründungen Alexanders des Großen. Nach vorübergehender Zerstörung durch die Nomaden wurde es unter Antiochos I. neu erbaut[1]. Die Oase wurde jetzt von sechs Festungen geschützt. Drei lagen nach Süden, drei nach Osten und alle auf Hügeln, in geringer Entfernung voneinander, so daß man im Augenblick der Gefahr sich gegenseitig zu Hilfe eilen konnte[2]. Eine durchlaufende Mauer von 1500 Stadien Länge bot weiteren Schutz[3]. Es läßt sich zeigen, daß Merw seinen griechischen Charakter bis tief in die nachchristlichen Jahrhunderte bewahrt hatte.

Die Chronik von Se'ert berichtet vom hl. Baršabbā, der in Merw und Chorāsān missionierte (1, 253, 9f. Scher). Das arabische Werk, das 1036 verfaßt wurde, geht auf eine syrische Quelle zurück, die gerade im angeführten Abschnitt genannt wird: 1, 255, 6 *wa-ḳad ḏakarahā dāniyālu bnu maryama fī kitābihi*. Man kennt Daniel bar Maryam auch sonst aus der syrischen Literaturgeschichte. Seine Blütezeit fällt in die Mitte des 7. Jahrhunderts[4].

Es ist nicht deutlich, in welche Zeit Daniel seinen Heiligen setzt. Nach 1, 253, 10 müßte er unter Šāpūr I. fallen, nach 1, 255, 3f. unter den zweiten Herrscher des Namens. Für das erste Datum könnte sprechen, daß in dem von Bērūnī mitgeteilten Kalender der Melkiten von Chwārezm (oben S. 25) Baršabbā zweihundert Jahre nach Christi Auftreten gesetzt wird. Das könnte auf Šāpūr I. (oben S. 25) führen, allerdings nur auf Grund einer einigermaßen weitherzigen Auslegung. Oder sollte die Zeit Šāpūr's II. sich eher empfehlen, als das 3. Jahrhundert? Wie immer man sich entscheide: das Mitgeteilte gilt für die Zeit Daniels selbst. Noch damals wußte man von dem Fortbestehen einer griechischen Kolonie in Merw.

[1] F. Altheim, Weltgeschichte Asiens 1, 303; 305.
[2] Plin., n. h. 6, 47.
[3] Plin., n. h. 6, 47; Strabon 516.
[4] A. Baumstark, Geschichte der syrischen Literatur 207.

Von Šīrarān[5], der christlich gewordenen Schwester Šāpūr's, heißt es: 1, 255, 9 „Als sie nach Merw gekommen war, hörte sie nicht auf, jeglichen, der zu ihr kam, zum Glauben des Christentums herüberzuziehen. Und (sie hörte nicht auf), sie (ihre Besucher) bekannt zu machen mit der Heimsuchung, der sie sich entzogen hatte, als sie zum Glauben des Christentums übertrat, und mit der Widerwärtigkeit ihrer (der Besucher) Lage, und zu versprechen, daß Baršabbā zu ihr kommen würde. Ihre Rede nahm eine große Zahl der Bewohner Merw's an, weil sie griechischen Ursprungs waren. Sie (die Griechen) waren Alexander's Gefolgsleute gewesen zur Zeit seiner (Merw's) Gründung, und sie waren nicht mit ihm zurückgekehrt. Sie wurden gläubig und zerbrachen die Götzenbilder, die sie (bis dahin) zu verehren pflegten".

Man hat keinen Anlaß, an der Richtigkeit dieser Nachricht zu zweifeln. Abgesehen von der ausgezeichneten Bezeugung, die zeitlich mitten hineinführt in die hier behandelten Ereignisse, gibt sie eben das, was man fordern müßte. Sie erst erklärt, wie es zu dieser Übersetzertätigkeit kommen konnte. Im Übrigen wird sie für die spätere Kaiserzeit erhärtet durch das, was sich im östlichen Nachbargebiet, im Reich der Kūšān, beobachten läßt. Erst mit Kaniška's I. zweiter Phase beginnt die griechische Legende von den Kūšān-Prägungen zu verschwinden[6]. Aber noch in seine Zeit gehört die griechische Inschrift von Surx Kotal[7], und das besagt: in die ersten beiden Jahrzehnte des 3. Jahrhunderts[8].

7

Die Erhaltung eines Bruchstückes aus Porphyrios' Brief an Anebo bei Šahrastāni führt, gemäß dessen Lebensumständen, nach Šahristān selbst oder nach Nēšāpūr, allenfalls nach Urgānč und Chwārezm. Ähnlich liegt es mit dem Bruchstück, das Porphyrios' Schrift gegen die Christen entstammt. Hier kommen Bērūnī's Heimat Chwārezm oder seine zeitweilige Wirkungsstätte Gurgān in Frage. Alles weist in die gleichen Gegenden, und deren geographische Mitte bildete Chorāsān mit Merw als Hauptstadt.

[5] Mit dem Namen wissen wir nichts anzufangen.
[6] R. Göbl bei Altheim-Stiehl, Finanzgeschichte der Spätantike 189; 249.
[7] Altheim-Stiehl, Philologia sacra 29f.
[8] Über die Datierungsmöglichkeiten, die die neugefundene Kaniška-Inschrift von Surx Kotal bietet, wird in einem der folgenden Bände gehandelt werden.

Auch Porphyrios' Schrift über die Sonne darf in diesem Zusammenhang genannt werden. Es hat sich gezeigt, wie stark ihre Gedanken auf Mazdak gewirkt haben. Gegenüber der von Nöldeke und, im Anschluß an ihn, auch von uns vertretenen Ansicht, daß seit diokletianischer Zeit, durch Bundos vermittelt, Neuplatonisches in Chorāsān fortgelebt und die Zeiten überdauert habe, mußten zuvor Bedenken angemeldet werden (oben S. 79f.). Inzwischen erwies sich, daß gerade Porphyrios' Hinterlassenschaft in Merw stark benutzt wurde. Auch Mazdak's erhaltenes Bruchstück führt in die gleiche Gegend, nachdem sich gezeigt hat, daß der Revolutionär innerhalb des Städtedreiecks Murġāb-Merw, Nēšāpūr und Nisā geboren ist[9]. Mit ihm käme man an die Wende des 5. Jahrhunderts zum 6. hinauf, also in die Jahre, die der Anerkennung der Nestorianer seitens Pērōz' unmittelbar folgten.

Daß Porphyrios' Φιλόσοφος ἱστορία in Chorāsān oder gar in Merw übersetzt wurde, läßt sich nicht beweisen. Aber im Gegensatz zu Baghdad, wo man nur von der syrischen Übersetzung des vierten Buches wußte[10], besaß man dort ein vollständiges Exemplar oder doch den Auszug eines solchen, und diesen hat aš-Šahrastānī benutzt. Ihm wurde der Abschnitt über Empedokles' Καθαρμοί entnommen, den wir früher behandelt haben[11] (dazu Nachtrag 1, S. 135f.). Daneben ist bei ihm als zweite Quelle ein Florilegium zu erkennen, das „Weisheitssprüche" der großen Philosophen enthielt[12]. Aus diesem wurden an anderem Ort[13] eine Anzahl ethischer Bruchstücke Demokrits übersetzt, deren Echtheit zweifellos ist (dazu Nachtrag 2: S. 137f.). Das Bild mag ergänzt werden durch eine zweite Gruppe von Bruchstücken, die auf Theophrast zurückgehen. Auch von ihnen seien Übersetzung und Erläuterung vorgelegt.

(337, 14 Cureton) „Weisheitssprüche Theophrast's (*ṯ'wfrsṭys*). Es gehörte d(ies)er Mann zu Aristoteles' Schülern und zu den Großen seiner Genossen. Er folgte ihm (Aristoteles) (oder: er [Aristoteles] bestimmte ihn [Theophrast] zum Nachfolger) auf dem Stuhl seiner Weisheit nach seinem Tod, und es pflegten die der Philosophie Beflissenen ihn aufzusuchen und

[9] Gegen den Versuch O. Klíma's (Madzak [1957] 296), Mazdak „dem Gebiet des linken Tigrisufers" entstammen zu lassen, vgl. Altheim-Stiehl, Philologia sacra 89f.

[10] Altheim-Stiehl, Porphyrios und Empedokles (1954) 12; Fihrist 1, 253, 17 Flügel.

[11] Altheim-Stiehl, a. O. 27 .

[12] Altheim-Stiehl, a. O. 10.

[13] Altheim-Stiehl, Die aramäische Sprache unter den Achaimeniden 2. Lfg. (1960), 187f.

von ihm zu lernen. Er hat viele Erläuterungen und geschätzte (eigene) Werke verfaßt, im besonderen über die Musik" (*fī l-mūsīḳāz* sic).

Was Theophrast's Schriften angeht, so äußert sich Ibn al-Ḳifṭī (*ta'rīḫ* 107, 1 Lippert) ähnlich: *wa-ḳuri'at ʿalaihi kutubu ʿammihi wa-ṣannafa t-taṣānīfa l-ǧalīla* „es wurden studiert in seiner Schule die Bücher seines Onkels (Vatersbruders), und er schrieb große (eigne) Werke". Für Ibn al-Ḳifṭī, dessen Quelle in diesem Fall unbekannt ist, war Theophrast Neffe (Bruderssohn) Aristoteles' (106, 17)[14]. Daß der aus Eresos Gebürtige in Stageira zumindest Grundbesitz hatte, ist in Theophrast's Testament bezeugt. Auch bei aš-Šahrastānī werden mit den *šurūḥ* Erläuterungen aristotelischer Schriften gemeint sein. —

(337, 17 Cureton) „Was angeführt wird von ihm, ist, daß er gesagt hat: (1) Das Göttliche bewegt sich nicht, und seine Meinung war: es verändert sich nicht und wechselt nicht, weder im Wesen noch in der Idee der Handlungen".

P. Moraux, der die Güte hatte, uns hier, wie schon früher[15], zu beraten, deutet: „Gott bewegt die Welt, ohne im Geringsten durch diesen Akt affiziert zu werden. Dies wäre ein Echo von Aristot., Metaph. Λ 7, etwa κινεῖ οὐ κινούμενος".

(337, 18 Cureton) „Er hat gesagt: (2) Der Himmel ist die Wohnung der Sterne und die Erde die Wohnung der Menschen gemäß dem, daß sie (die Menschen) Gleichnis und Abbild dessen sind, was im Himmel ist. Sie[16] (die Sterne) sind Väter und Lenker; sie[16] haben Seelen und unterscheidenden Verstand, aber ihnen[16] eignen nicht pflanzliche Seelen. Darum erfahren sie weder Vermehrung noch Verminderung".

P. Moraux bemerkt: „Die Himmelskörper haben Seele und Geist: diese Lehre von den Gestirnintellekten geht letzten Endes auf Aristot., Metaph. Λ 8 zurück, vgl. auch De caelo B 12, 292a 18f. Der Gestirnkörper erfährt weder Vermehrung noch Verminderung: De caelo A 3, 270a 12f. Wenn dieses Bruchstück aus Theophrast's περὶ μουσικῆς stammt, so ließe sich vermuten, daß ein hellenistischer, vielleicht auf die Pythagoreer zurückgehender Topos die Verbindung Gestirnlehre-Musiklehre bewirkt hat. Die

[14] Die Bemerkung ist dem Verfasser des Theophrast-Artikels in der RE. unbekannt geblieben.

[15] Altheim-Stiehl, Porphyrios und Empedokles (1954).

[16] Merkwürdig bleibt der Wechsel von *hum* (*fa-hum, la-hum* Z. 19) und *-hā* (*la-hā* Z. 20). Grammatisch würde man lieber *-hum* auf die Menschen und nur *-hā* auf die Sterne beziehen.

Sphärenharmonie (= Musik der Gestirne) ist der Lobgesang des Himmels auf den höchsten Gott. Musik der Menschen ist Nachahmung der Musik der Sphären, also eine Art Verherrlichung Gottes durch den Menschen". B. Kytzler, dem die Stelle gleichfalls vorlag, verweist auf die Wendung *natura ... parente ac principe* in dem Bruchstück aus Theophrast's περὶ μουσικῆς bei Marius Victorinus GL. 6, 159, 8f.

(337, 20 Cureton) „Er hat gesagt: (3) Das Singen ist eine Hochform (338, 1 Cureton) der Sprache, die schwer zu verstehen ist für die Seele und sich der Erklärung ihres Wesens entzieht. Sie (die Seele) läßt sie (die Hochform der Sprache) in Gestalt von Tönen deutlich werden und erweckt dadurch Traurigkeit. Es (das Singen) läßt verstummen in ihrem (der Seele) Bereich jede Art Unterscheidungen".

P. Moraux bemerkt: „Es scheint gesagt zu sein: Gesang ist die allerhöchste Form der Sprache, eine Form, die sich allerdings jeder (verstandesmäßigen) Deutung entzieht. Das Ende des Bruchstücks könnte bedeuten: Singen hebt im Bereich der Seele die Unterscheidungen (die unterschiedlichen Arten) auf. Durch die Musik wird jeder Zwiespalt in der Seele aufgehoben; die Seele wird zu einer Einheit".

Erneut zeigt sich Berührung mit erhaltenen Bruchstücken von Theophrast's περὶ μουσικῆς[17]. Musik als τὸ γενόμενον κίνημα μελῳδητικὸν περὶ τὴν ψυχήν (fr. 89 Wimmer) sowie deren Ggegenüberstellung mit der φωνή entsprechen dem, was die arabische Übersetzung erhalten hat. Wenn λύπη als eine der drei μουσικῆς ἀρχαί entgegentritt (fr. 90), so erhält dies jetzt sein Gegenstück. Ἔκστασις, der höchsten und irrationalen Steigerung der Sprache entsprechend, begegnet in dem erhaltenen Bruchstück bei Plutarch., Mor. 38 A. Hinzutritt der Vergleich mit Rhetoren und Schauspielern 623 B: καὶ τοὺς ῥήτορας ἐν τοῖς ἐπιλόγοις καὶ τοὺς ὑποκριτὰς ἐν τοῖς ὀδυρμοῖς ἀτρέμα τῷ μελῳδεῖν προσάγοντας ὁρῶμεν καὶ παρεντείνοντας τὴν φωνήν. Sie sind die Meister des Sprechens, bedienen sich aber zur Steigerung ihrer Wirkung des Gesangs.

(338, 2 Cureton) „Er hat gesagt: (4) der Gesang ist etwas, das der Seele zugehört, in keiner Weise aber dem Körper — er (der Körper nämlich) wendet sie (die Seele) ab von dem, was ihr Heil bringt — wie das Ergötzen an Speise und Trank etwas ist, das dem Körper zugehört und in keiner Weise der Seele".

[17] Zuletzt Regenbogen in: RE. Suppl. 7, 1532f.

Gesang bewirkt demnach, daß die Seele für sich ist, unabhängig und selbständig gegenüber dem Körper, wie denn umgekehrt die Freude an Essen und Trinken den Körper vom Einfluß der Seele befreit.

(338, 4 Cureton) „Er hat gesagt: (5) Die Seele (*an-nafs* corr.; *an-nufūs* Cureton) ist gegenüber den Tönen, wenn diese verhüllt sind, aufmerksamer als gegenüber dem, was ihr deutlich und dessen Sinn ihr klargeworden ist".

Die Seele erreicht ihren Höhepunkt im Hinhören, wenn die Töne „verhüllt", will sagen: unverständlich sind, eher, als wenn die Töne ihr klarwerden.

P. Moraux, von dem die Bemerkungen zu den letzten beiden Bruchstücken stammen, verweist überdies auf gewisse Darlegungen, die in aš-Šahrastānī's Abschnitt über Pythagoras stehen. Sie müssen zur Interpretation der theophrastischen Bruchstücke herangezogen werden. Wie geben auch da zunächst unsere Übersetzung und im Anschluß daran Moraux's Bemerkungen.

(270, 18 Cureton) „Zu dem, was von Pythagoras überliefert wird, gehört, daß die Welt aus einfachen, geistigen Tönen zusammengesetzt sei. Er lehrt, daß die geistigen Zahlen nicht teilbar seien, vielmehr einheitliche Zahlen, die seitens des Verstandes zerlegt würden und nicht seitens der Sinne. Er (Pythagoras) zählte viele Welten, und dazu gehöre eine Welt, die reine Freude ist hinsichtlich des schöpferischen Ursprungs (271, 1 Cureton), Fröhlichkeit und Wohlbehagen hinsichtlich des natürlichen Verhaltens. Und dazu gehöre eine Welt, die unter ihr (der erstgenannten) ist. Ihre (der unteren Welten) Sprache sei nicht ähnlich der Sprache der oberen Welten. Denn die Sprache bestehe zuweilen aus geistigen, einfachen, zuweilen aus ebensolchen zusammengesetzten Tönen. Was die erste (Sprache) angehe, so sei ihre (der Töne) Freude dauernd, ununterbrochen, und was an Tönen später sei, (bleibe) unvollkommen in der Zusammensetzung, weil die Sprache später (*lam* del.) zum Tun übergehe. Denn die Freude sei nicht auf dem Höhepunkt der Vollendung, weil der Ton sich nicht auf dem Höhepunkt der Übereinstimmung (Harmonie) befinde".

In der unteren Welt (= in den unteren Himmelsphären) ist die Sprache nicht so vollendet wie in der oberen. Man darf an die Musik bei Theophrast erinnern, und ihr entspricht jene Form der Sprache, die auf der Harmonie der geistigen, einfachen Töne beruht.

(271, 15 Cureton) „Manchmal sagt er (Pythagoras), die menschliche Seele bestehe aus zahlenmäßigen oder in Tönen sich ausdrückenden Verbindungen, und deswegen entspreche die Seele den Proportionen der Töne. Sie ergötze sich an ihrem Anhören (dem der Töne), werde heiter, zeige Traurigkeit infolge ihres (der Töne) Anhörens (*b-istimāʿihā* corr.; *b-istimāʿimā* Cureton) und gerate in Erregung".

Guter Zustand der Seele gleicht der Harmonie. Daher komme die Wirkung der Töne auf die menschliche Seele, die sich in Freude und Traurigkeit äußert. Vergleichen läßt sich Theophrast's Bemerkung 337, 20f. Cureton.

(277, 1 Cureton) „Es wurde zu Pythagoras gesagt: Warum hast du das Zuendegehen der Welt behauptet? Er sagte: Weil sie erreicht den Ursprung von dem ausgehend sie besteht. Und wenn sie (die Welt) ihn erreicht, legt sich ihre Bewegung und vermehren sich die höheren Freuden, will sagen: die aus Tönen bestehenden Verbindungen. Das ist, wie wenn bezeichnet werden die Preisung und Heiligung (Gottes) als Speise der Geistwesen, denn die Speise jedes Bestehenden gleicht dem, wovon dieses Bestehende geschaffen wurde".

Die harmonischen Verbindungen sind Freuden höherer Art. Lobpreisung und Heiligung Gottes bilden die Speise der Geistwesen. Dies läßt sich mit Theophrast's Äußerung 338, 2f. Cureton vergleichen. Während Essen und Trinken eine Speise des Körpers ist, ließe sich der Gesang, also die Nachahmung der Sphärenharmonie und Gottes Preis, als eigne „Speise" der Seele bezeichnen.

Es ist klar, schließt Moraux, daß die musikalischen Teile von aš-Šahrastānī's Pythagoras-Abschnitt Gedankengut des nach-aristotelischen oder wenigstens des nachplatonischen Pythagoreismus enthalten. Um so wichtiger ist die Übereinstimmung mit den Bruchstücken Theophrast's.

NACHTRAG 1

Zur Begründung dessen, was wir an anderer Stelle über Porphyrios und Empedokles vorgetragen haben[1], sei noch der von diesem handelnde Abschnitt Ibn al-Ḳifṭī's, *taʾrīḫ al-ḥukamāʾ* 15, 4f. Lippert herangezogen. Nach einer Einleitung, die vom Wesen und Werden der griechischen Philosophie handelt (15, 4—14), kommt es zu einer kurzen Lebensbeschreibung: „Was

[1] a. O. 27f.

aber diesen Empedokles angeht, so lebte er zur Zeit des Propheten David (ihm sei Heil), dem zufolge, was die Kenner der Geschichte der Völker angeben. Es wird gesagt, er (Empedokles) habe die Weisheit von Luḳmān dem Weisen in Syrien erhalten. Dann sei er zum Land der Griechen zurückgekehrt und habe über die Gestalt der Welt Dinge vorgetragen, die ganz offenkundig Einwände enthielten in der Angelegenheit der Rückkehr (zu Gott: *fī amri l-maʿād* 17; V gibt *bi-l-ašyāʾi wa-t-talwīḥi ʿan amri l-maʿād* „Dinge und Beobachtungen, [die wegführten] von der Sache der Rückkehr"). Es verließen ihn einige von ihnen (seinen Anhängern), und er schrieb ein Buch darüber, das ich sah unter den Büchern des Šaiḫ Abū l-Fatḥ Naṣr b. Ibrahīm al-Muḳaddasī, die er in Jerusalem, dem erhabenen, aufgestellt hatte[2] . . . (15, 21). Es geht die Rede, daß er (Empedokles) Anspielungen gemacht habe. Aber man achtete ihrer nicht, denn es handelt sich nach der überwiegenden Meinung um Verdächtigungen (16, 1) seitens ihrer (derer, die dergleichen behauptet hatten). Vielmehr haben wir nichts gesehen von ihnen (den Anspielungen), und das Buch, das ich sah, enthielt nichts von dem, was sie behauptet haben".

Es folgt ein Abschnitt über Ibn Masarra (gest. 931). Ibn al-Ḳifṭī unterscheidet dessen Lehre von der originalen, empedokleischen. Ibn Masarra war „ergriffen von seiner (Empedokles') Philosophie, verhaftet ihrer Lektüre" (16, 4f.). Aber Ibn al-Ḳifṭī zog sein Wissen über den Griechen keineswegs aus Schriften des spanischen Mystikers, sondern aus einem Buch, das angeblich Empedokles selbst geschrieben hatte. Dieses Buch lernte Ibn al-Ḳifṭī während seines Aufenthaltes in Jerusalem 1187—1201 kennen und teilte einiges aus seinem Inhalt mit.

Was dieses Buch war, zeigt die Angabe über Empedokles' Zeit und Lebensumstände 15, 14—16, die fast wörtlich mit aš-Šahrastānī's Bemerkungen 260, 7f. übereinstimmt. Auch der *maʿād*, von dem Ibn al-Ḳifṭī in Empedokles' Buch gelesen haben will[3], kehrt bei aš-Šahrastānī wieder (265, 4). Mit anderen Worten: Ibn al-Ḳifṭī lag nichts anderes vor als aš-Šahrastānī's Werk. Gerade die Bemerkung über den *maʿād* zeigt es, denn der darauf bezügliche Abschnitt war erst von diesem seiner Bearbeitung der

[2] J. Lippert in der Einleitung S. 6f.

[3] Die Einwände gegenüber der Lehre vom *maʿād* bezogen sich darauf, daß die Welt in ihrem Stand bis ans Ende (*fī āḫiri l-amr* 265, 6) verbleibe und auch dann nur die Erleuchteten befreit würden (265, 10f.).

arabischen Fassung von Porphyrios' Φιλόσοφος ἱστορία hinzugefügt worden[4].

Ibn Masarra kann aus zeitlichen Gründen aš-Šahrastānī's Werk nicht benutzt haben. Ob er die diesem bereits verfügbare Porphyrios-Übersetzung in originaler Form mit ihrem Empedokles-Kapitel in den Händen hatte, wird sich erst entscheiden lassen, wenn Ibn Masarra's Text vorliegt[5].

NACHTRAG 2

G. Levi Della Vida hatte die Güte, dem einen der beiden Verfasser einige Ergänzungen zu unserer Übersetzung der 15 bei aš-Šahrastānī erhaltenen ethischen Fragmente[1] zu senden. Er schreibt unter dem 16. 3. 1960:

„Poichè mi sembra verosimile che la traduzione delle sentenze democritee in Šahrastānī sia dovuta principalmente a Lei, vorrei permettermi un paio di osservazioni a essa: sono del resto del tutto secondarie, giacchè la Sua traduzione, che rappresenta un progresso decisivo su quella di Haarbrücker, è eccellente e interpreta felicemente molti punti veramente difficili: bisogna non perder di vista la circonstanza che la tradizione manoscritta di Š. (che del resto Cureton ha conosciuta e usata incompletamente) molto probabilmente è corrotta in vari punti; inoltre Š. dipende da una fonte araba anteriore (sarà, immagino, il *Ṣiwān al-ḥikma*) che anch'essa non sarà stata esente di guasti testuali, e finalmente la stessa traduzione originaria dall'arabo in greco del florilegio che conteneva le gnomai democritee (non sarà certo stata l'edizione di Thrasyllo, bensì un suo excerptum) non avrà sempre capito correttamente il testo"[2].

P. 189, 11—12 „daß deine Seele gerechnet werde unter die Menschen". Credo che debba vocalizzarsi *ta'udd* e non *tu'add*, e che *nafsak* debba intendersi come riflessivo, dunque: „daß du dich selbst als Mensch betrachtest" (e „dauert" mi sembra superfluo, giacchè „solange" rende a sufficienza *mā dāma*)."

[4] Altheim-Stiehl, a. O. 38 Anm. 3.

[5] H. Ritter bei W. Kranz, Empedokles 89f.

[1] Altheim-Stiehl, Die aramäische Sprache 2. Lfg., 188f. (danach im Text angeführt).

[2] Eine methodisch vorbildliche Untersuchung, wie derartige Überlieferungsfragen zu klären sind, hat G. Della Vida mit „Two fragments of Galen in Arabic Translation" in: Journ. Americ. Orient. Soc. 69 (1950), 182f. gegeben.

P. 190, 1—2 (e 238) non mi pare dubbio che *yṭ'wk* è grafia difettosa per *yṭ'k*, ossia la stessa forma *yaṭa'* del primo membro. Ma *ṭṭm'*, anzichè *taṭma'*, deve vocalizzarsi *tuṭmi'*, dunque: „Non far nascere in qualcuno la voglia di calpestare il tuo calcagno, altrimenti domani ti calpesterà (tutto)". È una gnome molto diffusa; anche oggi in italiano si dice correntemente di qualcuno che abusa della benevolenza mostratagli: „se gli dai un dito, ti prende il braccio".

[Wir hatten den Ausgang des Bruchstückes unübersetzt gelassen. Auch jetzt bleiben Bedenken. Es gibt konditionale Satzgefüge, deren Vordersatz aus einem Imperativ besteht (H. Reckendorf, Arab. Syntax 492 § 258, 2). Aber diese Imperative haben positive Bedeutung, nicht negative wie *lā tuṭmi'*. Es müßte eine Ellipse angenommen werden: „Erwecke nicht den Wunsch . . ., (denn wenn du ihn erweckst), dann wird . . .". Wir halten eine solche Ellipse für denkbar, wenn uns auch kein Beispiel gegenwärtig ist. Was Reckendorf an unvollständigen Bedingungssätzen, a. O. 514f. § 264, gibt, ist von anderer Art. Schwerer wiegt ein anderer Einwand. *Waṭi'a* ist „suivre la trace". Gleichwohl ist *'aḳbaka* hinzugefügt. Um einen Gegensatz herauszubekommen, muß „tutto" in der Übersetzung hinzugefügt werden. Es bleibt fraglich, ob einfachem *yaṭa'uka* diese Bedeutung zu entnehmen ist. Man erwartet, daß, wenn schon im ersten Glied *'aḳbaka* hinzugesetzt ist, im zweiten ein solcher Zusatz unbedingt folgen müßte.]

P. 191, 12—13. Confesso di non capire *'bh lh*: sospetto una corruttela; forse *aṯira lahu* „che le abbia prestato attenzione"? *lā* in *lā 'aṯara 'alaihi* non è negazione del verbo seguente ma riprende *lam* del precedente *lam aǧid aḥadan*, dunque: „nè (ho trovato alcuno) che si sia imbattuto in essa". *aw ḥakama* etc. mi sembra significare: „o che abbia espresso un giudizio in conformità di essa o che abbia accennato a essa".

[*Abaha lahu* „se souvenir de qc." scheint uns der von L. D. V. geforderten Bedeutung zu genügen. Dann könnte es bei Cureton's Text bleiben.]

8

Ein letztes Stück, gleichfalls aš-Šahrastānī entstammend, sei angeschlossen. Wieder geben wir zunächst die Übersetzung:

(291, 11 Cureton) „Ansicht Xenophanes'. Er pflegte zu sagen, der erste Schöpfer sei ein dem leeren Raum Gleichendes. Ein Ewiges, Verharrendes, ein von jeher Beständiges, das nicht erfaßt werde mittels einer Art logischer oder metaphysischer Beschreibung — Schöpfer jeder Beschreibung und jeder Kennzeichnung, der logischen und metaphysischen. Wenn dies zutreffe, sei unsere Rede absurd (*muḥālun*), (wenn wir sagen), unsere geschaffenen Formen in dieser Welt seien *nicht* bei ihm (dem ersten Schöpfer) gewesen oder auch: sie *seien* bei ihm gewesen, oder wie er sie geschaffen und warum er sie geschaffen habe. Denn der Verstand sei geschaffen, und dem Geschaffenen gehe voran der Schöpfer. Und der, dem vorangegangen werde, erfasse niemals den Vorangehenden, so daß nicht angängig sei, daß der, dem vorangegangen werde, den Vorangehenden beschreibe. Nein (unsere übliche Rede ist unrichtig). Er (Xenophanes) sagt, der (erste) Schöpfer habe geschaffen, wie ihm beliebt und wie er gewollt habe. Er sei *er*, und nichts sei mit ihm. Und was diese Aussage angeht, so meine ich: er (sei er), es gebe nichts Einfaches, nichts Zusammengesetztes mit ihm, und er sei die Vereinigung alles dessen, was er (Xenophanes) an Wissen erstrebe. Denn wenn man sage: es gibt nichts mit ihm, so entferne man von ihm die Ewigkeit der Form und des Stoffes (ὕλη), und (man entferne von ihm) alles Geschaffene von Form und Stoff sowie alles Geschaffene lediglich von Form. Wer aber sage, die Formen seien ewig und andererseits seine (des ersten Schöpfers) Zeitlichkeit (behauptet, nach dessen Ansicht) wäre (ja) nicht *er* allein, sondern *er* und viele Dinge; er wäre dann nicht Schöpfer der Formen (292, 1 Cureton), sondern jede Form ließe nur erscheinen (*innamā aẓharat* corr.; *innamā ẓaharat* Cureton) ihr (eignes) Wesen[1]; und indem sie ihr Wesen erscheinen lasse, erschienen diese Welten. Aber dies sei die verächtlichste Rede, die es gebe."

Einer Bemerkung bedarf noch der Anfangssatz. Th. Haarbrücker übersetzt: „der erste Hervorbringer sei eine anfangslose, die weite Ewigkeit fortbestehende Persönlichkeit". Doch dies wäre *huwīya*, nicht, wie Cureton gibt: *hawāya*. Aber auch dieses ergibt keinen Sinn. Man muß sich entschließen, *hawā'īya* zu schreiben. Dann stünde es parallel mit den folgenden *azlīya, dā'ima, daimūma*. Also Femininum zu *hawā'ī*, und wie die anderen Feminina in neutraler Bedeutung.

Der Abschnitt gehört aš-Šahrastānī's zweiter doxographischer Quelle an, deren Herkunft sich nicht näher bestimmen läßt. Ihre Angaben folgen zu-

[1] Will man Cureton's Text halten, so wäre zu übersetzen: „Sondern (was) jede Form (angeht, so) erschiene nur deren (eigenes) Wesen . . .".

sammen mit Stücken des zuvor genannten Florilegiums den Teilen, die den Auszug aus Porphyrios' Φιλόσοφος ἱστορία enthalten[2]. Damit geben wir erneut P. Moraux das Wort.

Die neuplatonische Färbung des Berichtes ist nicht zu verkennen. Es wird hervorgehoben, daß „der erste Schöpfer" nicht erfaßt werde mittels einer wie immer gearteten Beschreibung. Emanationen aus Gott können nicht verwendet werden, um den sie hervorbringenden Gott zu beschreiben oder zu erfassen.

Diese rein neuplatonische Erklärung scheint aber auf eine bekannte Anschauung zurückzugehen, die Xenophanes selbst gehört. Nämlich, daß Gott den Menschen keineswegs ähnlich ist (B 23), daß Gott dem menschlichen Wissen entzogen ist (B 34) und daß die Menschen nur anthropomorphe Vorstellungen von Gott haben können (B 14—16).

Neuplatonisch ist ferner die Anspielung auf die Frage, ob die hervorgebrachten Formen bei Gott waren oder nicht. Aš-Šahrastānī behauptet, eine solche Frage habe Xenophanes für absurd gehalten, weil Gott nichts anderes sei als eben Gott und nicht Gott und Etwas. Der geschichtliche Hintergrund für diese Erklärung ist klar: aš-Šahrastānī hat nach neuplatonischer Weise die eleatische Lehre von der Einheit des Seienden berücksichtigt: das Seiende ist Eins und schließt daher jede Vielheit aus.

[2] Altheim-Stiehl, Porphyrios und Empedokles 9f.

BEILAGE 1

GOTEN IN INDIEN?

Ein Forschungsbericht zur mittelindoarischen Epigraphik

1. Der Befund: im unmittelbaren Hinterland von Bombay, dem Verwaltungsdistrikt Poona angehörig, liegen die bekannten buddhistischen Höhlenheiligtümer Junnar und Kārlē[1], mit Votiv-Inschriften, wie sie bei solchen Erinnerungsstätten — nicht nur des Buddhismus, sondern auch der anderen großen Glaubensformen der Erde — üblicherweise auftreten. Diese Inschriften sind ausnahmelos in Prākrit abgefaßt, stammen aus den beiden Jahrhunderten vor bzw. nach Christi Geburt[2] und sind für Junnar in 34, für Kārlē in 35 (36)[3] Einzelstücken bezeugt. Unter diesen insgesamt 69 (70) Inschriften bilden 3 den hier zu erörternden Befund, davon 2 aus Junnar (Śivanērī Hill), 1 aus Kārlē (Chaitya Hall). Von dem ersten dieser beiden Junnar-Texte heißt es mit den — hier zusammengeschweißten — Worten der beiden frühesten Originalbeschreibungen[4]: „... near the extreme end of this row of caves" „a cistern with a recess above it, and on the upper portion of the back wall of it is an inscription (No. 5) in one line, 4½ feet long and quite perfect, recording the donation of two such walls":

„*yavanasa irilasa gatāna deyadhama be poḍhiyo*",

zu deutsch: „zwei Zisternen als fromme Schenkung des *Yavana Irila* von den *Gata's*". — Der zweite Junnar-Text erscheint in folgender, entsprechend

[1] Zur genauen Vergegenwärtigung bediene man sich eines größeren Kartenwerkes, etwa — um zwei zu nennen —: Constable's Hand Atlas of India. A new series of sixty maps and plans prepared from ordnance and other surveys under direction of J. G. Bartholomew, Westminster 1893, plate 31 bzw. Atlante internazionale del Touring-Club Italiano, Milano 1956, tavola 93/94.

[2] Die Einzelheiten im weiteren Verlauf.

[3] Die Zahlendifferenz ist dadurch bedingt, daß eine schon seit 1847 publizierte Kārlē-Inschrift bei dem wichtigen Neufund des Jahres 1923 textgleich, jedoch an anderer Stelle wiedergekehrt ist: Kārlē (neu) No. 7 = Kārlē No. 1093 (der Lüders'schen Zählung). Im übrigen liegen meinen Angaben die Lüders'schen Ziffern zugrunde.

[4] Siehe im unmittelbar folgenden 2. Abschnitt unter den Verfassernamen Jas. Burgess and Bhagwanlal Indraji Pandit bzw. Jas. Burgess.

wie oben beschriebener Umgebung: „An open hall or refectory, 19 feet by 14½ feet and 8 feet high, with a bench round the three inner walls. A wall with a central door had been built in front some twenty or twenty-five years ago. On the left-side wall at the entrance is an inscription (No. 8) in four lines, each about 25 inches long", „very clearly cut":

„*yavaṇasa*
ciṭasa gatānaṁ
bhojaṇamaṭapo
deyadhama saghe",

zu deutsch: „beim Orden[5] ein Refektorium als fromme Schenkung des *Yavaṇa Ciṭa* von den *Gata's*". — Während die beiden vorstehend aufgeführten Junnar-Inschriften schon seit Anfang der achtziger Jahre durch sorgfältige Veröffentlichungen bekannt sind und infolge dieses Umstandes eine nicht unbeträchtliche, von den Indologen und Iranisten bis zu den Archäologen, Historikern, Indogermanisten und Germanisten reichende Beachtung gefunden haben, läßt sich dies von dem Neufund Kārlē-No. 1 schlechterdings nicht behaupten. Im November 1923 — „while washing pillars and figures in the Chaitya hall" — am fünften Pfeiler der rechten Reihe zutagegekommen, 1925—26 veröffentlicht, ist er auf einen kleinen Kreis unmittelbar zuständiger Kenner, Indologen und Althistoriker, beschränkt geblieben, und vor allem die Germanisten haben noch bis in die allerjüngste Gegenwart hinein merkwürdigerweise keinerlei Notiz von ihm genommen, obwohl gerade für sie und ihre namens- bzw. stammesgeschichtlichen Kombinationen die Kenntnis dieses heute mehr denn dreißig Jahre alten, bequem zugänglichen Neufundes als von wirklich wesentlicher Bedeutung sich erwiesen hätte. Die Wissenschaftsgeschichte macht eben manchmal seltsame Umwege. Der mit den 11 (12) übrigen Inschriften „in a

[5] Den Lokativ habe ich absichtlich und im Gegensatz zu anderen Übersetzern so zum Ausdruck gebracht, weil die Zweckbestimmung der Stiftung innerhalb der Junnar-Kārlē-Nāsik-Gruppe überwiegend durch den Genitiv wiedergegeben wird (Nāsik Nos. 1123, 1126, 1127, 1137, 1139, 1140, 1146, alle Nos. Lüders'scher Zählung). Einmal, Kārlē No. 1107, wird der echte *dativus finalis saṁghāya* (statt des soeben indizierten ⁰- *saṁghasa* nebst Varianten ⁰- *saghasa*, ⁰- *saghasya*) verwendet, ebenfalls einmal, Kārlē-Neufund No. 5, der Dativ *athāya* „for the sake of" postpositional mit unmittelbar vorhergehendem Genitiv *Agilasa* (n. pr.). Meine o. Übersetzung ist besonders an Junnar No. 1175 (Lüders'scher Zählung) und an der dort auftretenden syntaktischen Figur *kapicite saṁghasa* „für den Orden in Kapicita" orientiert.

very good state of preservation" auf uns gekommene Text lautet in der von der Erstveröffentlichung abgehobenen, verbesserten Form[6]:

„*umeha[k]ākaṭā yavanasa*
ciṭasa gatānaṁ dānaṁ thabho",

zu deutsch: „ein Pfeiler als Gabe des *Yavana Ciṭa* von den *Gata's* aus *Umehakākaṭa*". Mit Recht bemerkt O. Stein[7]: „It seems natural to connect with that Kārli epigraph [the] two inscriptions from Junnar. One of them . . . mentions the gift of a *bhojanamaṭapa* [sic!] to the *saṃgha* by the Yavana Ciṭa of the Gatas. Though there is no evidence, it seems probable that these two Ciṭas are the same individuals, as both are described as Yavana and of the Gatas."

2. Bibliographie (in chronologischer Anordnung[8]): Jas. Burgess and Bhagwanlal Indraji Pandit, Archæological Survey of Western India. Inscriptions from the cave-temples of Western India, with descriptive notes, etc., Bombay 1881, p. 43 (No. 5; mit unmittelbar vorhergehender Tafel), p. 55 (No. 33; mit Tafel zwischen den Seiten 52 und 53); Jas. Burgess, Archæological Survey of Western India. Vol. IV. Report on the Buddhist cave temples and their inscriptions being part of the results of the fourth, fifth, and sixth seasons' operations of the Archæological Survey of Western India 1876—77, 1877—78, 1878—79. Supplementary to the volume on „The cave temples of India", London 1883, p. 29 (54), p. 30 (67), p. 92 u., 93 (No. 5), p. 94 (No. 8; zu beiden Stellen Tafel XLIX[9]); S. Lévi, Revue de l'histoire des religions 23, 1891, p. 44 u.—45 o. = Mémorial Sylvain Lévi,

[6] Der reproduzierte Originalabklatsch liest unverkennbar ⁰-*nākaṭā*. Da jedoch G. Bühler, Siebzehn Tafeln zur Indischen Palaeographie, Straßburg 1896, Tafel III „Die Brāhmī-Schrift von Christi Geburt bis ca. 350 p. Chr.", soviel ich sehe, kein Zeichen für *nā* registriert und gerade in den Kārlē-Inschriften, auch in den 1923 neugefundenen, der Siedlungsname *Dhenukākaṭa* - überraschend oft belegt ist — zusammen fünfzehnmal (⟨ 5 mal (alt) + 10 mal (!neu)) — trage ich kein Bedenken, gegen Madho Sarup Vats mit O. Stein *Umehakākaṭā* zu lesen und in *Umehanākaṭā* eine der bei diesen Inschriften durchaus nicht ungewöhnlichen Verschreibungen anzunehmen.

[7] a. a. O. p. 348 u.

[8] Die nur dort durchbrochen ist, wo zwar zeitlich verschiedene, inhaltlich aber identische Äußerungen des gleichen Autors vorliegen.

[9] Die hier gebotene Reproduktion der beiden Inschriften übertrifft an Klarheit nicht die aus Burgess-Bhagwanlal Indraji Pandit notierte. Im „Preface", a. a. O. p. VI o. heißt es zudem: „. . . to Paṇḍit Bhagwânlâl Indraji is due the credit of having prepared the facsimiles of nearly all the inscriptions now published". Es handelt sich also da wie dort um den gleichen Bearbeiter.

Paris 1937, p. 210 (3. Abs. von o.); R. O. Franke, Zeitschrift der Deutschen Morgenländ. Gesellschaft 50, 1896, p. 595 m.; H. Lüders, A list of Brahmi inscriptions from the earliest times to about A. D. 400 with the exception of those of Asoka (= Appendix to Epigraphia Indica and Record of the Archæological Survey of India. Vol. X), Calcutta 1912, p. 131 (No. 1154; ohne „Additions and Corrections"), p. 136 (No. 1182; ohne „Additions and Corrections"); St. Konow, Goths in Ancient India (= Journal of the Royal Asiatic Society of Great Britain and Ireland 1912, p. 379—385 o.); ders., Gotiske mænd i det Gamle Indien (= Maal og Minne. Norske studier 1912, p. 69—77 o.; daran anschließend M. Olsen, Tillæg. Junnar-gotisk *Ciṭa*, a. a. O. p. 77 m.—79 o.); S. Feist, Jahresbericht über die Erscheinungen auf dem Gebiete der Germanischen Philologie 34, 1914, p. 77f. (Nos. 10, 11; mit Zusätzen Th. v. Grienbergers zu beiden Nummern); W. Streitberg, Idg. Jahrbuch 2, 1914, p. 133 (No. 5); F. Kluge, Germania. Korrespondenzblatt der Röm.-German. Kommission 3, 1919, p. 47 (3. Abs. von o.); W. Streitberg, Gotisches Elementarbuch. Fünfte und sechste neubearbeitete Auflage, Heidelberg 1920, p. 39 (§ 16, 5); H. Güntert, Der arische Weltkönig und Heiland, Halle (Saale) 1923, p. 342; A. v. Premerstein, Z. f. Deutsches Altertum und Deutsche Litteratur 60, 1923, p. 72 u.—73 m.; Madho Sarup Vats, Unpublished votive inscriptions in the Chaitya Cave at Karle (= Epigraphia Indica and Record of the Archæological Survey of India. Vol. XVIII, 1925—26, p. 325 m.—329 o.; daraus p. 325 u.—326 o. mit Tafel 39 sowie „Additions and Corrections", ebd. p. IX u.—X o. von N. G. Majumdār); Suniti Kumar Chatterji, The origin and development of the Bengali language 1, 1926, p. 245 u.—246 o., 485[1]; Annual bibliography of Indian archæology for the year 1926, Leyden 1928, p. 62 (No. 220; wiederholt im unmittelbar folgenden Berichtsjahr, Leyden 1929, p. 79, No. 296); L. Schmidt, Geschichte der deutschen Stämme bis zum Ausgang der Völkerwanderung. *Die Ostgermanen*. Zweite, völlig neubearbeitete Auflage, München 1934, p. 200 u.—201 o.; W. Wüst, Süddeutsche Monatshefte 31, 1934, p. 734 o. = Idg. Bekenntnis, Berlin Dahlem 1942 bzw. 2., vermehrte und verbesserte Auflage, ebd. 1943, p. 39 o.; O. Stein, Yavanas in early Indian inscriptions (= Indian culture 1, 1934—1935, p. 343—357, besonders p. 348 u.—350 u.); E. Sittig, Scritti in onore di Bartolomeo Nogara raccolti in occasione del suo LXX anno, Città del Vaticano 1937, p. 473 m.; O. Fiebiger, Akademie der Wiss. in Wien. Philosoph.-hist. Klasse. Denkschriften 70, III, 1939, p. 24 (No. 32), p. 52 u., 57, Sp. l. o.

bzw. r. o. und m., p. 58, Sp. l. m. und u.; E. H. Johnston, Demetrias in Sind? (= Journal of the Royal Asiatic Society of Great Britain and Ireland 1939, p. 217—240); S. Gutenbrunner, Deutsche Literaturzeitung 61, 1940, Sp. 525 u.—526 o.; W. W. Tarn, Demetrias in Sind (= Journal of the Royal Asiatic Society of Great Britain and Ireland 1940, p. 179—189; daran anschließend E. H. Johnston, Note on the above, a. a. O. p. 189 u.—193); F. Altheim, Germanien 14, 1942, p. 241 u.(—242 m.), 243 u. = Die Krise der Alten Welt im 3. Jahrhundert n. Zw. und ihre Ursachen. Mit Beiträgen von E. Trautmann-Nehring 1, 1943, p. 96 o.(—97 m.), 195, Sp. l. o. = Literatur und Gesellschaft im ausgehenden Altertum 2, 1950, p. (87 u.)/88 o. (bis 89 m.) = Niedergang der Alten Welt. Eine Untersuchung der Ursachen 1, 1952, p. 103, 3./4. Abs. von o. und f., p. 273 u.; ders., Weltgeschichte Asiens im griechischen Zeitalter 2, 1948, p. 81 o. nebst Anm. 87 und 88; M. A. Mehendale[10], Historical grammar of inscriptional Prakrits, Poona 1948, p. XV u., XVIII, 3. Abs. von o., p. 47 (No. 10), p. 48 (No. 15), p. 52 (§ 161b), p. 70 (§ 180aIV); W. W. Tarn, The Greeks in Bactria and India, Cambridge 1951, p. 142, 254 m., 254 u.—258 o. (besonders p. 257, Anm. 2, 3), p. 258 u., 371 u.—372 o., 417 u.—418 o., 417[1], 526 u.—527 o., 531 u.; G. Vernadsky, Saeculum 2, 1951, p. 352 o.—u.; H. Junker, Der Gotenname bei Persepolis (= Beiträge zur Geschichte der Deutschen Sprache und Literatur 74, 1952, p. 296—299 o.); W. Krause, Handbuch des Gotischen, München 1953, p. 23 u.—24 o. (§ 21); E. Schwarz, Saeculum 4, 1953, p. 23 o.—m.; O. Höfler, Beiträge zur Geschichte der Deutschen Sprache und Literatur 77 (Tübingen), 1955, p. 437f., 454 (1.); Cs. Töttössy, The name of the Greeks in Ancient India (= Acta Antiqua Academiae Scientiarum Hungaricae 3, 1955, p. 301—319); E. Schwarz, Germanische Stammeskunde, Heidelberg 1956, p. 89 o., 96 o.; O. Höfler, Anzeiger der phil.-hist. Klasse der Österreich. Akademie der Wiss. Jahrgang 1956, No. 24, Wien 1957, p. 12, 1. Abs. = Beiträge zur Geschichte der Deutschen Sprache und Literatur 79 (Tübingen), 1957, p. 257 o.—m. = Die zweite Lautverschiebung bei Ostgermanen und Westgermanen, Tübingen 1958, p. 97 o. bis m.; H. Fromm, Z. f. Deutsches Altertum und Deutsche Literatur 88, 1957/1958, p. 307 u.; M. Mayrhofer, Goten in Indien und '– *i* – Umlaut'

[10] Auch an dieser Stelle danke ich meinem sehr geschätzten Kollegen M. A. Mehendale — Poona für seine briefliche Information (vom 9. Sept. 1959) darüber, daß seines Wissens in Indien während der letzten Jahre nichts Neues oder Wichtiges hinsichtlich unserer zur Erörterung stehenden Inschriften publiziert worden sei.

(= Z. f. Deutsches Altertum und Deutsche Literatur 89, 1958/1959, p. 289f.); F. Altheim, Briefe an W. Wüst vom 4. und 14. Sept. sowie vom 27. Nov. 1959; G. Vernadsky, The origins of Russia, Oxford 1959, p. 65 m. — u. und Anm. 2: W. Wüst, Brief an F. Altheim vom 11. Sept. 1959.

3. Zu den Problemen: da die Wortformen *be poḍhiyo* „zwei Zisternen", *bhojaṇamaṭapo* „Refektorium", *thabho* „Pfeiler", *deyadhama* „fromme Schenkung", *dānaṁ* „Gabe" und *saghe* „beim Orden" als (Schluß-)bestandteile der drei Inschriften in ihrer bau-, bzw. kunst-, bzw. kirchengeschichtlichen Aussage für den hier gegebenen Zusammenhang keiner weiteren Erläuterung bedürfen, rückt das, was in eben diesen Inschriften vorne steht oder bis zu deren räumlicher Mitte und — einmal — auch darüber hinaus reicht, wie von selbst in unser besonderes Blickfeld, also die Wortformen *yavaṇasa, irilasa, ciṭasa, gatāna(ṁ)* und *umeha[k]ākaṭā*. Welche Probleme sind in ihnen gesetzt, und welche Versuche, diese Probleme zu lösen, können aus dem unter 2. aufgeführten Fachschrifttum apostrophiert werden?

a) Verhältnismäßig einfach, nämlich mangels weiterer Sachverhalte, beantwortet sich unsere Doppel-Frage hinsichtlich der an letzter Stelle genannten Wortform *umeha[k]ākaṭā*. In dieser Weise restituiert — siehe Anm. 6 —, ist *umeha[k]ākaṭā* der ablat. sing. eines *-a*-Stammes, von dem, analog dem ungleich häufigeren *Dhenukākaṭa-*, ebenfalls nicht mehr auszumachen ist, ob ihm ein maskuliner oder neutraler *-a*-Stamm zugrunde liegt. Ebensowenig mehr läßt sich Sicherheit hinsichtlich seiner genauen geographischen Positition gewinnen, ein Faktum, in dessen Beurteilung schon die bisherigen Bearbeiter, Madho Sarup Vats und O. Stein[11], übereinstimmten. Dagegen steht außer Zweifel, daß es sich bei *Umeha[k]ākaṭa* — um einen Siedlungsnamen handelt und daß der dadurch bezeichnete τόπος für Indien beansprucht werden darf. Diese Doppel-Tatsache ist wichtig, einmal, weil in einer der drei Inschriften, dem Neufund Kārlē-No. 1, ausdrücklich gesagt wird, daß eine männliche Person, *Yavana Ciṭa*, aus *Ume-*

[11] a. a. O. p. 325 u. bzw. p. 356 u. Auch meine sonstigen Nachforschungen sind bisher erfolglos geblieben. Was die sprachgeschichtliche Herkunft des Namens betrifft, so darf ich mich einstweilen mit der Bemerkung für künftige Bearbeiter begnügen, daß eine Ableitung aus **un-mekha* - — dies wiederum aus **ud-mekha* - — und somit Bezug zu dem Volksnamen *Mek(h)ala-/Utkala-*, n. pr. eines Volkes mir weit möglicher erscheint als die lautlich nicht so ohne weiteres zu vermittelnde Kombination mit dem n. pr. eines Mannes *Umbeka-*, *Uṁveka-* (die vier letztgenannten n. pr. aus dem Sanskrit).

ha[*k*]*ākaṭa* stammt oder kommt, sodann, weil ein mit ihr wohl identischer *Yavaṇa Ciṭa* auch in unserer Junnar-Inschrift, diesmal freilich ohne jeden aufklärenden Ortshinweis, genannt wird.

b) Was hat es nun mit den *Gata*'s auf sich, die einmal zusammen mit einem Manne *Yavana Irila* (Junnar), zweimal zusammen mit dem soeben erst erwähnten *Yavaṇa Ciṭa* (Junnar und Kārlē), aber jedesmal in der Wortform des genit. plur. eines zweifelsfrei maskulinen *-a*-Stammes bezeugt sind? Man erwarte nicht, daß ich zwecks Beantwortung dieser Frage jetzt schon ihren sprachgeschichtlichen Part aufrolle und die Versuche eingehend überprüfe, die bis heute mit dem Namen *Gata-* so folgenreich angestellt worden sind. Ein solches Vorhaben wäre ja nur geeignet, uns vorzeitig von einer anderen Fragestellung abzubringen, deren Bereinigung die Voraussetzung für jene sprachgeschichtliche, dann allerdings nicht mehr zu umgehende Diskussion ist. Mit diesem Problem meine ich den in der Wortform *gatāna*(*ṁ*) enthaltenen syntaktisch-semasiologischen Aspekt. Sehen wir uns nämlich die Inschriften insgesamt, d. h. aus methodologisch unabdingbarem Erfordernis, zunächst in ihrer Begrenzung auf die Junnar-Kārlē-Gruppe, genauer an, so fällt auf, daß ein solcher genit. plur. eines maskulinen *-a*-Stammes — einmal auch eines in die *-u*-Deklination übergetretenen *-ṛ*-Themas — gar nicht selten, weil nämlich in nahezu einem Viertel der Junnar-Kārlē-Inschriften belegt ist[12], so daß dieses dank seiner situativen Bedingtheit leichtverstehbare Phänomen unbedenklich dem syntaktischen Inventar namentlich der einfacher und einfach gebauten Votiv-Inschriften zugeschlagen werden darf. Es ist nun das unbestreitbare Verdienst O. Steins, über E. Senarts Formulierung[13] hinaus, mittels einer noch schärfer aufhellenden Analyse[14] — auch für die Inschriften-Befunde außerhalb des Junnar-Kārlē-Bereichs — eindeutig nachgewiesen zu haben, „that in such cases where a personal name is followed by a name in gen. plur., the former must be an individual name“[15] und daß in diesen genit. plur.-Wortformen ihrerseits Bezeichnungen für ein Kollektiv wie Familien oder Korporationen stecken. Zugehörigkeit zu einer Gemeinschaft wie einer Kaste, zu einer Siedlung, einem geistlichen Orden ist dabei mitinbegriffen, obwohl dies von

[12] In der Lüders'schen Zählung: Junnar Nos. 1151, 1152, 1155, 1156, 1157, 1169, 1171; Kārlē Nos. 1089, 1093, 1094, 1095, 1100; Kārlē (neu) Nos. 4, 6, (7), 10.

[13] Epigraphia Indica [etc.] VII, 1902 — 03, p. 50 und analog p. 55 u.

[14] a. a. O. p. 344 m. — 347 m., 348 (6.—8.), p. 350 u. — 351 o.

[15] a. a. O. p. 347 o.

O. Stein nicht noch eigens hervorgehoben wird. Schwerer wiegt m. E. dagegen das Versäumnis, daß er — wie ebensowenig übrigens E. Senart — von dieser neugewonnenen Position aus nun nicht auch den genit. plur. *gatāna(ṁ)* eigens anvisiert und gerade für diesen Namen den naheliegenden Schluß gezogen hat, es könne hier keineswegs „the name of the people"[16], sondern in konsequenter Auswertung seines soeben formulierten Ergebnisses gleichfalls nur eine Bezeichnung des o. analysierten engeren Sinnbezirkes vorliegen. Diese syntaktisch-semasiologische Konsequenz wäre nicht nur naheliegend gewesen, sondern ist in der Tat unausweichlich.

c) Im Gegensatz zu der den Unterabschnitt 3b thematisch beendenden Präzisierung, tragen die nunmehr folgenden Darlegungen einen ausgesprochen onomasiologischen Akzent. Es geht hierbei nämlich um das Problem, welche spezifische Bedeutung dem in unseren drei Inschriften ausschließlich als genit. sing.[17] auftretenden, wiederum einwandfrei maskulinen *-a*-Stamm und Eigennamen *Yavaṇa-* zukommt. Das Gewicht dieser Frage wird auch dem Fernerstehenden eindringlich klar, sobald er sich vergegenwärtigt, daß gemäß der klassischen Formulierung des „Sanskrit-Wörterbuches in kürzerer Fassung" von O. Böhtlingk, a. a. O. 5, 1884, p. 132, l. Sp. o. *Yavana-* soviel wie „ein Grieche, ein Fürst der Griechen, als Bez. einer best. Kaste [im Plural] die griechischen Astrologen" bedeutet, ja sogar „später . . . einen Muhammedaner und überh[aupt] einen Mann fremden Stammes" meinen kann. Welche dieser Bedeutungen, deren Variationsbreite immerhin beträchtlich ist, trifft den Sprachgebrauch der drei zur Diskussion stehenden Inschriften und wie kann sie oder kann sie überhaupt inhaltlich begründet werden? Die Kompendien des literarischen Mittel-Indoarischen beheben diese mehrdeutige Situation kaum, sondern setzen sie lediglich fort mit der Aussage, daß die *nomina propria Yonā, Yavanā, Yonakā* „probably the Pāli equivalent for Ionians, the Baktrian Greeks" sind und daß „in later times, the name Yavanā or Yonā seems to have included all westerners living in India and especially those of Arabian

[16] So noch a. a. O. p. 350 u.

[17] Die Wortform *yavaṇasa* der zweiten Junnar-Inschrift (Lüders'sche No. 1182) kann entweder durch bloße, auch sonst bei diesem Namen bezeugte Verschreibung — vgl. bspw. nur Kārlē (neu) Nos. 6 und 7 — oder aber — mindestens ebensogut, wenn nicht überhaupt einleuchtender — durch Annahme spontaner bzw. antezeptorischer Zerebralisation erklärt werden. Man bemerke unmittelbar nach *yavaṇasa* die Wortformen *ciṭasa* und *bhojaṇamaṭapo*. Siehe auch noch u. Anm. 169.

origin"[18]. Ganz summarisch werden in des Shatadhvani the Jaina Muni Shri Ratnachandraji Maharaj „An Illustrated Ardha-Magadhi Dictionary" 2, 1927, s. vv. die den obigen Pāli-Repräsentanten entsprechenden prākritischen *Javana, Joṇa* definiert als „an out cast; one residing in a foreign country" bzw. „a non-Āryan country of this name"[19]. Konfrontieren wir mit dem vorstehend skizzierten, zu unserer Urteilsbildung durchaus genügenden literarisch-lexikographischen Befund den epigraphischen, dann liefert die Bestandsaufnahme folgendes Bild: außerhalb unserer drei Inschriften erscheint die Wortform *yavaṇasa* des Eigennamens *Yavana* — und insoweit auch dieser selbst — noch in Junnar No. 1156 (der Lüders'schen Zählung), ferner in Kārlē No. 1093 und No. 1096 (ebenso) sowie in Kārlē (neu) No. 4, 6, (7) und 10, wozu wir gemäß dem Vorgang W. W. Tarns (1951), a. a. O. p. 254 m. auch noch die Wortform *Yoṇakasa* des o. bereits kurz aus dem Pāli zitierten Substantivs *Yonaka-* zu rechnen haben. Mit diesem aus Nāsik No. 1140 (Lüders'scher Zählung) stammenden Beleg verfügen wir über insgesamt 10 (11)[20] Beispiele. Lassen wir bei Betrachtung dieses Materials — wie methodologisch sofort einleuchtet — wiederum unsere drei noch in Diskussion befindlichen *yavaṇasa*-Inschriften zunächst unberücksichtigt, so geben alle übrigen Fälle einen eindeutig klaren Bezug entweder zu indischen Siedlungsnamen — weit überwiegend *Dhenukākaṭa* — oder zu Familien mit einem rein indoarischen Namen oder zu Beidem — Siedlungs- *und* Familiennamen — zu erkennen. Nāsik No. 1140 spielt hierbei eine ganz besondere Rolle insofern, als dort in ungestörter genealogischer Deszendenz Vater, Sohn und Enkel mit den unverdächtig indoarischen Namen *Dhaṁmadeva, Īdrāgnidata* und *Dhaṁmarakhita*, wohl alle drei *Dātāmitiyaka*'s[21], d. h. aus der Stadt *Dāttāmitrī*, erwähnt werden. Der vorstehend eruierte Befund macht in ungeminderter Antithese zu dem eingangs zusammengestellten literarisch-lexikographischen eine Klärung des onomasiologischen Komplexes nur um so dringlicher. Was

[18] G. P. Malalasekera, Dictionary of Pāli proper names 2, 1938, s. vv.

[19] Analog Hargovind Das T. Sheth, Pāia - Sadda - Mahaṇṇavo. A comprehensive Prakrit-Hindi dictionary with Sanskrit equivalents, quotations and complete references, Calcutta 1928, s. vv. Im buddhistischen Mischprākrit ist lediglich *yonāni*- „Greek writing" überliefert.

[20] Zur Zahlendifferenz siehe o. Anm. 3. Die Zahlenangaben W. W. Tarns, a. a. O. p. 254 m. nebst Anm. 2 sind demgemäß zu berichtigen wie ebenso diejenigen F. Altheims (1948), a. a. O. p. 81 o. und Anm. 87.

[21] Die vorstehenden Lesungen bzw. Ansätze gemäß H. Lüders. a. a. O. p. 128 (No. 1140) bzw. O. Stein, a. a. O. p. 351 (13.).

für *Yavana*'s sind in unseren beiden Junnar-Texten und in dem Kārlē-Neufund tatsächlich gemeint? Um die Lösung dieser — auch für die endgültige Analyse der n. pr. *Irila, Ciṭa* und *Gata* — entscheidenden Frage vorzubereiten, lasse ich in gedrängter, trotzdem nichts Wesentliches auslassender Kürze und in chronologischer Reihenfolge die bisherigen Interpretationsversuche nunmehr an uns vorüberziehen, einen jeden mit dem ihm angemessenen Epilegomenon. Die Erstbearbeiter Jas. Burgess und Bhagwanlal Indraji Pandit denken an „foreigners, but it is impossible to say to what country this man belonged; he may have been a Parthian or Baktrian Greek". Da beide Autoren sich nicht näher erklären und dies auch bei der zweiten Junnar-Inschrift nicht nachholen, muß ihre Äußerung füglich auf sich beruhen bleiben. Das Gleiche gilt von Jas. Burgess allein, da er sich nicht zwischen „Greeks and Persians" entscheidet, zudem — *Gata* und *Ciṭa* ausgenommen, worüber u. das Weitere —, ebensowenig wie in seiner Erstveröffentlichung, eine sprachgeschichtliche Analyse des Namens *Irila* auch nur andeutet. Die soeben pointierte Lücke macht sich in besonderem Umfang bei der These S. Lévi's geltend, der zwar unter dem nachträglichen Beifall W. W. Tarns (1951)[22] *Irila* und *Ciṭa* als griechische Privatleute aus dem Kaufmannsstande und buddhistischen Bekenntnisses zur Seite der griechischen Könige gleichen Glaubens hinstellt, mit keiner Silbe jedoch der für diese Annahme unerläßlichen Voraussetzung sich widmet, wie denn dann diese Eigennamen, die *Gata*'s eingerechnet, aus dem Griechischen gedeutet werden könnten oder aber welche andere Sprache, außer dem Griechischen, für eine wortgeschichtliche Analyse in Betracht käme. Gänzlich ausgeschwiegen über den *Yavana*-Sachverhalt hat sich H. Lüders, während unmittelbar nach ihm der norwegische Indologe und Iranist St. Konow in zwei Zeitschriften eine Auffassung in Gang setzte, die erstaunlicherweise für die Germanisten — mit ein, zwei Ausnahmen — als von jahrzehntelang gläubig hingenommener Nachwirkung sich erweisen sollte. Von der gewiß nicht unbegründeten Annahme ausgehend, „that in the second century A. D. the name *yavana* was not restricted to the Greeks", sondern daß damit auch Iranier wie Indo-Skythen und Parther hätten bezeichnet werden können, beanspruchte St. Konow nämlich in kühnem Zugriff gleich alle drei Namen als gotisch, so daß folgerichtig „the word *yavana, yavaṇa* in the Junnar inscriptions as a name of other foreign tribes than the Greek" auf-

[22] a. a. O. p. 254 u. und Anm. 6.

zufassen wäre[23]. Wie, von dieser Auffassung maßgeblich bestimmt, in der Folgezeit *Yavana-* gerne mit „Westländer" — so zuerst von A. v. Premerstein a. a. O. — gleichgesetzt wurde, das darf anschließend stichwortartig abgegolten und mag im Zusammenhang mit der Darlegung der Konow'schen Hypothese hinsichtlich *Irila*, *Ciṭa* und *Gata* und deren eingehender Widerlegung in dem Unterabschnitt 3d des näheren noch einmal mittelbar beobachtet werden. Statt dessen tritt nun in den Vordergrund unserer Würdigung die These, welche von O. Stein a. a. O. ausführlich entwickelt worden ist und nebst der noch darzulegenden W. W. Tarns als einzige eigentlich ernsthafte Beachtung verdient. Auf das Wesentliche zusammengezogen besagt sie, daß die *Yavana*'s in der o. klargestellten syntaktischen Verbindung „may be personal names of members of Indian families, or, of some corporations" und daß „only in the cases where, besides the term Yavana, a personal name is found there we could assert that a foreigner has been received as a member of an Indian family, nothing more". Denn „from a strict historical point of view" „the term Yavana does not indicate Greek nationality, and it is remarkable that in inscriptions where that term appears no Greek names are to be found, except the instance of Besnagar, just mentioned [a. a. O. p. 343 u.—344 o., 351[1]]. On the other hand, personal names of Greek appearance do not possess the attribute Yavana. It would be, therefore, commendable to be cautious to infer anything from the term Yavana in early Indian inscriptions". „From a social point of view one gets the impression that Yavanas, whoever they might have been, were absorbed by the Indian society, if we can infer from the Buddhist votive inscriptions; that these foreigners became also adherents of Indian religious systems is clearly to be seen from their own confession[24]." Wie der verdientermaßen ausgiebiger belegten Auffassung O. Steins entnommen werden kann, setzt er die o. rekapitulierte, relativ einfache These S. Lévi's als seine eigene, reicher verästelte Assimilationsthese fort, wobei wesentliche kulturgeschichtliche Begleitumstände, in vorderster Linie die indoarischen Personennamen, durchaus sinnvoll eingegliedert erscheinen, ohne daß doch éin schwerwiegender Einwand behoben wäre. Von der mehrfach postulierten Auf- und Übernahme solcher Fremden, der *Yavana*'s, in die indoarische Gesellschaftsordnung verraten unsere 10 (11) Inschriften schlechterdings

[23] Beide Zitate a. zuerst a. O. p. 379 u. bzw. p. 380 u.; analog ebd. p. 384 o.

[24] Die drei Zitate a. a. O. p. 351 o., 356 m. (3. Abs. von o.) sowie p. 356 u. — 357 o.; siehe auch ebd. p. 347 u.—348 o.

gar nichts, ein negatives Faktum, das durch die profilierte Aussage der im Gegensatz zu den 9 (10) übrigen Inschriften wirklich détaillierten Nāsik-Inschrift No. 1140 (Lüders'scher Zählung) noch unverkennbar verschärft wird. Denn es fällt in der Tat gerade angesichts des hier manifestierten (s. o.) genealogischen, drei Glieder umfassenden Deszendenz-Verhältnisses und angesichts der zu leicht darüber hinweggehenden Sätze O. Steins[25] doch ungemein schwer, die Existenz von Fremden und nicht vielmehr die einer echt indoarischen Familie hin- bzw. anzunehmen. Vor diesem soziologischen Hintergrund wird es verständlich, warum W. W. Tarn (1951), welchen die These „Griechen, jedoch mit indischen Namen" „as improbable as any thing can well be" bedünkt[26], der nunmehr klar herausgearbeiteten Schwierigkeiten mit Hilfe einer wiederum eigenständigen These Herr zu werden sucht. Für ihn sind diese zehn (elf) *Yavana*'s der Junnar-Kārlē-Nāsik-Gruppe Inder — und daher auch das Großteil gut indoarischer Namen — aber wohlgemerkt nicht irgendwelcher Inder, sondern „no doubt wealthy merchants", die, nach Süden „for the sake of trade, primarily pepper" gekommen und ohne „culture-Greeks"[27] zu sein oder gar ihre heimische Kultur preiszugeben, dort als Bürger griechischer πόλεις auftreten. Eine solche πόλις soll, neben anderen von W. W. Tarn in diesem Zusammenhang namhaft gemachten Städten[28], Demetrias in Sind sein, und das Wort *Dhaṁma-Yavana* - unserer Kārlē-Inschrift No. 1096 (der Lüders'schen Zählung) sozusagen als *terminus technicus* für eine genuin indische, allerdings anonyme Persönlichkeit und deren besonderen staatsrechtlich privilegierten Ranganspruch — daß sie nämlich „carried out the duties of a Greek citizen"[29] — gelten. Also auch hier eine Assimilationsthese, bei deren Abgrenzung gegenüber derjenigen O. Steins ihr Urheber nur insoweit sich versehen hat, als seine zweimal[30] O. Stein zugeschobene, mit dem Ausdruck „(mere) paradox" von W. W. Tarn abqualifizierte Meinung, daß das Wort *Yavana-* „never means Greek", offenbar eine Fehlmeinung darstellt. Denn wie wir uns o. eigens *verbatim* überzeugten, hat O. Stein keineswegs die gelegentliche Identität zwischen *Yavana-* und „Grieche von Nation" etwa geleugnet, sondern sie eindeutig erkennbar

[25] a. a. O. p. 351 (13.).
[26] a. a. O. p. 254 u.
[27] Die drei Zitate (1951), a. a. O. p. 255 o., 258 o., 255 u.
[28] A. zuletzt a. a. O. p. 258 u. und vorher schon, 1940, a. a. O. p. 184[4].
[29] W. W. Tarn (1951), a. a. O. p. 256 u.
[30] A. zuletzt a. O. p. 254[6] und p. 417[1].

zugestanden und mit einem zweifelsfreien Beispiel belegt, freilich auch nach sorgfältiger Prüfung aller Instanzen zur besonderen Vorsicht bei der Verwendung des Ausdrucks *Yavana-* namentlich innerhalb des Kultur-Bereichs der „early Indian inscriptions" gemahnt. In voller Würdigung dieser Stein'schen Warnung ist deshalb nunmehr gegen W. W. Tarn einzuwenden, daß seine Assimilationsthese, so bestechend sie auf den ersten Blick auch wirkt, trotzdem als unbegründet beurteilt werden muß, und zwar deshalb, weil sie, wie besonders die sachkundige Kritik E. H. Johnstons (1939 und 1940) schon seit längerem nachgewiesen hatte, an zwei entscheidenden Stellen krankt: die griechische πόλις Demetrias in Sind — gemäß W. W. Tarns eigenen Worten[31] „being no longer a certainty" — kann auf gar keinen Fall mit dem einheimischen Siedlungsnamen *Dāttāmitrī-* (siehe o.) kombiniert werden, und ebensowenig läßt sich *Dhaṁma-Yavana-* der Kārlē-Inschrift für W. W. Tarns Analyse auswerten. Schon seinerzeit hatte O. Stein gegen E. Senarts Interpretation, außer der o. erhärteten syntaktischen Feststellung, geltend gemacht, daß „there is no other way than to explain the name as a personal one, the donor was called Dhaṃmayavana". Denn „that a pious layman omits his name, is not proved by votive inscriptions, the less is it probable for a foreigner who wants to underline his new faith"[32] und gar erst — wie wir heute angesichts der später als O. Steins Äußerung publizierten Tarn'schen Hypothese zu betonen gezwungen sind — sein staatsrechtliches Privileg. Gerade die für die Wortform *dhaṁmayavanasa* als *nomen appellativum* von W. W. Tarn behauptete Singularität hätte den Dazutritt eines eigenen *nomen proprium* wohl unweigerlich erfordert. Schließlich darf, indem wir im vorstehenden Zusammenhang unseren drei besonderen Inschriften wieder einmal uns zuwenden, als kaum weniger entscheidend denn die durchgesprochenen beiden Einwände das Faktum betrachtet werden, daß W. W. Tarn — außer einer weiter u. noch eigens zu erwähnenden Äußerung gegen St. Konows Goten-Hypothese — bei keinem der drei Namen *Irila-*, *Ciṭa-* und *Gata-* auch nur den Versuch einer Stichprobe gemacht hat. Das Vertrauen in die Hauptthese wird durch diese *lacuna* ebensowenig befestigt wie durch die nebenbei abfallende

[31] (1940), a. a. O. p. 186 o. Die Tarn'schen Darlegungen (1951), a. a. O. p.. 526 u. — 527 o./p. 142 setzen seine frühere Feststellung nicht außer Kraft.

[32] Beide Zitate bei O. Stein, a. a. O. p. 347 u.; siehe auch E. H. Johnston (1939), a. a. O. p. 237 m. und f. Steins Ansicht, daß *Dhaṁma - Yavana* - nur ein Personenname sein könne, wird von W. W. Tarn (1940), a. a. O. p. 187 o. bedingt gebilligt, ebenso (1951), a. a. O. p. 531 o.

Äußerung[33]: „But I am notusing Junnar as evidence for anything". Eine gutbegründete wissenschaftliche Auffassung sollte ihre Durchschlagskraft an allen jeweils vorliegenden Einzelfällen erweisen. — Was innerhalb des o. entworfenen bibliographischen Rahmens nunmehr noch an *Yavana*-Analysen des Berichtes bedarf, kann leicht und schnell, dazu unter Hinweis auf die bereits geltend gemachte Kritik und mit gewiß zu tolerierender Durchbrechung der chronologischen Reihenfolge zwischen O. Stein dort und W.W.Tarn hier eingepaßt werden. Es sind dies einmal O.Fiebiger, E.Schwarz (1953) und M. Mayrhofer, die übereinstimmend und gemäß dem festgelegten Vorgang *Yavana-* als „Grieche, überhaupt Westländer" bzw. als „Griechen, Westländer" bzw. als „Jonier, Westländer" hinnehmen, sodann und schließlich F. Altheim, der in viermal wiederholter, praktisch identischer Äußerung (1942, 1943, 1950, 1952) additiv mit *Yavana-* „Grieche" sowohl „die einheimischen Bewohner griechischer Poleis im indischen Nordwesten, [als auch] dann überhaupt die Völker der angrenzenden Westländer bezeichnet" sein läßt. Auf einem besonderen Blatt und deshalb ganz zum Schluß für sich allein, aber darum keineswegs weniger wichtig, steht ein, zunächst nur mittelbar auf unser langwieriges Problem bezüglicher Passus M. A. Mehendales, a. a. O. p. 53 (§ 163), wo wir zur Kenntnis nehmen: „Treatment of Sk. *ava* and *apa*: Usually both these become *o* in these inscriptions [„of the Western group"]. Nāsik I: Sk. *yavana-* >*yoṇa-* L[üders No.] 1140"[34]. „But in the inscriptions at Junnar [und, wie hinzuzufügen ist, des Neufunds von Kārlē] *ava* is preserved in *yavana-* L 1154, L 1182, perhaps as a loanword". Über Art und Weg dieser Entlehnung läßt der indische Gelehrte nichts verlauten. Noch nicht einmal erwähnt, geschweige denn eingehend erörtert worden ist aber diese angesichts einer in sich geschlossenen Reihe rein mittelindoarischer Inschriften reichlich merkwürdige Lautbehandlung von Cs. Töttössy, dessen Spezialstudie damit einen um so fundamentaleren Dokumentationsmangel[35] aufweist, als in ihr auch solche wichtigen außerpräkritischen Wortzeugnisse wie bspw. das seit Pāṇini (IV 1, 49; etwa 4. Jahrhundert v. Chr.) überlieferte *yavanānī-*, f. „die Schrift der Yavana" u. a. m. gänzlich unberücksichtigt geblieben sind. Durch diese Lücken lohnt es sich m. E. einen Weg zu

[33] (1951), a. a. O. p. 257, Anm. 2 s. f. Analog A. K. Narain, The Indo-Greeks, Oxford 1957, p. 94 f.

[34] Tatsächlich belegt ist *yoṇaka* -.

[35] Er hätte a. a. O. entweder p. 305 o. oder p. 306 u. bzw. p. 309—313 m. oder schließlich noch p. 317 u.—318 o. beseitigt werden sollen. Vgl. auch St. Konow (1912, No. 2), a. a. O. p. 71, 3. Abs. von o.

bahnen. Seine Richtung wird zunächst theoretisch dort denkbar, wo wir nach Umgehung des tatsächlich vorhandenen, für die Deutung des altindoarischen *Yavana-* jedoch kaum brauchbaren alt/mitteliranischen Ausstrahlungszentrums (altpers. *Yauna-* usw.) den archaisierenden Rückgriff auf das hochsprachliche Element, d. h. von unseren Inschriften auf das Sanskrit-Wort *Yavana-*, in unmittelbare Beziehung setzen können zur persönlichen Kontaktnahme mit den Gebieten, von denen lange vorher die Kenntnis des griechischen Stammesnamens Ἰάονες zu seinen orientalischen Nachbarn gekommen war, aber nicht ohne im Griechischen selbst und ebenso in den umgebenden, wenn auch nicht verwandten Sprachen deutlich fortdauernde Spuren zu hinterlassen[36]. Der vorstehend hypostasierte Fall konkretisiert sich in einer historischen Situation. Denn gerade in den beiden Jahrhunderten vor bzw. nach Chr. Geburt, denen unsere drei zur Erörterung stehenden Inschriften zugehören (siehe eingangs 1.), sind im zweifellos ursächlichen Zusammenhang mit dem einzigartigen, namentlich dem Pfeffer-Transport[37] verdankten Aufschwung des antiken (See-)Handels von und nach Indien Gesandte, (Groß-)Kaufleute und buddhistische Missionare aus ihrer Heimat immer wieder in den Vorderen Orient, nach Kleinasien (mit seiner jonischen Kernlandschaft), Syrien, Zypern, Ägypten und andere Anrainer-Gebiete des (östlichen) Mittelmeeres gelangt, in der Fremde wie zuhause Zeugen und Bürgen eines nicht nur vorher, sondern auch nachher nicht bzw. nicht mehr erreichten dichten, unmittelbaren Wirtschafts- und Geistesverkehrs. Indem ich für alle Einzelheiten auf die in Anmerkungs-

[36] Vgl. bspw. Ch. Lassen, Indische Alterthumskunde 1², 1867, p. 723³ (u. a. mit einer Scholiasten-Notiz zu Aristophanes, wonach „die Barbaren alle Griechen Ἰάονες nennen"); F. Passow, Handwörterbuch der griechischen Sprache. Neu bearbeitet und zeitgemäß umgestaltet von V. Ch. F. Rost, F. Palm und O. Kreussler 1, II, 1847, p. 1451, Sp. l. u. — r. o.; W. Pape — G. E. Benseler, Wörterbuch der griechischen Eigennamen 1³, 1863—1870, p. 528, Sp. r. o.; E. Schwyzer, Griechische Grammatik 1, 1939, p. 80 (3.); H. G. Liddell and R. Scott, A. Greek — English lexicon. A new edition revised and augmented throughout by Sir H. St. Jones with the assistance of R. McKenzie, Oxford 1953, p. 815, Sp. r. o., p. 2077, Sp. r. u.; A. K. Narain, a. a. O. p. 165—169 o.; Hj. Frisk, Griechisches etymologisches Wörterbuch. Lieferung 8, Heidelberg 1959, p. 748.

[37] Zu dessen Datierung W. W. Tarn, a. a. O. p. 370 m.— 373 o. mit den beiden wesentlichen Feststellungen: „That fixes the beginning of the substantial export of Indian pepper not later than *c.* 100 B. C., and it might be a good deal earlier" ...... „still, somewhere between 120 and 88 B. C. is the most likely date" (a. a. O. p. 371 m.) bzw. „the insatiable desire of the Roman world for pepper in the first century A. D." (ebd. p. 373 o.).

form genannte Fachliteratur verweise[38], hebe ich mit W. W. Tarns Worten[39] — jedoch ohne mich auf seine als nicht tragfähig erkannten Materialien zu stützen — hervor, daß „here at last the Yavanas of the cave inscriptions .... can be brought in". Sie führen uns in Beantwortung der zu Anfang des Unterabschnittes 3c zweimal prägnant gestellten Frage nicht minder prägnant vor Augen, wer mit dem Eigennamen-Paar *Yavaṇa-/Yoṇaka-* der Junnar-Kārlē-Nāsik-Gruppe im allgemeinen und unserer drei Junnar-Kārlē (neu)-Inschriften im besonderen gemeint war und ist. Es sind „Griechen" gewesen, Persönlichkeiten also, denen gemäß einer bekannten, bspw. im Deutschen noch plastisch aufzeigbaren Spielregel der Eigennamen-Bildung[40] schon die „mehr oder weniger flüchtige Beziehung zu einem [einzelnen] Ort" oder auch die zu ganzen Landschaften und Ländern eben deren Namen als Beinamen eintrug. Nicht zufällig spielen neben Kriegsläuften gerade Handels- und Wirtschaftsbeziehungen, aber auch solche des Glaubensbekenntnisses eine vorrangige Rolle, so daß in unserem indischen Falle die Einbeziehung aller Einzelbelege vollauf gerechtfertigt erscheint. Erhält doch von den zehn (elf) *Yavaṇa-/Yoṇaka-*Beispielen die weitaus überwiegende Zahl, nämlich sieben (acht), ihre wohl merkantil zu verstehende Charakterisierung durch die gleichzeitige Nennung eines Siedlungsnamens, während der *Dhaṁma-Yavana* aus *Dhenukākaṭa*

[38] W. Wüst, Buddhismus und Christentum auf vorderasiatisch-antikem Boden (=Zeitschrift für Missionskunde und Religionswissenschaft 47, 1932, p. 33—63), besonders p. 41 u.—51 u.; P. H. L. Eggermont, Indië en de Hellenistische rijken. Hun onderlinge verhouding in de eerste eeuw na den dood van Alexander den Grooten (= Jaarbericht van het Vooraziatisch-Egyptisch Gezelschap Ex Oriente lux 8, 1942, p. 735 bis 746); Radha Kumud Mookerji, Indian shipping. A history of the sea-borne trade and maritime activity of the Indians from the earliest times. Second edition (revised), Bombay-Calcutta-Madras 1957, p. 11—99: „Book I — Hindu period. Part I — Indications of maritime activity in Indian literature and art. I. Direct evidence from Sanskrit and Pali literature. II. Direct evidence from Indian sculpture, painting and coins. III. Indirect evidence: references and allusions to Indian maritime activity in Sanskrit and Pali literature. Part II — The history of Indian maritime activity. I. The pre - Mauryan period. II. The Maurya period. III. The Andhra-Kushana period: intercourse with Rome".

[39] a. a. O. p. 371 u.

[40] Vgl. A. Bach, Deutsche Namenkunde. Die deutschen Personennamen 1, I, 1952^{2}, p. 253 u.—254 o. (§ 226, 1; von dort das o. wiedergegebene Zitatstück) und demgemäß auch E. Schwarz, Deutsche Namenforschung 1, 1949, p. 91 f. (§ 61). Eine Umfrage bei Bekannten hat mir bestätigt, daß jeder, namentlich sobald er aus kleineren Siedlungen stammt, sein besonderes „Amerikaner"-Erlebnis in der Erinnerung festhält.

(Kārlē No. 1096 Lüders'scher Zählung) singulär wirkt und bleibt durch die in ihm vollzogene Verbindung aus Herkunftshinweis und Funktionsbezeichnung. Er ist als „Dhaṁma-Grieche" — m. E. zweifellos — einer der Glaubensboten gewesen, wie ihn uns die ceylonesische Chronik Mahāvaṁsa (XXIX 39) — wohl wiederum kaum zufällig auch mit sprachlichem Anklang — auf Pāli schildert:

Yonanagarâlasandā Yonamahādhammarakkhito
thero tiṁsasahassāni bhikkhū ādāya āgamā,

zu deutsch (in der mir szt. zur Verfügung gestellten, kommentierten Übersetzung W. Geigers[41]): „'Aus der Yona-Stadt Alasanda [„wahrscheinlich" „das ägyptische Alexandrien"] kam der Thera Yona-Mahādhammarakkhita mit 30000 Bhikkhus', nämlich zur Grundsteinlegung des Mahāthūpa in Anurādhapura. Die Zahlen sind phantastisch," „die chronologische Angabe (erste Hälfte des ersten . . Jahrhunderts v. Chr. . . .) [jedoch] wohl verlässig. Duṭṭhagāmanī regierte 101—77 v. Chr. nach meinen Kalkulationen." Nehmen wir zu diesem höchst bemerkenswerten Befund des Mahāvaṁsa den ebenso bemerkenswerten des Dīpavaṁsa (VIII 9) hinzu, wonach es „von Mahādhammarakkhita heißt", „daß er *Yonaka-lokaṁ* bekehrte"[42], so ist das zur Profilierung unseres *Dhaṁma-Yavana* Erforderliche wohl getan[43]. Als Fazit ergibt sich somit, daß auf Grund meines — übrigens den treffsicheren Teil der Stein'schen Formulierungen wahrenden — Vorschlags die o. evident gewordene Variationsbreite des Eigennamens *Yavana-* auf einen spezifischen, für die Inschriftengruppe Junnar-Kārlē-Nāsik gültigen Sprachgebrauch eingegrenzt und in ihrer onomasiologischen Besonderheit erkannt ist. Gleichzeitig ist damit einem methodologischen Erfordernis Genüge geschehen, das noch jüngst F. Altheim betonte, als er in einem seiner Briefe an mich[44] von der Notwendigkeit schrieb, „die Klärung des Wortgebrauchs von *yavana-*" zu erzielen. Die vorstehend präzisierten Bedingungen bilden zugleich die Ratio für das zahlenmäßig geringe Vorkommen der nachgewiesenen Benennung. Schließlich machen die o. aufgezeigten, im Namen *Yavana-* mitgesetzten Sachgehalte hinreichend deutlich, warum innerhalb der festgestellten stilistisch-syntaktischen Norm der

[41] Bei W. Wüst, a. zuletzt a. a. O. p. 50 m.—51 o.
[42] Ebd. p. 51 o.
[43] Demgemäß ist O. Stein, a. a. O. p. 347 u.—348 o. zu berichtigen.
[44] Vom 4. Sept. 1959.

Inschriften der Beruf der Namensträger nicht mehr eigens erwähnt wird[45] — ausgenommen einzig und allein die Andeutung in *Dhaṁma-Yavana-* (als Repräsentanten der öfter genannten *homines religiosi* buddhistischer Observanz). Erhärtet wird dieser letzte Befund durch die innerhalb unseres Inschriften-Bereichs einwandfrei und häufig zu beobachtende soziologische Feststellung, daß die *Yavana*-Stifter, falls es Frauen, Personen von Stand[46] (wie Minister und hohe Offiziere) oder gar regierende Fürsten gewesen wären, als solche mit überdurchschnittlicher Wahrscheinlichkeit auch die ihnen gebührende Kennzeichnung erfahren hätten. Die Tatsache, daß eben diese gesellschaftliche Charakterisierung bei keinem unserer 10 (11) *Yavana*-Belege auftritt, führt uns *per ius exclusionis* auf den o. aus völlig anderen Erwägungen erschlossenen, gleichen Personenkreis.

d) Die unmittelbare Folge der in 3c durchgeführten onomasiologischen Bereinigung ist, daß wir nunmehr die spezifisch namenkundlichen Probleme der Wortformen *irilasa*, *ciṭasa* und *gatāna(ṁ)* aufgreifen können, zumal der sach- und sprachgeschichtliche Gehalt des Siedlungsnamens *Umeha[k]ākaṭa-*, soweit dies vorderhand überhaupt möglich, bereits analysiert worden ist (vgl. o. 3a). In der Analyse der drei übrigen, ersterwähnten *Nomina propria* verlangt der Name *Gata-* einen Vorrang aus zwei, m. E. wohl durchschlagenden Gründen: einmal deshalb, weil uns in Gestalt der syntaktisch-semasiologischen Aspekt-Bestimmung des Unterabschnitts 3b ein schon wesentliches Teilergebnis vorliegt, an das wir ungezwungen anknüpfen können, sodann nicht minder aber auch darum, weil die o. bereits kurz erwähnte *Gata*-Hypothese St. Konows einen so anspruchsvollen Einfluß ausgeübt hat, daß mit ihrer endgültigen Beurteilung die der beiden anderen Namen *Irila-*, *Ciṭa-* zwangsläufig steht und fällt. Um meine obige Skizze rekapitulierend voll auszuführen, sei dargetan, daß der norwegische Forscher — dem 1912 nur die zwei Junnar-Inschriften No. 1154 und No. 1182 (der

[45] Ein Blick in H. Lüders' „Index of miscellaneous terms" (a. a. O. p. 213—224) zeigt rasch und überzeugend, wie angemessen das kaufmännisch-wirtschaftliche Element in den Junnar-Kārlē-Nāsik-Inschriften bezeugt ist. Außerdem gehören vom Kārlē-Neufund hierher die Nummern 3 und 9, wo eine kollektiv-anonyme „community of traders" bzw. der „son of the trader Gola" oder „trader in myrrh" erwähnt werden. Schließlich verdient Beachtung, daß O. Stein, a. a. O. p. 345 u. aus der Kaṇhēri-Inschrift No. 1012 (der Lüders'schen Zählung) „a family of merchants who went over the sea" wahrscheinlich gemacht hat.

[46] In diesem Zusammenhang nimmt „the fisherman (*dāsaka*) Mugūdāsa" der Nāsik-Inschrift No. 1129 (Lüders'scher Zählung; von dort auch das Zitatstück und der Hinweis auf No. 1130) als out-cast zweifellos eine Position *sui generis* ein.

Lüders'schen Zählung) bekannt sein konnten und der bis zu seinem 1948 erfolgten Tode m. W. mit diesem Thema sich nicht mehr beschäftigte — die *Gata*'s „with the Goths"[47] identifiziert und diese Gleichung éine Textseite weiter als „highly probable"[48] selbst bewertet hat. Seine Gleichsetzung hat St. Konow in erster Linie damit begründet, daß szt., zusammen mit den Namen *Irila-* und *Ciṭa-*, „the word *gata* .. has hitherto remained unexplained"[49] bzw. „not .. satisfactorily explained"[50] und daß „finally, it seems impossible to explain the [three] words .... in any other way"[51]. Um diese Ausgangsposition gruppieren sich, sobald wir unbeirrt scharf zusehen, sämtliche übrigen Darlegungen St. Konows herum, so daß wir sie, ohne ihm zu nahe zu treten, methodologisch durchaus als hilfshypothetisches Beiwerk klassifizieren können. Demgemäß werden die zur Erörterung stehenden Junnar-Inschriften dem zweiten bzw. der Mitte „av det 2 det aarhundred efter Kristus"[52] zugeteilt und die durch sie angeblich bezeugten Goten entweder als Parteigänger „of the Western Kṣatraps"[53] oder aber als „traders in amber"[54] vorgestellt, die, von ähnlichen Beweggründen wie die Wikinger getrieben, ihrerseits nach Indien gekommen seien. Was den geographischen Ausgangsbereich für ihr Erscheinen in Indien anlangt, so schwankt St. Konow zunächst zwischen „the country on the Vistula, or Scandinavia, or the Danish isles"[55], um sich dann noch — vor allem aus Rücksicht auf die *i*-, nicht (-)*e*-Haltigkeit der Eigennamen *Irila-* und *Ciṭa-* — auszusprechen für „the country where Ptolemy locates the Goths, viz. the banks of the Vistula"[56]. Eine endgültige Entscheidung freilich ist damit nicht gefällt. Denn es wird unmittelbar danach auch der Weg von Rom „and thence to Asia"[57] ins Auge gefaßt, und zuguterletzt sogar als „the most likely

[47] A. zuerst a. O. p. 383 o. Ich bevorzuge beim Zitieren aus naheliegenden Gründen die englische Fassung, mit welcher die norwegische trotz verschiedener Stoffanordnung doch inhaltlich in allen wichtigen Punkten übereinstimmt.

[48] Ebd. p. 384 o.

[49] Ebd. p. 383 u.—384 o.

[50] Ebd. p. 380 m.

[51] Ebd. p. 384 o.

[52] Ebd. p. 380 o. bzw. a. zweiten a. O., p. 70 u., 77 o.

[53] A. zuerst a. O. p. 384 o; dadurch wird meine eigene vorsichtshalber undétaillierte Festlegung, a. a. O. No. 1—3, auf „germanisch-gotische Söldnernamen" erklärlich. Vgl. bei St. Konow auch ebd. p. 380 u. zur historischen Bedeutung der Westlichen Kṣatrapas.

[54] Ebd. p. 385 o.

[55] Ebd. p. 384 u.

[56] Ebd.

[57] Ebd. p. 385 o.

assumption . . perhaps" erwogen, „that Irila and Ciṭa originally came"[58] aus einer der Krim benachbarten Gegend. Mit dem Stichwort „Krim" rufen wir den sprachgeschichtlichen Part der Konow'schen Hypothese auf. Da nämlich *Gata-* als „the regular Indian form corresponding to Latin *goti*, the Goths"[59] beurteilt wird, beide Belege aber — samt der ebenfalls hierhergestellten Variante griech. Γότθοι — einen unvereinbaren Gegensatz zu Wulfila's *Gut þiuda* und der darin widergespiegelten innergotischen Lautbehandlung bilden, interpoliert St. Konow seinen postulierten *gotōs* zuliebe einen gotischen Dialekt, „which agreed with most Germanic tongues" in „the substitution of *o* for *u* before an *a* or *o*"[60] der unmittelbar folgenden Silbe, und reklamiert, unter Berufung auf R. Löwe, das sog. Krimgotische als die für diesen bereits alten Lautwandel verantwortliche Ausgangsmundart[61]. Die Inder, „who wrote the word *gata* in the Junnar inscriptions can only have heard the original denomination from the mouth of these *gatas* themselves"[62], woraus der Schluß auf die indoarische Wiedergabe des germanischen *-ŏ-* durch das phonetisch-phonematisch mehrdeutige, einheimische *-ă-*[63] sich gleichsam von selber zieht. Soweit St. Konow, dem ich der Wichtigkeit der Sache halber nach Möglichkeit an allen entscheidenderen Stellen sein originales Wort belassen habe.

Der Konow'schen Identifikation auf Grund seiner (vorstehend skizzierten) Hilfsargumentation haben sich (in der chronologischen Reihenfolge der sub 2 spezifizierten „Bibliographie") angeschlossen: S. Feist, F. Kluge, H. Güntert (mit leichtem Vorbehalt), A. v. Premerstein, L. Schmidt, W. Wüst (Nos. 1—3, mit vorsichtiger Nicht-Détaillierung), O. Fiebiger, S. Gutenbrunner, F. Altheim (Nos. 1—4), G. Vernadsky (1951, 1959), W. Krause, E. Schwarz (1953, 1956), O. Höfler (1955, a. a. O. p. 454), M. Mayrhofer. Nicht bzw. nicht mehr angeschlossen haben sich der Konow'schen Hypothese: W. Streitberg (1914, 1920), O. Stein, E. Sittig, W. W. Tarn (1951), F. Altheim (1959, Nos. 1—3), W. Wüst (1959). Von den letztgenannten neun

[58] Ebd.
[59] Ebd. p. 381 u.; analog a. a. O. p. 382 u., 383 o. und u., p. 384 o.
[60] Die zitierten Passus: ebd. p. 383 o. (2 mal) bzw. u.
[61] Ebd. p. 383 u. bzw. p. 385 o.
[62] Ebd. p. 383 m.
[63] Vgl. J. Wackernagel, Altindische Grammatik 1, 1896, p. 3 f. (§ 3) bzw. A. Debrunner, Nachträge zu Band I (der J. Wackernagel'schen Altindischen Grammatik), Göttingen 1957, p. 1 f. und A. Thumb-R. Hauschild, Handbuch des Sanskrit 1, I, 1958³, p. 202 (§ 54, 1).

Meinungsäußerungen können diejenigen W. Streitbergs (1920), W. W. Tarns und W. Wüsts bei der nachfolgenden kritischen Würdigung außer Betracht bleiben, weil es sich um rein summarische Urteile handelt[64], während die übrigen sechs in den ihnen angemessenen Teil des Gesamtzusammenhanges eingearbeitet werden sollen. Dieser selbst besteht seinerseits, wie meine o. auf das Wesentliche konzentrierte und reduzierte Beschreibung des Konow'schen Gedankenganges bereits erkennen ließ und wie ich, an dieser Stelle angelangt, noch einmal kurz in Erinnerung rufen darf, aus folgenden vier Sachverhalten, die nunmehr nacheinander, mit der ihnen eigenen logischen Verflechtung durchzusprechen sind: die Datierung der drei Junnar-Kārlē-(neu)-Inschriften; der geographische Ausgangsbereich, der Weg und die Betätigungsform der in den drei Inschriften auftretenden Personen *Irila-* und *Ciṭa-*; das sog. Krimgotische und sein für die Lautbehandlung des Namens *Gata-* benötigter Vokalismus; der Gotenname und seine Wiedergabe, besonders die für das Mittel-Indoarische theoretisch vorausgesetzte.

Der Sachverhalt der Datierung ist von St. Konow im Anschluß an Jas. Burgess und Bhagwanlal Indraji Paṇḍit kurzerhand in der Form nutzbar gemacht worden, daß die beiden ihm vorliegenden Junnar-Inschriften dem 2. Jahrh. n. Chr. bzw. dessen Mitte angehören sollen (s. o.). Diesen Zeitansatz hat die weitaus überwiegende Mehrzahl der Fachgenossen, namentlich der germanistischen unter ihnen, offenbar unbesehen akzeptiert und einfach nachgesprochen. In Wirklichkeit liegt hier aber ein mehrschichtiges Problem vor, über das hinweg man nicht ohne weiteres zur eigentlichen Tagesordnung fortschreiten kann, sondern das wenigstens in seinen wesentlichen Aspekten diskutiert werden muß, und zwar genau so weit, daß eine einigermaßen genügende Lösung herauskommt — wie dies übrigens auch einer noch jüngst brieflich[65] an mich weitergegebenen Anregung F. Altheims entspricht. Hinsichtlich der Ausgangsposition, d. h. der nackten Tatsachen,

[64] W. Streitberg a. a. O.: „Dies alles höchst unsicher". — W. W. Tarn, a. a. O. p. 257[2]: „I cannot follow Konow's ingenious but purely philological theory, of which he himself points out one difficulty . . .". — W. Wüst a. a. O.: „. . . darf ich zusammenfassend sagen, daß ich entgegen meiner eigenen, früher zweimal [genau: dreimal] gedruckten Meinung jetzt doch sehr skeptisch geworden bin. Ich glaube, daß sich die fraglichen, bisher als gotisch interpretierten Namen einwandfrei aus rein innerindoarischen Sprachmitteln erklären lassen. Die Germanisten und Indogermanisten haben sich durch die These Sten Konows vom Jahre 1912 doch über Gebühr lang beeinflussen lassen, und am Schluß wird es wie mit der Inschrift des Helmes von Negau sein, daß nämlich das Nüchterne, Nächstliegende am plausibelsten ist".

[65] Unterm 4. Sept. 1959.

ist zunächst festzustellen, daß innerhalb unseres 10 (11)-teiligen *Yavana*-Katalogs weder die unmittelbar in Frage kommenden Junnar-Inschriften No. 1154 und No. 1182 (Lüders'scher Zählung) noch der Kārlē-Neufund No. 1 noch die außer ihnen vorhandenen, o. aufgezählten 7 (8) sonstigen Belege auch nur den bescheidensten, brauchbaren Hinweis absolut-chronologischer Natur enthalten, so daß wir auf mittelbare Tatsachen, folglich Indizien, des Architektur-Stils, der Paläographie, der Sprach-, Glaubens- und Wirtschaftsgeschichte, dazu — last not least — der in der Nennung historisch beglaubigter Persönlichkeiten sich widerspiegelnden politischen Geschichte uns angewiesen sehen. Prüfen wir die in den soeben konstituierten Stichworten zu unserer Verfügung stehenden Daten, so ergibt sich folgende Zuordnung nach Forschern und Fakten, wobei, wie aus dem gerade Gesagten eindeutig erhellt, der Bereich unseres *Yavana*-Katalogs unvermeidlich in diese oder jene Richtung ausgeweitet werden muß: Jas. Burgess hat, nach der von St. Konow zu Rate gezogenen Gemeinschaftspublikation mit dem indischen Pandit Bhagwanlal Indraji und auf Grund vor allem architekturgeschichtlicher Beobachtungen[66], sich geäußert[67]: „Several of the Junnar inscriptions are of very early date, and the whole of them perhaps range from 150 B. C. to 150 or 200 A. D., but none are of much later date". Eine Äußerung über die chronologische Eingliederung des gesamten Kārlē-Neufundes ist von Jas. Burgess klärlich nicht zu erwarten. Diese findet sich, wenn ich recht sehe, erstmals — und, in wertvoller Ergänzung zu Jas. Burgess' Einstellung, vor einem ausgesprochen linguistischen Hintergrund — bei M. A. Mehendale, welcher[68] gemäß dem Vorgang G. Bühlers aus paläographischen Gründen sämtliche Kārlē-Inschriften in zwei Gruppen aufteilt, eine ältere und eine jüngere, den Kārlē-Neufund als Ganzes sodann jener zuordnet, und zwar mit dem Zeitansatz: „. . . about the second century B. C. or a little later than that". Ebd. p. XV u. klassifiziert er — diesmal jedoch alle ihm bekannten — 49 [sic!] Kārlē-Inschriften: „2nd cent. B. C. and 1st or 2nd cent. A. D.". Im Gegensatz zum Kārlē-Material können die Junnar-Belege von M. A. Mehendale völlig einheitlich beurteilt werden[69].

[66] Vgl. zuletzt E. H. Johnston, a. zuerst a. O. p. 234 u.—235 o.

[67] a. a. O. p. 92 u.

[68] a. a. O. p. 47 (No. 10).

[69] a. a. O. p. 48 (No. 15) bzw. p. XV u.; siehe auch ebd. p. XVIII, 3. Abs. von o. über die allgemeinen Schwierigkeiten solcher Datierungen. „The 2nd century A. C." für die Junnar-Inschrift mit dem *Ciṭa*- - Vorkommen figuriert bei Suniti Kumar Chatterji, a. a. O. p. 245 u.—246 o.

In unverkennbarer Eindämmung des Burgess'schen Ausmaßes und nach eigens erwähnter, von uns wohl zu bemerkender Abtrennung der Nahapāna-Inschrift No. 1174 (Lüders'scher Zählung) läßt der indische Fachmann „the rest of the inscriptions [, welche zwar] vary in characters, though not in language", sich erstrecken „from about 150 B. C. to 150 A. D. Most of them, however, belong to the first century A. D.". Mit dieser Formulierung stimmt bei nochmals offenkundiger Einengung des Zeitraums sonst überein die summarische Angabe, a. a. O. p. XV u., wo die insgesamt 34 Junnar-Inschriften — und damit auch die beiden hier zur Debatte stehenden — auf das „1st cent. B. C. to 1st cent. A. D." verteilt werden. Was nun an Auffassungen sich anschließt, steht zu einem Gutteil auf einem völlig anderen Blatt, und zwar insofern, als innerhalb der Gruppe mittelbarer Indizien an Stelle der primären Dokumentation (Architektur-Stil, Paläographie, Sprache) fortan — und bis zum Schluß dieses Unterabsatzes — die eigentlich sekundäre in Gestalt der Quellenzeugnisse aus politischer, Wirtschafts- und Glaubensgeschichte tritt. Die Darstellung der einzelnen Sachverhalte kann indes stark gedrosselt vorgeführt werden, weil sie sich, genau genommen, auf eine Diskussion zwischen den englischen, unmittelbar zuständigen Fachleuten W. W. Tarn und E. H. Johnston reduzieren läßt, weil ferner diese Diskussion heute im wesentlichen als abgeschlossen gelten kann — es sei denn, Neufunde veränderten die ganze Situation — und weil schließlich die, zeitlich vorausgehende, Äußerung gleichfalls eines Kenners von Rang, O. Stein, den Diskussionsausklang lediglich, freilich wirkungsvoll unterstreicht. W. W. Tarn (1951)[70] hatte schon szt., unter ausdrücklicher Ablehnung der Konow'schen Datierungsthese und unter Berufung auf Erwägungen wirtschaftsgeschichtlicher, daneben auch archäologischer Art, für die wegen des dort auftretenden *Yoṇaka* unmittelbar hierhergehörige Nāsik-Inschrift No. 1140 (Lüders'scher Zählung) „the first century B. C.", genauer „probably not earlier than the middle of the first century B. C." und ganz genau die Jahrzehnte „about 50—30 B. C." bzw. ein Datum „somewhere between *c.* 50 and *c.* 30 B. C." angesetzt, war damit — in der damals ersten Auflage seiner „Greeks in Bactria and India" — auf den ebenso starken wie unnachgiebigen Widerstand seines Landsmannes E. H. Johnston[71] gestoßen und hatte unter der Einwirkung der gegnerischen Argumente sich zur Modifikation folgenden Wortlauts bekehrt: „The right course is

[70] a. a. O. p. 254 u., 257², ³, 371 u.—372 o., 417 u.—418 o., 531 u.
[71] Siehe Anm. 66.

to treat my own dating as uncertain and to say that Nasik 18 [= No. 1140 Lüders'scher Zählung] *may* be late first century A. D.". Die beiden Gegner hatten für ihre Auseinandersetzung zurückgegriffen auf ein und dieselbe Ansicht eines dritten Autors, nämlich diejenige O Steins[72], welcher seinerseits erneut wegen gewisser paläographischer Übereinstimmungen mit einer anderen Nāsik-Inschrift, die unsere an „the end of the 1st cent. A. D." rücken wollte, speziell für die beiden Junnar-Inschriften aber aus dem gleichen Grunde an „the first half of the 2nd cent. A. D." dachte[73]. Trotzdem ließ sich E. H. Johnston dadurch nicht beirren, mit seinem eigenen Zeitansatz noch individueller umzugehen und die Nāsik-Inschrift No. 18 (= No. 1140 Lüders'scher Zählung) einzustufen mit den Worten: „it cannot be earlier than the second half of the first century A. D., and more probably lies in the first quarter of the following century"[74]. Ausschlaggebend für E. H. Johnston und seine Datierung war hierbei, wie sich aus dem Zitat-Zusammenhang einwandfrei ergibt, der noch einmal architekturgeschichtliche Umstand, daß „this cave belongs in style to a group which is connected with Usabhadata", und, wie wir hinzufügen können, das epigraphische Faktum, daß der gleiche Usabhadāta auch in einer Nāsik-Inschrift (No. 1125 Lüders'scher Zählung) auftritt, welche ihrerseits wiederum durch denselben Namen mit einer Kārlē-Inschrift (No. 1099 Lüders'scher Zählung) eng verbunden ist. Bei den vorstehend erwähnten drei Fällen handelt es sich jeweils um die gleiche Persönlichkeit, die im o. präzisierten Sinne für unseren Gedankengang nunmehr insofern chronologisch bedeutsam wird, als sie durch eine zweite Persönlichkeit, diesmal ausgesprochen politisch-historischen Profils, fixiert werden kann. Usabhadāta ist nämlich der Schwiegersohn des bekannten (Mahā-) Kṣatrapa Nahapāna, der seinerseits — dazu dreimal samt Tochter und Tochtermann — durch eine siebenteilige, inhaltlich dichtverzahnte Inschriften-Gruppe bezeugt wird, deren heuristischer Wert für uns darin besteht, daß sie mit dem Schwerpunkt in Nāsik je ein Endglied in Kārlē und in Junnar umfaßt[75]. So ermutigend die Einheitlichkeit dieser Dokumentation auch aussieht, so wenig ist sie gleich-

[72] a. a. O. p. 351 o. Man beachte den Wortlaut „may belong", worauf W. W. Tarn, a. der zuletzt genannten Stelle mit Recht hinweist.
[73] a. a. O. p. 350 o.
[74] Siehe Anm. 66.
[75] In der Lüders'schen Zählung: Nāsik Nos. 1131, 1132 (nebst Tochter *Dakhamitrā*), 1133, 1134 (ebenso), 1135; Kārlē No. 1099 (nebst Tochtermann *Usabhadāta*); Junnar No. 1174.

zeitig gegen drei faktische Einwände gefeit: einmal schwanken, selbst in den neuesten historischen Spezialdarstellungen noch, die chronologischen Angaben hinsichtlich der Regierungsjahre Nahāpana's beträchtlich zwischen 72 und 124 n. Chr.[76], zweitens bleibt der Kārlē-Neufund (mit seiner eine Schlüsselposition einnehmenden Inschrift No. 1) außerhalb des eben vorgeführten Inschriften-Katalogs, schließlich läßt sich — wenigstens soweit ich beurteilen kann — kaum eine auch nur einigermaßen einleuchtende Übereinstimmung zwischen dem Mehendale'schen Ansatz für den Kārlē-Neufund — „about the second century B. C. or a little later than that" (s. o.) — und demjenigen für Nahapāna herstellen, selbst wenn wir uns auf das mehr oder minder unpräzise „last quarter of the first century A. D."[77] zurückziehen, das zweifellos auch in den o. eruierten Erwägungen O. Steins, W. W. Tarns und E. H. Johnstons seine Rolle gespielt hat. Angesichts dieser Datierungsunstimmigkeiten, die namentlich durch den letzten Tatsachen-Vorbehalt geradezu bedrängend manifest geworden sind, sehe ich persönlich keine andere Auskunft, als die o. erwähnte, mit 101—77 v. Chr. gut faßbare Wirksamkeit des Buddhisten-Missionars Yona-Mahādhammarakkhita erneut geltend zu machen, sie vorgangsgemäß mit der Zeitdauer des indischen Pfeffer-Exports[78] — zwischen 120—88 v. Chr. und dem ersten nachchristlichen Jahrhundert — zu kombinieren und dergestalt dann auch den zweiten Inschriften-Partner, Junnar, nebst seiner Chronologie — „1st cent. B. C. to 1st cent. A. D." (s. o.) — in ein uns gerade durch seine qualifizierte Mehrschichtigkeit auch quantitativ überzeugendes Zeit-Verhältnis einzubeziehen. So beunruhigend einerseits für jede exakte Forschung das von M. A. Mehendale pointiert formulierte „sometimes keeping a ridiculous margin of a century or two"[79] auch ist und so verantwortungsbewußt andererseits wiederum jede exakte Forschung mit dem stets möglichen Umsturz durch unerwartet auftauchende Funde, Instanzen und Tatsachen auch rechnen wird[80], im gleichen Umfang jedenfalls scheint mir für den ersten Sachverhalt,

[76] Vgl. bspw. R. C. Majumdar, H. C. Raychaudhuri, Kalikinkar Datta, An advanced history of India, London 1950, p. 1046 m.; J. C. Powell-Price, A history of India, London etc. 1955, p. 67 u.—68 o.; A comprehensive history of India. Volume two. The Mauryas and Satavahanas 325 B. C.—A. D. 300. Edited by K. A. Nilakanta Sastri, Bombay—Calcutta—Madras 1957, p. 841 u., 887 s. n.; J. N. Banerjea, ebd. p. 278 u.

[77] Siehe Anm. 76: J. C. Powell-Price a. a. O. = J. N. Banerjea a. a. O.

[78] Siehe Anm. 37.

[79] a. a. O. p. XVIII, 3. Abs. v. o.

[80] Über diese Eventualität E. H. Johnston, a. zuerst a. O. p. 235 o.

die Datierung unserer drei *Yavana*-Inschriften, doch durch die evidente Kongruenz zwischen den Aussagen der Glaubens-, Wirtschafts- und Sprachgeschichte ein Höchstmaß an Sicherheit erzielt zu sein — zugleich damit aber auch ein Höchstmaß an Unsicherheit für die speziell Konow'sche Einstellung, von der wir hier ausgegangen waren.

Der zweite, o. als Diskussionspunkt ermittelte Sachverhalt, nämlich der geographische Ausgangsbereich, der Weg und die Betätigungsform der in den drei Inschriften auftretenden Personen *Irila-* und *Ciṭa-*, kann und darf fühlbar kürzer abgemacht werden als sein Vorgänger. Zu allen drei Einzelheiten hat nämlich St. Konow — wie sich übrigens bereits aus dem betreffenden Teil der sonst zustimmenden Äußerungen F. Kluges und A. v. Premersteins ergibt — nichts anderes als bloße Möglichkeiten und Mutmaßungen angedeutet (s. o.) oder — schärfer formuliert — andeuten können, und diese seine verschiedenen, o. von mir skizzierten Vermutungen werden nun auch nicht etwa zu beweisenden Tatsachen, indem man, wie bspw. G. Vernadsky (1951, 1959), auf sie weittragende stammesgeschichtliche Schlüsse gründet. Wenn E. Schwarz (1953 und 1956) nicht bereits das kritisch Erforderliche dazu gesagt hätte, so würde diese notwendige Widerlegung jetzt ohnehin in den entsprechenden Partien des Altheim'schen Hunnenwerkes zu finden sein, zu denen gewisse Teile seiner persönlichen, skeptisch gestimmten Briefe an mich (1959, Nos. 1—3) einen spannenden, freilich des Exzerpts nun nicht mehr bedürfenden Introitus bilden. Statt mit ihm in die Bereiche der sog. gräkobuddhistischen Kunst nebst den Gandhāra-Skulpturen oder in diejenigen der buddhistischen und zarathustrischen Glaubensauseinandersetzung südlich und nördlich des Oxus ausgreifen zu müssen, kann ich mich glücklicherweise auf das *hic et nunc* beschränken. Dies besagt für unseren konkreten Fall, daß *Irila* und *Ciṭa* nachgewiesenermaßen Inder gewesen sind, daß sie als buddhistische (Groß-)Kaufleute aufgrund ihrer besonderen, o. gleichfalls wahrscheinlich gemachten Tätigkeit „Griechen" hießen und daß als geographischer Ausgangsbereich eben deshalb wiederum ausschließlich Indien, als Weg der o. geschilderte in den Vorderen Orient und die benachbarten Gebiete des (östlichen) Mittelmeers real greifbar ist. Die vorstehend formulierten Sachverhalte werden profiliert durch die insofern um einen Grad noch realere Voraussetzung, als ein „Weg" im engeren Sinne der von *Umeha*[*k*]*ākaṭa* nach Junnar gewesen ist. Denn aus dieser echtindischen Siedlung, wo immer an der Westküste oder deren Einzugsbereich sie auch gelegen haben mag, stammt der eine der erwähnten Stifter, *Ciṭa* (Kārlē-Neufund No. 1), hinsichtlich dessen Personengleichheit mit dem in Junnar No. 1182 (Lüdersscher Zählung) erwähnten *Ciṭa* wohl keinerlei vernünftiger Zweifel bestehen dürfte. Von sonstigen „Reisen" wissen unsere drei Inschriften weder unmittelbar noch mittelbar auch nur das Geringste zu berichten[81].

Der an dritter Stelle stehende Sachverhalt, das sog. Krimgotische und sein für die Lautbehandlung des Namens *Gata-* benötigter Vokalismus, ließe sich in noch drastischerer Kürzung behandeln, weil wesentlichen Teilen der Konow'schen Gesamt-Hypothese bzw. ihren Prämissen bereits der Boden entzogen ist. Trotzdem soll dieser Sachverhalt — wie analog der noch übrige, vierte — nachfolgend durchgesprochen und aus der spezifischen Hilfsargumentation St. Konows heraus so widerlegt werden, wie wenn die tragende Basis selbst noch nicht grundstürzend erschüttert wäre. Für den norwegischen Forscher bilden die vier Faktoren, nämlich die Zeitstellung der beiden Junnar-Inschriften (2. Jhrdt. n. Chr. bzw. dessen Mitte), die entsprechende Zeitstellung des Krimgotischen („not . . . before the beginning of the third century"[82]), der als „old"[83] bezeichnete Lautwandel dieses Krimgotischen („in changing an old *u* to *o* when an *a* or *o* occurred in the following syllable"[84]) und schließlich der nach einigem Hin und Her mit Vorrang behauptete Anreiseweg aus der Nachbarschaft „of the Goths of the Crimea"[85], eine konsequent aufeinander abgestimmte Einheit, deren Harmonie indessen regelrecht trügt. Denn daß in Wirklichkeit Disharmonie vorliegt, lassen unüberhörbar allein schon die zu den zwei Eck-Themen vorgetragenen Nachweise deutlich werden: die beiden Junnar-Inschriften zusamt dem Kārlē-Neufund No. 1 sind eben um mindestens ein volles Jahrhundert früher anzusetzen, als dies szt. St. Konow noch vertreten zu können glaubte, und daß der angenommene Weg von der Krim nach Indien im Dämmer haltloser Vermutungen sich verliert, darüber hat uns wohl der voraufgegangene Unterabschnitt zur Genüge belehrt. Um die Position des Krimgotischen und seinen Vokalismus steht es nicht um ein Haar besser. Zwar befindet sich St. Konow mit dem offensichtlich von R. Löwe beeinflußten Zeitansatz auch heute noch in ungefährem Einklang

[81] Dies zu L. Schmidt bzw. E. Schwarz (1956), a. a. O. p. 89 o.

[82] A. zuerst a. O. p. 384 m.

[83] Ebd. p. 383 u.

[84] Ebd. p. 383 m.

[85] Ebd. p. 385 o.; siehe auch noch o. im Haupttext.

zur germanistischen Forschung und ihren Auffassungen[86]. Aber die hier a. a. O. mitgeteilten Daten („um 230", „um 250 n. Chr." bzw. „300 n. Chr.") machen den Zeitschnitt zwischen dem wahrscheinlichen Alter unserer drei mittelindoarischen Inschriften und dem für das Krimgotische vorausgesetzten nur noch tiefer und unüberbrückbarer. Eine ziemlich aprioristische Voraussetzung ist schließlich die für diesen Zeitraum postulierte Lautregelung. Um sie überhaupt aufzeigen und stützen zu können, muß St. Konow trotz seiner ausdrücklichen Feststellung „Now we know next to nothing about Gothic dialects"[87] Materialien bemühen aus dem bekannten Glossar des Flamen Ogier Ghiselin von Busbecq, „der als kaiserl. Gesandter in Konstantinopel weilte [und] zwischen 1560 und 1562 aus dem Munde zweier Krimgoten 68 krimgotische Wörter und Sätzchen, sowie die Zahlwörter von 1—13, 20, 30, 40 aufgezeichnet"[88] hat. Diese Materialien sind: krimgot. *boga* „Bogen" und *kommen* „kommen"[89]; durch die zwei Belege soll der o. zitierte Lautwandel schlüssig[90] dokumentiert werden. Meinem Verständnis bleibt beides verschlossen. Weder kann ich *boga*/Wulfila-got. *biugan* „(sich) beugen" mit *kommen*/Wulfila-got. *qiman* „kommen" auf éiner sprachgeschichtlichen Ebene zwecks gemeinsamer Beweisaussage verwerten — denn im ersten Falle handelt es sich tatsächlich um eine *-u*-Basis mit dem von St. Konow behaupteten Lautwandel, im zweiten dagegen um etwas völlig anderes, nämlich entweder um bereits idg. Nullstufe der „Wurzel", also *g^{u}m̥-^{0}*, oder aber um viel, viel spätere einzelsprachlich-mundartliche Regelung, *quë-^{0}* > *ko-^{0}*, — noch sehe ich unseren Autor — ebensowenig übrigens wie andere Benutzer dieses Sachverhalts — auch nur den bescheidensten Versuch unternehmen, die doch tatsächlich keineswegs geringfügige Zeitdistanz 1560—1562 n. Chr./3. Jhrdt. n. Chr. — angemessen zu überbrücken, geschweige denn die dieser Distanz notwendig verbundenen lautgeschichtlichen Eventualitäten sinnvoll einzukalkulieren. Mit der kategorischen Annahme, daß „there is no reason for doubting that this change is old in the dialect"[91], ist es nicht getan, m. E. um so weniger, als

[86] E. Schwarz, a. zuerst a. O. p. 21 u. und p. 23 u. bzw. H. Rosenfeld, Die Welt als Geschichte 17, 1957, p. 249 u. In der vorstehenden Reihenfolge werden o. die Zitat-Stücke des Haupttextes gebracht.

[87] A. zuerst a. O. p. 383 u.

[88] W. Streitberg, a. zuletzt a. O. p. 39 u. (§ 17).

[89] Ebd. bzw. a. zweiten a. O. p. 74 m.

[90] „Vi er fuldt berettiget til at slutte . . .".

[91] A. zuerst a. O. p. 383 u.

O. Höflers Darlegungen[92] erst vor wenig Jahren das hierher gehörige Material in seinem wirklichen, die Konow'schen zwei Beispiele übersteigenden Bestand, zugleich aber auch — kritisch gelesen — in der — von dem norwegischen Gelehrten weder gesehenen noch entschiedenen — Problematik demonstriert haben. Selbst wenn wir in diesem Zusammenhang gar nichts von unserem indischen Sachverhalt wüßten, wäre, vom Intern-Germanischen her, das Mindeste ein sehr unzweideutiges „*Non liquet*".

Das Thema des die Konow'sche Gesamt-Hypothese abschließenden Sachverhalts, nämlich der Gotenname und seine Wiedergabe, besonders die für das Mittel-Indoarische theoretisch vorausgesetzte, beginnt zwar mit einer Dissonanz, kann aber trotzdem — und zwar mittels konsequenter, reicherer Instrumentierung der von dem norwegischen Forscher selbst motivierten Möglichkeiten — zu einem harmonischen Finale geführt werden. Bekanntlich wird die Wiedergabe des Gotennamens[93] in der (ausgehenden) Antike, wenn wir von der hier uns nur mittelbar berührenden Nominalstamm-Bildung absehen[94], durch den überlieferungsgeschichtlichen Umstand kompliziert, daß die offenkundig einheitliche Gruppe der frühen und frühesten Belege *-u*-haltig ist, daß diese Einheitlichkeit aber durch einen einzigen, ebenso einwandfrei frühen Beleg mit *-ŏ-* geradezu auffallend unterbrochen wird, und dies, obwohl bei dem heutigen *Consensus* der Forscher sprachgeschichtlich an der Ursprünglichkeit des *-u-* in der Wurzelsilbe keinerlei Zweifel erlaubt ist. In Autorennamen umgewandelt: Strabon, Plinius der Ältere und Ptolemaios bezeugen uns die *-u*-Form mit den Beispielen Γούτωνες[95], *Gutones*, Γύθωνες, während

[92] A. zuerst a. O. p. 451—462 (10.).

[93] Vgl. M. Schönfeld, Wörterbuch der altgermanischen Personen- und Völkernamen. Nach der Überlieferung des klassischen Altertums bearbeitet, Heidelberg 1911, p. 120 o.—123 o., 284 o.; W. Streitberg (1920), a. a. O. p. 6 u. und f. (§ 5); S. Feist, Vergleichendes Wörterbuch der gotischen Sprache mit Einschluß des Krimgotischen und sonstiger zerstreuter Überreste des Gotischen. Dritte neubearbeitete und vermehrte Auflage, Leiden 1939, s. v. *Gut-þ iuda* (ohne „Nachträge und Berichtigungen"); W. Krause, a. a. O. p. 5 (§ 3); O. Höfler (1955), a. a. O. p. 451—462 (10.); ders. (1956), a. a. O. p. 13[14]; E. Schwarz (1956), a. a. O. p. 83 m.—86 o.

[94] Weil ihr angesichts der mittelindoarischen Doppeldeutigkeit der Wortform *gatāna(ṁ)* kein eigener Positionswert zukommt: vgl. M. A. Mehendale, a. a. O. p. 89 u. und f. (*-ă*-Deklination) / p. 98 (*-an*-Stämme, jedoch ohne genit. plur.-Belege) / p. 241 m. bzw. p. 254 o. (der „Synoptic tables"). Auch W. Krause, a. a. O. setzt mittelindoar. *gata(n)*-an, M. Mayrhofer unzutreffend *gata-*.

[95] So jüngst auch O. Höfler (1955), p. 453[3] mit der Lesung „*Γούτονες".

Tacitus seine Variante *Got(h)ones* dazwischen schiebt. Es kann nun nicht meine Aufgabe sein, der — übrigens von O. Höfler a. a. O.[96] eingehend erörterten — Frage nachzugehen, warum hier (wie auch anderwärts) ein phonematisch singuläres -*ŏ*- statt des -*u*- auftaucht und ob dieser Vorgang bereits als sog. *a*-Umlaut beurteilt werden darf. Ebensowenig fällt es in meine Kompetenz, über das zweite nachchristliche Jahrhundert hinaus den immer wieder auftretenden Austausch zwischen -*u*- und -*ŏ*-Formen im einzelnen zu verfolgen, da dieser Gesamt-Vorgang bequem namentlich bei M. Schönfeld, aber auch bei W. Streitberg[97] studiert werden kann. Als Aufgabe ergibt sich vielmehr für mich aus dem bis hierher geführten Zusammenhang folgerichtig einzig und allein die kritische Prüfung der Frage, welche der beiden Varianten, die -*u*- oder -*ŏ*-haltige, am wahrscheinlichsten als praesumptive Vorlage für den Namen *Gata* -unserer drei mittelindoarischen Inschriften gedient habe. St. Konow, der die bei Plinius dem Älteren bzw. bei Ptolemaios bezeugten -*u*-Belege gewissenhaft buchte und ebenso unmißverständlich dahin sich aussprach, daß „it seems as if the oldest form was an *u*-base and not an *a*-base"[98], hat sich, wie wir o. des näheren zeigten[99], für die -*ŏ*-Variante, d. h. in seiner Schreibweise latein. *Goti* bzw. griech. Γότθοι, entschieden, wohl — ohne daß das bei ihm eigens zu lesen stünde — aus Rücksicht auf die von ihm vertretene Zeitstellung der beiden Junnar-Inschriften. Schon szt., bald nach dem Erscheinen des Konow'schen Doppel-Aufsatzes, hatte ein Sachkenner vom Range W. Streitbergs (1914) — und genau 23 Jahre später ein anderer unmittelbar zuständiger Fachmann, W. Krause bei E. Sittig — diese Entscheidung unter ausdrücklichem Hinweis auf die geforderte -*ŏ*-Haltigkeit der Vorlage beanstandet, obwohl der an vorletzter Stelle genannte Forscher in der eigenen Publikation (1953) auf diesen strittigen Punkt überhaupt nicht mehr zurückgekommen war und sein Vorgänger, W. Streitberg (No. 2), das -*ŏ*- „bei Römern wie Griechen" als „fest" erklärt hatte[100]. Noch jüngst hatte O. Höfler, allerdings bevor ich ihn auf die bereits seit O. Steins Gegenäußerungen eklatante Problematik aufmerksam gemacht hatte[101], gemeint: „Das -*a*- der 1. Silbe dieser

[96] Siehe Anm. 92.
[97] (1920), a. a. O. p. 7 o.
[98] A. zuerst a. O. p. 382[1].
[99] Siehe Anm. 59.
[100] A. zuletzt a. O.
[101] Vgl. (1956), a. a. O. p. 12[10].

Namen wird aber [sic!] eher ein got. **Got-* als ein **Gut-* wiedergeben"[102]. Wie meine eigene Entscheidung zwangsläufig ausfällt, kann nicht zweifelhaft sein. Indem ich O. Steins Skeptizismus gegenüber der Konow'schen Hypothese chronologisch noch schärfer herausarbeite, als dies bei ihm immerhin geschehen ist bzw. geschehen konnte[103], vertrete ich die Auffassung, daß angesichts meiner o. begründeten zeitlichen Festlegung für unsere drei *gatāna(ṁ)*-Inschriften den antiken *-u*-Belegen, d. h. dem Zeugnis Strabons, Plinius des Älteren und des Ptolemaios — von dem O. Stein treffend betont, daß er zwar „wrote in the first decenniums of the [second] century, though his source may be some years earlier"[104] — ihr volles Recht werden muß. Bei der Zeitstellung der genannten drei klassischen Autoren — 64 v. Chr.—19 n. Chr., 23—79 n. Chr.[105], etwa 100—178 n. Chr. — und bei deren passender Kongruenz mit meiner Inschriften-Datierung hat dies zur Schlußfolge, daß der Tacitus-Beleg *Got(h)ones* (rd. 100 n. Chr.) für unsere Überlegungen in die zweite, wenn nicht gar dritte Linie zurücktritt und daß in Auswirkung davon St. Konows *-ŏ*-Apparat schwer getroffen ist. Die vorstehend präzisierte Konsequenz wird durch ein Faktum profiliert, das, in vollem Umfang erst seit 1952 bekannt, die Taciteische Aussage noch weiter zur Seite schiebt, dafür die des Ptolemaios noch entschiedener derjenigen seiner Vorgänger zugesellt, von O. Höfler indessen, der seiner nur anmerkungsweise Erwähnung tut, nicht in seiner vollen Tragweite einbezogen worden ist[106]. Meine Umschreibung meint den durch den bekannten Iranisten und Indogermanisten H. Junker erstmals voll zugänglich gemachten Sachverhalt, daß der Gotenname an völlig unerwartetem Orte, nämlich an den Turmmauern (Süden, Westen, Osten) des berühmten „alten Feuerheiligtums der sāsānidischen Staatskirche", „heute *Ka'bä-ye Zärdošt* (‚Kaaba des Zarathustra') genannt"[107], bei Persepolis erscheint. Es handelt sich hierbei um die griechische bzw. parthische, also mitteliranische (Pahlavīk-)Version ein und derselben Vorlage, die auch noch in einer dritten Fassung, d. h. auf mittelpersisch (Pārsīγ), zutage getreten ist. Während die letztgenannte Version gemäß H. Junkers Urteil „sehr schlecht" erhalten

[102] (1955), p. 454 (1.); analog auch M. Mayrhofer.
[103] Siehe o. im Haupttext.
[104] a. a. O. p. 350 o.
[105] Mit Recht hebt O. Höfler (1955), a. a. O. p. 453[3] hervor: „Plinius d. Ä. war zwischen 47 und 57 n. Chr. jahrelang als Offizier in Germanien stationiert".
[106] Ebd. p. 454[4].
[107] a. a. O. p. 296 o.

geblieben ist, sind sowohl die griechische wie die Pahlavīk-Fassung „ausgezeichnet lesbar" und durch die Nennung Šāpūr I., „der von 241—272 regierte", wie durch diejenige des neunzehnjährigen, 244 n. Chr. getöteten Imperators Gordianus III. wie schließlich durch die rühmende Aufzählung der „drei Römerfeldzüge Schapurs"[108] auf rd. 270 n. Chr. datierbar. Beide Fassungen enhalten den Gotennamen, die griechische in der Form Γουθθων, die parthische jedoch in der Form GUT, was gemäß H. Junker „wegen des griechischen danebenstehenden -ου-"[109] als *Gut* oder *Gūt* zu lesen ist. Der vorstehend in den für uns wesentlichen Teilen skizzierte Neu-Fund wird aber auch noch durch zwei weitere Begleitumstände bedeutsam: einmal ist er gegenüber dem behaupteten zwei[drei]maligen Auftreten des Gotennamens in Indien der einzige wirklich unbezweifelbare Beleg auf asiatischem Boden — ein Beleg mit ebenso einwandfreien -*ŭ*-! —, sodann bezeugt er uns in klarem Einklang mit der sonstigen Dokumentation der Antike diese Goten als „Volk". Unmißverständlich heißt es in der griechischen Version: „Γορδιανὸς καῖσαρ ἀπὸ πάσης τῆς ʽΡομαίων [sic!][110] ἀρχῆς Γούθθων τε καὶ Γερμανῶν ἐθνῶν . . .". Blicken wir von dieser einzigartigen, tatsächlich asiatischen Gotennamen-Position auf das syntaktisch-semasiologische Ergebnis des Unterabschnitts 3b zurück, so tut sich eine weitere Barriere zwischen allen unseren bisherigen Feststellungen dort und der Konow'schen Gesamt-Hypothese hier auf. Denn zufolge dem in 3b Ermittelten kann mit der Wortform *gatāna(ṁ)* schwerlich etwas anderes als die Bezeichnung für ein umfangmäßig begrenztes Kollektiv wie „Familie" oder „Korporation" gemeint sein, kaum aber die für ein ganzes Volk. Auf dem Umweg oder besser Anmarsch über Persepolis haben wir so wieder eigentlich indischen Boden erreicht und Anlaß, uns jetzt dem bedachtsam eingangs dieses letzten Unterabschnittes vorweggenommenen Hinweis zuzuwenden, inwiefern „mittels konsequenter, reicherer Instrumentierung der von [St. Konow] selbst motivierten Möglichkeiten" eine vom Indoarischen ausgehende, danach aber wieder in es zurückmündende Endlösung angebahnt und durchgeführt werden könne. Der Einsatz dieser Mittel bereitet

[108] Die vier letzten Exzerpte ebd. p. 296 m. bzw. p. 297 m. bzw. p. 297 u.

[109] Ebd. p. 298 u.

[110] Richtig liest M. Sprengling, The American journal of Semitic languages and literatures 57, IV, 1940, p. 360 u. (in Umschrift) „Rōmaiōn", ebenso E. Honigmann et A. Maricq, Recherches sur les *Res gestae divi Saporis* (= Académie Royale de Belgique. Classe des lettres et des sciences morales et politiques. Mémoires. Collection in – 8⁰. – Tome 47, IV, 1953), p. 12 o., 111 m.

sich vor mit der ausdrücklichen Feststellung des norwegischen Gelehrten, daß nämlich „the Indians have always been keen observers of sounds, and would not easily confound an *o* and an *u*“[111], wie dies an sich durch die soeben einläßlicher erörterte Doppel-Wiedergabe des Gotennamens bei den antiken Autoren hätte provoziert werden können. So weitgehend wir nun bisher auch schon uns überzeugt haben, daß der Konow'schen These, es könne „det indiske *gata* . . ikke gjengi en form *guta*, men bare et *gota* eller *gata*“[112], nur mit äußerstem Mißtrauen zu begegnen ist, so wenig können und dürfen wir doch um des unabdingbar methodologischen Prinzips willen eine genaue Prüfung auch dieses Einzelsachverhalts vernachlässigen, und zwar um so weniger, als auch O. Höfler an zwei besonderen Stellen seiner hierhergehörigen Veröffentlichungen, innerhalb des bibliographisch ausgewiesenen Schrifttums nach W. Streitberg und nach W. Krause (bei E. Sittig) somit als Dritter (und im Anschluß an ihn dann M. Mayrhofer) sich immerhin jüngst noch ebenfalls Gedanken gemacht haben über die Berechtigung der Entsprechung der durch St. Konows Identifikationen zueinander in Bezug gesetzten mittelindoarisch-gotischen Vokale der zwei Namen *Irila-* und *Gata-*[113]. Zunächst ist geltend zu machen, daß St. Konows obige Behauptung nur mit einer gerade für unser Beweisthema recht erheblichen Einschränkung aufrechterhalten bleiben kann. Die indischen Vaiyākaraṇa's haben zwar seit den Tagen der vedischen Diaskeuasten über Yāska und Pāṇini bis hin zu den durch diese maßgeblich beeinflußten Epigonen Erkleckliches, ja stellenweise sogar Hervorragendes, noch heute linguistisch

[111] A. zuerst a. O. p. 383 m. bzw. in der norwegischen Version, a. a. O. p. 73 u.

[112] A. zuletzt a. O.

[113] (1955), a. a. O. p. 437[8] bzw. p. 454[4]. Seine Erwägungen verfehlen allerdings ihren unmittelbaren Zweck in sich insofern, als die Vokale *e* und *o* in den von ihm benannten mittelindoarischen Wortformen *deyadhama, be, saghe* bzw. *poḍhiyo, bhojaṇamaṭapo* regelmäßig, d. h. lang, die fraglichen Vokale in got. **E̱rila* bzw. **Go̱t-* dagegen kurz sind. So richtig und unabhängig von mir auch M. Mayrhofer. Wenn dann freilich M. bei der lautgeschichtlichen Analyse der im unverkennbar engsten Anschluß an St. Konow beurteilten zwei Eigennamen meint, daß „einen germanischen **ĕrila-* . . eine für Quantitäten so empfindliche Sprache [sic!] wie das Indische nie [sic!] durch **ērila-* wiedergegeben“ „hätte“, ferner „daß der Gotenname, **gŏt*⁰, zu *gătāna(ṁ)* ausweichen mußte“ [sic!], schließlich daß von „Indern . . beide Namenformen [die angeblich germanischen Vorlagen **erila-* bzw. **irila-*] n u r [sic!] durch *irila-* wiedergegeben werden“ „konnten“, so wird eine solche Meinung durch das von mir vorgelegte mittelindoarische Faktenmaterial drastisch korrigiert. — In *poḍhiyo*, das von O. H. irrig in der Form *podhiyu* zitiert wird, erscheint überhaupt kein *u*. Siehe jedoch auch im folgenden Ḫaupttext.

Fortwirkendes in der analytischen Beobachtung ihres angestammten, eigenständig-innersprachlichen Laut-/Wort-Bereiches geleistet[114], dabei jedoch eben diesen Bereich praktisch so gut wie nie komparativ durchgearbeitet, und dies schon gar nicht bei der keineswegs selten geschehenen Übernahme von Lehnworten, hier solcher der griechisch-römischen Antike, in den einheimischen Sprachschatz. Auf den letztgenannten, wesentlichen Umstand gebührend zu achten, hat St. Konow ganz einfach unterlassen, obwohl sein Blick an der Betrachtung solcher Fremdkörper und ihres von ihm gelegentlich glücklich entdeckten Auftauchens im Indoarischen sich geschult und geschärft hatte[115]. Wäre nun der norwegische Forscher bei seinem Lob der indischen Lautbeobachtungstreue unbeirrt dieser *hic et nunc* fundamental einschränkenden Tatsachen eingedenk geblieben — denn daß sie ihm geläufig waren, darf man angesichts seiner Erfahrung füglich voraussetzen —, so hätte er sofort in seinem Gedankengang unweigerlich zwei weiteren Sachverhaltsgruppen Raum gewähren müssen: einmal dem nicht minder fundamentalen Faktum, daß für die sprachgeschichtliche Beurteilung der Inschriften-Prākrits in der ungefähr gleichzeitigen Übernahme griechischer *nomina propria ac appellativa* ein Korrektiv primärer Potenz uns zur Verfügung steht, sodann dem ungleich verdeckteren Faktum, daß diese Übernahme von einem „volksetymologisch" anmutenden Eingliederungs-, ja Einschmelzungs-Prozeß begleitet wird, bei dessen Durchführung die gerühmte Lauttreue der Inder mehr als nur einmal in die Brüche geht. Auf St. Konows angebliche Lehngleichung mittelindoarisch *Gata-*/got. **Gōt-*, latein. *Goti*, griech. Γότθοι angewandt, besagen die vorstehend evident gemachten Fakten, daß, selbst wenn wir die Gültigkeit seiner Hypothese theoretisch zunächst einmal hinnähmen, durchaus nicht etwa an erster Stelle ein Transkriptionsgebilde **G/Kat-* von uns erwartet werden dürfte, sondern mit annähernd gleicher Wahrscheinlichkeit auch **G/Kot-*[116], weit

[114] Worüber zusammenfassend und zuletzt W. S. Allen, Phonetics in Ancient India. A guide to the appreciation of the earliest phoneticians, London 1953; vgl. dazu auch die sachkundige Besprechung P. Thiemes, Zeitschrift der Deutschen Morgenland. Gesellschaft 107, 1957, p. 664—666.

[115] Erwähnt seien nur seine treffenden Darlegungen über die Lehngleichung griech. ἀναγκαῖος/*aṇaṁkaya* - der mittelindoarischen Bajaur-Inschrift aus der Zeit des gräkobaktrischen Herrschers Menander († zwischen 150—145 v. Chr.) (= Journal of the Royal Asiatic Society of Great Britain and Ireland 1939, p. 265 u.—266 o.); Weiteres der gleichen Art von ihm in z. T. recht kritischer Beleuchtung bei O. Stein, a. a. O. p. 353 o.—356 o.

[116] Siehe Anm. 113.

eher aber *G/K*ŭ̈t*-(, worauf ja, als von der diametral verschiedenen Position her, unsere gesamten bisherigen Nachweise zielen. Doch darüber zusätzlich u.). Die zuletzt von E. Schwyzer, Griechische Grammatik 1, 1939, p. 155 u. und f. *in toto* behandelten Materialien erweisen die Richtigkeit dieser meiner Voraussage, zumal die in Frage kommenden gotischen Laute *g* und *ŏ* als durchaus mit den entsprechenden griechischen *γ* und *o* gleichwertig beurteilt werden dürfen, wie auch in diesem Falle Lehngleichungen zur Genüge uns dartun (vgl. W. Streitberg [1920], a. a. O. p. 46 [5.], p. 47 [20.]). Bei E. Schwyzer a. a. O. läßt sich, wenn wir von dem *-t* als einem durch die Transkription praktisch nicht angetasteten Laut absehen[117] und unsere Aufmerksamkeit ungeteilt auf den voll problematischen Lautstand der Silbe **Go-* (in got. **Gŏt-* usw.) richten, das Folgende belegen: die anlautende gutturale Media hätte offensichtlich mit einer doppelten Behandlung zu rechnen gehabt, wie die Beispiele στρατηγοῦ/*strategasa*, Μάγας/*Maga-*, *Maka-*, Ἀγαθοκλέους/*Akathukreyasa* dartun[118]. Nicht weniger aber als drei Variationen wären, wie das letztzitierte Beispiel bereits verrät, für das von St. Konow vorausgesetzte germanische *-ŏ-* zu erwarten gewesen, da den griechischen Eigennamen mit jeweiligem o in den mittelindoarischen Umschreibungen sowohl *a* wie auch *o* — das jedoch regelrecht lang gemessen werden muß[119] — wie auch *u*[120] entspricht. Das Zahlenverhältnis zwischen den drei Vertretungsvokalen läßt keinen Zweifel daran zu, daß für germanisch **Gŏt-* und seine antiken Repräsentanten tatsächlich mit weit größerer Wahrscheinlichkeit **G/Kŭ̈t-* als **G/Kat-* und das ihm etwa gleichrangige **G/Kot- per analogiam* zu fordern wäre. Ich zitiere die Belege: Ἀπολλοδότου/*Apaladatasa*, Ἀπολλοφάνου/*Apulaphanasa*, Ἀντίγονος/*Antikona-*, Ἀντίοχος / *A(ṁ)tiyoka-*[121], Ἀγαθοκλέους / *Akathukreyasa*, Διομήδους / *Tiyumedasa*, Ἡλιοκλέους / *Heliyukreyasa*, Θεόδωρος / *Theudorena*, Πτολεμαῖος/*Turamāya-*, *Tulamaya-*, Φιλοξένου / *Philusinasa*. Auch in ihrem ureigensten Bereich wird also St. Konows Hypothese erneut schwerstens erschüttert. Fügen wir der auf dieses Ergebnis folgerichtig aus-

[117] Vgl. Αμίντου/*Amitasa*, στρατηγοῦ/*strategasa*, Τηλέφου/*Teliphasa*.

[118] Die Doppel-Behandlung wird durch den Umstand unterstrichen, daß auch noch bei der späteren Übernahme wissenschaftlicher, namentlich astronomischer *termini technici* ins Sanskrit *-γ-/-k-* Tausch auftritt, vgl. nur ζυγόν/*jūka-*, ὑπόγειον/*hibuka-*.

[119] Siehe hierzu erneut Anm. 113.

[120] So auch O. Stein, a. a. O. p. 353 u.

[121] Sonst noch — vgl. auch Anm. 118 — ἀπόκλιμα/*āpoklima-*.

mündenden, numerisch unterbauten Einsicht noch an, daß bei dem tatsächlichen Stand unserer Beweisführung die germanisch-klassische Ausgangsposition *Gŏt- ja nur imaginär ist und lediglich theoretisch akzeptiert wurde, um sie *in praxi* sofort und zum so und so vielten Male umzustoßen, dann folgt daraus unmittelbar — wie o. bereits vorweggenommen —, daß die einzig mögliche Wiedergabe des Gotennamens in den mittelindoarischen Inschriften die auf **G/Kŭ̆t-*[122] wäre und sein müßte, zumal — angesichts der Seltenheit einer -ου-Transkription mittels indoarischer Lautsubstitution — an der *ŭ̆*-Farbe des interkonsonantischen *-u-* der Vorlage kaum zu zweifeln ist[123]. Unterstützt wird diese Prognose ihrerseits nun durch das o. zum zweiten Faktum Bemerkte. Denn, wie sich in dem griechisch-mittelindoarischen Material bereits ankündigte[124], haben wir bei derartigen Lehnübernahmen regelmäßig — d. h. bedingt durch die Zwecke besserer Verständlichmachung — mit „volksetymologischen" Einschlägen zu rechnen, die in unserem Falle O. Stein, a. a. O. p. 349 u.—350 o.[125] verdienstlich konkretisiert hat durch seinen Hinweis nicht nur auf den im Sanskrit erhaltenen Stammesnamen *Guḍa-*, sondern mit gleichem Nachdruck auch auf die inschriftlich-mittelindoarisch bezeugten *nomina propria Gota-* und *Goti̊puta-*[126]. Von hier aus wagt O. Stein sogar — freilich in Frageform — den Versuch einer möglichen Restitution **Gotana/*Gavatana-* analog dem Verhältnis mittelindoar. *Yona-/Yavana-* (des Prākrit und Sanskrit). Wie man sich zu diesem letztgenannten, m. E. überflüssigen Versuch auch stellen mag, die Stein'sche Real-Evidenz in Gestalt der Eigennamen *Guḍa-*, *Gota-* und *Goti̊puta-* bleibt davon unberührt, nicht anders wie übrigens auch die durch sie nahegelegte, mit meinem Beweisgang übereinstimmende Konsequenz, daß bei tatsächlich nachgewiesener Entlehnung des Goten-

[122] Insofern ist der mir gegenüber von seinem Urheber, E. Schwarz, brieflich unterm 19. Okt. 1959 anerkannte Druckfehler „*Gutas*", (1956), a. a. O. p. 89 o. tiefenpsychologisch wohl nicht ohne Belang.

[123] Vgl. indessen μεσουράνημα/Sanskrit *meṣūraṇa-*. Die o. vorgeführten, griechischen genit. sing.-Formen auf -ου bleiben leider ohne Beweiskraft, weil das genitivische -ου sinngemäß durch regelrechtes Endungs-*sa* wiedergegeben worden ist.

[124] Vgl. nur bspw. *Turamāya-*/Sanskrit *tura-* bzw. Pāli *māyā-* u. a. m., ein Material, dessen Herausstellung hier mich indes zu weit abführen würde.

[125] Wobei er unzutreffend und umgekehrt wie O. Höfler — siehe Anm. 113 — seinerseits, a. a. O. p. 350 o. offenbar das inlautende *-ŏ-* der verschiedenen germanischen Gotennamen-Belege als lang annimmt.

[126] Die inschriftlichen Nachweise zu diesen Eigennamen bei H. Lüders, a. a. O. p. 188, Sp. r.

namens ins Mittel-Indoarische der Inschriften wiederum primär mit einem Transkriptionsgebilde **G/Kŭt-* bzw. sekundär **G/Kot-*, kaum aber mit **G/Kat-* zu rechnen gewesen wäre[127]. *In summa*: von St. Konows *Gata-/Goti* usw.-Hypothese braucht deshalb künftig mit Fug und Recht nicht mehr die Rede zu sein.

Die endgültig letzte Konsequenz aus dem bis hierher geführten Beweisgang kann sachnotwendig in nichts anderem bestehen als in der Analyse der drei Namen *Gata-*, *Irila-* und *Ciṭa-* mittels rein indoarischer Sprachgegebenheiten. Was zunächst *Gata-* anlangt, so sind mir folgende Versuche bekannt: Jas. Burgess und Bhagwanlal Indraji Pandit haben für die erste Stelle seines Auftretens die Lesung *gabhānaṁ*/Sanskrit *garbhebhyaḥ* mit der Bedeutung „for the cells" ins Auge gefaßt, dann aber doch sogleich hinzugefügt: „but this is doubtful, and in No. 33 [= Lüders'sche Zählung No. 1182] the word is again used where such a meaning would not apply"[128]. Der Text des Kārlē-Neufundes No. 1 erzwänge ohnehin seinerseits die Feststellung dieser Unmöglichkeit. Jas. Burgess allein ist für die also nicht anzutastende Wortform *gatāna(ṁ)* von Sanskrit *Garta-* ausgegangen, „which is the name of a district (a part of Trigarta or Kângra) in the Panjâb; hence, Gatâna may be translated ‚of the Garta country' or ‚of the Gartas'"[129]. Die Burgess'sche, lautgeschichtlich untadelige[130] Deutung ist von H. Lüders für die beiden Junnar-Inschriften einfach übernommen worden, ohne daß St. Konow, a. zuerst a. O. p. 380 m. vor Begründung seiner persönlichen Ansicht dazu Stellung genommen hätte. Stellungnahme und Widerlegung der ursprünglich rein Burgess'schen Analyse finden sich erst bei O. Stein, a. a. O. p. 349 o.: „An Indian people, it must be admitted, of Gartas is not known; in some lexicons is found the explanation for *garta*, containing *inter alia Trigartāṃśe* (Hemacandra, Anekārthas. II, 163), resp. *Trigartabhede* (Medinī), and *Trigartadeśe* (Viśvakośa, quoted in the Vācaspatya); that is

[127] In geradezu auffallender Konvergenz mit der o. Feststellung bietet auch das Gotische neben der bereits gewürdigten regulären Entsprechung got. *au*/griech. *ŏ* tatsächlich ebenfalls noch *u* und *o*, wie die Beispiele bei B. Streitberg (1920), a. a. O. p. 46 (5.) belegen; vgl. nur *apaustulus*/ἀπόστολος, *diabulus*/διάβολος bzw. *Antiokia*/Ἀντιόχεια, *Makidoneis*/Μακεδόνες u. a. m.

[128] a. a. O. p. 43 m.

[129] a. a. O. p. 93[4].

[130] Für die Behandlung der Lautgruppe *-rt-* > *-t-* in der Junnar-Gruppe ist bezeichnend die häufiger — Lüders'sche Nos. 1158, 1162, 1163, 1164, 1166, 1167 — vorkommende Wortform *nivataṇāni* (nominat. plur. n.), < *nivartana-*, „field"; so auch M. A. Mehendale, a. a. O. p. 76 (§ 183 d I).

hardly satisfying for an assumption of a real people of Gartas". Meine eigenen, umfangreichen Nachprüfungen haben den Anspruch der Stein'schen Kritik vollauf bestätigt, zumal diese noch um die zwei m. E. erheblichen Punkte erweitert werden kann, daß Jas. Burgess die ethnische Zugehörigkeit dieser *Garta*'s offengelassen hat (s. o. zu *Yavana-*) und in erneuter, konsequenter Würdigung der syntaktisch-semasiologischen Analyse O.Steins mit *gatāna(ṁ)* eben kein „Volk" gemeint sein kann. Greifen wir, da andere Anknüpfungspunkte infolge ihrer Entlegenheit ausscheiden[131], auf dieses wichtige Ergebnis des Unterabschnitts 3b zurück, so bietet sich folgende, neue Interpretation, die nicht nur den Vorzug innehat, dem soeben wieder einmal geltend gemachten Stein'schen Resultat einwandfrei zu entsprechen, sondern auch lautgeschichtlich und bedeutungsmäßig in Ordnung ist. Man prüfe die Voraussetzungen meines Vorschlags selbst! Demnach geht die dreimal überlieferte Wortform *gatāna(ṁ)* (über *gātrāṇām*) zurück auf ein Ausgangsthema *Gātra-*, das als maskulines *nomen proprium* eines Sohnes des vedischen R̥ṣi *Vasiṣṭha* „an zwei verschiedenen Stellen des Viṣṇupurāṇas erscheint. Aber auch die Wiederkehr des Verses in anderen Purāṇas beweist, daß ihm eine beachtliche Tradition zu Grunde liegen dürfte. Darnach zu urteilen, dürfte er wohl schon der Zeit vor den Guptas angehören. Bestimmtes läßt sich über das Alter nicht sagen und auch nicht darüber, aus welcher Ecke Indiens die Angaben stammen. Das ganze Pañcalakṣaṇa, vielleicht mit Ausnahme einiger sekundärer Zusätze, scheint in der Gupta-Zeit abgeschlossen vorzuliegen, natürlich als das Werk von Diaskeuasten, die hier die gesamte Tradition ihrer Zeit zusammengefaßt haben." Soweit die dankenswerte, briefliche Äußerung[132] des z. Zt. wohl unbestritten besten Purāṇa-Kenners, W. Kirfel. Sie wird nunmehr, auch in ihren zurückhaltender abgefaßten Teilen, m. E. geographisch-chronologisch unerwartet profiliert durch die drei epigraphischen, hier zur Debatte stehenden *gatāna(ṁ)*-Belege. Man bedenke zugunsten dieses meines Vorschlags, daß *Gātra-*>*Gata-* an

[131] Nämlich altpers. *Asagarta-* „a northwestern province of the Persian Empire" — R. G. Kent, Old Persian. Grammar. Texts. Lexicon. Second edition, revised. New Haven, Connecticut, 1953, s. v., wo Weiteres.

[132] Vom 15. Nov. 1959. Die Textstellen finden sich aufgeführt in desselben Autors bekanntem Werk „Das Purāṇa Pañcalakṣaṇa. Versuch einer Textgeschichte", Bonn 1927, p. 42, Vers 10/11 bzw. p. 278, Vers 10/11. Nicht erscheint der Eigenname *Gātra-* bei V. R. Ramachandra Dikshitar, The Purana Index 1, 1951, wo p. XXV u.—XXX o. auch über das Alter des Viṣṇu-Purāṇa gehandelt worden ist. Vgl. dazu noch H. H. Wilson, The Vishńu Puráńa, a system of Hindu mythology and tradition, London 1840, p. 83 (= I, Kap. 10), p. 83[8].

dem gleichfalls inschriftlichen Prākrit-Paar *Dasarata-*<*Daśarātra-*, *rata-*<*rātra-*[133] eine lautgeschichtlich einwandfrei tragfähige Stütze hat und daß der *Gātra*-Vater, *Vasiṣṭha*, über den sowohl in Kārlē wie in Nāsik mehrmals gut bezeugten[134] Königsnamen *Vāsiṭhīputa* eine feste, mittelbare Verbindung zu unseren *Gata*'s aufnimmt, die schließlich ihrerseits als Familie in einer Reihe stünden mit den von O. Stein aus dem Kārlē-Neufund hierhergezogenen[135] Familien- bzw. Korporations-Bezeichnungen der *Culayakha*'s, *Dhamadhaya*'s und *Yasavadhana*'s oder bspw. auch der *Sihadhaya*'s (aus Kārlē No. 1093 Lüders'scher Zählung).

Dem zweiten Eigennamen, diesmal dem Personennamen *Irila-*, ist vor St. Konow keine eigene Analyse zuteil geworden, da der Versuch R. O. Frankes, „*Irilisa* statt *Irilasa*" zu lesen, kaum als solche gezählt werden kann, ganz abgesehen davon, daß er schon von seinem Urheber selbst mit genügend deutlicher Distanz vorgetragen worden ist. Daß wir hier tatsächlich „doch auf viel zu unsicherem Boden" stehen — um noch einmal aus Frankes betreffendem Passus zu zitieren[136] —, hat lange nach ihm O. Stein mittels der positiven Äußerung „the reading is correct"[137] über jede Diskussion hinaus[138] wohl endgültig klar gemacht. Somit stehen wir bei der Deutung des norwegischen Forschers, welcher im Zusammenhang mit seiner allgemeinen Hypothese das *nomen proprium Irila-* speziell an bekanntes germanisches Material, angefangen bei runischem *Erila, Eirila* über „Anglo-Saxon *eorl*, English *earl*, Old Norse *jarl*, Old Saxon [und Althochdeutsch] *erl*" bis hin zu „the ethnic name *eruli, heruli*"[139], auf dem Wege einer Lehn-Gleichung herangebracht und damit viel Zustimmung gefunden hat — so bei S. Feist, F. Kluge, A. v. Premerstein, O. Fiebiger, F. Altheim (Nos. 1—4), G. Vernadsky (1951, 1959), W. Krause, E. Schwarz (1953, 1956), M. Mayr-

[133] M. A. Mehendale, a. a. O. p. 55 (§ 165a), p. 55 u.—56 o. (§ 165b, c).

[134] H. Lüders, a. a. O. p. 202, Sp. l. o.

[135] a. a. O. p. 348 (6. 7. 8.) bzw. p. 344 (4.). In seinem „Index of personal names", a. a. O. p. 188, Sp. l. o. bucht auch H. Lüders die *Gata-* als „family", allerdings als eine solche der *Yavana*.

[136] Beide Exzerpte a. a. O.

[137] a. a. O. p. 350 u.

[138] Frankes angebliche, von O. Stein, a. a. O. p. 350² zitierte Lesung „*Trilisa*" findet sich auf der ganzen Seite 595 nicht, auch nicht in den „Nachträgen" (a. a. O. p. 605f.). Es handelt sich offensichtlich um einen bei O. Stein stehengebliebenen Druckfehler.

[139] A. zuerst a. O. p. 380 u.—381 o.

hofer —, vorsichtige Zurückhaltung dagegen bei W. Streitberg (1914), H. Güntert und E. Sittig, in der betontesten Form zum Ausdruck gebracht von O. Höfler (1955, a. a. O. p. 437f.) und H. Fromm, offene Ablehnung schließlich bei W. Streitberg (1920)[140]. Die zuletzt dokumentierte, mehr oder minder skeptische Einstellung findet, worauf m. W. bisher bei Erörterung der Konow'schen Gesamt-Hypothese noch nicht eigens hingewiesen wurde, einen verstärkenden Rückhalt an dem wichtigen Umstand, daß die von dem norwegischen Gelehrten o. vereinigte germanische Sippe weder hinsichtlich ihrer Zusammengehörigkeit selbst innerhalb des Germanischen noch hinsichtlich Nominalstamm-Bildung und Etymon überhaupt unbestritten dasteht, so daß das Schweigen der einzelsprachlich zuständigen germanistischen Lexikographen in bezug auf St. Konows *Irila*-Analyse angesichts der bereits namhaft gemachten Zweifler doppelt bezeichnend wirkt[141]. Nun hat aber unsere vom Indoarischen her angesetzte Überprüfung als wohl unumstößliches Ergebnis erbracht, daß St. Konows generelle *Gata*-Hypothese nicht länger mehr hingenommen werden kann, ein Faktum, das für den Fortgang meiner Beweisführung nichts anderes zur unabweislichen Folgerung hat, als auch die Einzelauffassung des norwegischen Forschers, es sei der in einer mittelindoarischen Inschrift éinmal bezeugte Eigenname *Irila*- „the regular Gothic form of a well-known Germanic name"[142], erneut von der indoarischen Position aus zu widerlegen. Diese Widerlegung fällt nicht schwer, obwohl St. Konow mit seiner leichthin geäußerten Meinung, „Indisk eller iransk kan det neppe være"[143], und unabhängig von ihm auch O. Stein mit der seinen, zudem widersprüchlichen, „Irila does not look like an Indian name"[144], eine solche *refutatio* nicht gerade als überflüssig erscheinen lassen. Beide Forscher haben jedoch das nochmals weiterführende Faktum nicht

[140] Die Zusammenstellung der vorstehenden Gelehrten-Namen ist davon abhängig gemacht worden, ob in den zugrunde liegenden Äußerungen ein (positiver oder negativer) *de facto*-Bezug zu der germanischen *Erila*-Sippe sich formuliert fand oder nicht.

[141] Als éin Beispiel sei J. de Vries, Altnordisches etymologisches Wörterbuch. Lieferung 5, Leiden 1958, s. v. *jarl* genannt.

[142] A. zuerst a. O. p. 380 u.

[143] A. zweiten a. O. p. 75 o.

[144] a. a. O. p. 350 u. „Widersprüchlich" heiße ich O. Steins Äußerung deshalb, weil er ebd., und zwar ganze sieben Zeilen vorher, sagt: „Now, for the personal names the necessity to look for foreign etymologies is not given", und weil damit an erster Stelle nur *Irila*- gemeint sein kann.

in seiner vollen Tragweite erkannt bzw. — wie namentlich St. Konow — geradezu übersehen, daß nämlich ein wesentlicher Bilde-Bestandteil des Namens *Irila-*, das suffixale Nominalformans *-(i)la-*, recht häufig bei den mancherlei durch die Inschriften-Prākrits bezeugten Personennamen auftritt. Halten wir uns um des methodologischen Prinzips willen erneut wieder einmal zunächst an das Material der Junnar-Kārlē-Nāsik-Gruppe als der Basis für alle 3 (4) Eigennamen *Yavaṇa-/(Yoṇaka-)*, *Irila-* und *Ciṭa-*, so verfügen wir über folgende Beispiele: *Kapila-* (Junnar No. 1178 Lüders'scher Zählung), *Agila-* (Kārlē-Neufund No. 5), *Somilanaka-* (Kārlē-Neufund No. 8), *Rebhila-* (Nāsik No. 1137 Lüders'scher Zählung). Genau 59 weitere Belege, sofern ich richtig registriert habe, ergeben sich aus dem „Index of personal names" (a. a. O. p. 181—203) bzw. aus dem „Index of miscellaneous terms" (a. a. O. p. 213—224) in der Lüders'schen Inschriften-Sammlung, wozu noch der von O. Stein, a. a. O. p. 354 (21.) restituierte Eigenname *Janila-* tritt. In allen diesen Fällen, deren Lüders'schen Anteil — ausgenommen die uns unmittelbar betreffenden und deshalb bereits zitierten — ich aus Raummangel nicht eigens mehr, d. h. mit Fundort und Nummer, vorführe, ist Ableitung aus rein indoarischen Wortvorlagen gegeben, auch dort, wo H. Lüders diese Vorlage nicht *expressis verbis* bezeichnet oder sich den literarischen Nachweis, soviel ich sehe, etwas leicht gemacht hat. Ein paar Beispiele mögen das Gesagte illustrieren und zugleich die (für unsere Zwecke unerhebliche) Verteilung auf *-la-* bzw. *-ila*-Suffix veranschaulichen: *Agila-/Agnilă-*, *Bhad(d)ila-/Bhadrila-*, *Budhila-/Buddhila-*, *Devila-/Devilă-*, *Dhammila-/Dharmila-*, *Gohila-/Gobhila-*, *Isila-/Ṛṣila-*, *Magila-/Mṛgila-*, *Nāgila-/Nāgila-*, *Sapilă-/Sarpilă-*[145]. Innerhalb der vorstehend ausgewählten und - wie nochmals betont sei - für das Gesamtmaterial repräsentativen Gruppe dürfen zwei Beispiele unsere besondere Aufmerksamkeit für ein paar Augenblicke auf sich ziehen, und zwar deshalb, weil sie recht drastisch zu verstehen geben, wie solche Anknüpfungen von der Art der Konow'schen gelegentlich zustande kommen, ohne doch Gültigkeitscharakter beanspruchen zu können. Es ist dies das Paar *Gohila-/Gobhila-* und *Magila-*(, welch letzterem ich absichtlich sein Sanskrit-Äquivalent hier nicht beigebe). Wer dächte da beim Ansichtigwerden von *Magila-* nicht sofort an got. *mawilo*, f. „Mädchen"/ got. *magula*, m. „Knäblein", bei *Gohila-/Gobhila-* „an den nhd. Familien-

[145] Nicht in jedem dieser Fälle ist — wie soeben bereits angedeutet — die Rückführung auf eine literarische Quelle möglich, immer und überall aber die auf genuin indoarische Sprachmittel, worauf es hier ausschließlich ankommt.

namen *Göbel* ... (etwa mit niederdeutscher Lautgestalt)"[146]? Trotzdem erläge, wer so dächte, ominösen Sirenenklängen, wie die in jedem der beiden Fälle da und dort, d. h. germanisch-indoarisch, vorhandenen innersprachlichen Leitformen unwiderleglich dartun, also **magu̯ī-⁰*, *magus*[147]/*Mr̥gila-* bzw. ahd. *Gobbilo*<*Godebald*/*Gobhila-*. Mir ist nur éin Beispiel bekannt, wo tatsächlich ein Fremdname dergestalt ins Indoarische, genauer, Mittel-Indoarische übertrat, daß der Eindruck, es liege das indoarische suffixale Nominalformans -(*i*)*la-* vor, damals und heute entstehen konnte[148]. Es ist dies die Wortform *jhoīlasa*, die in Kharoṣṭhī-Schrift auf den Münzlegenden des gräkobaktrischen Herrschers Zoilos (etwa Mitte des 1. Jhrhdts. v. Chr.) mit der Entsprechung ΖΩΙΛΟΥ erscheint[149]. Eine nur kurze Überlegung schon zeigt uns jedoch, daß diese Sachlage grundverschieden von der für die Wortform *irilasa* vorausgesetzten ist. Während nämlich jener Beleg in einer festgefügten historischen Situation dasteht und auf eine wirklich bezeugte griechische Vorlage zurückweist, dazu, im Sinne der o. geltend gemachten Einsicht, „volksetymologischen" Anklang im Prākrit entbindet[150], sind — wovon wir uns überzeugten — die geschichtlichen Prämissen bei diesem denkbar undurchsichtig und das griechische Äquivalent einfach nicht vorhanden[151]. Nach dieser einläßlichen Bereinigung des Geländes bin ich in der Lage und m. E. wohl auch berechtigt, zu meinem persönlichen Vorschlag auszuholen. Er zielt, kurz und bündig, darauf, daß das

146 Vgl. W. Wüst, Bulletin of the School of Oriental Studies 8, II/III, 1936, p. 872² wo auch die weiteren Hinweise, zumal aber *passim* in der dortigen Studie insgesamt (a. a. O. p. 835—873) Zusammenfassendes über das (alt-)indoarische *-ila-*Suffix (besonders ebd. p. 859—865 [6.]).

147 Wobei noch die Auswirkung des Grimm'schen Gesetzes miteinzurechnen ist, die den Abstand zum altindoarischen Thema erneut vergrößert.

148 So auch noch jüngstens bei A. Debrunner, Nachträge zu Band I (der J. Wackernagel'schen Altindischen Grammatik), Göttingen 1957, p. 88 (164, 23).

149 Vgl. auch M. Mayrhofer, Kurzgefaßtes etymologisches Wörterbuch des Altindischen 1, 1956, p. 446 o. Über den Zeitansatz für diesen Herrscher und über das Problem, ob nicht zwei Persönlichkeiten dieses Namens existieren, jüngstens J. N. Banerjea, a. a. O. p. 177 u.—178 m. (mit weiterem Schrifttum).

150 Man bemerke *johi-* „warrior"/Sanskrit *yodhin-* bzw. *johiyā-* „a kind of poisonous reptile"/Sanskrit *yodhikā-*. A. zuletzt a. O. p. 863 m. wird deshalb mit Recht von mir „die Stärke des indoarischen Klang-Verbands" betont. Unmittelbar identisches **johila-*/**yodhila-* freilich fehlt.

151 Es gibt, wie die einschlägigen Kompendien ausweisen, keinen griechischen Eigennamen *"Ιλιρος oder *"Ιριλος, ein Umstand, der noch einmal gegen S. Lévi's o. erörterte *Yavana*-Hypothese schwer ins Gewicht fällt. Auch aus dem Iranischen ist mir nichts Entsprechendes bekannt geworden. Insofern ist der an sich wertvolle, mit

der Wortform *irilasa* zugrunde liegende Nominalthema *Irila-* kraft der vom Einzelsprachlich-Indogermanischen über das Alt-Indoarische bis ins Mittel-Indoarische reichenden, als phonetisch-phonematisches Phänomen gutbekannten Liquida-Dissimilation[152] <**Ilila-* entstanden ist, dem seinerseits zwei einwandfrei belegbare Stammbildungsprozesse, getrennt oder kombiniert, vorhergehen mögen. Dem ersten zufolge wäre **Ilila-* als nominale Ableitung, etwa gemäß der Form-Verband-Parallele altindoar. *picchā-* „Schleim"/*picchila-* „schleimig", zu mittelindoar. *ilā-* zu stellen, das, laut Aussage der Texte und Lexika zweifelsfrei bezeugt, sowohl als *nomen appellativum* wie auch als *nomen proprium* auftritt und soviel wie „Erde" bzw. verschiedene weibliche Persönlichkeiten wie die Tochter eines Haushalters *Ila*, die Mutter eines Königs *Janaka*, aber auch eine in der Stadt *Ilāvardhana* ansässige, durch den Zusatz *Devī* charakterisierte Lokalgöttin oder schließlich eine „devakumārikā in the northern quarter"[153] bedeutet. Eine *Ilā devī* gilt im gleichen Zusammenhang auch als „the first of the eight Diśākumāris residing on the western Ruchaka mountain"[154]. Ein Mann **Ilila-* >*Irila-*

meiner o. Ansicht konform gehende Hinweis O. Steins, a. a. O. p. 354 (21.) auf „the often-occurring suffix *-la* in personal names" doch zu berichtigen: neben der — wie ich hinzufüge — funktional nur partiellen „expression of affection" gibt es m. W. kein irgendwie beschaffenes „substratum", so daß „that question [durchaus nicht mit den Worten] may be left open" zu beurteilen ist.

[152] K. Brugmann, Kurze vergleichende Grammatik der idg. Sprachen. Anastatischer Neudruck, Berlin und Leipzig 1922, p. 117 (§ 174, 1), p. 240 (§ 334, 3, besonders c); J. Schrijnen-W. Fischer, Einführung in das Studium der idg. Sprachwissenschaft mit besonderer Berücksichtigung der klassischen und germanischen Sprachen, Heidelberg 1921, p. 224 u. und f. (b); J. Wackernagel, Altindische Grammatik 1, 1896, p. 221 (§ 193 b Anm.) nebst A. Debrunner, a. zuletzt a. O. p. 122 u. (221, 17 bzw. 26); R. Pischel, Grammatik der Prakrit-Sprachen, Straßburg 1900, p. 169 (§ 241). Mit der Möglichkeit der Liquida-Dissimilation, freilich in ganz anderer Richtung und unter Zugrundelegung der irrigen Lesart **Trilisa* — siehe dazu Anm. 138 — rechnet übrigens auch O. Stein, a. a. O. p. 350[2].

[153] F. Edgerton, Buddhist Hybrid Sanskrit Grammar and Dictionary. II: Dictionary, New Haven—London 1953, s. v. mit je einem Nachweis aus Mahāvastu und Lalitavistara.

[154] Shatadhvani the Jaina Muni Shri Ratnachandraji Maharaj, An illustrated Ardha-Magadhi dictionary 2, 1927, s. v. Im ganzen handelt es sich, wie die Belege bei Hargovind Das T. Sheth, a. a. O. s. vv. *Ilā* - bzw. *Ilāputta* - zusätzlich bestätigen, nahezu ausschließlich um Texte des Jaina-Kanons und hier vorwiegend geographischer Spezies. Zur Sache vgl. W. Kirfel, Die Kosmographie der Inder nach den Quellen dargestellt, Bonn und Leipzig 1920, p. 231 u. (siehe auch a. a. O. p. 258 o.), wo die Dikkumārī's als jinistische „Genien der Himmelsgegenden" erscheinen, während ebd. p. 195 u. (siehe auch p. 196 o.) die devakumārikā's „Göttermädchen" des buddhistischen Pantheons sind.

könnte in einem durch seinen Namen passend gekennzeichneten Devotional-Verhältnis zu einer der drei letztgenannten weiblichen Genien oder Göttinnen stehen. Einigermaßen bedenklich bliebe dabei, daß der Stifter von Junnar aus Datierungsgründen (siehe o.) ein glaubenstreuer Hīnayāna-Buddhist sein muß. In Würdigung eben dieses Umstandes scheint mir deshalb die bereits angedeutete zweite Stammbildungsmöglichkeit vorzuziehen. Sie läuft darauf hinaus, in *Irila-*<**Ilila-* eine hypokoristische Kurzform zu erkennen und diese mit der dem indoarischen Namensgefüge eigenen Gesetzmäßigkeit bzw. Variationsbreite[155] auf eine kompositorische Vollform zurückzuführen. Es scheint mir nun weiterhin kaum Zufall, daß ein solches Kompositum wiederum mittelindoarisch präsent ist, und zwar in Gestalt des Eigennamens *Ilāputta-*, und daß von diesem die Überlieferung berichtet[156]: „Elāchi Kumāra a son of a merchant of Ilāvardhana town; he was enamoured of an actress and had become degraded but later on he got right knowledge and became a monk". Wenn auch, *quae cum ita sint*, ein unmittelbarer Zusammenhang zwischen dem buddhistischen *Irila* von Junnar und dem wohl sicher jinistischen *Ilāputta* aus *Ilāvardhana* zunächst noch nicht demonstrierbar ist, so scheint mir schließlich doch das bei beiden Religionsgemeinschaften übliche Traditionszubehör im Sinne der o. klargestellten *Yavana*-Definition nicht nur sozial- und wirtschafts-, sondern vor allem auch glaubensgeschichtlich derart typisch, daß in den Aktionsaspekten m. E. ohne größere Bedenken eine kulturhistorische Untermalung meiner sprachgeschichtlich autonomen *Irila*-Analyse[157] erblickt werden darf.

[155] A. Debrunner, Die Nominalsuffixe (in J. Wackernagels Altindischer Grammatik 2, II), 1954, p. 363 (§ 231 aβ mit dem besonders beachtenswerten Paar *devila-/devadatta-*) bzw. Betty Heimann, Studia Indo-Iranica. Ehrengabe für Wilhelm Geiger, Leipzig 1931, p. 139f.

[156] Shatadhvani the Jaina Muni Shri Ratnachandraji Maharaj, a. a. O. s. v. Die Texte sind: die Jambūdvīpaprajñapti und das Ṭhānāṅga- bzw. Pañcapratikramaṇasūtra.

[157] Prākrit *ilā-* führt letzten Endes auf das seit dem Veda überlieferte Femininum *ilā-/írā-* „Labung, Erde, Name einer Göttin (Durgā) sowie mehrerer weiblicher Genien" zurück. Was das — primär oder sekundär — mit ihm zusammenhängende *nomen proprium Irila-* noch einmal betrifft, so könnte es über **Erila-* auch mit einer Sanskrit-Vorlage **Airila-* kombiniert werden. Allein denominative Vṛddhi ist bei altindoarischem -*(i)la-* Suffix praktisch so gut wie nicht belegt: vgl. bspw. A. Debrunner, a. zuletzt a. O. p. 362—364 (§§ 230, 231)/ebd. p. 862—865 (§§ 692, 693, besonders p. 865 o., Schluß des 1. Abs.). Darüber hinaus bieten die dürftigen und zudem heterogenen (-*ai-*)/-*e-*/-*i*-Materialien in den drei Indices der Lüders'schen Inschriften-Sammlung eine dieser Annahme wenig günstige Ausgangsbasis. Vgl. auch noch M. A. Mehendale, a. a. O. zu meiner Anm. 165.

Im Gegensatz zu St. Konows nunmehr endgültig widerlegter *Irila*-Hypothese ist seine germanistische Deutung des letzten noch zu diskutierenden Personennamens *Ciṭa-* schon gleich zu Anfang bzw. bald nach Erscheinen der beiden Veröffentlichungen ebenfalls germanistisch dermaßen modifiziert worden, daß die Besinnung auf den methodologisch nächstliegenden Bereich, nämlich den indoarischen, als einzig mögliche Katharsis wirkt. Die Vorgänge, welche genau bis zu diesem Punkte führen, sind: der norwegische Forscher hatte szt. run. *Helda*/got. *Hild-* als die Formen angenommen, denen über eine Vermittlungsvorlage „*Cilta or Ciḷṭa*" als „the result in a Prakrit dialect . . *Ciṭa or Ciṭṭa* [entspräche], both of which would be written *Ciṭa*". Seine am Ende der Deutung zusammengefaßte Meinung: „It is therefore quite possible that *Ciṭa* is an attempt at reproducing the sounds of a Gothic name *Hild-*"[158] war jedoch bereits in der norwegischen Fassung auf die unmittelbar anschließend formulierte Kritik seines Landsmannes M. Olsen gestoßen, dem seinerseits im Blick auf einen gotisch beleg-baren *-a-/-u-*Stammvokal-Austausch „det germanske mandsnavn **Skelduz*, der formelt er samme ord som appellativet ‚skjold', gotisk *skildus*"[159] — mit Zubehör im Altenglischen (*Scyld*) und im Althochdeutschen (*Scilt*, (*) *Scilto*) — aussichtsreicher erschien. Alternativ hatte M. Olsen, a. a. O. p. 79 o. auch noch das erweiterte germanische Thema **Skeldwan-* (nominat. **Skeldwa*, genit. **Skildwins*) ins Auge gefaßt, ohne freilich die notwendigen Lautübergänge bis ins Inschriften-Prākrit genauer zu erläutern oder gar zu überprüfen. Denn das a. a. O. p. 78 m. bzw. p. 79 o. im engsten Anschluß an St. Konow hierzu Vorgebrachte konnte keineswegs genügen. Mit seiner „verbesserten "Analyse erging es indessen M. Olsen wie unmittelbar vor ihm St. Konow. An ihre Stelle (unter Einschluß der Konow'schen) trat in der m. W. zeitlich ersten Referatsäußerung, derjenigen S. Feists, vielmehr ein anderer Vorschlag, von Th. v. Grienberger bei S. Feist gegen die zwei norwegischen Gelehrten geltend gemacht, nämlich den mittelindoarischen Personennamen *Ciṭa-* aus dem ostgotischen Mannesnamen *Tzitta*, a. a. O. noch vermehrt um altengl. *Tid(d)a*, m. n. pr. entlehnt sein zu lassen. Seit diesen Jahren 1912—1914 schwanken die Meinungen hinsichtlich der Herkunft des n. pr. *Ciṭa-*, zumal von der bereits 1883 durch Jas. Burgess präzisierten *interpretatio indoarica* zunächst noch keinerlei Notiz genommen wird, auch von

[158] Alle Zitate a. zuerst a. O. p. 381, *sub finem* des 2. Abs. von o.
[159] a. a. O. p. 78 u.

H. Lüders nicht[160]. Ohne den Namen *Ciṭa-* überhaupt zu erwähnen und folglich ohne Stellung zu den soeben skizzierten Analysen beziehen zu müssen, behelfen sich: F. Kluge, L. Schmidt, W. Wüst (Nos. 1—3), E. Sittig, S. Gutenbrunner, E. Schwarz (1956). Lediglich, und zwar mit offenbarer Zurückhaltung, referiert wird die Konow'sche Hypothese von W. Streitberg (1914), H. Güntert, Suniti Kumar Chatterji a. zuerst a. O. und O. Stein, welcher dabei auch die Vorschläge Th. v. Grienbergers und M. Olsens — in dieser Reihenfolge — miteinbezieht. Summarischer Ablehnung verfällt — wie bereits mehrfach in vorhergehenden Zusammenhängen erwähnt — die Konow'sche Gesamt-Hypothese und damit auch seine spezielle zu *Ciṭa-* bei W. Streitberg (1920), während eine Autorität wie der indische Gelehrte Suniti Kumar Chatterji 1926 erstmals, aber in der Folge völlig unbeachtet, den zutreffenden Grund dafür angibt, warum man die Brücke, die St. Konow zwischen den germanischen Ansätzen *Helda, Hild-* und dem mittelindoarischen *Ciṭa-* zu schlagen versuchte, nicht betreten könne. Denn „this change of ‚-ld-', or ‚-lt-', to ‚-ṭ-', however, is late, and occurs as a sporadic case apparently in the South-western MIA. [Middle Indo-Aryan] of the Transitional period"[161]. Daß folglich die Junnar-Inschrift, welche von Suniti Kumar Chatterji a. zuerst a. O. überdies in „the 2nd century A. C." gerückt wird, nicht nur aus dialekt-chronologischen, sondern wohl ebenso auch aus dialekt-geographischen Gründen hier kaum schon in Frage kommt, liegt auf der Hand. Somit verbleibt als Rest die Zustimmung einiger Forscher zu der v. Grienberger'schen Modifikation, obwohl keiner von ihnen dabei — wie o. angedeutet — auf Suniti Kumar Chatterji's Kritik sich beruft: außer A. v. Premerstein, der drei Jahre vor dem indischen Forscher Stellung bezog, weder O. Fiebiger noch F. Altheim (Nos. 1—4) noch G. Vernadsky (1951) noch schließlich E. Schwarz (1953). Aber selbst dieser reduzierte *consensus* ist nicht die *ultima ratio*, kann es nicht sein, wie die Bedenken W. Krauses ankündigen, vollends aber die — von meinem persönlichen Hinweis auf

[160] Ebensowenig in dessen „Index of personal names", a. a. O. p. 186, Sp. l. o.

[161] a. a. O. p. 485[1]. Den „transitional stage" läßt der indische Autor, a. a. O. p. 17 u., 18 u. von „200 B. C.—200 A. C." dauern. Man bemerke, daß St. Konow, a. zuerst a. O. p. 381 m. lediglich, d. h. ohne konkrete Beispiele, mit einer möglichen Lautrepräsentation der indoarischen „modern vernaculars" operiert und keinerlei Versuch unternimmt, diese Stellvertretung anhand schlüssiger Einzelbeispiele im Inschriften-Präkrit nachzuweisen. Bei M. A. Mehendale a. a. O. wird die Lautentwicklung *-lt-, -ld-* > *-ṭ/ḍ-*, soviel ich sehe, überhaupt nicht behandelt.

O. Steins kritischen Skeptizismus nicht unberührt gebliebene[162] —, durch drei Veröffentlichungen hindurch konstant festgehaltene Darlegung O. Höflers gewichtig demonstriert. Während W. Krause urteilt[163], „der Name *Ciṭa* [sei] .. schwerer zu deuten, vielleicht zu ostgot. *Tsitta* zu stellen", und M. Mayrhofer die „Gleichsetzung mit dem ostgot. Namen *Tsitta* unsicher" nennt, zeigt O. Höfler (1956—1958, Nos. 1—3), daß *Tzitta* (nebst Varianten) zwar ein „mehrfach belegter got. Name" ist, daß aber aus all den dafür gesammelten Beispielen nicht nur das indoarische, *Ciṭa*, sondern nach ihm auch das früheste außerindisch-europäische (391 n. Chr.), *Zita*, als „wohl eher römischer Frauenname" auszuscheiden seien, so daß „nur datierte Belege des 6. und beginnenden 7. Jh.s" übrigbleiben. Schwerlich wird man geneigt sein, zugunsten der letzten unter den drei nachweislich mehr als problematischen *Ciṭa*-Deutungen auch noch diese deutlich und hoch aufgerichtete Zeitschranke zu überspringen. Als *ultima ratio* stellt sich demnach die schon seit 1883 existente, indessen bis auf O. Stein und M. A. Mehendale latent gebliebene *interpretatio indoarica* heraus und vor. Sie besteht entweder auf einer Anknüpfung an die Sanskrit-Vorlage *Caitra-*, einen geläufigen Mannesnamen — wie szt. Jas. Burgess knappest, d. h. lediglich durch Klammer-Hinweis andeutete[164] — oder, lautlich wesentlich wahrscheinlicher[165], an den schon vom frühesten Denkmal des Alt-Indoarischen, dem Ṛgveda, bis in die literarisch wichtigsten Verzweigungen des Mittel-Indoarischen[166] einwandfrei und reichlich überlieferten Mannesnamen *Citra-*, wie dies, nach Jas. Burgess, O. Stein und M. A. Mehendale vertraten[167]. Vorsichtshalber wendet zwar O. Stein ebd. ein, daß „Ciṭa does not quite comply with the rules of a Skt. Citra which corresponds to a middle-Indian Citta" oder *Cita*[168], entkräftet aber sofort seinen eigenen Einwand durch die Fest-

[162] Siehe o. Anm. 101. Bei meinen eigenen anglistischen Nachforschungen wegen altengl. *Tid(d)a* hat mich F. Schubel-Mainz freundlichst unterstützt.

[163] a. a. O.

[164] a. a. O. p. 94 o.

[165] Siehe o. Anm. 157 bzw. M. A. Mehendale, a. a. O. p. 52 (§ 161b: „Sk. *Caitra-*>*Ciṭa*-L[üders'sche Zählung No.]1182, but the derivation is rather doubtful").

[166] Vgl. G. P. Malalasekera, Dictionary of Pāli proper names 1, 1937, p. 865 u.—868 m.; F. Edgerton, a. a. O. s. v. *Citra-*; Shatadhvani the Jaina Muni Shri Ratnachandraji Maharaj, a. a. O. 2, 1927, p. 724, Sp. r. m.; Hargovind Das T. Sheth, Pāia-Sadda-Mahaṇṇavo, Calcutta 1928, s. v. *citta-*; O. Stein, a. a. O. p. 350 m. („a negama [merchant] in a Bhaṭṭiprolu I[nscription] (*Ep. Ind.*, II, p. 328f., third casket) **is** called Citaka").

[167] a. a. O. p. 350, *sub finem* des 1. Abs. von o. bzw. p. 70 (§ 180 a IV).

[168] Ebd.

stellung, daß „the cerebralization in Ciṭa may be due to the same circumstance to which Yavana owes its cerebral ṇ in nos. 4 and 8 above and 13 below" [der von ihm besprochenen Prākrit-Inschriften[169]]. Mit der vorstehenden Analyse deckt sich meine eigene, nach unabhängigen und langwierigen Untersuchungen zustande gekommene, im Endresultat lückenlos[170].

4. Das Gesamt-Ergebnis: die den Haupttitel der voraufgegangenen Studie bildende Frage „Goten in Indien"? ist strikt zu verneinen. Infolgedessen entfallen sämtliche für die Personennamen *Irila-* und *Ciṭa-* aus der positiven Beantwortung dieser Frage bisher gezogenen unmittelbaren Schlüsse, ebenso die laut-, dialekt- und allgemein-kultur-, namentlich aber stammesgeschichtlichen Weiterungen mittelbarer Art, die aus St. Konows verfehlter germanistischer Hypothese von ihrem Urheber selbst[171], aber auch von G. Vernadsky[172] u. a. m. abgeleitet worden sind. Insbesondere gibt es nicht das „Junnar-gotisk" M. Olsens[173]. Methodologisch hat eine Betrachtungsweise sich erneut bewährt, welche schwierigen Befunden gegenüber nach kritischer Durchmusterung des möglichst vollständig aufgesammelten

[169] No. 1093 Lüders'scher Zählung, wo ich jedoch weder bei Jas. Burgess a. a. O. noch bei H. Lüders a. a. O. ein *-ṇ-* entdecken kann; Kārlē-Neufunde Nos. 6, 7 (inhaltsgleich mit der vorstehenden No. 1093 und hier nun allerdings die Lesart *yavaṇasa*); No. 1140 Lüders'scher Zählung (*Yoṇaka-*). Siehe auch noch o. Anm. 17. Über spontane Zerebralisation unserer Inschriften-Gruppe vgl. außerdem M. A. Mehendale, a. a. O. p. 71 u. und f. (§ 180 d I), während ebd. p. 79 (§ 185 a II) über die Regel-Entsprechung (-)*tr-* > (-)*ṭ-* nachzulesen ist.

[170] Eine iranische Vorlage scheidet angesichts der ermittelten kulturgeschichtlichen Situation wohl von vorneherein aus, obwohl Saken in den Inschriften sonst selbstverständlich vorkommen: die Belege bei H. Lüders, a. a. O. p. 209, Sp. l. m. Bemerke bei O. Stein, a. a. O. p. 343 u. auch Aśoka's Zeitgenossen *Tuṣāspha* (bei H. Lüders, a. a. O. No. 965, allerdings in Sanskrit). Auch wäre wohl kaum von awest. °*-ciϑra-*° und den Materialien bei F. Justi, Iranisches Namenbuch, Marburg 1895, p. 164, Sp. l. f. bzw. p. 499 s. v. auszugehen, sondern eben vom Sakischen, wo statt dessen eine lautgesetzlich entwickelte und mit *Ciṭa-* schwerlich zu vereinbarende Form *tcara, tcira* usw. „face" bzw. °*-cira* in *pītcira* „visible" (laut frdl. Auskunft H. W. Baileys in einem Briefe vom 3. Jan. 1960) tatsächlich fortlebt. Ebensowenig kommt wohl ein Zusammenhang mit dem m. W. lexikographisch bisher nicht gebuchten, erst spät bezeugten, wohl onomatopoëtischen Sanskritwort *ciṭaka-*, m. in Frage, das der Kommentator Dārila zur Glossierung von *hāridrava-*, m. „ein bestimmter gelber Vogel" verwendet (vgl. M. Bloomfield, The Sacred Books of the East 42, 1897, p. 266 o. und m., ders., The American journal of philology 21, 1900, p. 326 o.).

[171] A. zweiten a. O. p. 77 o.

[172] 1951 und 1959.

[173] a. a. O. p. 77 u., 77[1].

Fach-Schrifttums Position im eigenständig-innersprachlichen Status bezieht[174]. Komparative Analyse hat immer und überall diesen autonomen Status und seine möglichst widerspruchsfreie Exegese zur unerläßlichen Voraussetzung.

Nachtrag zu o. p. 160 u.—161 o. sowie zu p. 167—169 o.: in die Reihe der rein summarisch ablehnenden Urteile gehört auch das J. W. Marchands, Orbis 7, 1958, p. 493 o., der gleichfalls nur von zwei Inschriften weiß, das Auftreten des Namens der Goten und zweier Personennamen für „uncertain" hält und im übrigen, Idg. Forschungen 65, 1960, p. 209 u., sich sehr kritisch über den Komplex Krimgoten, krimgotisch und Busbecq-Mat. äußert.

[174] Analog *in praxi* so bspw. auch F. O. Schrader, Journal of the Royal Asiatic Society of Great Britain and Ireland 1939, p. 606 u.—608, wo „two unexplained names in the Milindapañha", nämlich *Maṅkura* und *Sabbadinna*, zwei Räte dieses gräkobaktrischen Herrschers, entgegen dem Vorschlag W. W. Tarns (*Pacor* des Parthischen bzw. *Sabbadotos* des „more or less hellenized Anatolian") ebenfalls aus echtindoarischen Sprachmitteln gedeutet worden sind (*Śarva-[datta]/diṇṇa-* bzw. *ma(ṅ)kur/la-*). Wie F. O. Schrader ist für *Sabbadinna* auch schon E. H. Johnston, ebd. p. 236[1] s. f. verfahren (erster Bestandteil *Śarva-*[0]).

BEILAGE 2

RABBAN ṢAUMĀ'S REISE NACH DEM WESTEN 1287-8

Innerhalb der in syrischer Fassung erhaltenen Biographie Mār Yaḇallāhā's III. und Rabban Ṣaumā's bildet einen „der reizvollsten Teile" (A. Baumstark, Gesch. der syr. Lit. 326) der Bericht über die Gesandschaft an die Höfe des christlichen Abendlandes. Unschätzbares Denkmal für das Nestorianertum in Iran, ist dieser Bericht ausgezeichnet durch die Anschaulichkeit, mit der sich die Begegnung zwischen östlichem und westlichem Christentum vollzieht; durch die Fülle der Angaben jeder Art, die Anteilnahme des Berichterstatters. Das Mitgeteilte auszuschöpfen, wäre allein bei Zusammenarbeit des Kirchenhistorikers, des Mongolisten und Mediävisten, nicht zuletzt des Kenners mittelalterlicher Kunst möglich.

Nachdem unsere verehrte Mitforscherin N. Pigulewskaja die ganze Biographie in russischer Übersetzung vorgelegt hat[1], schien uns geraten, wenigstens dieses Hauptstück in deutscher Sprache zugänglich zu machen. Es wäre einiges erreicht, sollte uns gelungen sein, die gröbsten Korruptelen des Bedjanschen Textes beseitigt zu haben. Die Übersetzung erhebt keinen literarischen Anspruch. Sie soll ausschließlich dem Verständnis des sprachlich und sachlich nicht einfachen syrischen Originals dienen.

„(47 Bedjan) *Über die Reise Rabban Ṣaumā's zu den Ländern der Römer im Namen König Arγūn's und des Katholikos Yaḇallāhā.*

... Äußerst heiß war seine (des Katholikos') Liebe zum Haus König Arγūn's (1284—91), weil er (Arγūn) die Christen von ganzem Herzen liebte. Er hatte sich vorgenommen[2], in die Länder Palästina und Syrien einzurücken, sie zu unterwerfen und zu erobern. (Er sagte sich:) ‚Wenn es (so ist), daß mir die westlichen Könige, die Christen sind, nicht helfen, wird mein Vorsatz nicht erfüllt werden'. Er bat darum den Katholikos, daß er ihm

[1] Istorija Mar Jabalachi III. i Rabban Saumy (1958).
[2] C. Brockelmann, Lexic. Syriac.² (= B.) 470 r. unter *sim* 4).

einen klugen Mann gäbe (48 Bedjan), der geeignet und passend wäre zur Gesandtschaft, auf daß er ihn zu jenen Königen schickte. Als der Katholikos sah, daß keiner da war, der die Sprache kannte, außer Rabban Ṣaumā, und er (Rabban Ṣaumā) dessen fähig befunden wurde[3], befahl er diesem, die Reise zu unternehmen.

Über die Reise Rabban Ṣaumā's zum Gebiet der Römer.

Rabban Ṣaumā sagte: ‚Ich bin begierig danach und eifrig'. Und sofort schrieb ihm König Arγūn Anweisungen an die Könige der Ioner und Phryger (*prōgāyē*) [das heißt: der Römer] und (gab ihm) *yarlīq*[4] sowie Briefe und Geschenke für jeden König besonders[5]. Rabban Ṣaumā (für seinen persönlichen Bedarf) gab er 2000 *miṯḳāl* in Gold, zusammen mit dreißig guten Reittieren (vermutlich Zug- und Saumtiere eingeschlossen) und einer Tafel, die seine Würde bezeichnete[6]. Als er zur *ḳellīṯā*[7] kam, damit er auch ein Schreiben Mār Yaḇallāhā's, des Katholikos, empfange und um sich von ihm zu verabschieden, erlaubte ihm der Katholikos, die Reise zu unternehmen. (49 Bedjan) Doch als der Augenblick der Abreise gekommen war, war es ihm (dem Katholikos) nicht angenehm. Er sagte: ‚Wie wird es werden ? Du warst der Verwalter der *ḳellīṯā*, und du weißt, daß infolge deines Weggangs meine Obliegenheiten[8] durcheinander geraten werden'. Als er solche Worte gesprochen hatte, trennten sie sich unter Tränen voneinander. Die Schreiben und Geschenke, die angemessen waren, sandte er zum Papst mit ihm, Gaben gemäß Vermögen.

(*Rabban Ṣaumā in Byzanz*)

Rabban Ṣaumā brach auf, und mit ihm gingen einige Vortreffliche von den Priestern und Diakonen der *ḳellīṯā*. Er gelangte ins Land der Römer,

[3] B. 399 l.

[4] „Charters and ordinances concerning the administration": G. Vernadsky, The Mongols and Russia (1953) 109; N. Pigulewskaja, a. O. 151 Anm. 31; E. Wallis Budge, The Monks of Ḳûblâi Khân (1928) 64 plate V; 152 plate XIII.

[5] B. 219 l.

[6] B. 566 l. *paizā*, chines. *pai-tze*, mongol. *sönkör*; vgl. G. Vernadsky, a. O. 125.

[7] Damit wird eine *curia*: Verwaltungs- und Wohngebäude gleichermaßen umfassend, gemeint sein. Dazu vgl. arab. *ḳilliya* und jene *cellae*, die in den Namen der *circumcelliones* eingegangen sind; zuletzt H.-J. Diesner in: Wissenschaftl. Ztschr. der Martin-Luther-Universität Halle-Wittenberg, Ges.-Sprachw. VIII (1959), 1011; 1016 Anm. 53 und die dort angeführte Literatur.

[8] B. 488 r.

das die Ufer des Meeres von da ab umfaßte[9], und betrachtete die dortige Kirche. Er stieg ins Schiff, und seine Genossen mit ihm. Es waren auf dem Schiff mehr als 300 Menschen, und jeden Tag tröstete er sie mittels des Wortes über den Glauben. Die Menge derer, die auf dem Schiff saßen, waren Römer, und wegen der Würze seiner Rede ehrten sie ihn (Rabban Ṣaumā) in nicht geringem Maße. Nach Tagen erreichte er die große Stadt Konstantinopel. (50 Bedjan) Bevor sie eintraten, schickte er zwei Jünglinge zum Hof des Kaisers, um (ihn) wissen zu lassen, daß der Gesandte König Arγūn's gekommen sei. Der Kaiser befahl, daß einige ihnen entgegengingen und sie mit Gepränge und Ehre hineingeleiteten. Als Rabban Ṣaumā eingezogen war, bestimmte er (der Kaiser) ihm ein Haus [will sagen: eine Wohnung] als seinen Sitz. Nachdem er geruht hatte, ging er zum Kaiser Basileios[10]. Und nachdem er ihn begrüßt hatte, fragte ihn der Kaiser: ‚Wie geht es dir hinsichtlich der Erschöpfung infolge der See(fahrt) und der Reisemüdigkeit?' Er (Rabban Ṣaumā) antwortete: ‚Mit dem Anblick des christlichen Kaisers entfloh die Müdigkeit und entschwand die Erschöpfung. Sehr begierig nämlich war ich nach dem Anblick eures Kaisertumes — unser Herr möge es erhalten.'

Nachdem sie an Speise und Trank sich erquickt hatten, erbat er vom Kaiser, daß er die Kirchen und Gräber des Hauses der Väter sehen dürfe und auch die dortigen Reliquien der Heiligen. Der Kaiser übergab Rabban Ṣaumā den Großen seines Reiches, und alles (51 Bedjan), was dort war, zeigten diese ihm. Zuerst betrat er die große Kirche der Sophia, die 360 Türen besitzt, alle aus Marmor gefertigt[11]. Die Kuppel des Altars aber vermag niemand demjenigen, der sie nicht selbst sah, zu beschreiben sowie das Ausmaß ihrer Höhe und ihrer Größe anzugeben. Es war in der Kirche ein Bild Mariä, das Lukas der Evangelist verfertigt hatte. Er (Rabban Ṣaumā) sah auch die Hand Iohannes' des Täufers sowie die Reliquien Lazari und Maria Magdalenas, auch jenen Stein, der auf das Grab unseres Herrn gelegt worden war, nachdem ihn Ioseph (von Arimathia), der Ratsherr, vom Kreuz abgenommen hatte: Maria hat auf jenem Stein geweint; bis jetzt ist die Stelle ihrer Tränen feucht, und so oft auch jene Feuchtigkeit beseitigt wurde, wurde sie (die Stelle) wieder feucht. Er sah auch jenen Krug aus Stein, darin

[9] An der Ostseite des Schwarzen Meeres gelangt er irgendwo zum byzantinischen Küstengebiet. Unzutreffend N. Pigulewskaja, a. O. 152 Anm. 32.

[10] In Wahrheit handelte es sich um Andronikos II. Palaiologos 1282—1328. Oder ist βασιλεύς zu verstehen und als Glosse zu deuten?

[11] B. 327 r.

unser Herr Wasser in Wein verwandelt hatte (52 Bedjan) in Kana (*ḳāṭnē* Pšīṭtā: Joh. 2,1) von Galiläa. Ebenso den Schrein (γλωσσόκομον) einer der Heiligen, der in jedem Jahr herausgeholt wird; jeder Kranke, den man darunterlegt, wird geheilt. (Dann) den Schrein Iohannes Chrysostomos'. Er sah den Stein, darauf Simon Petrus saß, als der Hahn krähte. Auch das Grab des siegreichen Kaisers Konstantin, das (aus) gewissem rötlichem Stein[12] (Porphyr), sowie das Grab Iustinians, das aus grünlichem Stein war. Ebenfalls die Ruhestätte der 318 Väter, die alle in einer großen Kirche beigesetzt sind[13]; ihre Körper sind nicht verwest, weil sie den Glauben befestigt haben. Auch sahen sie viele Sarkophage der heiligen Väter und viele Amulette sowie Standbilder (*w-ṣūrāṯā* corr.), zusammengefügt aus Erz und Stein.

So trat (schließlich) Rabban Ṣaumā beim Kaiser Basileios ein und sagte: ‚Der Kaiser lebe in Ewigkeit! Ich danke meinem Herrn, daß ich des Anblicks dieser heiligen Sarkophage gewürdigt wurde. Jetzt, wenn der Kaiser es gestattet, gehe ich weiter, um den Befehl (53 Bedjan) König Arγūn's auszuführen. Den Befehl nämlich, daß ich das Land der Franken (*prangāyē* corr.; *prōgāyē* codd.) aufsuche'. Daraufhin erwies ihm der Kaiser Wohltaten, gab ihm Geschenke aus Gold und Silber.

(*Rabban Ṣaumā in Italien und im großen Rom*)

Von dort ging er, um in See zu stechen. Er sah am Ufer des Meeres eine Siedlung der Römer, und in ihrer Schatzkammer aufgestellt (sah er) zwei Schreine aus Silber, deren einer das Haupt Iohannes Chrysostomos' enthielt, der andere (das Haupt) des Papstes, der Kaiser Konstantin getauft hatte. Er (Rabban Ṣaumā) stach ins Meer und gelangte zu dessen Mitte. Er sah an einem Berg, daß von ihm den ganzen Tag Rauch emporstieg und in der Nacht sich an ihm Feuer zeigte. Niemand vermag in seine (des Berges) Nähe zu gelangen infolge des Schwefelgestankes. Man sagt, daß dort ein großes Ungeheuer hause[14]; darum wird es Meer des Drachens[15] genannt.

[12] B. 482 l. unter 5): „gemma rubicunda".

[13] Weder bei R. Janin, La géographie ecclésiastique Byzantine 3 (1953) noch im Synaxarium eccl. Constant., ed. H. Delehaye (1902), haben wir davon etwas finden können. Es sind die 318 Väter des Konzils von Nikaia, des einzigen, das die Nestorianer anerkennen; vgl. Chron. von Seʿert 3, 505, 4 Scher und ebenso 1, 263, 4; 7; 272, 11; 276, 9; 282, 10; 290, 15. Ebenso Bērūnī, chron. 295, 17 Sachau. N. Pigulewskaja, a. O. 89, hat die Stelle unerklärt gelassen.

[14] B. 828 r.: „belua marina, draco".

[15] *d-āṭalyā* corr.; *d-āṭelyā* Bedjan: Wortspiel mit *d-īṭālyā*.

Gefürchtet ist[16] jenes Meer: viele Schiffe[17] (54 Bedjan) der Menschen gingen in ihm zugrunde. Nach zwei Monaten gelangte er (wieder) ans Ufer des Meeres (an Land), nach viel Mühe, Anstrengung und Pein, und landete bei der Stadt, deren Name Napoli ist: der Name ihres Königs war *ir-rē ḏ-šrdlw*[18] (Karl II. von Anjou). Er (Rabban Ṣaumā) trat bei dem König ein und berichtete ihm, warum sie gekommen seien. Er (der König) empfing ihn freundlich und ehrte ihn. Es spielte sich (gerade) ein Krieg ab zwischen ihm und einem anderen König[19], dessen Name *ir-rē ḏ-araḵōn* war (Jakob II. von Aragon 1285—95). Jenes (des zweiten) Heere kamen in vielen Schiffen; was diesen (den ersten) angeht, so waren seine Heere bereit; und (so) führten sie Krieg gegeneinander. Es besiegte *ir-rē ḏ-araḵōn* den König *ir-rē ḏ-šrdlw*, tötete von ihnen (dessen Kriegern) 12000 Mann, und versenkte ihre Schiffe ins Meer, wobei Rabban Ṣaumā und seine Genossen auf dem Dach des Hauses saßen und über die Gewohnheit der Franken staunten, wie sie niemanden verwundeten, ausgenommen solche, die zu den Kämpfenden gehörten. (55 Bedjan) Von dort gelangten sie auf einem Reittier (oder: Wagen) zu Lande weiter. So oft[20] sie Städte und Dörfer passierten, wunderten sie sich, daß es kein Tal gab, das von einer Baulichkeit frei gewesen wäre. Er (Rabban Ṣaumā) hörte unterwegs, daß der Papst (Honorius IV. 1285—1287) gestorben war.

Tage danach gelangten sie zu dem großen Rom. Er betrat die Kirche Petri und Pauli, weil darin sich die *ḳellīṯā* des päpstlichen Stuhles befindet. Nach dem Tode des Papstes verwalteten den Stuhl zwölf Männer, sie hießen Kardinäle. Als diese Rats hielten, daß sie einen (neuen) Papst[21] einsetzten, schickte Rabban Ṣaumā zu ihnen: ‚Wir sind Gesandte vom König Arγūn und vom Katholikos des Ostens'. Die Kardinäle befahlen ihnen einzutreten. Ein Franke, der Rabban Ṣaumā begleitete, belehrte sie, daß, wenn sie die *ḳellīṯā* des Papstes beträten — dort war ein Altar —,

[16] *dḥīlū* (<**dḥīl-hū*) der Aussprache gemäß ohne *h* geschrieben.

[17] Feminin, vgl. Th. Nöldeke, Kurzgef. syr. Gramm.² 54 unten.

[18] Vgl. Barhebraeus, chron. Syr. 484, 16 *rēḏaprans* „König Frankreichs". *Ir-rē* ist: il rè. Überliefertes *šrdlw* wird meist als *Charles* oder ähnlich gedeutet. Zuletzt N. Pigulewskaja, a. O. 152 Anm. 35. Dagegen spricht das vorangehende *d-*. Gemeint sind **Sarduli*, Bewohner Sardiniens, das den Anjou von den Staufern her gehörte.

[19] Th. Nöldeke, a. O. 189 f. § 251.

[20] B. 269 r. gibt *kaḏ ṭāḇ* „quamquam", was hier nicht paßt.

[21] Einfaches *pāpā* im Gegensatz zu *mār pāpā*, der Bezeichnung der bestimmten päpstlichen Person.

sie vor diesem niederknieen und dann von ihm her (56 Bedjan) voranschreiten sollten, um ihren Gruß den Kardinälen zu entbieten. So taten sie, und es gefiel jenen Kardinälen. Als Rabban Ṣaumā bei ihnen eintrat, stand niemand vor ihm auf. Denn solches war nicht Gewohnheit bei diesen 12 wegen der Würde des (päpstlichen) Stuhles. Sie hießen Rabban Ṣaumā, sich zu ihnen setzen. Einer von ihnen fragte ihn: ‚Wie geht es dir nach der Mühsal des Weges?' Er antwortete ihm: ‚Infolge eurer Gebete bin ich wohlgemut (*bassīm* corr. dittogr.; *bassīmā* codd.) und ruhig'. Er sagte zu ihm: ‚Warum bist du hierher gekommen?' Er sagte zu ihm: ‚Die Mongolen und der Katholikos des Ostens haben mich zum Papst geschickt in der Angelegenheit Jerusalems. Auch Briefe haben sie mit mir geschickt.' Sie aber sprachen zu ihm: ‚Jetzt ruhe dich aus, und danach sprechen wir miteinander'. Sie wiesen ihm eine Wohnstätte zu und brachten ihn dorthin.

Nach drei Tagen schickten die Kardinäle (und) riefen ihn. Als er zu ihnen gegangen war, begannen sie ihn zu fragen: ‚Was[22] ist das für eine Gegend? Und wozu bist du gekommen?' Er sprach dieselben (57 Bedjan) Worte. Sie sagten zu ihm: ‚Wo wohnt der Katholikos? und welcher Apostel hat eure Gegend missioniert?' Er antwortete ihnen: ‚Thomas, Addai und Mares[23] haben unsere Gegend missioniert. Die Ordnungen, die sie uns überliefert haben, halten wir bis jetzt aufrecht.' Sie sagten zu ihm: ‚Wo ist der Stuhl des Katholikos?' Er sagte ihnen: ‚In Baghdad'. Sie begannen (erneut): ‚Du, welche Stellung hast du dort?' Er antwortete: ‚Diakon der *ḳellīṯā*, Lehrer der Schüler und allgemeiner[24] Visitator (περιοδεύτης) bin ich'. Sie sagten: ‚Eine Seltsamkeit ist, daß du Christ bist und Diakon des patriarchischen Stuhles des Ostens und doch in einer Gesandtschaft des Mongolenkönigs gekommen bist'. Er sagte: ‚Wisset, unsere Väter, daß viele unserer Väter die Länder der Mongolen, Türken und Chinesen bereist und sie missioniert haben. Und heute sind die mongolischen Christen zahlreich. Es gibt Söhne von Königen und Königinnen (58 Bedjan), die getauft sind und sich zum Messias bekennen. Im Heer(lager: *mašrīṯā*, oben 1, 140) bei ihnen (den Mongolen) gibt es Kirchen. Die Christen sind sehr geschätzt. Und auch unter ihnen (den Angehörigen des Heeres) sind die Gläubigen zahlreich. Der König, weil er in Liebe mit dem Katholikos verbunden ist und den Vorsatz hat, Palästina und

[22] Th. Nöldeke, a. O. 167 § 221 Ende.

[23] Mares (*mry*) war Schüler Addai's: R. Payne Smith, Thesaurus Syriacus 2 (1901) 1997; 2225.

[24] B. 108 l.

die Ortschaften Syriens zu erobern, erbittet von euch Hilfe bei der Einnahme Jerusalems. Zu diesem Zweck hat er mich ausgewählt und gesandt, weil dadurch, daß ich Christ bin, meine Rede bei Euch[25] Glauben findet.'

Sie sagten zu ihm: ,Was ist dein Bekenntnis? Auf welchen Glaubensweg bist du festgelegt? (Ist es) der, den heutzutage der Papst verfolgt oder ein anderer?' Er entgegnete: ,Wir sind Östliche; niemand vom Papst ist (je) zu uns gekommen. Die heiligen Apostel nämlich, die ich erwähnt habe, haben bei uns missioniert, und an dem, was sie uns überliefert haben, halten wir bis heute fest.' Sie sagten: ,In welcher Weise glaubst du? Lege deinen Glauben dar.'

Der Glaube Rabban Ṣaumā's, den jene Kardinäle von ihm (zu hören) forderten.

Er antwortete ihnen: ,Ich glaube an *einen* Gott, den unsichtbaren, den ewigen[26], der ohne Anfang und ohne (59 Bedjan) Ende ist. (Das bedeutet:) Vater, Sohn und heiliger Geist, drei Personen, die wesensgleich sind und nicht getrennt, bei denen es keinen gibt, der früher oder später, jünger oder älter wäre; die hinsichtlich der Natur zwar eins sind, hinsichtlich der Personen aber drei: der Vater ist der Erzeuger, der Sohn der Erzeugte, der Geist ist der sich Ergießende'. (Er sagte[27]:) ,nach (*ba-ḥrāyaṯ* corr.; *ba-ḥrā'iṯ* codd.) gewisser Zeit ging eine der Personen der königlichen Dreiheit, der Sohn nämlich, vollkommen in den Menschen ein: Jesus, der Messias, seitens Mariae, der heiligen Jungfrau. Er vereinte sich mit ihm (dem Menschen) προσώπῳ, und in ihm (aufgehend) rettete er die Menschen. Hinsichtlich[28] seiner Göttlichkeit wurde er in ewiger Weise vom Vater, hinsichtlich seiner Menschlichkeit in zeitlicher Weise von Maria geboren. Einheit nämlich besagt Untrennbarkeit und Unscheidbarkeit in Ewigkeit; Einheit (meint), daß weder Verschmelzung noch auch Vermischung oder Zusammensetzung (vorliegen). Es ist dieser Sohn (derart), daß die Einheit den vollkommenen Gott (60 Bedjan) und den vollkommenen Menschen in sich begreift, *zwei* Naturen und *zwei* Personen, (aber) *ein* πρόσωπον.' Sie sagten ihm: ,Geht der heilige Geist vom Vater aus oder vom Sohn, oder sind sie voneinander geschieden?' Er antwortete: ,Vater, Sohn und Geist, sind sie untereinander

[25] B. 627 l.
[26] B. 409 r. Das Folgende ist knapp zusammengefaßt bei Mas'ūdī, *murūǧ* 2, 328, 9f.
[27] Wiederaufnahme des *d-* vom Beginn der Rede (58, 16 Bedjan).
[28] Wiederaufnahme des *d-* vom Beginn der Rede.

verbunden in dem, was die Natur angeht, oder getrennt?' Sie antworteten: ,Verbunden in dem, was die Natur angeht; getrennt hinsichtlich (ihrer) ἴδια'. Er sagte: ,Was sind ihre ἴδια?' Sie sagten: ,Das des Vaters die Erzeugerschaft, das des Sohnes das Erzeugtwerden, das des Geistes die Ergießung'. Er sagte: ,Welcher von ihnen (dreien) ist die Ursache des anderen?' Sie sagten: ,Der Vater ist die Ursache des Sohnes, und der Sohn die Ursache des Geistes'. Er sagte: ,Wenn dem so ist, daß sie gleichgestellt sind in dem, was die Natur angeht, hinsichtlich der Tätigkeit, der Kraft und der Herrschaft und die drei Personen ein und derselbe[29] sind, wie ist dann möglich, daß einer die Ursache des anderen sei? Es wäre (außerdem) nötig, (61 Bedjan) daß auch der Geist die Ursache für etwas anderes sei. Aber die(se) Rede geht über das Bekenntnis der Weisen hinaus. Wir finden kein *exemplum*, das dieser eurer Rede angemessen wäre. Siehe, die Seele ist Ursache des λόγος *und* des βίος, und nicht ist der λόγος Ursache des βίος. Die σφαῖρα der Sonne ist die Ursache des Glanzes *und* der Wärme, und nicht ist die Wärme Ursache des Glanzes. So hingegen denken wir, daß es schön sei, daß der Vater die Ursache für den Sohn ist *und* für den Geist und daß sie beide von ihm verursacht werden. Adam zeugte Seth und brachte Eva hervor, und drei sind diese, was Erzeugung und Hervorbringung angeht, aber sie sind nicht verschieden, was die menschliche Natur überhaupt (angeht.' Sie sagten: ,Wir bekennen, daß der Geist vom Vater und vom Sohn ausgeht, nicht so, wie wir's gesagt haben; wir haben nur durch die Rede deine Unantastbarkeit in Versuchung geführt'. Er sagte: ,Nicht ist richtig, daß für irgend eines zwei oder drei oder vier die Ursache bilden, vielmehr, meine ich, entspricht dies nicht unserem Bekenntnis'. Sie traten seiner Rede (62 Bedjan) mit vielen *exempla* entgegen, gleichwohl achteten sie ihn auf Grund seiner Rede.

Er sagte ihnen: ,Ich bin nicht von fernen Orten gekommen, damit ich disputiere, auch nicht, damit ich Dinge des Glaubens lehre. Sondern, um vom Papst und von den Gräbern der Heiligen gesegnet zu werden, bin ich gekommen. Und um mitzuteilen das Wort des Königs und des Katholikos. Wenn es in euren Augen gut ist, lassen wir die Disputation. Ihr laßt euch das gesagt sein und beordert jemanden, mir die hiesigen Kirchen und die Gräber der Heiligen zu zeigen. Große Güte erweist ihr[30] (damit) eurem

[29] B. 318. l.; Th. Nöldeke, a. O. 173 § 230: *hū ḵaḏ hū*. Hier beide Male *hū* ohne *h* geschrieben gemäß der Lesung: *iṯaihōnū ḵaḏū*.

[30] B. 745 l.

Knecht und eurem Schüler.' Sie riefen den Präfekten der Stadt sowie einige von den Mönchen und befahlen ihnen, ihm die Kirchen und die Stätten der dortigen Heiligen zu zeigen. Sie gingen sogleich aus und besahen die Stätten, deren wir jetzt gedenken werden. Zuerst betraten sie die Kirche Petri und Pauli. Unterhalb des Stuhles nämlich ist ein ναός, in dem (63 Bedjan) der Leichnam des heiligen Petrus liegt. Über dem Stuhl befindet sich ein Altar. Der Altar im Innern jenes großen Heiligtums hat vier Tore, und jedes Tor hat Türflügel mit Bildern (oder Ornamenten) versehen, aus Eisen. Am Altar zelebriert der Papst; außer ihm steht niemand an der Bank jenes Altars. Danach sahen sie jenen Stuhl Petri, darauf sie den Papst Platz nehmen lassen, wenn sie ihn einsetzen. Desgleichen sahen sie ein Stück reinen (oder: feinen) Leinens, dem unserer Herr sein Bild eingeprägt und das er dem König Abgar von Edessa gesandt hatte. Die Größe und Pracht jenes Heiligtums ist unbeschreiblich; es steht auf 108 Säulen. Es ist auch ein anderer Altar da, an dem der König ihrer Könige die Handauflegung entgegennimmt — genannt wird der König der Könige *amprōr* — seitens des Papstes. Sie sagen, daß nach den Gebeten der Papst die Krone zu seinen Füßen nehme und ihn (den Kaiser) (damit) bekleide. (64 Bedjan) Jener aber setzt sie ihm (dem Papst) aufs Haupt, zum Zeichen dessen, daß das Priestertum über das Königtum herrsche, sagen sie.

Nachdem sie die Kirchen und Klöster insgesamt im großen Rom gesehen hatten, gingen sie aus der Stadt zur Kirche des Apostels Paulus. Auch sein Grab ist unter dem Altar, und die Kette, mit der Paulus gefesselt war, als er hierher geführt wurde, ist eben dort. Was jenen Altar angeht, so steht auf (oder: in) ihm ein Schrein aus Gold, und es ist darin das Haupt des Blutzeugen Stephanus sowie die Hand Ananias', der Paulus getauft hat; auch der Stab des Apostels Paulus ist dort. Von dort gingen sie zu dem Ort, wo Apostel Paulus das Martyrium erlitt. Sie sagen nämlich: als sein (Paulus') Haupt abgehauen wurde, sprang es dreimal empor, und jedesmal rief es aus: ‚Messias, Messias!' Den drei Stellen, auf die es niederfiel, entsprangen Quellen, jeweils dort, und sie bewirkten Heilung und Hilfe für alle Bedrängten. An jenem Ort ist ein großes Heiligtum (65 Bedjan), darin sind Knochen der Blutzeugen und siegreichen Väter; sie (Rabban Ṣaumā und seine Begleitung) wurden von ihnen gesegnet. Sie betraten die Kirche der Herrin Maria und Iohannes' des Täufers, und sie sahen in ihr den Rock unseres Herrn, jenen ungenähten. In jener Kirche befindet sich jener Tisch, auf dem unser Herr das eucharistische Opfer darbrachte, um es sodann seinen Jüngern zu geben; der Papst zelebriert in jedem Jahr an jenem Tisch die Ostersakramente. Es sind in jener Kirche vier Säulen aus Bronze; der Durchmesser jeder einzelnen beträgt sechs Ellen. Sie sagen, daß die (römischen) Kaiser sie von Jerusalem hätten bringen lassen. Sie sahen dort die Taufschale, in der Konstantin, der siegreiche Kaiser, getauft wurde; sie besteht aus schwarzem, geglättetem Stein. Die Säulen jenes Heiligtums sind 140 an Zahl (und) von weißem Marmor; groß nämlich ist die Kirche und weit sich dehnend. Sie sahen den Ort, an dem Simon Petrus mit Simon (Magus) disputierte, wo dieser fiel und sich die Knochen brach. Von dort (kommend) traten sie in die Kirche der Herrin Maria. Man holte für sie (Rabban Ṣaumā und seine Begleitung) einen Schrein aus Beryll heraus, in dem (66 Bedjan) sich das Kleid der Herrin Maria befindet und ein Stück von dem Holz, auf dem unser Herr schlief, als er Kind war; auch sahen sie das Haupt des Apostels Matthäus in einem Schrein aus Silber. Auch sahen sie den Fuß des Apostels Philippus und den Arm Jakobs, des Sohnes Zebedäi, in der dortigen Apostelkirche. Danach sahen sie Bauten, die keine Rede beschreiben kann. Darlegungen über Bauten, die langes Reden nötig machen hinsichtlich dessen, was dargelegt werden müßte, wurden darum beiseite gelassen.

Danach kehrten Rabban Ṣaumā und seine Gefährten zu den Kardinälen zurück, und er dankte ihnen dafür, daß sie ihn des Anblicks jener Gräber und deren Segnungen für würdig gehalten hatten. Es erbat Rabban Ṣaumā ihrer (der Kardinäle) Erlaubnis, nun zu dem König landeinwärts[31] von Rom[32] zu reisen. Sie erlaubten ihm zu reisen, sagten aber: ‚Wir können keine Antwort geben, bis ein (neuer) Papst eingesetzt ist'[33]. Von dort gingen sie zum Land Toscana und wurden (dort) ehrenvoll behandelt. Von dort (67 Bedjan) gingen sie nach Genua. Das ist eine Stadt, darin kein König ist, vielmehr bestellen die Bewohner zu ihrer Leitung einen Großen über sich (und zwar) jenen, den sie wollen. Als jene hörten, daß ein Gesandter König Arγūn's angekommen sei, da ging ihr Oberster mit der ganzen Menge hinaus, und man ließ ihn (Rabban Ṣaumā) unter Ehrungen in die Stadt eintreten. Es war dort eine große Kirche unter dem Namen

[31] *lgau* ist im Sinn von ἐντός gebraucht: ἐκ τοῦ ἐντός „nach innen". Der Gedanke verlangt, daß ein König ἐντὸς ʽΡώμης, jenseits und auswärts von Rom gemeint ist. Ähnlich N. Pigulewskaja, a. O. 86 und Barhebraeus, chron. Syriac. 484, 16 f.

[32] Gemeint ist der König von Frankreich.

[33] Wieder einfaches *pāpā* im Gegensatz zu sonstigem *mār pāpā*.

San Lorenzo (*sānlōranzā* corr.; *sēnālorniyā* edd.), des Heiligen; in ihr befindet sich der heilige Leib Iohannes' des Täufers in einem Schrein aus reinem Silber. Sie sahen eine sechseckige Schüssel aus Smaragd. Es sagten ihnen jene Leute (die Genuesen): ‚Das ist jene, daraus unser Herr das Passah mit seinen Jüngern aß, und als Jerusalem erobert worden war, wurde sie (die Schüssel) hergebracht'. Von dort gingen sie ins Land der Lombarden[34] und sahen die dortigen Menschen, die am ersten Fasten-Sabbath nicht fasteten. Und als sie sie fragten: ‚Warum tut ihr dies und scheidet euch selbst von allen Christen?', (68 Bedjan) da (*pannīu* corr; *w-pannīu* codd.) antworteten sie: ‚Es ist dies unsere Gewohnheit; im Anfang unserer Bekehrung waren unsere Väter im Glauben schwach und vermochten nicht zu fasten. Da befahlen ihnen ihre Lehrer, nur 40 Tage zu fasten'.

(*Rabban Ṣaumā in Frankreich oder Frangestān*)

Danach gingen sie zur Stadt Paris zum König der Franzosen[35]. Der König schickte ihnen viele Menschen entgegen, und diese ließen sie mit Ehre und vielem Gepränge einziehen. Es dehnten sich nämlich seine Länder (der Weg durch sie) die Spanne eines Monats und mehr. Er bestimmte ihnen einen (Wohn-)Ort. Nach drei Tagen sandte der König der Franzosen zu Rabban Ṣaumā einen der Praefekten und ließ ihn rufen. Als er kam, stand er (der König) vor ihm auf, ehrte ihn und sagte zu ihm: ‚Weswegen bist du gekommen? Und wer hat dich geschickt?' Er sagte zu ihm: ‚König Arγūn und der Katholikos des Ostens haben mich geschickt in der Angelegenheit Jerusalems'. Und er erzählte ihm alles, (69 Bedjan) was er wußte, und gab ihm die Briefe, die er bei sich hatte, und die Gaben [nämlich die Geschenke], die er mitgebracht hatte. Es antwortete ihm der König der Franzosen: ‚Wenn es so ist, daß die Mongolen, obwohl[36] sie nicht Christen sind, wegen der Eroberung Jerusalems mit den Arabern kämpfen, dann ziemt es uns um so mehr, daß wir kämpfen und mit einem Heer ausziehen, wenn unser Herr es will'. Es sagte zu ihm Rabban Ṣaumā: ‚Jetzt, da wir die Glorie eures Königtums gesehen und den Glanz eurer Stärke mit körperlichem Auge erblickt haben, bitten wir euch zu befehlen, daß uns die Söhne der Stadt die Kirchen, Gräber und Reliquien der Heiligen zeigen, sowie alles,

[34] Überl. *onbār*, unter Weglassung des vermeintlichen arabischen Artikels, der im persischen Original (P. Bedjan, Einleitung X) geschrieben war.

[35] Hier und 69, 2 f. *malkā pransīs*. Gemeint ist Philipp IV. der Schöne 1285—1314.

[36] B. 269 r. Zeile 6f.

was sich bei euch findet, aber anderswo nicht. So daß, wenn wir zurückkehren, wir überall anzeigen und mitteilen können, was wir bei euch gesehen haben.' Der König nun befahl seinen Praefekten: ‚Gehet (und) zeiget alle wunderbaren Dinge, die bei uns sind, und danach werde ich zeigen, was bei mir ist'. Die Praefekten zogen mit ihnen los. (70 Bedjan) Sie (Rabban Ṣaumā und seine Begleiter) blieben einen Monat[36a] in jener großen Stadt Paris, und sie sahen alles, was es dort gibt. Denn es befinden sich dort 30000 Scholaren, die nämlich die kirchlichen Lehren, die Exegese und auch die profane[37] Lehre studieren: nämlich die Erklärung (der Lehren) und die Exegese aller heiligen Schriften, dazu die Geisteswissenschaft, das heißt: Philosophie und Rhetorik, gleichfalls die Medizin, die Geometrie und Arithmetik, die Lehren der Sphären und der Sterne, die sie ständig darzulegen sich bemühen. Alle diese (Scholaren) empfangen (ihren) Unterhalt vom König. Sie sahen in einer großen Kirche dort die Schreine der Könige, die entschlafen waren, und ihre Bilder aus Gold und Silber auf ihren Gräbern. Es stehen im Dienst des Gräberhauses jener Könige 500 Mönche, die essen und trinken (als) vom König (Unterhaltene) und die ständig befaßt sind mit Fasten und Gebet beim Gräberhaus jener Könige. Und die Kronen jener Könige und ihre Waffen (71 Bedjan), gleichfalls ihre Gewänder auf jenen Gräbern — überhaupt alles, was schön und großartig war, sahen sie.

Danach sandte jener König (nach ihnen) und rief sie (Bar Ṣaumā und seine Begleiter) (zu sich), und (so) gingen sie zu ihm in die Kirche. Sie sahen, wie er zu Seiten des Altars stand, und grüßten ihn. Er fragte Rabban Ṣaumā: ‚Habt ihr gesehen, was es bei uns gibt? Ist für euch (an Sehenswertem auch) nichts (offen) geblieben?' Er (Bar Ṣaumā) dankte ihm. Sofort stieg er mit dem König hinauf zu einem oberen Teil (des Altars) aus Gold; der König öffnete diesen und holte aus ihm einen Schrein aus Beryll heraus, darin jene Dornenkrone liegt, die die Juden auf das Haupt unseres Herrn gesetzt hatten, als sie ihn kreuzigten. Man sieht die Krone in dem Schrein, auch wenn er nicht geöffnet ist, infolge der Reinheit jenes Beryll. Es ist in ihm auch ein Stück[38] vom Holz des Kreuzes. Der König sagte zu ihnen: ‚Als unsere Väter Konstantinopel nahmen und Jerusalem plünderten, brachten sie diese Heiligtümer[39] von dort'. Wir beglückwünschten den König,

[36a] B. 309 l.
[37] B. 88 l.
[38] B. 394 l.
[39] B. 96 r.

und wir legten ihm nahe, uns den Befehl zur Rückkehr zu geben. (72 Bedjan) Er (der König) sagte zu uns: ,Einen von den großen Praefekten, der bei mir ist, schicke ich mit euch, um König Arγūn Antwort zu geben'. Er gab ihm Geschenke und prächtige[40] Kleider.

(*Rabban Ṣaumā geht zum König von England*)

Sie gingen weg von dort, das heißt von Paris, um zum König[41] von England nach Saxonien (ins Land der Angelsachsen[42]) zu gehen. Als sie in zwanzig Tagen zu ihrer Stadt gelangt waren, gingen ihnen die Söhne der Stadt entgegen und fragten sie: ,Wer seid ihr?' Sie antworteten ihnen: ,Gesandte sind wir, und von weither von den östlichen Meeren sind wir gekommen. Gesandte sind wir des Königs, des Patriarchen und der mongolischen (Unter-)Könige.' Jene Männer gingen eilig zu jenem König und unterrichteten ihn. Mit Freude nahm er sie auf, und man ließ sie bei ihm eintreten. Die Leute Rabban Ṣaumā's gaben ihm sogleich die Anweisung König Arγūn's und die Geschenke, die er ihm (dem englischen König) geschickt hatte, mit dem Brief des Katholikos (73 Bedjan). Er freute sich sehr. Mehr[43] aber noch, als die Rede auf die Angelegenheit Jerusalems kam: da wuchs seine Freude. Er sagte: ,Wir als die Könige dieser Städte tragen auf den Leibern das Kreuz als Zeichen, und wir haben keinen Gedanken als an diese Angelegenheit. Vermehrt wurde mein Wollen, als ich von dem, woran ich gedacht hatte, hörte, daß auch König Arγūn darauf sänne.' Er befahl Rabban Ṣaumā, daß er das Meßopfer vollziehe, und so vollzog dieser die gepriesenen Mysterien, während der König und die Söhne seines Königreiches dabei standen, und der König empfing die Hostie. Es veranstaltete der König ein großes Trinkgelage an jenem Tag. Darauf sagte Rabban Ṣaumā: ,Wir bitten, o König, daß hinsichtlich der Kirchen und Sarkophage, die sich dieserorts befinden, du befehlest, daß man sie uns zeige, sodaß, wenn wir zu den Söhnen des Ostens gehen, wir (davon) berichten (können)'. Er antwortete: ,So möget ihr König Arγūn (und) auch den Söhnen des Ostens allen sagen: wir haben gesehen — und nichts ist wunderbarer als dies — daß es in den Ländern der Franken nicht zwei Bekenntnisse gibt, sondern daß (nur) ein einziges Bekenntnis: das für Jesus, den Messias,

[40] B. 729 r.
[41] Eduard I. 1272—1307.
[42] *Malkā ʾlnāgṭar la-ḵsōnyā*. Zur Deutung des Überlieferten vgl. P. Bedjan S. 72 Anm. 2.
[43] B. 392 r.

abgelegt wird, denn alle sind Christen'. Er ließ uns viele Geschenke und Aufwendungen (δαπάναι)[44] zukommen.

(74 Bedjan) (*Rabban Ṣaumā kehrt nach Rom zurück*)

Von dort kamen wir[45], um in der Stadt Genua zu überwintern, und als wir dort angekommen waren, sahen wir einen Garten, der dem Paradies ähnelte. Weder ist sein Winter kalt noch sein Sommer heiß. Das ganze Jahr hindurch findet man Grünes in ihm und Bäume, deren Blätter nicht abfallen und die nie der Früchte beraubt werden[46]. Es gibt dort (in dem Garten) eine Art Weinbeeren, die der (zugehörige) Weinstock siebenmal im Jahr trägt, aber Wein preßt man nicht aus ihnen.

Zu Ende des Winters kam aus dem Land der Deutschen (*almānān* corr.: *almāḏān* überl.) ein hervorragender Mann, der Visitator des Papstes war, um nach Rom zu gehen. Als er hörte, daß Rabban Ṣaumā dort war, ging er zu ihm, um ihn zu begrüßen. Als er eintrat, entboten sie einander den Gruß und küßten einander in messianischer Liebe. Er sagte zu Rabban Ṣaumā: (75 Bedjan) ,Dich zu sehen bin ich gekommen. Denn ich habe über dich gehört, daß du ein guter und weiser Mann seiest, und auch, daß du die Absicht habest, nach Rom zu gehen.' Rabban Ṣaumā sagte zu ihm: ,Was[47] sage ich dir, Geliebter (und) Verehrter? (Sagen kann ich nur,) daß ich zum Papst in einer Gesandtschaft gekommen bin im Auftrag König Arγūn's und des Katholikos des Ostens wegen Jerusalems. Siehe, ein Jahr[48] ist mir (nun schon vergangen), und es ist (noch immer) kein Papst eingesetzt worden. Was soll ich, wenn ich gehe, den Mongolen sagen und antworten? Jene (die Ungläubigen), deren Herz härter ist als Stein, wollen die heilige Stadt erobern. Und diejenigen, denen diese gehört, kümmern[49] sich nicht (um sie); auch achten sie diese Angelegenheit für nichts. Was wir, wenn wir gehen, sagen sollen, wissen wir nicht.' Der Visitator sagte zu ihm (zu Rabban Ṣaumā): ,Wahr sind deine Worte. Ich gehe und teile alle Worte, die du gesprochen hast, in ihrem Wortlaut den Kardinälen mit und dränge sie, einen Papst einzusetzen.'

[44] B. 439 r.; Altheim-Stiehl, Die aramäische Sprache 2. Lfg., 138; 140f.

[45] Der Übergang der Erzählung von der dritten Person Plur. in die erste (so auch schon 71, 16f. Bedjan) ist um der antiken ,Wir'-Berichte wichtig: E. Norden, Agnostos Theos (Neudr. 1956) 313f.

[46] Oder: die nie ohne Früchte sind.

[47] Th. Nöldeke, a. O. 46 § 68.

[48] Ähnlich oben 70, 1 Bedjan.

[49] B. 54 r.

Es brach jener Visitator auf, ging nach Rom und machte dem Rat (*melkā* corr.; *malkā* Bedjan) Mitteilung; jener ⟨setzte⟩ (daraufhin) den Papst ⟨ein⟩[50]. (76 Bedjan) An diesem Tage schickte er (der Visitator) einen Gesandten zu ihnen, daß Rabban Ṣaumā und seine Leute sich aufmachen sollten. Diese zogen sofort nach der Ankunft des Gesandten eilfertig los in Richtung Rom und gelangten in 15 Tagen dorthin. Sie fragten: ‚Wer ist dieser Papst, den sie eingesetzt haben?' Sie sagten ihm: ‚Jener Bischof, der mit euch sprach, als ihr das erste Mal kamt, Nikolaus mit Namen'[51a]. Sie freuten sich sehr. Als sie ankamen, ließ auch der Papst ihnen Leute entgegengehen: den Metropoliten mit vielen Leuten. Es trat sogleich Rabban Ṣaumā beim Papst ein, während dieser auf seinem Stuhl saß. Mit Verbeugung näherte er (Rabban Ṣaumā) sich ihm, küßte seine Füße und seine Hände und trat (sodann) mit gefaltenen Händen zurück[51b]. Er sagte zum Papst: ‚Bestehen möge dein Stuhl, o unser Vater, bis in Ewigkeit, gesegnet möge er sein (in der Herrschaft) über die Könige und Völker alle, und Frieden möge er herrschen lassen in deinen Tagen über die ganze Kirche (77 Bedjan) bis zu den Grenzen der Erde. Jetzt, da ich dein Antlitz erschaute, leuchten meine Augen, so daß ich nicht traurigen Herzens zu den Orten (des Ostens) gehen muß. Ich danke Gott, daß er mich deines Anblickes gewürdigt hat.' Und er (Rabban Ṣaumā) überreichte ihm (dem Papst) die Gabe König Arγūn's mit seinen Briefen wie auch die Gabe Mār Yaḇallāhā's des Katholikos [will sagen: das Geschenk] sowie dessen Briefe. Es freute sich der Papst, äußerte sein Wohlgefallen und ehrte Rabban Ṣaumā mehr als üblich. Er sagte zu ihm: ‚Schön wäre es, wenn du bei uns die Festtage begingest[52] und unsere Gebräuche sähest'. Jener Tag nämlich beschloß (wörtlich: war) die erste Hälfte der Fasten des Herrn[53]. Er antwortete: ‚Euer Befehl ist hoch und erhaben'. Der Papst teilte ihm ein Kloster als Wohnung zu und bestimmte Diener für ihn, die alles, was er wünschte, beschaffen sollten.

[50] Der Text bei Bedjan ist unverständlich. Meldung erstatten kann der Visitator nach dem Vorhergesagten nur den Kardinälen, also dem *melkā* (*malkā* ist sinnlos). Das folgende *hānau dēn l-mār pāpā* könnte als Apposition zu *melkā* verstanden werden: „jenem, der den Papst zu wählen hatte". Aber das Folgende läßt hier eine Mitteilung über die auf das Drängen des Visitators nunmehr tatsächlich erfolgte Inthronisation eines neuen Papstes erwarten. Man hat *aḳīm* zu ergänzen; also: *hānau dēn l-mār pāpā ⟨aḳīm⟩*.

[51a] Nicolaus IV. 1288—1292.

[51b] B. 82 r.

[52] B. 515 r.

[53] B. 402 l.

Nach einigen Tagen sagte Rabban Ṣaumā zum Papst: ‚Ich möchte das Meßopfer vollziehen, damit auch ihr *unsere* Gewohnheit seht'. Er (der Papst) befahl ihm, das Meßopfer zu vollziehen, wie er gebeten hatte. An jenem Tage versammelte sich viel Volks, (um zu sehen), wie (78 Bedjan) der Gesandte der Mongolen das Meßopfer vollzog. Als sie (es) sahen, freuten sie sich und sagten: ‚Die Sprache ist verschieden, aber der Ritus ist ein und derselbe'. Es war jener Tag, an dem er das Meßopfer vollzog, der Sonntag *ainau āsyā*[54]. Als er die heiligen Begehungen zelebriert hatte, trat er beim Papst ein und grüßte ihn. Dieser sagte zu Rabban Ṣaumā: ‚Gott wird dein Opfer annehmen, dich segnen und deine Schuld und Sünden vergeben'. Rabban Ṣaumā sagte: ‚Im Verein mit der Vergebung[55] der Schuld und Sünden, die ich von dir, o unser Vater, erhalten habe, erbitte ich von deiner Vaterschaft, o unser heiliger Vater, daß ich das eucharistische Opfer aus deinen Händen empfange, so daß die Vergebung für mich vollkommen (*mšamlai* corr.; *mšamlyā* codd.)[56] sei'. Er sagte: ‚So sei es'.

Am folgenden Sonntag, der der Palmsonntag (*'ēḏā ḏ-ōša'nē*)[57] ist, (und zwar) vom Morgen des Tages ab, versammelten sich Tausende und Zehntausende ohne Zahl vor dem (heiligen) Stuhl. Sie brachten Zweige des Ölbaumes, und er segnete diese. Er gab (davon) den Kardinälen, desgleichen den Metropoliten und Bischöfen, desgleichen den Präfekten, desgleichen den Großen, und desgleichen warf er (davon) allem Volk hin. Er stand vom Stuhl auf (79 Bedjan), und mit Gepränge trugen sie ihn zur Kirche. Er trat in den Chor (wörtlich: Haus der κόγχη B. 677 r.) ein und wechselte seine Kleider. Er legte die Gewänder[58] des (heiligen) Dienstes an, rote, die mit

[54] Was damit gemeint sein könnte, zu ermitteln, reichten die Kenntnisse der Verfasser nicht. N. Pigulewskaja, a. O. 91, deutet „*tot wrač*" als Hymnus, ohne Erläuterung. Die Ausgabe des Breviarium juxta ritum ecclesiae Antiochenae Syrorum im syrischen Text (7 Bände, Mosul 1886—96) stand nicht zur Verfügung. Bērūnī, chron. 309, 11 sagt, daß die Nestorianer gleich den Melkiten den Beginn der Fasten und das große Hosiannah feierten. Dieses lag auf dem letzten Sonntag vor dem Fastenbrechen (Bērūnī, chron. 303, 7f.) und fiel mit dem Palmsonntag zusammen. Es war der sechste seit Beginn der Fasten, und unser Text erwähnt ihn im unmittelbar Folgenden. Da die Hälfte der Fastenzeit vorüber war, kommt für den *ainau āsyā* genannten Sonntag noch der dritte oder fünfte nach Fastenbeginn (an einem Montag: Bērūnī, chron. 303, 7) in Betracht. Denn der vierte war nach 311, 5f. zwei armenischen Märtyrern geweiht.

[55] B. 246 l.

[56] B. 389 r. Ohne Änderung: „. . . die vollkommene sei". Th. Nöldeke, a. O. 153 § 204 F.

[57] B. 53 l.

[58] B. 373 l.

Gold, Edelsteinen, Hyazinthen (*gemmae*)[59] und Perlen durchwebt waren, bis zum Schuhwerk (*sōnā*) seiner Füße [will sagen zu den Schuhen (*msānē*)][60]. Er betrat den Altar und wandte sich zum βῆμα. Er verdolmetschte[60a], lehrte das Volk und zelebrierte die heiligen Handlungen. Rabban Ṣaumā erteilte er die Eucharistie zuerst, nachdem dieser seine Schuld bekannt und er (der Papst) ihm Absolution erteilt hatte hinsichtlich seiner Verfehlungen und Sünden wie derjenigen seiner Väter. Sehr freute er (Rabban Ṣaumā) sich über die Entgegennahme der Eucharistie aus der Hand des Papstes. Mit Tränen und Weinen empfing er die Eucharistie, indem er Gott dankte[61] und die Liebeserweisungen überdachte, die über ihn ausgegossen worden waren.

Danach, am Tage des heiligen Passah, ging der Papst zur Kirche Iohannes' des Täufers, nachdem sich viel Volks gesammelt hatte. Und er stieg zu der großen Empore dort hinauf, die (mit Teppichen) bedeckt und geschmückt[62] war. Vor der Empore befindet sich ein großer Vorplatz[63]. Mit ihm traten die Kardinäle, Metropoliten und Bischöfe ein und begannen (80 Bedjan) das Gebet. Als es vollendet war, verdolmetschte der Papst und ermahnte das Volk, wie es üblich ist. Von (Wegen ?) der Volksmenge hörte man keinen Laut außer ‚Amen'. Als das Amen gesprochen war, zitterte die Erde von ihrem (der Menschen) Seufzen. Von dort stieg er (der Papst) hinab und hin vor den Altar, er weihte[64] das Öl des μύρον [das heißt das Öl der Ölung]. Danach zelebrierte er die versöhnenden Sakramente und gab dem Volk (davon). Er stieg von dort herab und betrat das große Heiligtum. Er teilte (und) gab den frommen Männern, jedem einzelnen zwei Blätter aus Gold und dreißig Brakteaten (? *parpārē*)[65] aus Silber, dann ging er hinaus. Der Papst versammelte die Angehörigen seiner *ḳellīṯā*, wusch ihnen die Füße und trocknete sie mit einem σινδών, der gänzlich um seine Lenden geknüpft war. Als er die Riten des großen Passah vollendet hatte, veranstaltete er um die Mitte des Tages ein großes Gastmahl. Diener setzten jedem seine Portion

[59] B. 307 l.
[60] B. 454 l.
[60a] Gemeint ist die Auslegung der hl. Schrift, vgl. J. B. Chabot in: Journ. asiat. 1896, 66.
[61] B. 641 r. unter 4.
[62] B. 620 r. unten.
[63] B. 772 r.
[64] B. 707 r. f. „auxit".
[65] B. 605 l.

an Speisen vor. Es waren ungefähr 2000 Gäste. Als man das Brot des Gastmahls (vom Tisch) wegtrug, waren vom Tag (nur) noch drei Stunden übrig.

(81 Bedjan) Am folgenden Tag, auf den die Passion unseres Heilandes fällt, bekleidete sich der Papst mit einem schwarzen βίρρος, und alle Bischöfe ebenso; sie traten unbeschuht[66] hinaus und gingen zur Kirche des Herrn, Santa Croce (wörtl.: das verehrungswürdige Kreuz). Der Papst verneigte sich und küßte es (das Kreuz), dann gab er es jedem einzelnen der Bischöfe. Als die Volksmengen es sahen, entblößten sie ihre Häupter, fielen auf die Knie und erwiesen ihm (dem Kreuz) Verehrung. Er (der Papst) dolmetschte und ermahnte das Volk. Nachdem er das Kreuz nach (allen) vier Seiten gezeigt hatte und das Gebet vollendet war[67], brachte er (*aitī* corr.; *w-aitī* codd.) das Meßopfer des Passah dar und stellte den Wein daneben. Doch nahm der Papst nur für sich von jenem Meßopfer, weil es nicht üblich ist bei den Christen, das Meßopfer am Tage der Passion unseres Heilandes zu reichen. Dann kehrte er zu seiner *ḳellīṯā* zurück.

Am Tage des Ostersonnabends ging der Papst zur Kirche. Man verlas die Schriften der Propheten und die Prophezeiungen über den Messias. Er stellte die (Tauf-)Schale[68] auf und ordnete rings darum Myrtenzweige. Der Papst selbst zelebrierte die Taufe. Er taufte drei Knaben und machte das Zeichen des Kreuzes über sie. Er betrat (sodann) den Chor, entledigte sich jener Passionsgewandung (82 Bedjan) und legte seine Dienstgewänder an, deren Wert unbenennbar ist. Darauf zelebrierte er die heiligen Handlungen.

Am Sonntag der Auferstehung betrat der Papst die heilige Kirche der Herrin Maria. Er und die Kardinäle, Metropoliten und Bischöfe sowie die Volksmenge, entboten einander den Gruß und küßten einander auf den Mund. Er vollzog die heiligen Handlungen, und sie empfingen die Eucharistie. Dann betrat er die *ḳellīṯā*. Anschließend veranstaltete er ein großes Trinkgelage und (sorgte auch sonst für) Vergnügungen ohne Ende. Am nächsten (wörtlich: neuen) Sonntag vollzog der Papst die Handauflegung[69] und setzte drei Bischöfe ein. Es sahen Rabban Ṣaumā und die Seinen ihren (der Römer) Brauch und begingen die gesegneten Festtage mit ihnen.

[66] B. 249 l.
[67] Unverständliche Interpunktion bei Bedjan.
[68] B. 184—185.
[69] B. 471 l. unter 5.

Als diese vorbei waren, erbat er vom Papst die Weisung heimzukehren. Er (der Papst) sprach zu ihm: ‚Wir wünschen, daß du bei uns bleibst und mit uns lebst: wir würden dich wie unseren Augapfel hüten'. Rabban Ṣaumā antwortete: ‚Ich, o unser Vater, bin in einer Gesandschaft gekommen und dadurch (vorübergehend) in euren Dienst getreten. Wenn mein Kommen meinem eigenen Willen entsprungen wäre, würde ich an jener äußeren Tür eurer *ḳellīṯā* (83 Bedjan) die Tage dieses meines Lebens, das (nur) Staub ist, in eurem Dienst vollenden. Doch (dem ist nicht so. Andererseits,) wenn ich zurückkehre und die Gunsterweisungen, die ihr mir trotz meiner Elendigkeit erwiesen habt, den Königen dort schildere, so meine ich, daß es den Christen zu großer Erquickung gereichen wird. Ich erbitte nun von eurer Heiligkeit, daß ihr mir gütig etwas von den Reliquien überlaßt, die bei euch sind.' Der Papst sagte: ‚Wenn[70] es bei uns üblich wäre, von diesen Reliquien jemandem zu geben, dann würden sie dahinschwinden, auch wenn sie wie Berge zu zehntausenden vorhanden wären. Aber weil du von einer fernen Gegend gekommen bist, werden wir dir (ausnahmsweise) ein wenig geben.' Er gab ihm vom Kleid unseres Herrn, des Messias, eine einzige kleine Reliquie und vom Taschentuch[71] [will sagen Schweißtuch][72] der Herrin Maria wie von den Reliquien der dortigen Heiligen (weitere) kleine Reliquien. Er schickte Mār Yaḇallāhā, dem Katholikos, eine Krone für sein Haupt, aus reinem Gold, die mit Steinen von hohem Wert geschmückt war. Dazu Kleidungsstücke von seinen Dienstgewändern, rot und mit Gold durchwebt, sowie Schuhe[73], die mit kleinen Perlen benäht waren, und (andere) Schuhe (84 Bedjan); dazu einen Ring von seinem Finger. Außerdem einen Offenen Brief, der die Amtsgewalt des Patriarchats gegenüber allen Söhnen des Ostens verfügte. Rabban Ṣaumā gab er einen Offenen Brief der Visitation für alle Christen, segnete ihn und schenkte ihm für den Aufwand der Reise 1500 *miṯḳāl* roten Goldes. König Arγūn schickte er ein bestimmtes Geschenk. Er umarmte und küßte Rabban Ṣaumā und entließ ihn. Rabban Ṣaumā seinerseits dankte unserem Herrn, weil er ihn jener Liebeserweisungen für würdig erachtet hatte."

[70] Zur Konstruktion Th. Nöldeke, a. O. 296 § 374 B.

[71] B. 589 r. φακιόλιον.

[72] B. 539 r. „pallium" trifft für den vorliegenden Fall nicht zu. Es muß „sudarium" heißen.

[73] Zu *mūḳā* F. Rundgren in: Orient. Suec. 6 (1957), 60f.

ANHANG

Ausschnitte aus Barhebraeus' Chronicon Syriacum

(521, 25 Bedjan) „In diesem Jahr 76 (gemeint ist: 1576 der Ära Alexanders) kam Euthymios (522, 1 Bedjan), Patriarch Antiocheia's der Griechen, und brachte die Tochter Michaels (VIII.) Palaiologos zu Abāγā, dem König der Könige. Sein Vater (Hülagü) nämlich hatte vor langer Zeit Gesandte geschickt und um sie (die Tochter) gebeten. In diesem Jahr (nun), da sie übergeben wurde, (noch) bevor sie (Euthymios und Michaels Tochter) nach Kaisareia gelangten, wurde ihnen der Tod des Königs der Könige Hülagü gemeldet. Doch sie vermochten nicht umzukehren."

(502, 10 Bedjan) „Nachdem Michael (VIII. Palaiologos) kurze Zeit regiert hatte, nahm er sich vor, gegen Konstantinopel zu ziehen, weil er gehört hatte, daß ein (nur) kleines Heer dort sei mit Balduin (*bō'dwēn*), dem fränkischen König, seinem (Konstantinopels) Herrn. Auf seinem Marsch schickte er (Michael) (Beauftragte), ließ Nikephoros, Metropoliten von Ephesos, kommen und machte ihn zum Patriarchen in der Stadt Gallipoli an Stelle von Arsenios, der in der Verbannung lebte (C. Brockelmann, Lexic. Syriac.² [im folgenden: B.] 19 r. oben). Er brach von dort auf, zog weiter (und) machte bei Konstantinopel Halt. Aber er vermochte es nicht einzunehmen, weil die Einwohner der Stadt zusammen mit den Soldaten tapfer auf den Mauern standen und verbissen kämpften. Als Michael sah, daß er sein Ziel nicht erreichen würde, ließ er von ihm (Konstantinopel) ab und kehrte zurück. Nach kurzer Zeit griffen einander fränkische Kaufleute an, die Venezianer (*bundīḵāyē*) heißen, in der Stadt Akko, und jene, die Genuesen (*ğanāḇīz*) heißen, und es schlossen sich die Pisaner den Venezianern an. Als die andererorts wohnenden Venezianer (dies) hörten, eilten sie ohne Zögern herbei, um ihren Verbündeten (B. 334 l.) zu helfen, und auch Konstantinopel wurde von ihnen (den Venezianern) geräumt. Michael machte nunmehr einen anderen Anschlag (τέχνη). Er sagte zum Befehlshaber einer Burg, einem der Seinigen (der Anhänger Michaels), er solle Aufruhr melden und zu Balduin schicken (mit der Bitte), ein Heer zu senden, auf daß er (der Befehlshaber) ihm (Balduin) jene Burg übergebe. Der Befehlshaber der Burg handelte demzufolge. Er täuschte Balduin und führte ihn in die Irre. Als (503, 1 Bedjan) er (Balduin) das kleine Heer, das (in Konstantinopel) bei ihm war, weggeschickt hatte, machte sich Michael in Eile bereit, rückte los (und) hielt vor ihm (Konstantinopel). Er verleitete auch einige von den Einwohnern der Stadt, und in einer Nacht öffneten ihm diese ein altes Tor, das seit der Zeit Konstantins des Siegreichen (des Großen) nicht mehr geöffnet worden war[1]. Die Griechen drangen ein und zogen das Schwert (B. 733 r./734 l.) gegen sie (die Stadt). Mit Mühe (μόλις: B. 247 r./248 l.) vermochte Balduin sein Leben und das seiner Familie zu retten, indem sie auf einem kleinen κέρκυρον Platz nahmen und ins Land der Franken flohen. Derart blieb neuerlich (B. 728 r.) Konstantinopel den Griechen, nachdem es den Franken eine Zeitspanne von 53 Jahren gehört hatte."

(484, 15 Bedjan) „Danach, will sagen: im Jahr 1561 der Griechen (der Ära Alexanders = 1250 chr.) zog der König Frankreichs (*rēḏafrans*: Ludwig IX. der Heilige), einer von den inneren (weiter im Innern regierenden) Königen der Franken mit viel Volks, Reitern und Fußtruppen sowie mit Scharen von Helden los. Sie befuhren das Meer mit Schiffen verschiedener Art, die mit (Th. Nöldeke, Kurzgef. syr. Grammatik² 223 f. § 291) Silber und Gold ohne Zahl gefüllt waren sowie mit Kriegsgerät und Nahrungsmitteln. Es erzitterte die Erde von ihrer Kunde, und es verbreitete sich das Gerücht (B. 266 l.), daß sie gerüstet seien, gegen Ägypten zu ziehen. Malik aṣ-Ṣāliḥ aber, Sohn Kāmil's, der Herr Ägyptens, jener, der nachdem ʿĀdil der Jüngere (II.), sein Bruder, gestorben war (1240), dessen Stelle eingenommen hatte, kämpfte (damals gerade) um die Stadt Ḥomṣ in Palästina[1a], um sie Malik Ašraf, ihrem (der Stadt) Herrn, zu entreißen ... (484, 25 Bedjan). Als aṣ-Ṣāliḥ die Kunde von den Franken vernommen hatte, ließ er (485, 1 Bedjan) von Ḥomṣ ab und gelangte in Eilmärschen (*ḳallīlā*: B. 665 r.) nach Ägypten. Er zog (und) machte Halt bei einem Ort, der Manṣūrah heißt und dicht mit Bäumen bestanden (zum Stat. constr. vgl. Th. Nöldeke, a. O. 156 § 206) war. Er warf den Ruf (Hilferuf) unter die Araberschaft, und es sammelten sich bei ihm die Stämme der Araber von Alexandreia wie von Nubien und Assuan. Die Bewohner aber der Stadt Damiette, als sie sahen, daß ihnen der Blick (B. 222 r.) der Franken zugewandt war, befiel Angst. Und ohne Nötigung oder Krieg räumten sie (*sap(p)ḳūh* corr.; *sapḳūh* Bedjan) die Stadt von allem, was in ihr war, führten die Bürgerschaft (*nāšūṯhōn*) samt all ihrem Besitz weg und gingen nach Kairo. Die Großen Damiette's gingen zum Sultan. Malik aṣ-Ṣāliḥ fragte sie, ob (*d*- für *en*: Th. Nöldeke, a. O. 291 § 372 B) die Franken sie im Krieg bezwungen hätten. Sie (die Großen) ant-

[1] Wenn dies wörtlich zu nehmen ist, hätten Teile der konstantinischen Mauer bis ins 13. Jahrhundert fortbestanden.

[1a] Unverständliche Interpunktation bei Bedjan.

worteten: ,Nein, sondern wir fürchteten zu jenem Zeitpunkt (dem des Herannahens der Franken), daß uns geschehe wie Akko, dessen Bewohner die Franken töteten und denen niemand zu Hilfe kam. Da ergrimmte aṣ-Ṣāliḥ über sie und ließ 64 namhafte (B. 785 l.) Große an 32 Kreuze hängen, Paar um Paar, so wie sie waren in ihrer Kleidung und ihren Schuhen (*wa-ḇ-mūḵaihōn* secl. Bedjan). Als man diese gekreuzigt hatte, starb auch er (aṣ-Ṣāliḥ) nach (wenigen) Tagen ... (485, 15 Bedjan). Die ägyptischen Großen schickten (Boten), ließen Malik Muʿaẓẓam, aṣ-Ṣāliḥ's Sohn, kommen, der damals in einer Felsenburg lebte, und machten ihn zum König anstelle seines Vaters ... (485, 18 Bedjan). Die Franken näherten sich der Mauer Damiette's. Sie vernahmen keinen Ruf einer Wache, und auf den Türmen wurde kein Mensch von ihnen gesichtet. Sie wunderten sich, sandten wiederum Leute aus und betraten das Innere des Hafens. Sie begegneten keinem Menschen und erkannten, daß sie (die Bewohner) geflohen waren. Sie kamen näher und betraten die Stadt in großer Ruhe und Freude; jener Tag war ein Freitag (Tag der παρασκευή). Sie trafen in ihr (der Stadt) niemanden an, der an der Wand (B. 31 r.) Wasser ließ (B. 819 l.). Schiffe führten ihnen alle Verpflegung vom Meer aus zu. Aber nicht ließ ihr (der Franken) hochfahrender (B. 475 r.) Sinn sie aushalten, bis sie die Beschaffenheit des Ortes sowie die Übergänge über die Kanäle und die Wege kennengelernt hatten. Vielmehr eilten sie, überschritten einen Lauf des Nils und zogen eine Strecke vom Wasser weg, in Richtung auf Kairo auf einem Weg, an dem kein Wasser war. Ein Teil (486, 1 Bedjan) der Truppen der Araber ging hinüber (über den gleichen Nillauf) hinter ihnen drein (hinter den Franken) — sie waren (wie) ein Pallisadenzaun zwischen ihnen (den Franken) und dem Wasser — und die anderen (Truppen der Araber) waren vor ihnen. Sie (die Franken) blieben in der Mitte, wobei sie und ihre Pferde von Hunger und Durst gequält wurden. Da faßten die Araber Mut und fügten ihnen einen sehr schweren Schlag zu. Die Mehrzahl von ihnen töteten sie, den König und die Großen nahmen sie gefangen und brachten sie zu Muʿaẓẓam. Er hielt ihn (den König) gefangen, wo er Halt gemacht (*šārē* corr.; *šrē* Bedjan) hatte. Darauf überredeten Muʿaẓẓam Sklaven, (die) junge Leute (und) seine Altersgenossen (waren), und sprachen zu ihm: ,Wenn du diesen König der Franken tötest, wirst du deine ganze Lebenszeit hindurch dem Krieg mit den Franken nicht entfliehen können, da ihre Könige zahlreich sind und festgegründet in ihrer Macht. Vielmehr laß diesen schwören, daß von jetzt ab 120 Jahre er oder seine Brüder oder ihre Söhne oder die Söhne ihrer Söhne nicht die Schwerter ziehen werden angesichts der Araber. Und laß ihn, dir Dank wissend, zu seinen Glaubensgenossen gehen. Und so sei ruhig und lebe in Frieden. Nicht brauchst du die Schätze, die deine Väter zusammengebracht haben, für (den Unterhalt der) Heere auszustreuen. Muʿaẓẓam folgte ihrem Rat und ließ den König von Frankreich bei Nacht zu sich kommen, ließ ihn schwören, wie er (Muʿaẓẓam) es wünschte, gab ihm Geschenke in Menge und entließ ihn. Es heißt, daß in den Tagen, da der König Frankreichs gefangen war, ihm das Gerücht zukam, daß ihm einen Sohn geboren habe die Königin, seine Gemahlin, in Damiette. Muʿaẓẓam hörte es und schickte ihr als Gaben 10000 goldene Dīnāre und eine Sänfte aus Gold zusammen mit königlicher Kleidung".

(577, 25 Bedjan) „Während Arγūn, sein (Gaixātū's) Bruder (noch) (578, 1 Bedjan) am Leben war, drängten fränkische Gesandtschaften und kamen zu ihm von Seiten des Papstes von Rom und der anderen Machthaber, auf daß sich die Mongolen mit den Franken einigten (B. 353 l.) und gegen die Ägypter und Pharaonen zögen, die üppig geworden seien und die Christen samt ihren Städten mit Füßen träten und schädigten. Darauf schickte auch Arγūn zum Papst einen Gesandten (und zwar) Rabban Bar (sic) Ṣaumā, einen uigurischen Mönch, der zusammen mit dem Katholikos Mār Yaḇallāhā, von den Ländern des Groß-Chan's gekommen war. Er schickte mit ihm an den Papst (*l-pāpā* corr.; *d-pāpā* Bedjan) Versprechungen und Versicherungen, daß sie zugleich (B. 760 r.) zu Felde ziehen und die Araberschaft vernichten wollten. Jenes verlief (jedoch) gegen ihre Berechnungen). Als Gaixātū zurückgekehrt war von den Ländern der Römer zu den Gebirgen Groß-Armeniens, versammelten sich wiederum die Söhne der Könige und die Großen der Mongolen. Sie nahmen ihn (Gaixātū) auf und setzten ihn auf den Thron des Königtums. Im Ḥzīrān des Jahres 1603 der Griechen (1292 christl.): Die Ägypter nun, als sie hörten, daß Arγūn schon sein Leben vollendet hatte, versammelten Truppen, zehntausende des (eigenen) Volkes und (andere) Völker ohne Zahl. Sie gingen (und) hielten vor Akko, der großen und berühmten Stadt der Franken, die an den Gestaden des großen Meeres liegt. Sie kämpften gegen es (Akko) einen harten Kampf während eines Zeitraumes von zwei Monaten. Die Franken aber, die darin (in Akko) waren, infolge ihres stolzen Sinnes und ihrer Ruhmsucht, beugten sich durchaus nicht der Sperrung der Zugänge zur Stadt vor ihnen (B. 11 l. unter 6), weder bei Nacht noch bei Tag (B. 303 l.). Tapfer machten die Franken (und zwar ihre) Ritter Ausfälle, und derart, daß sie die Araber draußen (gleichsam) mit Sicheln niedermähten. Es heißt, daß bei Akko mehr als 20000 Mann von den Arabern getötet wurden. Glänzend und höchst rühmlich behaupteten sie die Stadt, bis ihr Führer, der Großmeister (B. 336 r.), durch einen Pfeil verwundet wurde und starb. Da wurden die im Innern geschwächt, die draußen sehr gestärkt. Gegen die (wörtlich: jene) schwache Mauer aus Erde stellten sie (die Belagerer) ungefähr 300 μαγγανικά auf; unter jedem Turm legten sie etwa tausend Gänge (*mnaḳ(ḳ)ḇē* coni. Bedjan) an, die in die Erde hineingingen. Sie stürzten von der Mauer einen Turm oder zwei. Die Templer aber und die übrigen Großen begannen in die befestigten Klöster zu gehen und (von dort aus) zu kämpfen. Als (579, 1 Bedjan) sie (die Araber) die unglückliche Stadt eingenommen hatten, fingen sie an, jene in den Klöstern (Verschanzten) zu bereden, daß sie herauskämen. Niemand würde sie schädigen, sondern sie könnten hinabsteigen zum Meer und wegziehen, wohin immer sie wünschten, sie und ihre Frauen, Söhne und Töchter. Allerdings ohne, daß sie etwas von ihrem Besitz mit sich nähmen. Sobald sie die Tore (der Klöster) öffneten und die Araber bei ihnen eintraten, um die Habe in den Klöstern zu bewachen, (nämlich) daß sie (die Franken) nichts davon mitnähmen, sahen sie dort die Söhne und Töchter (in ihrer Schönheit) dem Monde ähnlich (C. Brockelmann, a. O. 462 l.) und streckten die Hände nach ihnen aus. Die Franken aber ertrugen es nicht, sondern zogen Schwerter und Messer, und man fiel übereinander her. Es wurde getötet von beiden Seiten Volk ohne Zahl. Sie (die Araber) verwüsteten die glänzende, reiche Stadt. Und nicht ließen sie den Franken am Ufer dieses großen Meeres einen Ort, das Haupt niederzulegen. Dies geschah im Monat Nīsān des Jahres, das das Jahr 1603 (1291 christl.) war".

ERLÄUTERUNG

Da in B. Spulers Buch über die Mongolen in Iran ([2]1955) der Bericht Rabban Ṣaumā's zwar vielfach herangezogen, aber der politische Zusammenhang nirgends geklärt ist, sei dies in gebotener Kürze nachgeholt. Voraussetzung der Gesandtschaftsreise bildete jenes Meisterstück des ersten Palaiologen auf dem Thron, das zur Sizilianische Vesper geführt hat. Es sei mit den Worten H.-W. Haussig's geschildert (Kulturgeschichte von Byzanz, 1959, 521f.). Denn schwerlich lassen sich die Vorgänge knapper und eindringlicher veranschaulichen, als es dort geschehen ist.

„Der Aufstieg Nikaias erfolgte in dem machtpolitischen Vakuum, das der Vorstoß der Mongolen unter den Söhnen Dschingis Chans im Westen

Kleinasiens geschaffen hatte. Der allmächtige Seldschukenstaat, gefährlichster Gegener des byzantinischen Reiches, war entmachtet und zum Versallen und Tributbringer der Mongolen erniedrigt worden. Die Feinde des byzantinischen Reiches auf der Balkanhalbinsel, Bulgarien und Ungarn, schmachteten unter dem mongolischen Joch. In dieser Zeit gelang die Konsolidierung des Reiches in Kleinasien und durch das Bündnis mit Genua der Handstreich auf die alte Hauptstadt Konstantinopel (1261). Der Besitz von Konstantinopel verband das byzantinische Reich sofort mit den großen Strömen der Weltpolitik. Es wurde jetzt zum gesuchten Verbündeten in dem gemeinsamen Kampf der Mamlukensultane Ägyptens (1261) und der Chane der Goldenen Horde in Südrußland (1272) gegen das Mesopotamien und Iran umfassende Reich der mongolischen Ilchane. Diese waren mit Frankreich und Genua verbündet. Ägypten suchte die Verbindung zu europäischen Mächten wie Byzanz und Aragon. In dieser Zeit verhandelten die ägyptischen Diplomaten in Konstantinopel, und im Kaiserpalast fielen die Schicksalwürfel der Welt. Es war das letzte Mal, daß ein byzantinischer Kaiser Weltpolitik machte. Jener Michael VIII. (1259—82), ein skrupelloser und rücksichtsloser Mann, hat durch einen glänzenden Schachzug mit seiner Diplomatie das Schicksal des Mittelmeerraumes und damit auch indirekt seines Reiches bestimmt. Ludwig der Heilige, einer der größten französischen Könige des Mittelalters, wollte seinem Staat die Vormacht im Mittelmeerraum verschaffen. Seiner Politik nach der erste große französische Kolonialpolitiker, hatte er mit genialer Folgerichtigkeit zunächst seinem Reich durch Vernichtung der Waldenser und Annexion des mit ihnen in Verbindung stehenden Grafen Raimund von Toulouse einen breiten Zugang zum Mittelmeer geschaffen. Dann mit dem mongolischen Ilchan verbündet, suchte er sich im Gebiet der Nilmündung bei Damiette festzusetzen, um von dortaus den Vormarsch auf Kairo anzutreten. Der militärische Fehlschlag dieses Unternehmens (Schlacht bei Mansura 1250) konnte ihn nicht entmutigen. Wenig später ging er daran, die Stützpunkte Frankreichs und seiner Verbündeten an der Küste Syriens und Palästinas weiter zu befestigen und, gestützt auf das Bündnis mit den Ilchanen, zur Basis seiner Eroberungspolitik im östlichen Mittelmeer zu machen. 1266 gelang ihm, gestützt auf den Papst in Rom und finanziert durch große Anleihen des florentinischen Bankhauses Acciajuoli, Unteritalien und Sizilien den Staufern zu entreißen und seinem Bruder Karl von Anjou in die Hände zu spielen. Als er dann durch eine militärische Expedition nach Tunis auch die

Kontrolle der Meeresstraße zwischen Sizilien und Afrika zu gewinnen suchte, scheiterte er (1270). Sein Bruder Karl von Anjou, weiter im Bund mit dem mongolischen Ilchan, versuchte jetzt durch eine militärische Aktion die Meerengen des Bosporus und der Dardanellen in die Hand zu bekommen und damit das byzantinische Reich zu vernichten. Diesen Schlag parierte der byzantinische Kaiser, der mit dem Mamlukensultan von Ägypten und der Goldenen Horde in Südrußland verbündet war, durch seine Verbindung mit dem König von Aragon und der auf Sizilien operierenden Partisanenbewegung. Die Volkserhebung in Sizilien (Sizilianische Vesper), die durch die militärische Aktion der Aragonesen unterstützt wurde (1282), führte zum Zusammenbruch der französischen Mittelmeerpolitik. Das byzantinische Reich war gerettet. Wenig später fielen die letzten Stützpunkte des Westens an der Küste Palästinas und Syriens — [Akko,] Tyros, Berytos und Sidon — in die Hand der mit den Byzantinern verbündeten Mamlukensultane".

Nicht unwichtig schien uns zu ermitteln, unter welchem Bild dem universalen Geist eines Barhebraeus diese Ereignisse sich darstellten. Er berichtet davon, daß Michael VIII. Palaiologos 1265 seine Tochter (es handelte sich um die uneheliche Tochter Maria) Abāγā (1265—1282) zuschickte (chron. Syr. 521, 25f.). Aber die byzantinische Prinzessin spielte eine weit geringere Rolle als Hülagü's Gattin, Dāḳūz, „die gläubige und christliche Königin" (chron. Syr. 491, 15f.; vgl. chron. eccl. 3, 439, 9f.). Hier war dem Byzantiner eine wirkliche Einflußnahme nicht vergönnt. Dagegen wird die Rückeroberung Konstantinopels nach Anlage und Durchführung gewürdigt (chron. Syriac. 502, 10f.). Das Unternehmen gegen Damiette wird gleichfalls ausführlich behandelt (chron. Syr. 484, 15f.) und die Katastrophe dem Hochmut der Franken zugeschrieben (ebenda 485, 24f.). Auch der grausige Schlußakt, die Eroberung Akko's, ist mit vielen Einzelheiten gegeben (ebenda 578, 12f.). Vorangeht die Erwähnung fränkischer Gesandtschaften, die zu Arγūn gingen — „vom Papst zu Rom und von anderen Machthabern" —, worauf dann die Mission Rabban Ṣaumā's, „des uigurischen Mönchs", an den Papst (nur er ist genannt: 578, 5) antwortet. Diese wird günstig beurteilt, denn man sei in der Tat zu einem gemeinsamen Vorgehen bereit gewesen, und eben der Papst habe dahingehende Versicherungen gegeben. Aber durch Arγūn's Tod sei alles hinfällig geworden (chron. Syr. 577, 25f.)[1].

[1] I. S. Assemani, Bibl. Orient. 3, 2 (1728), CXVI.

Seltsam, daß die Glückwünsche, die 1267 Abāγā an den Papst nach dem Untergang Manfreds sandte[2], nirgendwo erwähnt werden. Desgleichen nicht die mongolische Gesandtschaft, die 1274 ans zweite Konzil von Lyon ging[3]. Die Rolle Michaels VIII., die Sizilianische Vesper und das Eingreifen Aragoniens begegnen ebensowenig wie Ludwig's des Heiligen Tod vor Tunis. Nicht nur Barhebraeus verkannte die Hintergründe, auch am mongolischen Hof scheint Manches unklar geblieben zu sein. Bezeichnend, daß Rašīd ad-dīn's *ta'rīḫ-i mubārak-i ġāzānī* nichts von alledem berichtet[4]. In dieser Richtung führt, was sich dem Gesandtschaftsbericht Rabban Ṣaumā's entnehmen läßt.

Rabban Ṣaumā's Reise begann fünf Jahre nach der Sizilianischen Vesper. Sein Auftrag ging dahin, die westlichen Könige als Christen zur Eroberung Jerusalems zu bewegen. Der Ilchan Arγūn, sich als Christenfreund ausgebend und darum einen Gesandten nestorianischen Glaubens verwendend, gedachte solcher Art das Bündnis mit dem Papst, den Anjous in Neapel sowie dem König von Frankreich zu erneuern, weiter den König Englands heranzuziehen. So sollte die frühere Verbindung, die sich als zu schwach erwiesen hatte, verstärkt werden. Rabban Ṣaumā empfahl sich durch seine Sprachkenntnis (offenbar solche des Lateinischen, obwohl dies nicht ausdrücklich gesagt wird). Doch sollten sich seine einseitig kirchlichen Interessen höchst nachteilig für die politische Mission auswirken. Es besteht kaum ein Zweifel, daß er für seine Aufgabe ungeeignet war.

Schon der Beginn seiner Reise war ein Mißgriff. Niemals durfte der Gesandte des Ilchans über Konstantinopel fahren, also den Gegener auf sein Unternehmen hinweisen. Zweifellos hat Rabban Ṣaumā's Sehnsucht, die dortigen Heiligtümer zu besuchen, diesen Fehlgriff veranlaßt. In Konstantinopel wurde nicht verhandelt und konnte nicht verhandelt werden; aber man wußte sich dort von der Überraschung zu fassen und gewann Zeit, indem man dem Hang des Nestorianers, Reliquien aufzusuchen und zu verehren, nachgab und ihm alles zugänglich machte. Die Fahrt nach Neapel verlief ohne Zwischenfall. Dort angekommen, wurde Rabban Ṣaumā Zeuge der Niederlage zur See, die der Nachfolger des ersten Anjou, Karl II., seitens Jakobs II. von Aragon erlitt. Zu Verhandlungen kam es unter diesen Umständen nicht. Vielmehr benutzte Rabban Ṣaumā die erste schickliche Gelegenheit, um sich aus dem Bereich möglicher Gefahren in Sicherheit zu bringen. Er setzte die Reise nach Rom fort, vorsichtshalber zu Land. Der

[2] B. Spuler, a. O. 228. [3] B. Spuler, a. O. 228f.
[4] Ausgabe von K. Jahn in: Centr. Asiat. Stud. 2 (1957).

Papst war gestorben, ein Nachfolger noch nicht gewählt; das Kardinalskollegium konnte mit dem Fremdling aus dem Osten wenig anfangen, interessierte sich für die einschlägigen politischen Fragen nicht im Geringsten. Es verwickelte Rabban Ṣaumā in eine langwierige Erörterung über dogmatische Fragen; die noch bleibende Zeit wurde von diesem benutzt, um sich den Kirchen und Reliquien der heiligen Stadt zu widmen.

Nächste Station war Genua. In der Stadt des Osthandels kannte man Arγūn nur zu gut; man ahnte vermutlich sogleich, was dieser Gesandte im Schilde führte. Trotzdem oder wohl eben darum empfing man ihn ehrenvoll, ließ sich jedoch zu keinem politischen Gespräch herbei. Nun war man auch dort gewarnt, wenn es dessen noch bedurft hätte. Aber unbeeindruckt setzte Rabban Ṣaumā seine Reise fort. In Paris sprach er von seinem Auftrag, und man äußerte sich wohlwollend, und noch eifriger tat man es am englischen Hof, wo man sich weitab wußte. Im übrigen war längst bekannt, daß diesem Gesandten seine kirchlichen Dinge und seine Liebe zu den Reliquien am Herzen lagen und sonst nichts. Man kam seiner Neigung entgegen und umging dadurch weiteres politisches Gespräch. Man schied in voller Übereinstimmung und Freundschaft, wie nicht anders zu erwarten.

Rabban Ṣaumā ließ sichs nicht nehmen, auf seiner Rückkehr ein zweites Mal in Genua zu verweilen, wo ihn die Behörden der Stadt nicht mehr empfingen. Sein Bestreben war jetzt nur noch, mit dem Papst selbst zu sprechen. Der Fehlschlag seiner Mission war selbst ihm klar geworden. Immerhin benutzte Rabban Ṣaumā den Umstand, daß er Gesandter des Ilchans war, um seinen Empfang bei Nikolaus IV. zu erreichen. Aber Rabban Ṣaumā begnügte sich mit der Überreichung seines Beglaubigungsschreibens; von seinem Auftrag äußerte er kein Wort, und der Papst sah keinen Anlaß, danach zu fragen. Beiderseits lebte man ganz in kirchlichen Feiern und verstand sich darin ausgezeichnet. Der Nestorianer ließ es an Ergebenheit gegenüber dem heiligen Stuhl nicht fehlen, und dessen Inhaber benutzte die ihm gebotene Gelegenheit und die Arglosigkeit seines Besuchers, um die Amtsgewalt des Katholikos über den Osten zu bestätigen und sich dadurch als oberste kirchliche Behörde hinzustellen. Auch dies blieb bloße Gebärde, die keine Folgen zeitigte. Von Arγūn war keine Rede mehr; nicht einmal ein Geschenk, das besonderer Kennzeichnung würdig gewesen wäre, wurde ihm zugedacht.

Es war das letzte Mal, daß dem Nestorianertum eine politische Rolle zugespielt wurde. Es hat die Stunde nicht genutzt.

BEILAGE 3

ABRISS DER VERGLEICHENDEN PHONETIK DER MODERNEN ASSYRISCHEN DIALEKTE*

Die aramäische Sprache, die früher im ganzen Nahen Osten verbreitet war, hat sich bis in unsere Zeit auf einem weiten Gebiet zwischen dem Libanon und dem Urmia-See gehalten. Die heutigen aramäischen Mundarten sind im Hinblick auf die historisch-vergleichende Grammatik der semitischen Sprachen von außerordentlichem Interesse. Davon zeugen u. a. die Arbeiten solch hervorragender Semitisten wie Nöldeke, Rosenthal u. a. m. Doch wenn auch das Interesse an der Erforschung der modernen assyrischen (aramäischen) Dialekte schon seit über hundert Jahren sehr groß ist und wenn es auch eine stattliche Reihe wichtiger Monographien über den Aufbau einzelner Dialekte gibt, so verfügt doch die Wissenschaft heute über keine Arbeiten, welche über Phonetik, Morphologie und Syntax der uns interessierenden Dialekte vom Standpunkt der vergleichenden Sprachwissenschaft Auskunft erteilen könnten. In der vorliegenden Arbeit wird die Phonetik der modernen assyrischen (aramäischen) Dialekte historisch-vergleichend untersucht; sie soll die bestehende Lücke auf dem Gebiete der Aramaistik bis zu einem gewissen Maße füllen.

Als Forschungsmaterial dienten uns Dialekttexte, die von verschiedenen Autoren veröffentlicht wurden, und auch solche, die wir auf dem Gebiet der Grusinischen SSR aufgezeichnet haben[1].

EINFÜHRUNG

Die modernen aramäischen Dialekte zerfallen, ähnlich wie die alten, in zwei Gruppen; das Westaramäische und das Ostaramäische. Das West-

* Übersetzung eines russischen Resümees des in gruzinischer Sprache verfaßten „Essay of Comparative Phonetics of the Modern Assyrian Dialects" von Konstantin G. Cereteli (1958) 213f. Die Erlaubnis zur Übersetzung wird dem Verfasser, die Übersetzung selbst Dr. Norbert Reiter, Slawisches Seminar der Freien Universität Berlin, verdankt. Sie ist mit geringen Kürzungen, die vor allem Vergleiche mit dem Gruzinischen betreffen, durchgeführt.

[1] Die Arbeit des bekannten Semitisten A. Spitaler, Neue Materialien zum aramäischen Dialekt von Maʿlūla, ZDMG. 107 (1957), 299—339, konnte von uns nicht berücksichtigt werden, da vorliegende Arbeit angefertigt wurde, bevor jene erschien.

aramäische, das durch die Mundart von Maʿlūla repräsentiert wird, lebt in den Bergen des Anti-Libanon (in drei Dörfern Syriens) fort. Die Mundart von Maʿlūla steht den Dialekten der palästinensischen Christen und Juden am nächsten. Die genannte Mundart zeichnet sich durch folgendes aus: Aussprache des *ā* als *ō*, Endung des Plurals masc. gen. *-ōi̯a* (< *-āi̯ā*), Konjugation des Verbums mit Präfix *i̯* in der 3. Pers. des unvollendeten Aspekts, Gebrauch des Energicus in suffixalen Formen des Verbums u. a. m. Die Mundart von Maʿlūla befindet sich mitten in arabisch sprechendem Gebiet, weswegen sie starkem arabischem Einfluß ausgesetzt ist. Der arabische Einfluß erstreckt sich auf die Phonetik, die Grammatik und das Lexikon, in dem es eine Unmenge arabischer Wörter gibt (A. Spitaler). Die anderen Dialekte sind ostaramäisch, sie werden vom Ṭūr ʿĀḇdīn (Türkei) bis zum Urmia-See (Iran) gesprochen. Für diese Dialekte ist charakteristisch: Verlust der finiten Formen des Verbums, Konjugation nach grammatischen Zeiten, denen postverbale Nomina zugrunde liegen, in der Regel bewahrtes *ā*, starke Tendenz zur Vereinfachung der Geminata und zum Übergang von pharyngalem *ḥ* zu velarem *ḫ* usw. Die modernen ostaramäischen Dialekte stehen der mandäischen Sprache und dem Aramäischen des babylonischen Talmuds nahe. Eine gewisse Ähnlichkeit zeigen die genannten Dialekte auch mit der klassischen syrischen Sprache, jedoch sind sie, worauf wiederholt in der Spezialliteratur hingewiesen wurde (Nöldeke, Maclean), keine unmittelbare Fortsetzung des Syrischen.

Die modernen aramäischen Dialekte sind in der Literatur unter verschiedenen Bezeichnungen bekannt: „Neuaramäisch" (A. Socin, E. Prym, M. Lidzbarski, A. Siegel, R. Duval, J. B. Segal) oder „modernes Aramäisch" (H. Fleisch); die ostaramäischen Dialekte nennt man außerdem noch „Neusyrisch" (Th. Nöldeke, A. Merx, J. Parisot, L. Lopatinskij, N. V. Jušmanov), „modernes Syrisch" (D. T. Stoddard), „Volkssyrisch" (A. J. Maclean), „Ajsorisch" (A. Kalašev, L. Lopatinskij u. a. m.). Der Ausdruck „Ajsoren" war in der russischen vorrevolutionären Literatur stark verbreitet. Diese Bezeichnung ist die armenische Wiedergabe des aus dem Aramäischen stammenden Wortes „Assur" und wird als Beleidigung aufgefaßt. In der sowjetischen wissenschaftlichen Literatur heißen die genannten Dialekte „Assyrisch", ihre Träger „Assyrer" (N. V. Jušmanov, B. Grande). Genau so werden sie Assyrer auch in der ausländischen Literatur genannt (franz. Assyriens, engl. Assyrians); an diese Bezeichnung hält sich auch die georgische Tradition. In Anbetracht des oben Gesagten und der Eigenbennung der heutigen Aramäer („Syrier, Assyrier"; *sürā̈i̯, ässürā̈i̯, aturāi̯, assorzi*) halten wir es für besser, die lebenden aramäischen Dialekte insgesamt „moderne aramäische Dialekte" und die zu ihnen gehörenden ostaramäischen „assyrische", im Unterschied aber zur alten assyrischen Sprache (Assyro-Babylonisch = Akkadisch) „moderne assyrische Dialekte" zu nennen.

Auf Angaben zur Klassifizierung der modernen assyrischen Dialekte stoßen wir in den Arbeiten von Prym, Socin, Lidzbarski und Jušmanov. Besondere Aufmerksamkeit widmete dieser Frage Maclean, der eine vollkommene Klassifizierung der genannten Dialekte ausgearbeitet hat (Grammar, Dictionary). Maclean teilt alle assyrischen Dialekte in vier Gruppen: 1. die sogen. Urmia-Gruppe umfaßt drei Dialekte, das Urmische, Sipurganische, Soldusische; 2. die Nordgruppe umfaßt vier Dialekte, das Salamassische, Kudčanissische, Gavarische und Džiluische; 3. diese Gruppe besteht aus den Dialekten im Zentralteil von Kurdistan, d. h. dem Ober-Tiarischen und Nieder-Tiarischen, dem Tchumischen u. a.; 4. die Südgruppe umfaßt die Dialekte der Gebiete von Alkoš, Botan, Zacho. Die Macleansche Einteilung bedarf, obwohl sie die vollständigste ist, indessen noch einiger Ergänzungen und Korrekturen. Eine genauere Einteilung ist nur nach gründlicherem und umfassenderem Studium der Struktur und Geschichte der modernen assyrischen Dialekte möglich, darum hat die von uns herangezogene Macleansche Einteilung, die wir an einigen Stellen korrigiert haben, nur vorläufigen Charakter. Die Korrekturen bestehen in Folgendem: 1. In Gruppe 1 muß das Soldusische mit dem Urmischen vereinigt werden, 2. in derselben Gruppe zählen wir zum Sipurganischen auch die Sprache der Gavilanen, 3. in Gruppe 2 beziehen wir den wanischen Dialekt mit ein, das ist die Sprache der Assyrer im Wilayet von Wan, 4. in Zusammenhang mit dem Džiluischen wird im Folgenden nicht das Gavarische genannt, 5. unser tiarischer Dialekt entspricht dem Ober-Tiarischen Macleans, sein Nieder-Tiarisch heißt bei uns Dialekt von Ašita, 6. in Gruppe 4 wird nur auf die Sprache der assyrischen Christen Kurdestans verwiesen, der hier mit untergebrachte mossulische Dialekt entspricht den Dialekten von Alkoš und Fellīḥī bei anderen Autoren, 7. getrennt führen wir in einer Gruppe 5 die aramäische (assyrische) Sprache der Juden an, hierher gehören auch die assyrischen Dialekte von Zacho, Salamasa und Urmia.

Die heutige Literatursprache begann sich seit den vierziger Jahren des vorigen Jahrhunderts herauszubilden und beruht auf dem Urmischen. Sie wurde von zugereisten Missionaren literarisch geformt. Die Schrift ist die der syrischen Nestorianer, die sich in manchen Zeichen von der der syrischen Jakobiten unterscheidet. Die Ostassyrer, unter ihnen die urmischen Nestorianer, verwenden auch die sogen. nestorianische Schrift, die Westassyrer (Einwohner Syriens) die jakobitische (sogen. Serṭō).

Das verhältnismäßig geringe Alter der modernen Literatursprache auf der einen, und die Verwendung der syrischen Schrift auf der anderen Seite führen zu Schwankungen zwischen etymologischer und phonetischer Schreibweise (vgl. *ʿāḇeḏ* und *āweḏ* „machen"). Das alles zeigt, wie weit die heutige Schriftsprache noch von einer wahren Literatursprache mit ihren festgesetzten Normen und Traditionen entfernt ist.

Die Erforschung der heutigen aramäischen Dialekte begann in der ersten Hälfte des 19. Jahrhunderts und entwickelte sich in zwei Richtungen, einer praktischen und einer wissenschaftlichen.

Besondere Verdienste um die praktische Erforschung der aramäischen (hier auch assyrischen) Dialekte haben sich die Missionare J. Perkins, D. T. Stoddard, A. J. Maclean und J. Rhétoré erworben. Eine Grammatik der modernen assyrischen Sprache hat zuerst Stoddard herausgegeben (1855). Sie beruht auf Material aus dem Urmischen, Salamassischen und Kurdistanischen. Umfangreiches Dialektmaterial ist in Macleans Grammatik und Wörterbuch, die 1895 und 1901 erschienen sind, verwertet worden.

Die wissenschaftliche Erforschung der modernen aramäischen Dialekte wurde durch die bekannte Arbeit von Th. Nöldeke, Grammatik der neusyrischen Sprache (1868), eingeleitet. Sie beruht vornehmlich auf urmischem Material, das von verschiedenen Autoren veröffentlicht wurde, sowie auf der schon genannten Grammatik von Stoddard. Nöldekes Arbeit ist heute noch von Bedeutung, obwohl sie von einigen Fehlern, besonders in der Phonetik, nicht frei ist.

Von großer Wichtigkeit für die Erforschung der uns interessierenden Dialekte sind die Einzeluntersuchungen von I. Guidi und E. Sachau über den mossulischen Dialekt, von A. Siegel über den von Ṭūr ʿĀḇdīn, von N. V. Jušmanov über das Urmische. Zu erwähnen sind auch die Arbeiten von E. Bliss, G. Bergsträsser und A. Spitaler über den aramäischen Dialekt von Maʿlūla.

An Dialekttexten ist eine ganze Menge veröffentlicht worden. Aufmerksamkeit verdienen Pryms und Socins Texte aus Ṭūr'Āḇdīn, Socins, Kalaševs, Kampfmeyers und Bergsträssers urmische sowie Duvals und Socins salamassische Texte; wichtig ist auch das Material aus anderen assyrischen Dialekten (Džilu, Botan, Tiari, Zacho . . .), das von Lidzbarski, Gottheil, Merx, Parisot, Sachau, Segal, Rivlin u. a. gesammelt wurde. In diesen Texten ist der Dialekt von Wan überhaupt nicht vertreten, die Dialekte von Tiari und Botan nur in unbedeutendem Maße.

Eine interessante Untersuchung haben wir von A. Klingenheben über den in Ma'lūla bekannten Stimmtonverlust stimmhafter Geminaten, worüber früher schon C. Brockelmann, Stimmtonverlust bei Geminaten, Festschrift Meinhof, Hamburg 1927, gehandelt hat.

Angaben über die modernen aramäischen Dialekte finden wir auch in den Arbeiten, die sich mit Fragen der vergleichenden Phonetik und Grammatik der semitischen Sprachen befassen. Von ihnen wären zu nennen: M. Hartmann, Die Pluriliteralbildungen in den semitischen Sprachen (1875); W. Wright, Lectures on the Comparative Grammar of the Semitic Languages (1890); C. Brockelmann, Grundriß der vergleichenden Grammatik der semitischen Sprachen 1—2 (1908—1909); R. Růžička, Konsonantische Dissimilation in den semitischen Sprachen (1909).

Besonders zu vermerken ist die grundlegende Arbeit von F. Rosenthal, Die aramaistische Forschung seit Th. Nöldeke's Veröffentlichungen (1939), wo Untersuchungen, Texte und Wörterbücher, die nach Nöldeke in der Aramaistik erschienen sind, eingehend besprochen werden. In diesem Buche finden auch die modernen aramäischen Dialekte gebührenden Raum.

ERSTER TEIL: DAS LAUTSYSTEM

Kapitel I. Konsonanten

Die modernen aramäischen Dialekte haben den altaramäischen Konsonantismus im wesentlichen bewahrt, obwohl in dieser Beziehung unter ihnen auch bestimmte Abweichungen zu beobachten sind. Es zeigt sich nämlich, daß einige für das Aramäische charakteristische Konsonanten in den modernen Dialekten fehlen, andere aber hinzugekommen sind (vgl. Nöldeke, Neusyr. 25; N.W. Jušmanov, Assirijskij jazyk 1 [1933], 115.

1. Labiale. In den modernen aramäischen Dialekten haben sich die Labiale, außer dem stimmhaften *m*[2], stellenweise verändert.

Die labialen Verschlußlaute *b* und *p*, von denen der erste stimmhaft, der zweite stimmlos-behaucht ist, sind in den ostassyrischen Dialekten erhalten geblieben. In der Mundart von Ṭūr'Āb̲dīn geht das stimmlose *p* in labiodentales *f* über, in Ma'lūla kommt hier noch der Übergang von stimmhaftem *b* in stimmloses *p* hinzu (Ausnahmen begegnen nur am Wortanfang: *bōla* „Gedanke" u. a. m.). So z. B. urm. *bēta*, salam. *bīi̯a*, tiar. *bēša*, salam.-jüd. *bēla*, jedoch ma'l. *paiṯa* „Haus" < aram. *baitā*; ostassyr. *kälbä*, *kilba*, ṭūr'āb̲d. *kalba*, jedoch ma'l. *ḫalpa* „Hund" < aram. *kalbā*; urm. *pälgi̯ä*, salam. und mos. *pilga*, jedoch ṭūr'āb̲d. *falga*, ma'l. *felka* „Hälfte" < aram. *palgā*; urm. *älpä*, salam. *ilpä*, mos. *elpa*, jedoch ṭūr'āb̲d. *alfa*, ma'l. *elfa* „tausend" usw.[3].

Das spirantisierte *b* (*b̲*) der ostassyrischen Dialekte ging in den labiodentalen, stimmhaften Reibelaut *f* über, in Ma'lūla in den Verschlußlaut *b*. Der zweite Konsonant jedoch (*p̄*) ergibt in Ma'lūla und Ṭūr'Ab̲dīn ein stimmloses labiodentales *f*, in den anderen Dialekten ist *p̄* als Verschlußlaut (*p*) vertreten. So: ostassyr. *kīpä* „Stein", jedoch ma'l. *ḫēfa* und ṭūr'āb̲d. *kefo* (< *kēp̄ā*); ma'l. *ḥalba* „Milch", jedoch assyr. *ḥalva* (< *ḥalb̲ā*) usw.

Außer den genannten labialen Konsonanten (*m*, *b*, *p*) begegnet uns noch der labio-labiale Verschlußabruptiv *p̣*, der den semitischen Sprachen

[2] Die von uns verwendeten Transkriptionszeichen: 1. Vokale *å*, *ə*, *i̯*, *o*, *u* (hintere Reihe mit hartem Timbre); *ä*, *ẹ*, *i*, *ö*, *ü* (vordere Reihe mit weichem Timbre); *a*, *e*, *ı*, *ȯ*, *u̇* (mittlere Reihe mit mittlerem Timbre); *ᵉ* (überkurzer, irrationaler Vokal, sogen. Schwa). 2. Konsonanten ' (Kehlexplosion, = arab. '); ' (pharyngale, stimmhafte Spirans, = arab. '); *b*; *b̲* (spirantisiertes *b*); *č*; *d* (= *d*); *d̲* (spirantisiertes *d*); *ḍ* (emphatisches *d*); *f*; *g*; *ḡ* (spirantisiertes *g*); *ġ* (stimmhafte Hinterzungenspirans = arab. *ġ*); *ğ* (= *dž*); *h* (Kehlhauchlaut, = arab. *h*); *ḥ* (pharyngale, stimmlose Spirans, = arab. *ḥ*); *ḫ* (= *ch*); *k* (behauchter Hinterzungenverschlußlaut, = arab. *k*); *k̲* (spirantisiertes *k*); *ḳ* (Hinterzungenabruptiv); *l* (weiches *l*); *ł* (hartes *l*, sogen. poln. *ł*); *ḷ* (emphatisches *l*); *m*; *n*; *p* (behauchter labialer Verschlußlaut); *p̄* (spirantisiertes *p*); *p̣* (Labialabruptiv); *r*; *s*; *ṣ* (emphatisches *s*); *t* (behauchter dentaler Verschlußlaut, = arab. *t*); *ṯ* (spirantisiertes *t*); *ṭ* (emphatisches *t* und Dentalabruptiv); *v* (= *w*); *z* (stimmhaftes *s* wie in dtsch. „Rose"); *ẓ* (emphatisches, stimmhaftes *z*); *i̯* (stimmhafte, palatale Spirans, = dtsch. *j*); *χ* (stimmlose palatale Spirans, = dtsch. „Ichlaut"); *u̯* (stimmhafte labiale Spirans, = engl. *w*); *gi̯*, *ki̯*, *ḳi̯* (palatalisiertes *g*, *k*, *ḳ*).

[3] Abkürzungen für die Bezeichnungen der modernen aramäischen Dialekte: wan. = wanisch, džil. = džiluisch, kurdist. = kurdistanisch, kudč. = kudčanissisch, ma'l. = ma'lūlisch, mos. = mossulisch, sal. oder salam. = salamassisch, tiar. = tiarisch, ṭūr'āb̲d. = ṭūr'āb̲dinisch, tchum. = tchumisch, urm. = urmisch.

fremd ist. Man hört ihn nicht nur in Lehnwörtern, z. B. *sap̣ugta* (< russ. *sapog*) „Stiefel“, *ṭåp̣ir̥* (< russ. *topor*) „Beil“, sondern auch in ursprünglich aramäischen Wörtern, wie z. B. in urm. *p̣łåšå* „Krieg“, džil. *up̣ āna* „ich auch“, tiar. *bii̯āzaḫ p̣urḫa* „ich mache mich auf den Weg“, salam. *i̥rp̣i̥* „vierzig“, wan. *p̣ṭāzin* „ich werde gehen“ usw.

In den Texten und Wörterbüchern der übrigen Dialekte ist *p̣* nicht verzeichnet, was möglicherweise den tatsächlichen Verhältnissen nicht entspricht. Denn es zeigt sich, daß sogar in den von europäischen Gelehrten herausgegebenen urmischen Texten zum Unterschied von unseren wie auch Kalaševs und Jušmanovs Aufzeichnungen der Abruptiv *p̣* nirgends erwähnt wird.

Neben den labialen Verschlußlauten gibt es in den Dialekten auch die labialen Reibelaute (genauer labiodentale) *v* (stimmhaft) und *f* (stimmlos), die beide dem Altaramäischen, ja dem Nordsemitischen überhaupt fremd sind. Sie sind für die moderne aramäische Sprache Neuerwerbungen, wie aus dem oben Gesagten hervorgeht.

2. Dentale. In den Dialekten sind beide altaramäische dentale Verschlußlaute bewahrt geblieben, das stimmhafte *d* und das stimmlose, behauchte *t*, im Dialekt von Maʿlūla jedoch verstummt das stimmhafte *d* (*d* > *t*, wie auch bei den anderen stimmhaften Verschlußlauten), oder es wird spirantisiert und zu einem interdentalen *ḏ* umgebildet (so in der Regel am Wortanfang); vgl. assyr. *divšä*, *düi̯šä* „Honig“ und maʿl. *ḏebša*, assyr. *gildä* „Haut“ und maʿl. *ġelta*. Stimmloses *t* geht meistenteils in *č* über, in einigen Fällen jedoch, besonders am Wortanfang, in interdentales *ṯ*: maʿl. *hačč* „du“, jedoch assyr. *at* (< *att*), maʿl. *ṯelka* „Schnee“, jedoch assyr. *tälgä* (< *talgā*).

Besondere Beachtung verdient der Dentalabruptiv *ṭ*, der einerseits auf behauchtes *t* oder stimmhaftes *d* (*ṭlå* „drei“ < *tlā*) zurückzuführen ist, andrerseits den Reflex des emphatischen *ṭ* (arab. und hebr. *ṭ*) darstellt. Es ist interessant, daß die Abruptive in unseren Dialekten hauptsächlich von Assyrern selbst verzeichnet wurden (Kalašev, Osipov; Syriac, Le maître phonétique, 1913, 79—80).

Hier müßte noch der dentale Nasal *n* und die dentalen Spiranten *z* (stimmhaft) und *s* (stimmlos) genannt werden.

3. Alveolare. Von den altaram. Alveolaren haben die modernen Dialekte noch *š* und *r*. Sie sind auch in der Mundart von Maʿlūla erhalten geblieben. *š* ist stimmloser, behauchter Konsonant mit Palatalisierung (L. Lopatinskij, Zametka k Ajsorsko-russkij slowarə [1894] 102), *r* koronaler Vibrant, wie dies, nach Brockelmanns Grundriß 44, das ursprüngliche semitische *r* war.

Neu im Aram. ist der stimmhafte Spirant *ž*, den man auch in anderen modernen semitischen Sprachen antrifft, z. B. in arab. Dialekten (Grundriß 123). Nöldeke hat also nicht recht, wenn er meint, im Assyr. fände sich *ž* nur in Lehnwörtern, und das auch nur selten (Neusyr. 25). Tatsächlich begegnet *ž* ziemlich häufig in Dialekttexten vieler Autoren (Prym, Socin, Maclean, Bergsträsser, Spitaler), und zwar nicht nur in Lehnwörtern, sondern auch in aramäischen als stimmhaft gewordenes *š*, so z. B. *žǧuši̯a* „Aufstand" < *šǧuši̯ā*, *ḫıžbūna* „Zahl" < *ḫišbūnā* usw.

Hier müssen auch die dem Altaram. unbekannten Affrikaten genannt werden: das stimmhafte *ǧ*, das stimmlose, behauchte *č* und der Abruptiv *č̣*. Dem Abruptiv *č̣* begegnet man nur bei Kalašev und Jušmanov, den anderen beiden (*ǧ* und *č*) bei allen Autoren von Dialekttexten. Die genannten Affrikaten treten sowohl in Lehnwörtern (*ǧūvab* „Antwort" < Arab.; *ǧigär* „Milz" < Pers.) als auch in aram. infolge von Palatalisierung oder Lautverschmelzung auf (*ǧärmä* „Knochen" < *gärmä*, *māčıḫ* „finden" < *maškiḫ*). Affrikaten unter besonderen Gegebenheiten sind auch aus anderen semitischen Sprachen bezeugt (aus den mittelasiatischen arab. Dialekten: G. Cereteli in: Trudy II sessii asociacii arabistow [1941], 135).

4. Palatale. Von den palatalen Konsonanten haben die assyrischen Dialekte den stimmhaften Reibelaut *i̯*, sein stimmloses Korrelat *χ* und das laterale *l*. Die stimmlose Spirans *χ*, die dem dtsch. *ch* in „ich" ähnlich ist, tritt nur nach dem Vokal *i*, besonders häufig am Wortende auf. *χ* begegnet gewöhnlich statt des stimmhaften *i̯*, wenn dieses stimmlos geworden ist: *štiχ* < *štii̯* „trinke aus", *mdiχtä* < *mdii̯tä* „Stadt" (< *mdītā*). Dieser Laut ist uns in den ostassyrischen Dialekten durch Socin, Duval (der es mit *ḣ* bezeichnet) und durch Kampfmeyer (*χ*) bezeugt.

Das palatale laterale *l* ist „weich" und dem russ. *l'* bzw. dem franz. *l* ähnlich. Das palatale *l* wurde von Kalašev ausgesondert.

5. Velare. In den Dialekten begegnet man drei velaren Verschlußlauten, dem stimmhaften *g*, dem stimmlosen, behauchten *k* und dem Ab-

ruptiv *ḳ*, von denen das Altaramäische nur die beiden ersten kannte. Der Abruptiv *ḳ* tritt in Lehnwörtern auf (*ḳaliṣḳa* „Kalesche“ < russ. *koljaska*, *ḳenṭrun* „Zentrum“ < gr. κέντρον) oder nachdem *k* in den Abruptiv übergegangen war (*sḳinta* „Messer“ < *skīntā*). Hier muß noch erwähnt werden, daß der Abruptiv *ḳ* auch statt des uvularen *q* in der Sprache der assyrischen Stadtbevölkerung auftritt, z. B. *ḳımlı* „er stand auf“ statt *qımlı* usw.

Im Dialekt von Maʿlūla ist stimmloses *k* bewahrt geblieben, wohingegen stimmhaftes *g* in *k* überging: *felka* < *pelgā* „Hälfte“ (vgl. urm. *pälgä*). Geminiertes *g* ergibt Doppel-*k*: *akkōra* < *eggārā* „flaches Hausdach“ (urm. *g*$^{\text{i̯}}$*ǟri*).

In den Dialekten gibt es die palatalen Abarten von *g*, *k* und *ḳ* — *g*$^{\text{i̯}}$, *k*$^{\text{i̯}}$, *ḳ*$^{\text{i̯}}$.

Die spirantiserten altaram. *ḡ* und *ḵ* sind in die velaren Spiranten *ġ* und *ḫ* übergegangen, wobei das erste (*ġ*) für *ḡ* ziemlich selten auftritt; denn gewöhnlich hat sich *ḡ* zum stimmhaften Verschlußlaut zurückentwickelt (wie es auch bei *p̄* der Fall ist, vgl. oben).

Zusammen mit den velaren Verschlußlauten treten auch velare Spiranten auf: das stimmhafte *ġ* und das stimmlose *ḫ*, die dem Altaram. beide unbekannt sind. Spirantisches *ġ* und *ḫ* sind einer Lautverschiebung zu verdanken. Von ihnen entspricht das stimmlose *ḫ* in den ostassyr. Dialekten dem altaram. Rachen-*ḥ*, welches seinerseits nicht nur dem gemeinsemit. stimmlosen pharyngalen *ḥ*, sondern auch dem gemeinsemit. stimmlosen velaren *ḫ* entspricht (vgl. arab. *ḥ* und *ḫ*); vgl. assyr. *ḫmāra* „Esel“ und arab. *ḥimār*, assyr. *ḫamra* „Wein“ und arab. *ḫamr* usw.

ḫ kann, wie schon oben erwähnt, aus spirantisiertem *ḵ* entstanden sein: *malāḫa* „Engel“ < *malāḵā*. Im westassyr. Dialekt von Ṭūrʿ Āḇdīn ist *ḫ* nur diesen Ursprungs, wohingegen *ḥ* erhalten geblieben ist. So begegnet im Assyr. ein *ḫ* sekundären Ursprungs.

Das stimmhafte *ġ* tritt seltener auf als dessen stimmloses Korrelat *ḫ*. Es entstand entweder aus spirantisiertem *ḡ* oder aber auch *ḫ* infolge kombinatorischen Lautwandels (s. u. „Konsonantenassimilation“). Dieses *ġ* nun begegnet in Lehnwörtern: *ġå̄li̯b* < arab. *ġlb*, *zāġa* „Höhle“ < āzerb. *zaγa*.

Im Dialekt von Maʿlūla sind beide velaren Spiranten vorhanden. Sie sind einerseits aus spirantisiertem *ḡ*, *ḵ* entstanden, andrerseits in arabischen

Lehnwörtern erhalten geblieben, z. B. *ẖorža* „Hurdžin (Umhängetasche)" < arab. *ẖurǧ*, *bağla* „Stock" < arab. *bağl* usw.

Hier muß noch das velare, sogen. „harte" *ł* erwähnt werden, das dem polnischen ähnlich ist. O. Jespersen nennt es „hinteres *l*" (Lehrb.[2] [1913], 136—137). Es begegnet sowohl in Lehnwörtern (*i̥ålịẖṭå* „Tuch" < türk., *zåłim* „Unterdrücker" < Arab., *poł* < russ. *pol*) als auch in speziell aram. Ausdrücken (*ṭłånī̥tå* „Schatten", *ẖułmå* „Schlaf" usw.). Das „harte" *ł* finden wir bei Kalašev, Lopatinskij und Lazarev verzeichnet. Über *ł* in den semitischen Sprachen s. Brockelmann.

6. Uvulare. In den modernen Dialekten ist das gemeinsemit. uvulare *q* erhalten geblieben. Es handelt sich hierbei um einen stimmlosen Verschlußlaut mit hartem Absatz. Uvulares *q* ist auch im Dialekt von Maʿlūla erhalten geblieben.

7. Pharyngale. Die pharyngalen Konsonanten ʿ und *ḥ* sind nicht allen alten westaram. Dialekten eigen. Die Tendenz zum Verlust dieser Konsonanten bemerkt man im Jüdisch-Aramäischen und im Christlich-Palästinensischen, während ʿ und *ḥ* in der lebenden Mundart von Maʿlūla in allen Positionen erhalten geblieben sind: *spaʿṯa* „Finger", *ʿarōba* „abends" usw. ʿ und *ḥ* begegnen hier auch in arabischen Lehnwörtern.

Ein anderes Bild erhält man in den modernen ostaram. Dialekten, hier hat das ṬūrʿᾹbdīnische ʿ und *ḥ* als einziger Dialekt bewahrt. Am Ende einer Silbe geht ʿ leicht in *ḥ* über, d. h. es wird stimmlos. Von den übrigen Dialekten ist nur noch im Mossulischen der stimmlose, behauchte Pharyngal *ḥ* hörbar (neben *ẖ*, in welchen es überging), das stimmhafte ʿ aber wurde, wie auch in den anderen östlichen Dialekten, verloren: *ḥa* „eins", *aḥtun* „ihr", *āzaḥ* „wir gehen" usw.

Das pharyngale *ḥ* geht in den Dialekten in das velare *ẖ* über (vgl. die oben genannten Beispiele *ẖa*, *aẖtun*, *āzaẖ*), ʿ ging verloren, jedoch nicht spurlos, was man besonders gut im Urmischen sehen kann, wo es benachbarte Konsonanten sowie palatales *l* velarisiert und stimmhafte Konsonanten stimmlos werden läßt, so z. B. *årp̣å* „vier" < *ʾarbʿā*, *ṭåtå* „Schweiß" < *daʿtā* usw. (Stimmtonverlust bei stimmhaften Konsonanten unter dem Einfluß von ʿ zeigt sich auch im phönizischen *g* + ʿ > *q* und *b* + ʿ > *p*: M. Lidzbarski, in: Ephemeris für nordsemit. Epigraphik 2 (1908), 136. Die Velarisierung von Vokalen und der Stimmtonverlust bei stimmmhaften Konsonanten weist auf die charakteristische Aussprachenweise des ʿ hin, die für den Stimmtonverlust bei stimmhaften Konsonanten die phonetische Voraussetzung in Gestalt eines harten Timbre schafft.

8. Gutturale. Der Guttural ʾ ist verloren gegangen (wo ʾ auftritt, ist es sekundär: harter Ansatz in Wörtern mit hartem Timbre oder Hiatustilger zwischen Vokalen), doch ist auch dieser Konsonant nicht verschwunden, ohne Spuren zu hinterlassen, vor ihm gehen nämlich behauchte Konsonanten in Abruptive über, benachbarte Vokale haben Mittel-Timbre (s. u.).

Der behauchte Gutural hat sich in der Regel am Wortanfang gehalten, in anderer Stellung kann er jedoch leicht ausgelassen werden: *hal* „los", *hekla* „Tempel", jedoch *bāra* statt *bahra* „Welt". Ähnlich ist es in Maʿlūla, obwohl dort ʾ bisweilen in Wörtern angetroffen wird, die aus dem Arab. entlehnt sind.

9. Zur Frage der emphatischen Konsonanten. Die emphatischen Konsonanten, die für das Lautsystem der semitischen Sprachen charakteristisch sind, hört man in den modernen assyrischen Dialekten nicht mehr; sie wurden vereinfacht. Infolge dieser Vereinfachung ergaben sich die dentale Spirans *s* und der dentale Abruptiv *ṭ* (aus den entsprechenden emphatischen Konsonanten *ṣ* und *ṭ*). Deshalb kann man heute in der Sprache der Assyrer nicht mehr Semkaṯ von Ṣāḏē unterscheiden. Jedoch ist die Vereinfachung der emphatischen Konsonanten nicht ohne Folgen geblieben. Ähnlich dem ʿ haben die einstmals existierenden emphatischen Konsonanten den harten Timbre eines Wortes bedingt, in dessen Gefolge Vokale und palatales *l* velarisiert wurden, und behauchte Konsonanten in Abruptive übergingen: *bi̥słå* „Lauch" < *biṣlā*, *ṭuri̥słi̥* „er hat gebaut" < *turiṣli* usw.

Der harte Timbre der Wörter führte auch zu *ł* und *r*: *ṭłå* „drei" < *tlāṯā*, *r̥imłi̥* „er hat aufgehoben". Auf die Eigenschaften von neusyrischem *l* und *r*, die ʿ und den emphatischen Konsonanten *ṣ* und *ṭ* ähnlich sind, macht Brockelmann aufmerksam. Dieser Umstand weist auf ehemaliges *ḷ* und *ṛ* hin. So hat ein Wort harten Timbre, wenn es einen etymologisch emphatischen Konsonanten enthält. Auf diesen Einfluß der emphatischen Konsonanten hat A. Merx schon im Jahre 1873 aufmerksam gemacht (Neusyrisches Lesebuch).

Es muß hervorgehoben werden, daß ʿ ähnliche Spuren hinterlassen hat; der Unterschied besteht nur darin, daß dieses im Timbre der Vokale völlig

„aufgegangen“ ist. ʿ hat sich, wenn man sich so ausdrücken will, in „Härte“ verwandelt. In der assyrischen Schrift ist ʿAin heutzutage im Grunde nur der „Baßschlüssel“ für den harten Timbre der Vokale, um eine scharfsinnige Formulierung von Jušmanoc wiederzugeben. ʿAin in der Schrift zeigt also an, daß die Vokale eines bestimmten Wortes mit hartem Timbre ausgesprochen werden müssen. Wenn aber ʿ im Assyrischen „Härte“ bedeutet, so wäre es bedingt möglich, diese „Härte“ mit ʿ zu bezeichnen, da aber von den emphatischen Konsonanten nicht nur Härte zurückblieb, sondern auch ein einfacher Laut ist, kommen wir nach unserem Material zu *ṣ* = *s* + ʿ, *ṛ* = *r* + ʿ usw. Von der Artikulation der emphatischen Konsonanten verblieb nur die orale Artikulation: *ṣ* > *s*, *ṛ* > *r* usw.; diese Artikulation, die die genannten Laute zu emphatischen macht, ging unter, was blieb, war der durch sie bewirkte harte Timbre.

Was wir eben dargelegt haben, scheint uns auf ein bestimmtes Verhältnis zwischen ʿ und den emphatischen Konsonanten hinzuweisen und liefert einen weiteren Beweis für die in den semitischen Sprachen bekannte Situation, daß nämlich die Artikulation der emphatischen Konsonanten die Artikulation des ʿ enthält.

Emphatische Konsonanten sind aus Maʿlūla bezeugt, wo, außer den im Aramäischen bekannten stimmlosen *ṣ* und *ṭ*, die stimmhaften emphatischen Konsonanten *ẓ* und *ḏ̣* auftreten. Der erste ist ein labialer Reibelaut, der zweite ein interdentaler. Man begegnet ihnen in arabischen Lehnwörtern; *ḏ̣* entspricht klassischem *ḍ* (welches in der Sprache der Beduinen spirantisiert wurde und zu *ḏ̣* überging): *imreḏ̣* „krank“ (*marīḍ*), oder dem klassischen *ẓ*: *ḏ̣ōher* „hell, klar“ (*ẓāhir*); arab. *ẓ* blieb meistens erhalten: *ḥaẓẓa* „Frist, Glück“ (*ḥaẓẓ*). Es muß jedoch darauf hingewiesen werden, daß im genannten Dialekt die Tendenz zum Verlust der Emphase klar hervortritt: *spaʿṯa* „Finger“ < *eṣbaʿṯā*, *qočra* < *qoṭra* „Richtung“ < *quṭra*.

Kapitel II. Kurze Vokale

1. Wesen und Einteilung der Vokale. In den modernen assyrischen Dialekten existieren fünf Grundvokale *A, E, I, O, U*. An Varianten ergeben sich vom Standpunkt der Artikulation drei Reihen: Vokale der vorderen Reihe *ä, ẹ, i, ö, ü*, Vokale der mittleren Reihe *a, e, ı, ȯ, u̇*, Vokale der hinteren Reihe *å, ə, i̥, o, u*. Die Vokale der vorderen Reihe haben hohe Ton-

lage, die der hinteren tiefe; die ersten sind Vokale mit weichem Timbre, die letzten Vokale mit hartem. Die Vokale der mittleren Reihe nehmen in bezug auf die oben Genannten eine Zwischenstellung ein. So kann man in den assyrischen Dialekten 15 kurze Vokale unterscheiden. Die Anzahl dieser Vokale, die von verschiedenen Autoren verzeichnet worden ist, schwankt zwischen 7 (Lazarev) und 23 (Prym und Socin).

Vokal *A*: *å* mit hartem Timbre wird bedeutend tiefer als das gewöhnliche artikuliert und stellt seine velarisierte Variante dar. Offenbar handelt es sich hier um denselben Laut, der von Jespersen mit dem Zeichen a versehen und als „tief jedoch mit hartem Timbre" charakterisiert wird (Lehrbuch[2] 162 § 9_{22}). *å* zeichnet sich durch eine gewisse Labialisierung aus, wodurch auch das von einigen Autoren (Kalašev, Müller) für *å* verwendete Zeichen *o* erklärlich ist. Die genannte Eigenart des *å* bewirkt seinen Übergang zu *o* oder *u* in der Nachbarschaft von labialen Konsonanten: *uprå* < *åprå* „Erde". *ä* mit weichem Timbre ist ein enger palataler Vokal und stellt die palatalisierte Variante des Vokals *a* dar (*ä* neigt zum Übergang in *e*). Die von Kalašev vertretene Meinung, wonach *ä* unbedingt aus dem Āzerb. entlehnt worden sei, ist irrig, denn man begegnet ihm ziemlich oft in Wörtern aramäischer Herkunft (sogar in Texten von Kalašev): z. B. *mälkä* „Kaiser", *īdä* „Hand" usw. *a* mit mittlerem Timbre ist der gewöhnliche Vokal *a*. Es ist, wenn man so sagen darf, das „reine *a*" (vgl. Jespersen 162 § 9_{22}). Diejenigen Autoren, die die assyrischen Vokale in zwei Reihen teilen (Kalašev, Jušmanov), geben *a* meistenteils als Vokal der vorderen Reihe (*ä*) wieder. Bei Kalašev beobachtet man ein Schwanken in der Wiedergabe des *a* mittleren Timbres, vgl. *årḫå/ärḫä* „Gast"; man könnte meinen, Kalašev habe nicht gewußt, ob er *ä* oder *å* schreiben solle, als er diesen Vokal der mittleren Reihe hörte.

Vokal *E*: *ə* mit hartem Timbre stellt den velarisierten Vokal dar und erinnert an ein delabialisiertes *o*. *ẹ* mit weichem Timbre ist die palatale Variante, geschlossener als *e* und dem franz. *é* nicht unähnlich. *e* mit mittlerem Timbre ist ein Mittelzungenvokal, der dem franz. offenen *è* nahe steht.

Vokal *I*: *i̥* mit hartem Timbre ist velar, ähnlich dem russ. *y*, obwohl es tiefer gebildet wird als dieses. Jušmanov hat recht, wenn er es als delabialisiertes *u* bezeichnet. *i̥* geht ebenso wie *å* leicht in *u* über, wenn es neben labialen Konsonanten steht: *bi̥słå* „Lauch" > *busłå*; ja nicht nur hier, auch am Wortanfang: *usrå* „zehn“ < *i̥srå*. *i* mit weichem Timbre ist ein enger Vorderzungenvokal. *ı* mit mittlerem Timbre ist ein Mittelzungenvokal und breiter als *i*. Die meisten Autoren unterscheiden ihn nicht von *i*, obwohl *ı* bisweilen durch spezielle Zeichen wiedergegeben wird (bei Kalašev — *ōı*, bei Prym, Socin und Kampfmeyer — *i̧*).

Vokal *O*: *o* mit hartem Timbre ist der gewöhnliche velare Konsonant. *ö* mit weichem Timbre ist palatal und stellt die labialisierte Variante von *e* dar; akustisch erinnert es an franz. *eu*. Einige Autoren halten es für fremd (Nöldeke, Kalašev, Lopatinskij), jedoch erscheint es nicht nur in Lehnwörtern, sondern auch in aramäischen Ausdrücken: *gⁱ̂örä* „Ehemann“ < √ *gbr*, *nöṛä* „Spiegel“ < √ *nu̯r*. *ȯ* mit mittlerem Timbre ist schwach palatalisiertes *o*, es wechselt zuweilen mit *o*, zuweilen mit *ö*.

Vokal *U*: *u* mit hartem Timbre ist der „einfache“ Hinterzungenvokal, der nach seinem Öffnungsgrad dem Vokal *i* gleichkommt. *ü* mit weichem Timbre ist ein enger Vorderzungenvokal, der die labialisierte Variante zu *i* darstellt. Akustisch steht es dem franz. *u* und dem dtsch. *ü* nahe. *u̇* mit mittlerem Timbre ist der schwach palatalisierte Vokal *u*. Hier muß erwähnt werden, daß *ȯ* und *u̇* an Stelle von *ö* und *ü* nach labialen Konsonanten in der Nachbarschaft von Vokalen mit weichem Timbre auftreten: *mäbu̇nivä* „er zeigte sich“, *mȯtvä̦i̯ä* „sovjetisch“.

2. Überkurze Vokale. Unter den Vokalen begegnet man, obwohl ziemlich selten, auch überkurzen (Schwa). Gewöhnlich sind sie verloren gegangen, in bestimmten Fällen aber haben sich die überkurzen Vokale in kurze verwandelt. So ist zwischen zwei Anfangskonsonanten ehemaliges Schwa jetzt überall geschwunden: *qṭålå* „Mord, ermorden“ < *qeṭālā*, *švāqa* „entlassen“ < *šeḇāqā*. In den von Socin herausgegebenen džiluischen Texten ist Schwa in solchen Beispielen manchmal bewahrt geblieben: *li-gedālū* „an deinem Hals“, doch daneben trifft man auch *li-gdāli* „an den Hälsen“. Oft wird Schwa auch in der Mitte des Wortes weggelassen.

Der überkurze Vokal verwandelt sich in Substantiven weiblichen Geschlechts vom Typ *qaṭl* in *i*: *mäliktä* „Kaiserin“ < *malktā*, manchmal geschieht das auch in Substantiven anderen Typs, z. B. *madınḫa* „Osten“ < *madneḥā*.

Sporadisch tritt überkurzes *e/i* (eher wohl irrationales) nach der Relativpartikel *d* auf: *demälkä* „des Kaisers“, *detre* „der zweiten“.

In den assyrischen Texten Socins und Pryms trifft man außer dem überkurzen ^{e} auch noch andere überkurze Vokale an: ^{o}, ^{i} im Dialekt von Ṭūr'Āḇdīn; ^{o}, ^{i}, ^{u} im Džiluischen (in diesem ganz besonders).

3. Silbe und Vokal. Die kurzen Vokale ändern sich häufig je nach dem, ob sie in offenen oder geschlossenen Silben stehen. Gewöhnlich ändern sich die Vokale in geschlossenen Silben oder in der Nähe historischer Geminaten.

Im Wanischen und Salamassischen wird das breite *a* in geschlossenen Silben (unabhängig von der Betonung) verengt und geht in *i* über; salam. *miprimini* „ich werde ihn schneiden" (vgl. urm. *maprimini*), wan. *mıšḫın* „ich erwärme" < *mašḫin*. Der Übergang von *a* zu *i* begegnet auch in anderen Dialekten. (Die Verengung von *a* zu *i* ist für die nordsemitischen Sprachen charakteristisch, z. B. *a* > *i* im Pi^{cc}el des Hebräischen *ḳiṭṭel* < *ḳaṭṭel*).

Ein Übergang von *a* zu *e* unter denselben Bedingungen ist im Džiluischen anzutreffen (obwohl hier nicht so systematisch wie im Salamassischen und Wanischen): *zebnitlä* „du wirst sie verkaufen" < *zabnit-la, leḫma* „Brot" (vgl. urm. *laḫma*). Im Dialekt von Ṭūr'Āḇdīn tritt die umgekehrte Erscheinung auf, hier wird *e* zu *a* in geschlossenen Silben verbreitert.

In geschlossenen Silben ist auch der Übergang von *u* zu *i* ziemlich häufig (besonders im Salam.). Hier muß bemerkt werden, daß man daneben in solchen Silben auch ein palatalisiertes *u* (= *ü*) antrifft, d. h. einen Vokal, der dem *i* nahe steht: salam. *ǧili* „Kleidung" < *ǧuli* neben *ǧüli*. *i* statt *u* ist auch im Mos. belegt (E. Sachau, Skizze des Fellichi-Dial. [1895], 66): *biš* „mehr" (urm. *buš*). Einen solchen Vokalwechsel kennen auch die anderen semitischen Sprachen (Brockelmann, Grundriß 145).

4. Vokal und Betonung. Die Länge der Vokale hängt von der Betonung ab; lange Vokale sind nur in betonten Silben erhalten geblieben, außerdem werden Vokale gewöhnlich lang, wenn sie in eine betonte (und offene) Silbe geraten. Verlegung der Betonungsstelle bewirkt Vokalreduzierung, was bis zum Vokalausfall führen kann. Auf die Frage des Wechselverhältnisses zwischen der Länge von Vokalen und der Betonung werden wir im Kap. III eingehen).

Vom Standpunkt der qualitativen Veränderung von Vokalen in Abhängigkeit von der Betonbarkeit einer Silbe sind die entgegengesetzten

Aussagen des Džiluischen und Tiarischen von besonderem Interesse. Im Džiluischen wechseln *o* und *u* miteinander, dabei erscheint *o* in vortoniger (offener und geschlossener), *u* jedoch nur in betonter geschlossener oder in nachtoniger offener Silbe: *tonīli* „er sagte" (vgl. urm. *tunīli*), *gúmla* „Kamel", *métuli* „lege hin!" *mátiv-li*. Im Tiar. dagegen tritt *u* in vortoniger Silbe an Stelle von *o* auf (ebenso auch in betonten geschlossenen Silben): *ḫōna* „Bruder", aber *ḫunvā̦i̯* „Brüder". Ähnliches beobachtet man in Maʿlūla, wo *o* in unbetonter Silbe in *u* übergeht.

Im Džiluischen wird aus *ī* in offener betonter Endsilbe eine kurzes *e*, unbetontes *ī* jedoch wird diphthongisiert und ergibt *ii̯*, wie es auch in anderen assyrischen Dialekten der Fall ist: *ġzé* „schau!" < *ḫzī* und *ā́ii̯* „sie gehen" < *'ā́tī*. Im Tiarischen beobachtet man in diesem Falle den umgekehrten Vorgang: statt *a* wird am Wortende häufig *e* gesprochen, hier haben wir also mit einer Verengung des Vokals zu tun: *ḫabūše* „Apfel" (und nicht *ḫabūša*, wie in den anderen Dialekten). Im Mossulischen bewirkt die Tonverlegung nicht nur Kürzung langer Vokale, sondern auch deren Verengung (in vortoniger Silbe): *kḗden* „ich weiß", aber *kidinvā́* „ich wußte" (Sachau, Skizze 64). Ebenso ist es in Maʿlūla, wo *e* in vortoniger Silbe in *i* übergeht (A. Spitaler, Gramm. d. neuaram. Dial. von Maʿlūla [1938] 5; 10).

Kapitel III. Lange Vokale

1. Verhältnis von Vokalqualität zu Vokalquantität. Jeder assyrische Vokal kann lang sein. So gibt es neben *ä, ẹ, i, ö, ü; a, e, ı, ȯ, u̇; å, ə, i̥, o, u* auch deren lange Varianten: in der vorderen Reihe *ǟ, ẹ̄, ī, ȫ, ǖ*; in der mittleren Reihe *ā, ē, ī, ō̇, ū̇*, in der hinteren *å̄, ə̄, ī̥, ō, ū*.

Untersucht man das Verhältnis zwischen Vokalquantität und -qualität, so bemerkt man, daß die langen Vokale mit hartem Timbre verglichen mit den kurzen Vokalen derselben Reihe weicher sind. In diesem Zusammenhang hat die Ausgangsartikulation des Vokals bestimmte Bedeutung. Von den Varianten der Vokale *O* und *U* werden am ehesten *o* und *u* (mit hartem Timbre), von den Varianten der Vokale *E* und *I* die Längen *ī* und *ē* wahrgenommen. Dadurch erklären sich einmal die Deharmonisierungskraft von *ī* in Wörtern mit hartem Timbre, zum anderen die vielen Fälle, in denen man *ō* und *ū* statt *o* und *u* antrifft. *A* jedoch ist ein Vokal, von dem die Länge in allen Varianten leicht zu finden ist.

2. Sekundäre Längen. Die langen Vokale können primär oder sekundär sein. Letztere kamen infolge Verlustes von Kehl- u. Rachenkonsonanten zustande (*nāra* „Fluß" < *nahrā*, *rīšä*, mos. *rēša* „Kopf" < *ri'šā* oder *re'šā*, *tålå* „Fuchs" < *ta'lā*), infolge Vereinfachung von Geminaten (*gūdä* „Wand" < *guddā*, salam. *pīqıt* „bitte" < *piqqid* < *paqqid*) oder infolge Kontraktion der Diphthonge *ai̯* und *au̯* (*bēta* „Haus" < *bai̯tā*, *tōra* „Stier" < *tau̯rā*). Die Kontraktion von Diphthongen ist besonders im Urmischen und Salamassischen stark vertreten.

Hier muß erwähnt werden, daß die Kontraktion von Diphthongen bisweilen das harte Timbre eines Wortes stört, besonders in den Fällen, in denen der Diphthong ein ʿ vorausging: *åi̯nå* „Auge, Quelle" < *ʿai̯nā* (bei Müller jedoch *ênê* „die Augen": Nöldeke, Neusyr. 9), *ṭåi̯rå* „Vogel" (neben *ṭə̄rå*) < *ṭai̯rā*. Die Diphthonge *au̯* und *ai̯* werden nicht kontrahiert, wenn sie Pronomina wiedergeben: *au̯* (syr. *hau*) = Pers.-Pron. masc. gen. 3. Pers. Sg. (er), *ai̯* (*hāi*) = Pers.-Pron. fem. gen. 3. Pers. Sg. (sie).

3. Lange Vokale in geschlossener Silbe. Wie die primären, so werden auch die sekundären langen Vokale in geschlossenen (auch betonten) Silben kurz. So schließt sich z. B. eine betonte offene Silbe, wenn man das Formans fem. gen. *t* hinzufügt, worauf der Vokal kurz wird: *i̯aqū́ra* „schwer" (masc.), jedoch *i̯aqúrta* „schwer" (fem.). Ähnliche Beispiele sind in den altaram. Dialekten belegt.

Eine Ausnahme macht nur das Wanische, wo lange Vokale in bestimmten Fällen auch in geschlossenen Silben bewahrt bleiben; so nach Verlust des Endvokals im Praeteritum der Verben: *zīl* „er ging weg" < *zīli* < *zil-li*, *zvīn* „er hat gekauft" < *zvīni* < *zvin-li*.

4. Lange Vokale in offener Silbe. Lange Vokale haben sich in betonter, offener Silbe gehalten, z. B. *ā́mır* „er spricht" < *'āmir*, *šqā́la* „nehmen" < *šqālā*.

Der Ton liegt gewöhnlich auf der vorletzten Silbe, darum werden hier auch lange Vokale regelmäßig angetroffen. Ein unbetonter Vokal ist immer kurz, sogar in offener Silbe: *kⁱ̂anū́ta* „Geistlichkeit", jedoch *kⁱ̂ā́na* „Priester". Die Endvokale der im Stat. emphat. stehenden Nomina der modernen aramäischen Dialekte sind immer kurz: *i̯ā́la* „Kind" statt *i̯ālā*, *šlā́mä* „Frieden" statt *šlāmā*. Darum entsprechen lange Endvokale, die man in Transkriptionen assyrischer Texte antrifft, nicht dem wahren Sachverhalt; die Autoren gingen offenbar von etymologischen Erwägungen aus.

In betonter offener Silbe haben sich nicht nur die historisch langen Vokale gehalten, sondern es sind auch die kurzen lang geworden. Das ist besonders gut in solchen Silben zu beobachten, die sekundär offen sind: *sāra* < *sáhrā* „Mond“, *zīli* < *zilli* „er ging weg“ usw. einigen.

In Dialekten begegnen aber auch kurze Vokale in offenen betonten Silben: *libä* „Herz“, *šqılı* „er nahm“. In diesem Falle ist die Silbe infolge von Geminatenvereinfachung sekundär geöffnet. Gewöhnlich werden Vokale in ähnlichen Fällen gelängt, manchmal bleiben sie aber gleichsam aus Trägheit kurz. Ähnliches ist auch in Maʿlūla zu beobachten.

5. Verengung langer Vokale. Die Verengung langer Vokale ist in den semitischen Sprachen eine weit verbreitete Erscheinung. Sie ist auch in den lebenden aramäischen Dialekten zu beobachten. Dem für das Westsyrische charakteristischen Übergang von *ā* zu *ē* begegnet man in den Dialekten von Maʿlūla und ṬūrʿĀbdīn. Im letzteren ist *ā* nur sekundärer Herkunft. Recht häufig ist der Übergang von *ā* zu *ē* auch im Džiluischen: *dēvi* < *dāvi* „Gold“ (Pl.), *brēta* < *brāta* „Mädchen“. Im Urmischen werden fast ausschließlich nur primäres *ō* und *ē* verengt: *smūqa* „rot (neutr.)“ < *smōqā*, die Endung der Deminutivform *-ūna* < *-ōnā*, die Pluralendung der Nomina im Stat. emphat. *ī* statt *ē* usw. Die Vokale *ē* und *ō* werden gewöhnlich nicht verengt, wenn sie durch Kontraktion aus *au̯* bzw. *ai̯* entstanden sind: *bēta* „Haus“ und nicht *bīta*. Im Salam. ging die Verengung langer Vokale noch weiter, hier findet man nicht nur die Fälle, die im Urmischen Verengung langer Vokale aufweisen, sondern auch solche, in denen das Urmische keine Verengung hat: *līli* „Nacht“ (urm. *lẹ̄li*), *mīšä* „Wald“ (urm. *mēša*).

Hier müssen noch die Fälle erwähnt werden, in denen sich *ō* (obwohl in Gestalt eines kurzen *o*) neben *u* aus *ō* im Salam. und Urmischen gehalten hat. So z. B. im Pronominalsuffix fem. gen. 3. Pers. Sg. *-o* (< *ō*), jedoch masc. gen. *u* (< *ū*) entstanden aus demselben *ō* (*tävirto* „ihre Kuh“, aber *tävirtu* „seine Kuh“, beide von *tau̯irtō*). Auf diese Weise ist zum Zwecke der Unterscheidung der morphologischen Einheiten *ō* neben *ō* > *ū* bewahrt geblieben.

Die Verengung der Vokale *ō* und *ē* trifft man in anderen Dialekten noch seltener an. Im Mossulischen ist der Wechsel von *ō* und *ū* belegt (Sachau, Skizze 64), im Dialekt von ṬūrʿĀbdīn ging altes *ō* immer in *ū* über, während *ē* blieb (*miskēno* „arm“, vgl. urm. *miskīnä*, jedoch *rēho* „Gestank“, urm. *rīḥa*).

Das eben Gesagte zeigt, daß die Tendenz zur Verengung langer Vokale nicht in allen assyrischen Dialekten gleich stark ist.

Die Verengung langer Vokale ist nicht nur im Semitischen, sondern auch in Sprachen anderer Systeme bekannt. Darum nehmen wir an, daß wir es hier nicht mit der phonetischen Besonderheit einer einzelnen Sprache, sondern mit einer allgemeinen phonetischen Erscheinung zu tun haben. Gleichermaßen darf man die Verengung langer Vokale im Englischen oder die arab. *Imāla* mit assimilatorischem Einfluß der Laute *i* und *i̯* erklären (wie von Brockelmann, Grundriß 141, richtig bemerkt wird). Hierher gehört auch der Übergang von *ā* zu *ō* im Arabischen (z. B. in der Sprache der Fellachen oder in den Dialekten Mittelasiens), jedoch mit dem Unterschied, daß im Falle von *ā* > *ō* die Verengung infolge Verlagerung der Artikulation nach hinten, im Falle von *ā* > *ǟ* > *ē* die Verengung infolge der Verlagerung der Artikulation nach vorne eingetreten ist. Man könnte noch andere Beispiele anführen. Da nun die Verengung langer Vokale auf eine allgemeine phonetische Tendenz zurückgeht, ergibt sich die Frage nach dem Einfluß, der von der phonetischen Natur langer Vokale überhaupt ausgeht. Dieser Tendenz zur Verengung langer Vokale folgen auch die modernen assyrischen Dialekte. Im Džiluischen, Salamassischen, Urmischen und im Dialekt von Ṭūr'Āḇdīn vollzieht sich der Prozeß, wie er sich früher im Westsyrischen abgewickelt hat; im Mossulischen jedoch haben wir es nur mit dem Anfangsprozeß zu tun. Gleichartige Übergänge langer Vokale im Salamassischen und Urmischen erklären sich aus einer allgemeinen phonetischen Tendenz und nicht aus gegenseitiger Beeinflussung der Dialekte, was auch durch das Material aus dem Mossulischen bekräftigt wird.

6. Diphthongisierung langer Vokale. In allen assyrischen Dialekten, besonders aber im Urmischen, zeigen die langen Vokale eine starke Tendenz zur Diphthongisierung. *ē* > *ei̯* (*šṭēṭä* „trinken" > *šṭẹi̯ṭä*), *ī* > *ii̯* (*mdītä* „Stadt" > *mdīi̯tä*, manchmal mit folgendem stimmlosen *i̯*: *mdiχtä*), besonders häufig begegnet *ū* > *ui̯* (*nūnä* „Fisch" > *nüi̯nä*).

Im Salamassischen wird *ū* nicht zu *ui̯*, sondern zu *uḫ*/*uġ* (*uḫ* vor stimmlosen, *uġ* vor stimmhaften Konsonanten): *ḫabuḫša* „Apfel" (vgl. urm. *habui̯ša*) < *ḫabūšā; nuġra* „Feuer" (urm. *nüi̯rä*) < *nūra*. Dieser Übergang (*ū* > *uḫ*/*uġ*) kommt nur im Salamassischen vor. Hier ist zu bemerken, daß *ḫ*/*ġ* nur hinter dem velaren Vokal *u* (aus *ū*) auftreten, während die langen palatalen Vokale *ē* und *ī* auch im Salam. fallende Diphthonge ergeben (*ei̯* und *ii̯*). So entspricht, wie oben schon gesagt, salam. *uḫ/uġ* einem *ui̯*. Diese Tatsache führt zu folgender Annahme: da *u* velar ist, muß der folgende palatale Spirant *i̯* durch einen velaren ersetzt werden, d. h. es muß *i̯* in *ḫ/ġ* übergehen. Darum ist in *uḫ/uġ* aus *ū* im Grunde eine Diphthongisierung zu sehen.

Die Diphthongisierung ist in den assyrischen Dialekten ähnlich wie im Englischen mit der Verengung langer Vokale verknüpft, beide sind als das Ergebnis ein und derselben allgemeinen Tendenz aufzufassen.

Kapitel IV. Halbvokale und Diphthonge

In den modernen assyrischen Dialekten gibt es, wie überhaupt in den semitischen Sprachen, zwei Halbvokale: *u̯* und *i̯*, welche primär oder sekundär sein können.

Der labio-labiale Reibelaut *u̯* (er entspricht dem engl. *w*), geht, wenn gewisse Bedingungen fehlen, in ein labio-dentales *v* oder den Vokal *u* über (so die Kopula *u̯/u̯ᵉ*). Besonders hartnäckig hält sich indessen der stimmhafte palatale Reibelaut *i̯* (= dtsch. *j*), der in einer Reihe von Fällen an die Stelle von *u̯* tritt. Am Ende einer Silbe wird *i̯* vor stimmlosen Konsonanten stimmlos und geht in die stimmlose palatale Spirans *χ* über: *bētiχ* „mein Haus" < *bētii̯*, *biχtä* < *bii̯tä* (< *biʿtā*) „Ei". Primäres *u̯* begegnet nur in Diphthongen, sonst verwandelt es sich in ein labio-dentales *v*: *qarūva* „Hahn" < *qārūu̯ā*. Im Tiarischen stößt man auf Parallelformen: *qau̯la/qavla* „Stimme" < *qau̯lā*, *tau̯ra/tavra* „Stier" < *tau̯rā*.

Sekundäres *u̯* entstand häufig aus *v*, wenn es mit dem Vokal *u* zusammenstieß: *šväu̯ū̇tä* (neben *švävū̇tä*) „Nachbarschaft" < *švavūta* (< *šᵉḇāḇūtā*). Sekundäres *u̯* konnte ferner entstanden sein infolge Spirantisierung von *b* (so in den Dialekten von Mossul und Ṭūrʿ Āḇdīn): mos. *lizu̯āna* „um zu kaufen" < *lizḇāna*, *hu̯āla* „geben" < *hᵉḇālā* (Sachau, Skizze 66), sowie aus *i̯* nach Vokal *u*. Das ist gewöhnlich in den Infinitiven der schwachen Verben der 2. Klasse mit Endungs-*i̯* der Fall: *mäštü̆u̯i* statt *mäštü̆i̯i* „begießen".

u̯ begegnet bisweilen auch als Hiatustilger zwischen zwei Vokalen, wenn der erste ein *u* ist: *osmånłu* „Türke", jedoch *osmånłūu̯i̥* „Türken" statt *osmanlui*.

Sekundäres *i̯* entstand infolge von Konsonantenreduktion (*düi̯tä* „Ort" < *dukta*) oder in der Nachbarschaft von *i* mit vorhergehendem heterogenem

Vokal (z. B. lautet die Endung der Nomina fem. gen. *-āi̯* statt *-āi*, die ihrerseits auf *--āṯī* zurückgeht). Sekundäres *i̯* konnte auch zwischen zwei Vokalen auftreten (urm. *mäi̯i* „er trägt" von *māī* < *māṯī*, wo das spirantisierte *t* ausgefallen ist; *lēvin bi̯dåi̯å* „ich weiß" < *lēvin bidāʿā*. In diesem Falle wird die Nachbarschaft zweier Vokale nach dem Verlust des ʿ durch den Halbvokal *i̯* vermieden).

Von den Diphthongen sind besonders die fallenden stark verbreitet, was für die semitischen Sprachen überhaupt kennzeichnend ist. In ihren Texten haben die jeweiligen Autoren eine verschiedene Anzahl von Diphthongen genannt: von 3 (Maclean) bis zu 13 (Socin).

Wir selbst haben 9 Diphthonge festgestellt: *au̯*, *ai̯*, *āi̯*, *ei̯* (*ēi̯*), *iu̯*, *uu̯*, *ii̯*, *ui̯* und *oi̯*, die je nach Timbre variieren: *åu̯* und *äu̯*, *åi̯* und *äi̯* usw.

Die Diphthonge *ai̯* und *au̯* sind im Dialekt von Ṭūrʿāb̠dīn, im Džiluischen, Tiarischen und einigen anderen Dialekten erhalten geblieben (oft begegnet *au̯* als *av*, infolge Übergangs von *u̯* zu *v*): džil. *qau̯la* „Vermächtnis", tiar. *ḫau̯ḫa* „Pfirsich", *mai̯ša* „Wald" usw. Die alten Diphthonge *au̯* und *ai̯* gibt es auch noch im Dialekt von Maʿlūla: *pai̯ṯa* „Haus" (< *baiṯā*), *ġau̯za* „Nuß" < *gau̯zā* (Spitaler, Maʿlūla 11). Im Urmischen, Salamassischen, Wanischen und oft auch im Mossulischen werden diese Diphthonge kontrahiert: *au̯* > *ō* und *ai̯* > *ē*. (Diese sekundären Vokale wurden oben im Kapitel III, Lange Vokale, behandelt.) Die genannte Kontraktion ist in allen semitischen Sprachen bekannt.

Hier muß noch erwähnt werden, daß mit Hilfe der kontrahierten und nicht kontrahierten Diphthonge *au̯* und *ai̯* morphologische Kategorien unterschieden werden, und zwar Personal- und Demonstrativpronomina: *au̯* „er", aber *o* (*ō*) „jener", beide aus demselben *au̯*, ferner *ai̯* „sie", aber *e* (< *ē*) „jene", beide aus *ai̯*.

Der Diphthong *ēi̯* ist Formans des Plurals der Nomina fem. gen. (< *-āṯī*) und wird nicht kontrahiert: *baḫṯāi̯* „die Frauen".

Der Diphthong *ei̯* taucht meist in Lehnwörtern oder als Ergebnis der Diphthongisierung von *ē* auf: urm. *zei̯tun* „Oliven" (< Arab.), *ğei̯ran* (< Pers.). (Zur Diphthongisierung von *ē* vgl. oben: Lange Vokale.)

Der Diphthong *iu̯* ist, wie Nöldeke richtig bemerkt, in aramäischen Wörtern der Spirantisierung labialer Konsonanten zu verdanken: *ib̠* > *iu̯*, manchmal auch *ip̄* > *iu̯* (Neusyr. 14). Genannter Diphthong hat sich nicht gehalten und ging gewöhnlich in langes *u* (*ū*) über. Eine Ausnahme bildet der urmische Dialekt, wo *iu̯* immer am Ende eines Wortes, häufig auch in der Mitte, erhalten geblieben ist: mos. *tūla* „die Dörfer", aber urm. *tivlä* < *tib̲lā,* džil. *matu* „lege hin", aber urm. *mätiv.*

Der Diphthong *ii̯* entstand nur infolge Diphthongisierung von *ī* (hierzu s. Kapitel: „Lange Vokale").

Der Diphthong *uu̯* ging aus *ub̲* hervor und wurde, wie auch *iu̯*, zu *ū* kontrahiert. Dieser Vorgang (*uu̯* > *ū*) ist in allen assyrischen Dialekten mit Ausnahme des Urmischen, wo *uu̯* (oft als *uv*) erhalten geblieben ist, festzustellen: džil. *ktūli* „schreibe!", aber urm. *ktüv-li*/*ktuu̯-li* < *ktub̲-li,* wan. *šūḫa* „Ruhm", aber urm. *šuuḫa*/*šuvḫa* < *šub̲ḫa.*

Der Diphthong *ui̯* ist eine Variante von *ū* und tritt nur im Urmischen auf: *bäsmüi̯tä* „Gesundheit" < *basmūta, ḫlui̯la* „Hochzeit" < *ḫlūla.*

Der Diphthong *oi̯* kommt nur bei Wortkontraktionen vor, wenn das vorhergehende Wort auf *o* endet: *loi̯ba* „nach jener Seite" < *lo gibä, goi̯no* „in ihren Augen" < *go åi̯no.*

TEIL II: LAUTVERÄNDERUNGEN

Kapitel V. Assimilationen

Die Assimilation ist der am weitesten verbreitete kombinatorische Lautwandel in den modernen assyrischen Dialekten, wo man nicht nur Angleichungen von Konsonanten, sondern auch von Vokalen findet. Häufig beobachtet man auch Angleichungen von Konsonanten an Vokale (Spirantisierung) und umgekehrt Angleichungen von Vokalen an Konsonanten (z. B. Velarisierung von Vokalen in der Nachbarschaft von emphatischen Konsonanten)[4].

1. Völlige Assimilierung von Konsonanten. Zur Erklärung einer völligen Assimilierung infolge Geminatenvereinfachung ist unbedingt die Geschichte des jeweiligen Wortes heranzuziehen. Wenn in einem Worte einem Konsonanten früher zwei verschiedene Konsonanten entsprachen, so kann das auf eine einstmals vor sich gegangene völlige Assimilierung hinweisen. Dieser phonetische Prozeß läßt sich gut verfolgen, wenn man ein Wort mit seinen Entsprechungen aus anderen semitischen Sprachen ver-

[4] Vgl. Kap. VII „Zur Frage der Spirantisierung" und Kap. VIII „Synharmonie".

gleicht. Dabei zeigt das Arabische gewöhnlich den ursprünglichen Zustand (Form ohne Assimilierung), die hebräisch-aramäischen Sprachen, eigentlich die altaramäischen, die folgende Stufe (Geminata nach völliger Angleichung) und die modernen assyrischen Dialekte die Endstufe, d. h. einen Konsonanten an Stelle der Geminata, z. B. arab. *sanat*, syr. *šattā*, jedoch urm. *šitä* „Jahr“.

Völlige Assimilierung geht meistens in unmittelbarer Nachbarschaft vor sich (Kontaktassimilation), von ihr werden gewöhnlich Sonorlaute und Dentale (*r*, *l*, *n*, seltener *d*, *t*) ergriffen, wie es auch in anderen semitischen Sprachen geschieht. Hier muß bemerkt werden, daß die völlige Kontaktassimilation in den meisten Fällen regressiv ist, z. B. *qāna* „Horn“ < *qannā* < *qarnā* (vgl. syr. *qarnā*, hebr. *qeren*, arab. *qarn*, akkad. *qarnu*); *kisä* „Leben“ < *kissā* < *kirsā* (vgl. syr. *karsā*, hebr. *kārēś*, arab. *kariš* und *kirš*, akkad. *karšu*); *izå* „Ziegenbock“ < *ʿizzā* < *ʿinzā* (vgl. arab. *ʿanz*, akkad. *enzu*); *gībä* „Seite“ < *gibbā* < *ginbā* (vgl. syr. *gabbā* und arab. *ğanb*).

Fälle progressiver Assimilation kommen auch vor, sind jedoch ziemlich selten (z. B. beim Verbum *āzil* (*ʾzl*) „gehen“ und *āsıq* (*slq*) „sich erheben“, wo das Wurzel-*l* an die vorhergehenden Konsonanten angeglichen wurde: *āzın* < *āzlin* „ich werde gehen“ und *āsıq* < *sālıq*; *inä* „jedoch“ < *in-na* < *ʾin-lā*); die Angleichung des sonoren *l* an den vorausgehenden Konsonanten ist eine Ausnahme und wird durch die Beschaffenheit des *l* erklärt. So ist z. B. die Assimilierung bei Verbalsuffigierung progressiv, wenn das Suffix-*l* an den vorausgehenden Sonorlaut angeglichen wird: *gᶦvirä* „sie hat geheiratet“ < *gvir-ra* < *gvir-lā*; *šüdini* „er ist verrückt“ < *šudin-ni* < *šudin-li* usw. Im Dialekt von Maʿlūla ist es in solchen Fällen umgekehrt, da wird der vorausgehende Sonorlaut des Stammes dem *l* assimiliert: *amelle* < *āmar-le* (Spitaler, Maʾlūla 37). In den ostaramäischen Dialekten geschieht das nie.

Völlige Distanzassimilation, auch sonst eine seltene Erscheinung in den semitischen Sprachen, ist in den modernen assyrischen Dialekten fast überhaupt nicht zu beobachten. Solche Fälle wie *nüžėnii* „wirklich?“ < russ. *neuželi*, wo *n . . . l* > *n . . . n*, oder *ğälği* „bald“ < pers. *ğäldī*, wo *ğ . . . d* > *ğ . . . ğ*, sind äußerst selten.

2. Teilassimilierung von Konsonanten. Die Teilassimilierung von Konsonanten ist eine weit verbreitete Erscheinung. Wenn man zur Erklärung der völligen Angleichung von Konsonanten die Geschichte eines

Wortes heranziehen mußte, so sind die Ergebnisse der Teilassimilierung augenfällig.

Teilassimilierung kann sich beziehen auf die Artikulationsstelle eines Lautes wie auch auf seine Qualität (Stimmhaftigkeit, Stimmlosigkeit, Emphase), woraus sich homoorganische (*m* und *b*, *n* und *d*) oder homogene Konsonanten (*p* und *t*, *b* und *d*, *ṣ* und *ṭ*) ergeben.

Assimilierung nach der Artikulationsstelle ist regressiv und vollzieht sich in unmittelbarer Nachbarschaft des Assimilators. So ist es mit dem sonoren *n* vor den Labialen *p* und *b*: *dumba* „Schwanz" < *dunbā*, √ *dnb*. Das Wurzel-*n* ist bewahrt geblieben im Syr. (*dunbā*), Hebr. (*zānāḇ*), Arab. (*ḏanab*) und Äthiop. (*zanab*), jedoch haben wir im Akkad. wie auch in unseren Dialekten *n* > *m*: *zimbatu* (neben *zibbatu*). Hier sei noch darauf verwiesen, daß sich der Übergang von *n* zu *m* vor *b* und *p* auch in der Schrift bemerkbar macht: *pnbl* und *pmbl* (Nöldike, Neusyr. 52).

Besonders häufig ist die Assimilierung von Konsonanten nach der Qualität, nämlich Angleichung stimmhafter Konsonanten an stimmlose, Angleichung stimmloser Konsonanten an stimmhafte, Übergang behauchter Konsonanten in Abruptive. Dasselbe gilt auch für den Übergang einfacher Konsonanten in emphatische (hier denken wir an die Zeit, da emphatische Konsonanten noch in allen assyrischen Dialekten bestanden).

Die Angleichung stimmhafter Konsonanten an stimmlose ist regressiv und ausnahmslos; stimmhafte Konsonanten werden immer stimmlos, wenn ihnen ein stimmloser Konsonent folgt: z. B. *b* > *p*: *pḫiχ* „weine!" < *bḫi̯* < *bᵉḵī*; *d* > *t*: *tḫırı* „er hat sich erinnert" < *dḫiri* < *dᵉḵir-li*; *g* > *k*: *kḫikˢlä* „er begann zu lachen" < *gḫiklā* usw. Ausgehend von dem eben Gesagten muß angemerkt werden, daß die nichtassimilierten Formen in den Texten G. Bergsträssers auf den etymologischen Erwägungen des Autors beruhen und phonetisch nicht immer zuverlässig sind.

In den Dialekten begegnen auch Fälle progressiver Angleichung stimmhafter Konsonanten an stimmlose, sie sind jedoch gering an Zahl und können durch vergleichende historische Analyse erklärt werden (wie bei der völligen Assimilierung). So gehen z. B. die Wörter *ḥpāqa* „Busen" und *ḥāpıq* „umfassen" auf die Wurzel *ḥbq* zurück, die im Arab. und Hebr., aber auch in einigen aramäischen Dialekten (jüdisch-aramäisch, mandäisch) erhalten ist. Indieser Wurzel begegnet an Stelle von stimmhaftem *b* ein stimmloses *p* nur im modernen Assyrischen und Syrischen (*ʿpq*). Dasselbe beobachtet man auch bei der Wurzel des Verbums *sāpır* „warten", das von *sbr* abgeleitet ist. Das ursprünglich stimmhafte Wurzel-*b* erscheint in allen semitischen Sprachen: hebr. *śbr*; jüd.-aram., syr., arab. *sbr*. Hier ist anzumerken, daß das stimmhafte *b* in den Substantiven erhalten ist, die von dieser Wurzel abgeleitet sind, z. B. *sōra*, wo *ō* das Ergebnis einer Kontraktion von spirantisiertem *b* mit vorausgehendem *a* ist. Progressive Angleichung eines stimmhaften Konsonanten an einen stimmlosen haben wir auch im Worte *pṯä̆nä* (urm., salam.; tiar. *pṯāna*) „Pflugschar, Pflug", wo der zweite Konsonant auf *d* zurückgeht (< *paddānā*). Wie Nöldeke (Neusyr. 46) richtig bemerkt, mußte nach dem Verlust der Gemination und des vortonigen Vokals *pdắna* in *ptāna* übergehen. (Eigentlich wäre für die modernen assyrischen Dialekte die Entwicklung *pdắnā* > *bdāna* natürlicher gewesen, wie man am Mossul. sehen kann: Mcl., Dict. 247.)

Die Angleichung stimmloser Konsonanten an stimmhafte vollzieht sich fast immer in Kontaktstellung und ist regressiv. Nach Ausweis unseres Materials werden *ẖ*, *š*, *s* immer stimmhaft (*žġušḁa* „Aufstand" < *šġušḁa*, *ġzīli* „er erblickte" < *ẖzīli*, *ẖḁizdå* „Ernte" < *ẖḁisdå* < *ḥiṣdā*), *t* und *kⁱ̂* (< *kī*) werden es oft (*gⁱ̂dāẖı* „er reinigt" < *kⁱ̂dāẖı*), *k* und *q* selten (√ *gmš* < √ *kmš* „bedrängen", *ġdīlä* „Schlüssel" < *qdīlä*). Bisweilen gehen die Veränderungen sogar so weit, daß man sie, ohne die historischen Verhältnisse zu Rate zu ziehen, nicht erklären kann, z. B. *gülpä* „Flügel" vermutlich zu √ *klp*/√ *knp*; in anderen semitischen Sprachen und Dialekten ist hier ursprüngliches *k* erhalten geblieben, als zweiter Wurzellaut erscheint *n*: arab. *kanaf*, hebr. *kānāp̄*, westaram. *kanpā*, syr. *kenpā*, akkad. *kappu* (hier ist der zweite Wurzellaut an den dritten assimiliert worden). Nöldeke führt in seiner neusyrischen Grammatik (Neusyr. 90) das Wort *kinfā* an, das wir indessen in den assyrischen Dialekten nicht angetroffen haben. Erinnert man sich jedoch an den Wechsel von *u* und *i*, der in den modernen aramäischen Dialekten bekannt ist (vgl. o.), so wäre neben *kinpā* auch die Form *kunpā* sehr gut möglich; außerdem ist in den semitischen Sprachen ein Wechsel der Sonorlaute verbreitet (vgl. hebr. *kinnām* „die Schnaken" und akkad. *kalmatu*; hebr. √ *ṭmn* „beerdigen" und arab. √ *ṭmr* mit derselben Bedeutung): auch das läßt *kulpā* neben **kunpā* natürlich erscheinen. Nach der regressiven Assimilierung von *k* mußte nun *gulpā* entstehen. Daher muß assyr. *gülpä* als zur Wurzel *knp* gehörig betrachtet werden, dies um so mehr, als es (*gülpä*) der √ *knp* der semitischen Sprachen nicht nur semantisch, sondern auch phonetisch entspricht.

Der Übergang von behauchten Konsonanten in Abruptive ist nur den modernen assyrischen Dialekten bekannt; in den anderen semitischen Sprachen (besonders den älteren) gab es Abruptive überhaupt nicht. Eine Assimilierung tritt gewöhnlich vor *q* und *ṭ* ein: *p̣ṭūḥa* „flach“ < *pṭūḥā*; *č̣qam* „er steht auf“ <*čqam* < *kī qā'im*; *p̣qēta* „platzen“ < *pqētā* < √*pq'*.

Einen Übergang einfacher Konsonanten in emphatische (durch Assimilierung) trifft man in den modernen Dialekten nicht an, weil es ja weder emphatische Konsonanten noch ' gibt, die diesen Übergang hervorrufen könnten. Jedoch gibt es ihn im Dialekt von Ma'lūla, wo sich die emphatischen Konsonanten und ' gehalten haben: *ṭeš'a* „neun“ < *teš'ā* (Spitaler, Ma'lūla 12). Diese Assimilierung vollzog sich aber auch in unseren Dialekten, als die genannten Laute noch bestanden. So: *råḥiṭ* „laufen“ < *rḥṭ* < *rhṭ* (vgl. Neusyr. 59); *såṭip* „Holz hacken“ < *ṣṭp* < *sṭp* (ibid. 47).

Lehnwörter unterliegen allen Assimilationsregeln, die in den assyrischen Dialekten bekannt sind (regressive und Kontaktassimilation: *täsk*^{i}*ärä* „Durchgang“ < pers.-arab. *taḏkara*, *rısqa* „Vieh“ < arab. *rizḳ*).

Oft kann man auch beobachten, daß sich ein Konsonant am Ende eines Wortes dem Anfangskonsonanten des folgenden angleicht: *kiz bābu* „zu seinem Vater“ < *kis bābu*, *ləm bidå* „ich weiß nicht“ < *lən bidå* < *lēvin bidā'ā*. So ist es auch in den Genetivkonstruktionen: *märid bisṭån* „der Herr des Gartens“, aber *märit süṣi* „der Herr der Pferde“. Hier wären auch die Komposita zu nennen wie *bäġmälkä* „Kaiserin“ < *baḫ* „Frau“ und *mälkä* „Kaiser“, *küdånt* „immer“ < *küddånt* < *kül* „jeder“ und *dånt* „Zeit“. In allen diesen Fällen von Konsonantenangleichung spielt die Betonung eine wesentliche Rolle, denn sie verbindet die Wörter. Assimilation zwischen einzelnen Wörtern trifft man nur sporadisch an.

Die Notwendigkeit, homonyme Wörter voneinander zu unterscheiden, verhindert Konsonantenassimilation: *šītä* „Jahr“ < *šittā* < *šintā*, aber *šintä* „Schlaf“, wo *nt* nicht in *tt* übergeht.

Die modernen assyrischen Dialekte haben im Hinblick auf die Konsonantenassimilation viel Gemeinsames mit den alten semitischen Sprachen, doch unterscheiden sich jene von diesen auch in gewissen Punkten. So ist z. B. die Angleichung stimmloser Konsonanten an stimmhafte in den semitischen Sprachen und den modernen assyrischen Dialekten allgemein weit verbreitet, jedoch werden im Unterschied zum Assyrischen in den alten semitischen Sprachen besonders häufig stimmlose Verschlußlaute stimmhaft, während im modernen Assyrisch stimmlose Spiranten stimmhaft werden, oder aber: in den semitischen Sprachen bewirken Sonorlaute gewöhnlich den Übergang stimmloser Konsonanten zu stimmhaften, während im modernen Assyrisch solche Fälle äußerst selten vorkommen. Aus dem eben Gesagten ergibt sich ein chronologischer Unterschied zwischen den einzelnen Fällen von Assimilierung im modernen Assyrisch, einmal liegt die Assimilierung früher, das andere Mal später. Es ist z. B. schwer vorstellbar, daß eine völlige Assimilierung von Dentalen eine neue Erscheinung sei, man begegnet ihr nur in einigen Wörtern, und zwar in solchen, in denen eine ähnliche Assimilierung auch in den anderen semitischen Sprachen bekannt ist. Die regressive Assimilierung an Dentale ist aber für das moderne Assyrisch kennzeichnend und schwerlich alt.

Kapitel VI. Palatalisierung von Konsonanten

In den modernen assyrischen Dialekten tendieren die velaren Verschlußlaute *g, k, ḳ* sowie *ł* stark zur Palatalisierung, die besonders im östlichsten Dialekt, dem Urmischen, recht verbreitet ist. In anderen Dialekten trifft man sie seltener an, am häufigsten von ihnen noch im Wanischen und Salamassischen.

Werden *g, k, ḳ* palatalisiert, so ergeben sich *g*^{i}, *k*^{i} und *ḳ*^{i}: urm. *küli* „alles“, *düg*^{i}*lä* „Lüge“, sal. *k*^{i}*pīni* „die Hungrigen“, džil. *ḳ*^{i}*amta* „Morgen“, tiar. *gān*^{i}*u* „er selbst“. Häufig kommt auch vor, daß velare Konsonanten im Urmischen palatalisiert werden, während dies in anderen Dialekten bei denselben Wörtern nicht der Fall ist: urm. *k*^{i}*ūmä* „schwarz“, aber sal. *kūma*, tiar. *kōma*; urm. *g*^{i}*ürä* „groß“, wan., tiar., džil. *gōra*, sal. *gūra*.

Im Urmischen ist auch der zweite Palatalisierungsgrad von *g, k, ḳ* nachgewiesen, der durch die für das Aramäische völlig neuen Konsonanten *ğ*, *č, č̣* vertreten ist, z. B. *g* > *ğ*: *ğü* „in“, *ğümlä* „Kamel“ (daneben auch *gü* und *gümlä*); *k* > *č*: *čmä* „wieviel“, *birčä* „Knie“ (*k*^{i}*mä, birk*^{i}*ä*); *ḳ*$^{\wedge}$ > *č̣*: *č̣qam* „er steht auf“ < *ḳ*^{i}*qam* (< *kī qā'im*). In einigen Fällen geht der velare Verschlußlaut sogar in ein palatales *i̯* über: *läi̯bä* „auf dieser Seite“ < *lāha gībä* und *löi̯bä* „auf jener Seite“ < *lō gībä*.

Palatalisiertes *q* ist nur in einem Falle belegt: *mäği̯in* „grün werden (Pflanze)“ neben *maqi̯in* (Neusyr. 40). Ausgangsform ist *maqi̯in*, die zu *qīna* „grün“ gehört. Hier wurde *q* stimmhaft und ging in *g* über, worauf *g* palatalisiert wurde (also *q* > *g* > *ğ*).

In anderen Dialekten ist der Übergang von *g*, *k*, *ḳ* zu *ǧ*, *č*, *č̣* infolge Palatalisierung kaum bekannt; die erste Stufe (*g*ⁱ, *k*ⁱ, *ḳ*ⁱ) ist, wenn belegt, doch seltener anzutreffen als im Urmischen.

Aus velarem *ḷ* wurde durch Palatalisierung weiches *l*: *ṭḷå* „drei", *ṭuḷunte* „drei (Kollektivzahl)", aber urm. *tläį*, wan. *tli*, sal. *tlių* „dreißig" (Plural von *ṭḷå* „drei").

Hier ist zu bemerken, daß die Palatalisierung velarer Verschlußlaute nachläßt, je weiter wir vom Gebiet des Urmischen nach Westen gehen. Das läßt vermuten, daß die Palatalisierung velarer Verschlußlaute im Urmischen aufkam und sich von hier aus auf die anderen Dialekte ausbreitete. Hierdurch erklärt sich auch die Tatsache, daß die Fälle von palatalisierten Velaren im Salamassischen und Wanischen häufiger auftreten als z. B. im Tiarischen.

Palatalisierung bewirken die palatalen Laute *į* und *ī*, sowie auch die Vokale *ä*, *ö*, *ü* (Vokale mit weichem Timbre). So wird z. B. in der Partikel *kī* das *k* palatalisiert und geht in *k*ⁱ oder *č* über, das vor einem stimmhaften Konsonanten zu *g*ⁱ oder *ǧ*, vor Abruptiven zu *ḳ*ⁱ oder *č̣* wird. Hier ist zu bemerken, daß im Urmischen *g*, *k*, *ḳ* am Wortanfang auch dann palatalisiert werden können, wenn ihnen ein Vokal der hinteren Reihe folgt: *k*ⁱ*umi̥ri̥* „er hat hinausgetrieben", *g*ⁱ*ušıqla* „sie erblickte, schaute".

Palatalisierung ist manchmal auch Mittel zur semantischen Unterscheidung von Wörtern: *g*ⁱ*nivli* „er hat gestohlen", aber *ǧnivli* „er hat geraubt", beide von *gnivli* (< *gnb*); *bgärid* „das Schaben", aber *bǧärid* „er hat abgerissen", beide von √*grd*.

Kapitel VII. Zur Frage der Spirantisierung

1. Spirantisierte Konsonanten. Besonders interessant ist die Spirantisierung der Verschlußlaute *b*, *g*, *d*, *k*, *p*, *t*, die in den nordsemitischen Sprachen Lautgesetz ist.

In den modernen assyrischen Dialekten verliert das Gesetz der Spirantisierung allmählich an Kraft, doch sind seine Spuren weitgehend erhalten.

Von den oben genannten sechs Verschlußlauten erscheinen nur zwei (*d* und *t*) spirantisiert; es ergeben sich interdentales *ḏ* und *ṯ*. Sie haben sich in den westlichen und zentralen Gruppen unserer Dialekte gehalten (Tiari, Mar-Bišu, Mossul, Tchuma, Botan sowie auch in Maʿlūla): tiar. *iṯva* „er war", *barda* „Hagel", *pḫadra* < *bit ḫadra* „er wendet um", *ḫunvāṯi* „Brüder", mos. *saṷāṯā* „die Greisinnen", *'ēṯāṯa* „Kirche"; kurdist. *ịalūḏa* „Knabe", *māṯa* „Dorf", *āṯé* „er geht"; ašit. *méṯa* „Schwur" usw.

Hier ist zu bemerken, daß sich *ṯ* in den genannten Dialekten nicht immer gehalten hat, es gibt Fälle, in denen es zu *s* oder *š* überging (vgl. u.).

2. Lautverschiebung. Wurden *b* und *p* spirantisiert, so gingen sie in die labio-dentalen Spiranten *v* und *f* über (das zweite in Ṭūr'Āḇdīn): urm. *sävä* „Greis" < *sāḇā*, *räkⁱävä* „Reiter" < *rakkāḇā*, *kⁱätvin* „ich werde schreiben" < *kāṯḇin*, salam. *kitävä* „Brief" < *ktāḇā*, *dāva* „Gold" < *dahᵉḇā*; wan. *milvišlä* „des Anteils" < *malḇišlā*, *bnöfšu* „getrennt" < *bnap̄šu*, džil. *hivāla* „sie hat gegeben" < *hiḇālā*, *švuḳle* „sie haben zurückgelassen" < *šḇuḳ-le*, tiar. *qaṷra* „Grab" < *qaḇrā*, *dvıqle* „sie haben gefangen" < *dḇıq-le*, mos. *rāvé* „er wächst" < *rāḇē*, *danva* „Schwanz" < *danḇā* usw.

Wurden die Velare *g* und *k* spirantisiert, so gingen sie in *ġ* und *ḫ* über, (den ersten begegnet man ziemlich selten, den zweiten jedoch durchweg): urm. *paġra* „Körper" < *pāgrā*, *küḫvä* „Stern" < *kauḵᵉḇā*, salam. *hatḫa* „so, auf diese Weise" < *hadᵉḵā*, *dmıḫle* „sie haben sich gelegt" < *dmıḵ-le*, džil. *åḫlåḷi* „ißt" < *'aḵlā-li*, tiar. *pḫāịa* „das Weinen" < *bᵉḵāịā*, *sāġid* „sich verbeugen", mos. *pāliġ* „teilen" < *pāliġ*, *pilġūna* „Teil", *diḫrūna* „Erinnerung" < *diḵrūnā*; ašit. *diḫ* „wie" < *dāḵ* (*dīḵ*) usw.

Im Dialekt von Ma'lūla wurden von der Lautverschiebung nur die übervelaren Konsonanten *g* und *k* ergriffen, die, wie auch in den östlichen Dialekten, in *ġ* und *ḫ* übergingen: *soḫra* „Pfropfen" < *saṷḵrā*, *aġīra* „Diener" < *aḡīrā*, *sjoġča* „Zaun" < *sjāḡṯā* (Spitaler, Ma'lūla 19).

Die spirantisierten Labiale und Velare erweisen sich also als weniger beständig (vgl. hebr.), und obwohl sie ihre spirantische Aussprache beibehielten, wurden sie artikulatorisch nach hinten verlegt: *ḇ* > *v*, *p̄* > *f*, *ḡ* > *ġ*, *ḵ* > *ḫ*. So wird hier durch die Spirantisierung eine Erscheinung bewirkt, die allgemein unter dem Namen „Lautverschiebung" bekannt ist.

Das aus spirantisiertem *p* (*p̄*) entstandene *f* wurde mit vorausgehendem *a* zu *ō* kontrahiert, z. B. urm. *nöšä*, salam. *noḫša* „Geist, Seele" < *nap̄šā*; wurde *f* mit vorausgehendem *u* kontrahiert, so ergab sich *ū*, tiar., wan. *rūša*, urm. *rüịšä*, sal. *ruḫša* „Biene" < *rufšā* < *rup̄šā*; *af* zu *ō* kontrahiert ist in biblischen, aus dem Syrischen stammenden Namen die Regel: *nōtaḫ* < *naftaḫ* „Jephai" (Jud. 11_1), *notāli* < *naftālī* „Nephalim" (Gn 30_8) usw.

In allen anderen Fällen geht in den ostassyrischen Dialekten aus *p̄* entstandenes *f* in den Verschlußlaut *p* über: urm. *šäptä* „Sabbath" statt *šafta*, sal. *upra* „Land" statt *afra*, wan. *kipnä* „Hunger" statt *kifna*, džil. *šapra* „Messer" statt *šafra* usw.

In einigen Dialekten wird spirantisiertes *t* (*ṯ*) zum stimmlosen dentalen Reibelaut *s* oder zum alveolaren Reibelaut *š*, spirantisiertes *d* (*ḏ*) zu *z* (der Übergang von *ṯ* zu *š* ist auch im Hebräischen und Akkadischen bekannt). Dieser Übergang (*ḏ* > *z* und *ṯ* > *s*) ist im Dialekt von Zacho anzutreffen.

In den Dialekten von Tiari und Ašita geht *ṯ* in *š* über: *nāša* „Ohr" < *nāṯā*, *māša* „Dorf" < *māṯā* usw., *š* an Stelle von *ṯ* begegnet im Verbum *āṯī* „gehen" und zwar im Tiarischen und Wanischen: tiar. *šeli* „er kam", *šīša* „der Gekommene" < *'eṯīṯā*, wan. *šīlä* „sie kam", *vēl bišäi̯ä* „er geht" < *'eṯīlā*, *vēli biṯāi̯ā*.

In diesem Verbum („gehen") wird im Salamassischen und Džiluischen der spirantisierte Wurzelkonsonant *ṯ* durch den stimmlosen palatalen Spiranten *χ* ersetzt: *χīli* „er kam", *le χii̯a* oder *le χⁱa* „gehe nicht". *χ* an Stelle von *ṯ* in anderen Wörtern haben wir nicht angetroffen.

Hier ist zu bemerken, daß *ṯ* > *χ* nur in den Dialekten auftritt, in denen *ṯ* regelmäßig ausfällt (salam., džil., wan.). Man nimmt an, daß *ṯ* die Stufe *h* durchmacht, *h* aber vor *ī* und *i̯* palatalisiert wird und in *χ* übergeht, d. h. die Spirantisierung schwächt die Artikulation von *ṯ*, die orale Artikulation geht verloren, und nur die Kehlartikulation von *h* bleibt, woraus sich nach erfolgter Palatalisierung *χ* ergibt.

In der Sprache der salamassischen Juden erscheint *l* an Stelle von *ṯ*: *višūla* „Trockenheit" < *višūṯā*, *māla* „Dorf" < *māṯā*, *špīrūla* „Schönheit" < *špīrūṯā* (Nöldeke-Duval in: ZDMG. 37 [1883], 602—603).

3. Verlust von Lauten. Gehen spirantisierte Verschlußlaute verloren, so hinterlassen sie gewisse Spuren, so z. B. bei *ṯ*, *ḏ*, *ḡ*. Regelmäßig fällt *ṯ* im Salamassischen aus, und das ist eine der wichtigsten Besonderheiten dieses Dialektes: *ma* „Dorf" statt *māṯā*, *pa* „Gesicht" statt *pāṯa*, *li* „es gibt nicht" < *līṯ* usw. In dieser Beziehung nähern sich dem Salamassischen das Wanische, Gavarische und Džiluische: wan. *kitāi̯ä* „die Hühner" < *kitāi̯āṯī*, *pṭe* „er kommt" < *bit 'āṯī*, *īvä* „er war" < *'īṯvā*, džil. *bii̯āle* „er geht" (vgl. urm. *bitāi̯eli*), *bimi̯āna* „ich sterbe" < *bimi̯āṯēvin* usw.

ṯ fällt bisweilen auch im Urmischen aus, wo es sich sonst in den Verschlußlaut *t* verwandelt: *qāi̯* „für mich" < *qāṯī*, *bar* „hinter" < *bāṯar*. In allen modernen assyrischen Dialekten (also nicht nur im Salamassischen, Wanischen und Džiluischen) fällt auch *ḏ* ziemlich häufig aus, indessen nicht so oft wie *ṯ*. *ḏ* schwindet in ein und denselben Wörtern: urm., wan., salam., tiar. *ḥa*, wan., džil. *ḥe*, mos. *ḥa* < *ḥaḏ* „eins", *qam* „vor" < *qaḏm*, *qamāi̯a* < *qaḏmāi̯ā*, salam. *qamā* „der erste". Das Verbum *i̯āḏaʿ* „wissen" ist eine Ausnahme, hier schwindet *ḏ* nur im Salamassischen, Džiluischen und Wanischen: salam. *ki i̯åni̥* „ich weiß" < *kī i̯āḏʿin*, *li̥ i̯åti* „du weißt nicht" < *lē i̯āḏʿat*, wan. *ki i̯åi̯å* „sie weiß" < *kī i̯āḏʿā*. (In diesem Verbum ist *ḏ* im Mossulischen und den kurdistanischen Dialekten geblieben, *i̯āḏé*, im Mossulischen erscheint statt seiner aber auch *d*, ebenso in Ašita, in Šams-Dīne wurde es stimmlos, im Urmischen in den Abruptiv *ṭ* verwandelt, vgl. Mcl., Dict. 115—116).

Unter Spirantisierung versteht man bekanntlich die Angleichung eines Konsonanten an den vorausgehenden Vokal in spirantischer Beziehung. Wird die spirantische Artikulation verstärkt — was man durch die stärkere Assimilierung eines Konsonanten an einen Vokal erklärt —, so nimmt die Geräuschbildung ab, und der Spirant wird, wenn man so sagen darf, im vorausgehenden Vokal „aufgelöst". Darum ist der Ausfall eines Verschlußlautes nach einem Vokal die letzte Stufe seiner Spirantisierung. Derselbe Prozeß vollzog sich auch im Altaramäischen und Althebräischen (vgl. *-ā*, Endung der Nomina fem. gen. < *-aṯ*).

In den assyrischen Dialekten begegnet stellenweise auch ein Schwund von *g* (*ḡ*): urm. *šāda* „Mandel" < *šaḡdā*, mos. und tchum. *šēda* (vgl. syr. *šeḡdē* plur.), urm. und salam. *påti̥*, kurdist. und mos. *pālé* „teilen" < *pāliḡ* (√*plg*, vgl. *pulāġa* „Abteilung" und mos. *pāliġ*, Mcl., Dict.); urm. *rau̯ūla* „Ebene" <*rāḡūlā*, tiar. *nāha*, tchum., ašit. *nāi̯a* „es tagt" < √*ngh* (Mcl., Dict.), so auch im Lehnwort *šra* (urm.), *šrāi̯a* „Leuchter, Räucherfaß" < *šrāḡā* (vgl. syr. *šrāḡā*, pers. *čärāγ*).

Die unten angeführte Tabelle gibt eine klare Vorstellung von den Veränderungen der Konsonanten infolge von Spirantisierung.

4. Nichteingetretene Spirantisierung. In den Dialekten wird das Spirantisierungsgesetz nicht selten durchbrochen, und zwar erscheint ein Spirant nach Konsonant, ein Verschlußlaut nach Vokal.

Hier müssen die Verba von den Nomina getrennt werden, insofern als die Verba Wörter sind, deren Wurzelvokale bei der Flexion den Platz wechseln, d. h. einmal steht der Vokal vor, das andere Mal hinter dem Konsonanten.

In den Nomina treten Spiranten nach Konsonanten auf, wenn dem Spiranten einstmals ein Vokal vorausging, der aus Gründen der Betonung später schwand: *švä̈vä* „Nachbar“ < *šeḇāḇā*, *žġuši̯a* „Aufruhr“ < *šeḡušia*, *girvä* „Aussatz“ < *girḇā*, vgl. arab. *ǧarab*, hebr. *gārāḇ*, *ḫalva* „Milch“, vgl. arab. *ḥalab*, hebr. *ḥālāḇ*, *ånvi̥*, *i̥nvi̥* „Weinberg“, vgl. arab. *ʿinab* usw. Wie aus dem Vergleich mit den arabischen und hebräischen Entsprechungen hervorgeht, befand sich vor dem Spiranten früher ein Vokal.

Alt-aram.	Moderne aramäische Dialekte						
	westl. Maʿlūla	westassyr. ṬūrʿĀḇdīn	Ostassyrische Dialekte				
			mos.	zach.	tiar.	salam.	übrige
ḇ	b	v	v	v	v	v	v
p̱	f	f	p	p	p	p	p
ḏ	ḏ	ḏ	ḏ	z	ḏ	d	d
ṯ	ṯ	ṯ	ṯ	s	ṯ, χ	—	t
						l (hebr.)	(bisweilen ausgef.)
ḡ	ġ	g (ġ)	g (ġ)	g (ġ)	g (ġ)	g (ġ)	g (ġ)
ḵ	ḫ	ḫ	ḫ	ḫ	ḫ	ḫ	ḫ

In der Nomina begegnet man auch Verschlußlauten nach Vokalen. Hier sind die Vokale neu, d. h. sekundär entstanden durch Kontraktion von Diphthongen (*zēta* < *zai̯tā* „Oliven“, *ēkⁱä*/*īkⁱä* „wo“ < *ʾai̯kā*, *hōgⁱa* „Dampf“ < *hau̯gā*).

Das bedeutet, daß der Kontraktion der Diphthonge ein Verlust der Spirantisierung vorausging, nach Diphthongen aber wurde ein Verschlußlaut nicht spirantisiert. Nur einige Wörter bilden eine Ausnahme: *küḫvä*/*kiḫvä* „Stern“, salam. *bī̯ä* „Haus“ und *eva* „Wolke“, vgl. A. Kalašev, Russko-ajsorskij i Ajsorsko-russkij slowarə [1894], 286.

Im Worte *bīi̯ä* ist das Wurzel-*t* infolge Spirantisierung geschwunden. Wir glauben, daß sich der Vorgang wie folgt abgespielt hat: *bai̯tā* > *baiṯa* > *bīṯa* (hier Angleichung von *a* an folgendes *i*) > *bīi̯ä* (spirantisiertes *t* fiel aus, zwischen den Vokalen erschien *i̯*, wie auch in anderen Fällen). Der genannte Vorgang wird durch das Tiarische bestätigt: *baiṯa*, dieselbe Form ist auch im Bibl.-Aramäischen belegt, Bergsträsser hält sie für eine dem Bibl.-Aramäischen eigene Dialektform (Einführung in die semit. Spr. [1928], 62). So kann man annehmen, daß die Spirantisierung des *t* der Kontraktion des Diphthongs vorausging (bei *ai* hat der folgende Halbvokal eher die Eigenschaft eines Vokals als eines Konsonanten, ein solcher Typ von Diphthong hat sich in Ma‘lūla gehalten: *paiṯa* „Haus").

Ähnlich ist es wohl auch im Worte *küẖvä* „Stern", welches aus *kau̯k*^{e}*ḇā* entstanden ist. Das zweite *k* wurde nach dem Diphthong *au̯* (*au*) spirantisiert; auch dies muß als dialektische Eigentümlichkeit angesehen werden. Es ist interessant, daß das Wort für „Stern" im Jüd.-Aramäischen ähnlich lautet: *kōḵ*^{e}*ḇā*, dasselbe bei „Wolke": *‘ēḇā*. Vielleicht läßt sich daraus schließen, daß das Spirantisierungsgesetz in der Sprache irgendwo noch wirksam war, als schon die Kontraktion der Diphthonge begann, wie G. W. Cereteli bemerkte.

Sekundär sind die Vokale (gewöhnlich *i*) im fem. Gen. einiger Wörter, wie in *mäliktä* „Kaiserin" < *malktā*, weil auch *k* hier nicht spirantisiert wurde.

Verschlußlaute nach Vokalen treten auf, wenn sie aus Geminaten vereinfacht sind: *dibä* „Bär" < *dibbā*, vgl. arab. *dubb*, *ḥübä* „Liebe" < *ḥubbā* (vgl. arab. *ḥubb*, syr. *ḥubbā*), *g*^{i}*abāra* „Held" < *gabbārā* (vgl. arab. *ǧabbār* und hebr. *gibbōr*), *räk*^{i}*ävä* „Reiter" < *rakkāḇā* (vgl. syr. *rakkāḇā*).

Verschlußlaute bleiben nach Vokalen gewöhnlich in Wörtern mit hartem Timbre erhalten: *supå* „Finger" < *sib‘ā*, *åqubrå* „Maus" < *‘āqobrā*. In keinem Dialekt wird *t* nach Vokalen in den Personalendungen der Verba spirantisiert: *-it* (2. Pers. Sg. masc. gen.), *-at* (dieselbe fem. gen.) *-ītun* (2. Pers. Pl.).

Regelmäßig bleiben Verschlußlaute nach Vokalen in Lehnwörtern erhalten: *ziblä* „Kehricht" (< kurd. *zibel*, arab. *zibl*), *päg*^{i}*ä* „Pferdestall" (< pers. *pāgā*), *väkil* „Vertreter" (< türk. *vekil*).

Bei den Verben wechseln die Verschlußlaute während der Flexion den Platz, zuweilen gehen ihnen die Vokale voraus, zuweilen folgen sie (vgl. *pārıq*, *pruq*, *parqin*). Demzufolge wechselten in den alten aramäischen Dialekten Verschlußlaute mit Spiranten, jedoch nur, wenn der jeweilige Konsonant nicht verdoppelt war (im Stat. emphat.). In den modernen Dialekten ist es aber anders, in der Wurzel des Verbums gibt es nämlich jeweils nur eine Variante des Konsonanten (entweder Verschlußlaut oder Spirans), die sich in allen von dieser Wurzel gebildeten Formen hält: √*ṭlb*: *ṭlåbå* „Bitte“, *le ṭålbịn̥* „ich bitte nicht“, *ṭlub* „bitte!“, überall *b*, aber bei √*dbq*: *dvıqlı* „er ergriff“, *g^ịdaviqva* „er brach“, *bıdvāqevit* „du brichst“, überall *v*, entstanden aus spirantisiertem *b* (*ḇ*). Es kommt auch vor, daß *b* und *v* (< *ḇ*) miteinander in derselben Wurzel, in historisch jedoch verschiedenen Gattungen wechseln: √*zbn*: *zắvin* „kaufen“ (P^{ec}al) < *zāḇin*, aber *zắbin* „verkaufen“ (Pa^{cc}el) < *zabbin*.

Hier muß gesagt werden, daß der erste Wurzelkonsonant des Verbums nicht spirantisiert wird, obwohl ihm in einigen Formen der Vokal eines Präfixes vorausgeht: *brizli* „ausgetrocknet“ und *mubrizli* „er hat ausgetrocknet“, *k^ịḫiklä* „er lachte auf“ und *mukḫiklä* „sie zwang zum Lachen“, *ktivli* „er schrieb auf“ und *biktắvẹli* „er schreibt“.

Das Verbum *mắịi* „bringen“, das von *āti* „gehen“ gebildet ist, ist eine Ausnahme. Hier mußte *ma* + *'āṯī*: *māti* ergeben, jedoch ist *ṯ* zwischen zwei Vokalen infolge Spirantisierung geschwunden: *māṯī* > *māi*, im Urmischen erschien zwischen Vokalen ein lauttrennendes *ị*: *mắịi*. Es ist interessant, daß ein solches *ị* im Imperativ nicht auftritt und *āị* darum zu *ē* kontrahiert wird: *māị* > *mē* „bringe.“. Aus dem Gesagten geht hervor, daß *ị* im Verbum *mắịi* sekundär nach Verlust des spirantisierten *t* (*ṯ*) erscheint. Insofern hat Nöldeke nicht recht, wenn er dieses Wort als Beweis für seine These anführt, es würden Konsonanten nach Vokalen im Urmischen spirantisiert. Vielleicht läßt sich der Verlust des *ṯ* als Einfluß des benachbarten Salamassischen erklären.

Obwohl also die modernen assyrischen Dialekte das Spirantisierungsgesetz nicht mehr kennen, haben sich seine Spuren doch noch als Konsonantenverlust gehalten. Hier muß noch gesagt werden, daß gewisse chronologische Beziehungen zwischen einzelnen phonetischen Erscheinungen erklärt werden können, wenn man die jeweiligen Fälle von Spirantisierung untersucht (Kontraktion der Diphthonge und Spirantisierung, Vereinfachung der Geminata und Spirantisierung).

Die Untersuchung der Spirantisierung verhilft nicht nur zur Aufhellung einiger Fragen zur Geschichte des Aramäischen, sondern befähigt uns auch, die Herkunft von Lehnwörtern aufzudecken.

Kapitel VIII. Synharmonismus

1. Allgemeine Charakteristik des Synharmonismus. In den modernen assyrischen Dialekten, besonders im Urmischen, gibt es eine phonetische Erscheinung, die für die Türksprachen charakteristisch ist, die sogen. Vokalharmonie (Synharmonismus). Sie besteht darin, daß sich alle Vokale eines Wortes im Timbre einem Vokal anpassen. Die Folge davon sind Wörter mit dreierlei Timbre: weich, mittel, hart. In den Wörtern der ersten Art erscheinen Vokale mit weichem Timbre, z. B. *lübilä* „sie nahm", *šlämä* „Frieden"; in denen der zweiten Art Vokale mit mittlerem *saqrını* „ich webe", *pağra* „Körper"; in denen der dritten Art Vokale mit hartem Timbre, *bịḫåləl̥i̥* „er ißt", *ḫåså* „Rücken".

Als eines der bedeutsamsten Merkmale der Vokalharmonie muß man die Differenzierung der Wortbedeutungen mit Hilfe des Timbres ansehen: *mätä* „Dorf" und *måtå* „Pickel", *tälä* „Fangeisen" und *tålå* „Fuchs" usw. I. W. Jušmanov, der diese Erscheinung bespricht, hat vollkommen recht, wenn er im Timbre ein Kollektivphonem sieht (Singarmonizm urmijsk. nar. [1938], 305).

Vokalharmonie tritt in erster Linie im Wortstamm auf, jedoch gibt es sie auch bei den Affixen, d. h. die Vokale von Suffixen und Präfixen nehmen den Timbre des Stammes an (so gewöhnlich im Urmischen, oft auch im Salamassischen und Wanischen): *mä-täv-tä* „hinlegen", aber *må-qṭål-tå* „erschlagen". Nicht immer jedoch wird die Vokalharmonie vom Stamm bestimmt, manchmal, wenn der Stamm einsilbig ist, geht sie von den Affixen aus, *brüniχ* „mein Sohn", aber *brūnoḫun* „euer Sohn".

Dem Gesetz der Vokalharmonie unterliegen auch Komposita. Bei ihnen gibt es meistens nur ein Timbre für alle Komponenten: *mårṭi̥må* „teuer" < *märi* (Stat. constr.) „Herrscher" und *ṭi̥må* „Preis", *bråsupå* „Fingerhut" < *braṯ* (desgl.) „Tochter" und *supå* „Finger". In zusammengesetzten Nomina, deren Komponenten verschiedenen Timbre haben, richtet sich der Timbre des ganzen Wortes nach dem harten Bestandteil.

In einigen Fällen wird von der Vokalharmonie nicht nur der Timbre der Vokale, sondern auch deren Qualität erfaßt. Hier haben wir es mit einer absoluten Vokalharmonie zu tun: *kilpit* statt *kilpät* „Familie", *gⁱdāmaḫ* statt *gⁱdāmıḫ* „sich hinlegen".

Neben der „Timbreharmonie" gibt es auch eine „Labialharmonie", d. h. eine Harmonie in bezug auf die Lippenrundung; auf der einen Seite haben wir also *O*, auf der anderen *A*, *E*, *I*, z. B. *uprit băbiχ* „das Land meines Vaters“ und *ṭårpåt ilănä* „die Blätter des Baumes“, *ḳuruška* „Krug, Seidel“ < russ. *kružka* und *sḳịlåd* „Speicher“ < russ. *sklad*.

Je nach hartem oder weichem Timbre eines Wortes sind seine Konsonanten entweder abruptiv oder behaucht. bzw. stimmhaft oder stimmlos, z. B. *ṗurṭånå* „Floh“ < *purtånå*, *ṭlå* „drei“ < *tlå*, aber *giptä* „Rebe“, *dükⁱtä* „Ort“. In Wörtern mit hartem Timbre gehen stimmhafte Konsonanten in Abruptive über: *ṭåtå* „Schweiß“ < *dåtå*, *årṗå* „vier“ < *årbå*, aber *bärdä* „Hagel“, *gībä* „Seite“. Also gibt es im Assyrischen nicht nur eine Vokal-, sondern auch eine Konsonantenharmonie (vgl. Jušmanov, Singarmonizm 313), jedoch tritt Konsonantenharmonie nicht immer da auf, wo Vokalharmonie vorhanden ist, folglich ist die Konsonantenharmonie keine selbständige Erscheinung, sondern aufs engste mit der Vokalharmonie verknüpft.

2. Grundlage des Synharmonismus im modernen Assyrischen. Untersucht man die Ursachen des Synharmonismus, so kommt man letztlich auf die Faktoren, die den jeweiligen Timbre eines Wortes bestimmen. Der harte Timbre eines Wortes wird durch ʿ und die ehemals emphatischen Konsonanten *ṭ*, *ṣ*, manchmal auch *ḷ* (*ḷ*) und *ṛ* hervorgerufen: *åịnå* „Auge“ „Quelle“ < *ʿaịnā*, *biṣlå* „Lauch“, < *biṣlā*, *ḫiṭi* „Weizen“ < *ḫiṭṭī* < *ḫinṭī*, *ḫilmå* „Schlaf“ < *ḥilmā*, *ṛimli* „er erhob sich“ < *ṛimli*(*h*).

Mittleres Timbre ergibt sich in der Nachbarschaft der Kehllaute ʾ, *h*, der postvelaren Konsonanten *ġ*, *ḫ*, *q* und der Abruptive *ṭ*, *ḳ*, *ṗ*, *č̣*: *āha* „voilà“, *lāḫa* „hier“, *qalpa* „Rinde, Fell“, *ṭač̣ka* „Schubkarren“ < russ. *tačka*, *ṗagra* „Körper“. In allen übrigen Fällen haben wir weichen Timbre, z. B. *därtä* „Hof“, *gⁱärmä* „Knochen“, *tivlä* „Dörfer“ usw.

Der Timbre der Vokale wird also durch die benachbarten Konsonanten bestimmt. In den semitischen Sprachen, wo es besonders viele Konsonanten gibt, existieren zwei Vokalreihen, die sich im Timbre scharf voneinander unterscheiden, die dritte Vokalreihe mit mittlerem Timbre ist eine Mittelstufe zwischen den ersten beiden. Die Unterschiede im Timbre der Vokale sind durch den Unterschied im Timbre der semitischen Konsonanten bewirkt (Jušmanov, Singarmonizm 300). Der Timbre der Konsonanten beruht auf ihrer den semitischen Sprachen eignen Artikulation. Darum haben wir eine ganze Reihe „harter“ Konsonanten: ʿ und die „ʿainisierten“, d. h. die emphatischen *ṣ*, *ṭ*, *ḷ*, *ṛ* (im Arab. auch *ḍ* und *ẓ*). Ihnen stehen die anderen

Konsonanten gegenüber, wobei jedoch die velaren und laryngalen wegen ihrer an den übrigen Konsonanten gemessenen akustischen „Härte“ denen der ersten Reihe, d. h. den „harten“, näher stehen.

Im Laufe der Zeit teilten sich Härte oder Weichheit der Konsonanten den benachbarten Vokalen mit, d. h. die Vokale haben sich in ihrem Timbre den Konsonanten angepaßt. Neben „harten“ Konsonanten erschienen also „harte“ Vokale, neben „weichen“ Konsonanten „weiche“ Vokale. Die harten Konsonanten sind zwar verschwunden, geblieben aber sind die harten Vokale. In einem und demselben Wort tauchten harte neben weichen Vokalen auf, in solchen Fällen wurden die weichen Vokale den harten angeglichen. Dadurch ergaben sich statt entgegengesetzter Vokale in einem Wort, entgegengesetzte Wörter im ganzen, d. h. Wörter mit hartem und solche mit weichem Timbre. Vokale, die glottalen oder velaren Konsonanten benachbart sind, liegen zwischen diesen beiden Gruppen und bilden eine dritte mit Wörtern mittleren Timbres.

So geht der in den assyrischen Dialekten belegte Synharmonismus letztlich auf die Konsonanten verschiedenen Timbres zurück, was wiederum durch die spezifische Aussprache der semitischen Konsonanten begründet ist. Hier zeigt sich noch einmal ganz klar die besondere Bedeutung des semitischen Konsonantismus. Als Folge dieser Aussprache stellte sich die scharfe Trennung der Laute nach ihrem Timbre ein, was die eigentliche Grundlage des Synharmonismus in den modernen assyrischen Dialekten darstellt. Es erweist sich auch der grundlegende Unterschied zwischen dem Wesen des türkischen und assyrischen Synharmonismus: der türkische ist nämlich das Ergebnis einer bestimmten Akzentuation.

Dem Gesetz des Synharmonismus unterliegen nicht nur Wörter aramäischer Herkunft, sondern auch Lehnwörter. Der Timbre von Lehnwörtern wird manchmal durch die Vokale bestimmt, so rufen Vokale der hinteren Reihe im ganzen Wort gewöhnlich harten Timbre hervor: *ḳi̥ri̥šå* „Dach“ < russ. *kryša* (hier wegen *y*), aber *mīlä* „Kreide“ < russ. *mel* mit weichem Timbre, *såti̥ł* „Eimer“ < türk. *satıl*, aber *tämiz* „reinigen“ < türk. *temiz*.

3. Nicht eingetretener Synharmonismus. Das Gesetz der Vokalharmonie wird nicht selten (sogar im Urmischen) verletzt. Das geschieht besonders in Wörtern mittleren Timbres: *päšıqla!* „übersetze!“, *qedämtä* „Morgen“; dies erklärt sich durch die assimilatorische Schwäche der Vokale

mittleren Timbres. Aber auch in Wörtern, wo wir harten Timbre erwarten müßten, kennt das Gesetz Ausnahmen, und zwar 1. wenn der Endvokal den harten Timbre nicht annimmt (*ḫ̮ålva* „Milch“, *pulṭåla* „sie hat herausgezogen“), 2. wenn der harte Timbre von den palatalen Lauten *i̯* und *ī* gestört wird (*ḳⁱṭåri̯āli* „er lenkt (einen Karren)“, *ṭåšīliχ* „verberge mich!“).

In den Wörtern mit weichem Timbre wird die Einheitlichkeit von den labialen Affixen *-o* und *-u* gestört (Pronominalsuffixe der 2. Pers. masc. und fem. gen.), ebenfalls durch *-aḫ̮* (Pronominalsuffix der 2. Pers.Sg. fem. gen. und Verbalendung 1. Pers. Pl. präs. und fut.) *tävirto* „ihre Kuh“ (und nicht *tävirtö*), *süsävätu* „sein Pferd“, *rīšaḫ̮* „dein (fem.) Kopf“, *pšätaḫ̮* „wir werden austrinken“.

Kapitel IX. Dissimilation

1. Konsonantendissimilation. Distanzdissimilation bewirkt Veränderung der Artikulationsstelle, Kontaktdissimilation ergibt veränderte Konsonantenqualität.

Durch Dissimilierung wird meistens die Artikulationsstelle der Sonorlaute verändert, was auch in anderen semitischen Sprachen zu beobachten ist: kodčan. *ṭl̥isår* „zwei“ < *tr̥isår*, salam. *näbil* „tragen“ < *mäbil*, progressiv: ṭūr'āb̠d. *šrōlo* „Wahrheit“ < *šrōrō* < *šrārā*, urm. *märgänītä* „Perle“ < gr. μαργαρίτη, *ruzlāma* „Zeitung“ neben *ruznāma* < pers. *rūznāmä*.

Seltener kommt Veränderung der Konsonantenqualität vor: *kⁱändir* „sich drehen“ < *gändir*.

Hervorzuheben ist der Übergang behauchter Konsonanten in Abruptive infolge von Dissimilierung, was schon den Charakter eines phonetischen Gesetzes annimmt: *ḫ̮t* > *ḫ̮ṭ*, *ḫ̮p* > *ḫ̮ṗ*, *šp* > *šṗ*, *sp* > *sṗ*, *sk* > *sḳ*, *šk* > *šḳ* (*baḫ̮ṭa* „Frau“ < *baḫ̮ta*, *ḫ̮ṗıra* „sie deckte auf“ < *ḫ̮pira*, *sḳintä* „Messer“ < *skinta* usw.), in umgekehrter Reihenfolge verändern sich dieselben behauchten Konsonanten aber nicht, hier stehen immer *tḫ̮*, *pš*, *ps* usw., und nicht *ṭḫ̮*, *ṗš*, *ṗs* (vgl. *tḫ̮āra* „erinnern“, *psärtä* „Haß“). Wenn also ein behauchter Verschlußlaut einem behauchten Reibelaut unmittelbar folgt, so geht jener infolge progressiver Dissimilierung in einen Abruptiv über.

2. Dissimilatorischer Konsonantenschwund. Recht häufig begegnet man sogen. starker Dissimilation, d. h. Konsonantenverlust infolge von Dissimilierung, und zwar in erster Linie in reduplizierten Wurzeln.

Aus reduplizierten Wurzeln mit zwei Konsonanten ergeben sich so Wurzeln mit drei Konsonanten: *šišiltä* „Kette“ < *šilšiltā* (√*šl*), *g*^{i}*aġulta* „Golgatha“ < *galgultā* (√*gl*). Häufiger tritt Konsonantenschwund als Ergebnis progressiver Dissimilierung ein: *pärpi* „erbitten“ < *parpir* (√*pr*), *ḫālil* „sich waschen“ < *ḫalḫil* (√*ḫl*). Starke Dissimilierung kommt auch in einer Reihe anderer Wörter vor: *aqla* „Fuß“ < *raqlā* < *raglā*, *tāmā* „dort“ < *tāmān*, *dasmāl* „Tuch“ < pers. *dästmāl*.

3. Haplologie. Haplologie (dissimilatorischer Ausfall einer Silbe) tritt in mehrsilbigen Wörtern ein: *tinä* „Rauch“ < *tenānā*, *qāša* „Priester“ < *qašīšā*.

In der 1. und 2. Pers. der unvollendet-konkreten Vergangenheit wird vor der Partikel *va* (<*h*^{e}*vā*) systematisch die Silbe *av*/*ev* weggelassen: *biktävëvinvä* „ich schrieb“ > *biktävinvä*, *biktävevaḫva* „wir schrieben‘, > *biktävaḫva*.

Kapitel X. Lautverlust

Lautverlust tritt nicht nur infolge phonetischer Prozesse ein (wie in den obigen Kapiteln dargestellt), sondern auch infolge Artikulationszerfalls und schwacher Position eines Konsonanten (gewöhnlich am Wortende).

1. Konsonantenverlust infolge von Positionsschwäche. In den assyrischen Dialekten schwinden sehr leicht ʾ und *h*; ʾ in allen Positionen, *h* dagegen nicht immer, besonders am Wortende: *āna* „ich < *ʾānā*; *rīšä*, *rēšä* „Kopf“ < *riʾšā* (*reʾšā*), *av* „er“ und *ai̯* „sie“ < *hau̯* und *hai̯*, *nāra* „Fluß“ < *nahrā*, *itlä* „sie hat“ < *ʾit-lāh*. Neigung zum Schwund haben diese Kehllaute auch in den altsemitischen Sprachen, besonders in deren nördlichem Zweig (Hebräisch und Aramäisch). In den modernen Sprachen ist der Schwund häufiger zu beobachten, was auf eine Verstärkung dieser Tendenz hinweist.

Dasselbe geschieht mit den sogen. schwachen Konsonanten (Halbvokale) *u̯* und *i̯*. Der zweite schwindet häufig am Anfang und in der Mitte, seltener am Ende eines Wortes: *lup* „lerne!“ < *i̯*^{e}*lup*, *šintä* „Schlaf“ < *i̯*^{e}*šintā*; im Wortinnern schwindet *i̯* immer im Kausativ der Verben primae *y*, z. B. *māqıd* „verbrennen“ < *mai̯qid*, *mälip* „lernen“ < *mai̯lip* (das Mossulische macht eine Ausnahme, da wurde *i̯* durch *u̯* ersetzt: *mōqıd* < *mau̯qid*, *mōlip* < *mau̯lip*, Maclean, Grammar 106—107). *i̯* wird auch in einigen Formen der Verben mediae *y* weggelassen: *puš* „lebe wohl“, *pišli* „er blieb“ < *pāi̯iš* (*pi̯š*), neben *mupišli* aber auch *mupi̯išli* „er verließ“. Es kommt auch vor, daß *i̯* und der darauf folgende Vokal verlorengehen: *gla* statt *glāi̯a* „entblößen“.

u̯ schwindet leicht auch im Verbum substantivum: *īkit brıḫša* „wohin gehst du?“ < *īkiu̯it briḫša*.

2. Positionsverlust von Lauten. Dem Positionsverlust fallen überwiegend die Sonorlaute *r, l, m, n* zum Opfer, wenn sie am Wortanfang oder am Wortende stehen. So ist z. B. in vielen Dialekten am Wortanfang das Formans zur Bildung des Partizips und des Infinitivs verlorengegangen (*m* < *m*^{e}): *zübnä, zobna* „verkauft“ < *m*^{e}*zubb*^{e}*nā, zäbu̇ni* „Verkauf“ < *m*^{e}*zabbūnī*; häufig schwindet auch *n* in einigen Formen des Verbums primae *n*: *čülün* „sie rissen ab“ < *nčilun, pili* „er fiel um“ < *npili*, aber *inčili* und *inpili*, wo sich *n* mit Hilfe prothetischer Vokale gehalten hat (Kalašew, Slowarδ 292—293). Desgleichen schwindet *r* im Verbum *rāḫıš* „gehen“ im Urmischen und Šamsdinischen: *ḫıšlı* „er ging weg“ < *rḫišli, ḫāša* „gehen“ < *rḫāša, ḫuš* „gehe!“ statt *rḫuš*.

Besonders häufig schwinden Konsonanten am Wortende, z. B. *n* im Formans des Stat. absol. *-īn*, in den Partizipien des Stat. absol., in den Nomina numeralia und in den Pronomina: *pārqī* < *pārqīn* „die Endenden“ (Part. Stat. absol.), daher *kī parqiχ* (*kī pārqī*) „sie endigen“. Nomina numeralia, welche Zehner bezeichnen, stellen den Plural der entsprechenden Zahlwörter des ersten Zehners im Stat. absol. dar. So erhält man *årpi̯, i̥rpi̯* „vierzig“ (Pl. von *årpå* „vier“) < *'arbʿīn, ḫamši* „fünfzig“ (Pl. von *ḫamša* „fünf“) < *ḫamšīn*. Das Pronomen der 3. Pers. Pl. *ǟniχ*, mos. *ânê* und *âni* (Mcl. Dict. 15) kommt von *'ānīn* und entspricht syr. *hānēn*. Im Mossulischen ist auslautendes *n* auch beim Pronomen 2. Pers. Pl. geschwunden: *aḫtū* < *'aḫtūn* (Sachau, Skizze 63). Auslautendes *m* schwand in den Wörtern *idi̯u, udi̯u*, mos. *edi̯u* < *ād-i̯um* „heute“, *qū* und *qui̯* „stehe auf!“ < *qum, mindiχ*, mos. *mendi* (I. Guidi in: ZDMG. 37 [1883], 298), tiar. *midî*, ṭūrʿāḇd. *médé* (Mcl., Dict. 182) „Sache“ < **mindīm* (Neusyr. 51); geschwunden ist *l* im Worte *sē, sī* „gehe“ < *zil*, im Mossulischen ist es noch erhalten (Mcl., Dict. 86). Ab und zu gingen auch auslautendes *š, ḫ* und *t* verloren (*midri* < *min-d-rīš* „wieder“, džil. *itlu* „du hast“ < *itluḫ* usw.).

3. Vokalausfall. Vokale fallen ziemlich häufig aus. In einigen Fällen geschah dies schon ziemlich zeitig: es läßt sich nur feststellen, wenn man

die Wortgeschichte berücksichtigt. Z. B. *sḳintä* oder mos. *skīnā* (Sachau, Skizze 62) „Messer" < *sakkīntā* und *sakkīnā*, vgl. syr. *sakkīnā*, *prizlä* „Eisen" <*parizlä*, vgl. ṭūr ʿāḇd. (Mcl., Dict. 257) *parizlā*, syr. *parzlā*. Spuren einstmals vorhandener Vokale haben sich manchmal als Spirantisierung folgender Verschlußlaute gehalten (vgl. oben). In den genannten Fällen ist der Vokalschwund durch die Akzentuation bedingt: kurze Vokale schwinden vor intensiver Betonung.

Vokale fallen manchmal auch in nachtonigen Silben aus, z. B. *ẖáẖča* „ein wenig" < *ẖá ẖača*, *háįma* „einst" < *ẖá įuma* (wörtl. „ein Tag").

Besondere Aufmerksamkeit verdient der Verlust von unbetontem, auslautendem (kurzem) *i* im Wanischen (z. B. aber auch im Althebräischen: Schwund von auslautenden Vokalen bei Verben: *qāṭál* < *qaṭála*, vgl. arab. *qatala*), *mūl* „er brachte" < *mūli*; *duql* „er ergriff" < *dviqli* usw. Hier wie auch in anderen Fällen wurde der Vokalverlust durch die Intensität der Betonung hervorgerufen.

4. Silbenverlust. Ganze Silben gehen ziemlich häufig verloren, meistens am Anfang oder Ende eines Wortes, wenn die Silbe mit ʾ, *h* oder *į* beginnt: *nāša* „Mensch" < *ʾᵃnāšā*, tiar. *ẖōna* „Bruder" < *ʾaḥōna*, *āla* „Gott" < *ʾalāhā*, sal. *gna* „Sünde" < *gnāhā*, wan. *la msȧ* „kann nicht" < *lā mṣāįā*.

Besonders oft geht eine Silbe am Wortanfang verloren, wenn ihr ein verdoppelter Konsonant folgt: *įar* „Mai" < *ʾiįįar* (aber kurd. und mos. *îįâr*, Mcl., Dict. 11), *bu̇lä* „Ähre" < *šibbūlā* (vgl. *šibiltä* und Pl. *šibli* neben *bu̇lä*), *dȧnȧ* „Zeit" < *ʿiddānā* (vgl. ṭūrʿāḇd. und mos. *ʿidânâ*, Mcl., Dict. 235).

Auch im Innern eines Wortes können Silben ausfallen, so z. B. in den Partizipien des St. absol. sogen. schwacher Verben (Verben mit mittlerem schwachem Radikal) die Silbe *ʾi*: *qam* < *qām* statt *qāʾim*, √*qụm* „aufstehen". Ebenso *ʿi*: *šȧš* < *šȧš* statt *šāʿiš* „schütteln", √*šʿš* usw. Die Silbe *ir* wird im Worte *zâʿâ* (mos., Mcl., Dict. 88) „Junge", das von *zaʿīrā* kommt, weggelassen.

Kapitel XI. Gemination

1. Spuren der Gemination in den modernen assyrischen Dialekten. In den semitischen Sprachen ist die Konsonantenverdopplung (Gemination) eine weit verbreitete Erscheinung, die auch eine wichtige

morphologische Funktion hat. Diese Funktion räumt der Gemination in der Entwicklung der semitischen Sprache einen hervorragenden Platz ein.

In den modernen assyrischen Dialekten ist die Gemination sowohl als phonetische wie auch als morphologische Erscheinung verlorengegangen. In seltenen Fällen hat sie sich in der Gruppe *nn* und *ll* erhalten, was bedeuten mag, daß der Vereinfachungsprozeß der Geminata noch nicht abgeschlossen ist.

Spuren der Gemination haben sich bis heute in der Aussprache der Wörter gehalten. So wurde z. B. der Verlust der Gemination durch Längung des Vokals ausgeglichen, was auch in der Schrift, wo ja etymologische Schreibweise bevorzugt wird, zum Ausdruck kommt, z. B. *šāp̄īrā* „hübsch" < *šappīrā*, *gēnāḇā* „Dieb" < *ginnāḇā*. In diesem Falle gibt die Schrift jene Periode in der Entwicklung der assyrischen Dialekte wieder, da lange Vokale nicht nur in betonten offenen Silben auftraten, sondern manchmal auch verlorengegangene Geminata ersetzten. Ähnlich ist es auch in anderen semitischen Sprachen, besonders dem Hebräischen.

Obwohl in den assyrischen Dialekten Vokale in offenen betonten Silben regelmäßig lang sind, werden sie manchmal doch nicht gelängt, sondern bleiben kurz. Dann aber ist die offene Silbe eine neue Erscheinung, denn sie war früher geschlossen, weil ihr eine Geminata folgte, nachdem sie aber vereinfacht worden war, gilt die Silbe immer noch als geschlossen, z. B. *gilä* „Gras" statt *gīlä* (<*gillā*), *dibä* „Bär" statt *dībä* (<*dibbā*).

Ehemalige Gemination bewirkte Verengung von *a* zu *i*, so besonders im Salamassischen und Wanischen, wo dieser Übergang in geschlossenen Silben die Regel ist. *i* bleibt in offener Silbe erhalten oder wird zu *ī* gelängt: *pıqıd* „bitte!" < *paqqid*, *bišil* statt *baššil* „er kocht".

Die Gemination bewahrte auch die Verschlußlaute vor Spirantisierung. Bekanntlich wurden in den nordsemitischen Sprachen die Verschlußlaute *b, g, d, k, p, t* nach Vokalen spirantisiert, wenn sie nicht verdoppelt waren. Die Doppelkonsonanten wurden nicht spirantisiert, weil sie sich von den entsprechenden „einfachen" qualitativ unterschieden (vgl. stimmhafte Geminaten werden in Maʿlūla stimmlos: Brockelmann, Grundriß 70; A. Klingenheben, Stimmtonverlust bei Geminaten, Festschrift Meinhof [1927] 135). Namentlich diese den Konsonanten der Gemination zukommende Qualität verhindert, daß Verschlußlaute zu Spiranten werden. Aus diesem Grunde können in assyrischen Wörtern Verschlußlaute nach Vokalen auftreten, worin, wie schon gesagt, Spuren der verschwundenen Gemination zu erblicken sind: *libä* „Herz" < *libbā, dabāša* Biene" < *dabbāšā, räk*^{i}*ävä* „Reiter" < *rakkāḇā.*

Konnten die Geminata auf der einen Seite vereinfacht werden, so konnten sie auf der anderen auch dissimiliert werden; auch dies geschah nicht selten in anderen semitischen Sprachen. Gewöhnlich wurde ein Konsonant der Geminata zu einem Sonorlaut dissimiliert: *k*^{i}*ändir* „sich drehen" < *kaddir, k*^{i}*armıẖ* „er wickelt ein, wendet um" < *karrik̲, pärtil* „er dreht" < *pattil.*

2. Veränderungen in ehemals geminierten Substantiven und Verben, deren Gemination verlorenging. Die geminierten Nomina können gegenwärtig doppelkonsonantig sein, hierzu gehören auch die mit Formans *t* des fem. Geschlechts: *mūḫa* „Gehirn"< *muḫḫā* (vgl. akkad. *muḫḫu* „Schädel"), *k*^{i}*ältä* „Schwiegertochter" (neben *k*^{i}*älü*) < *kall*^{e}*ṯā* (vgl. aram. *kall*^{e}*ṯa*, hebr. *kallā*, akkad. *kallatu*). Im Urmischen entsprechen den gemeinsemitischen geminierten Nomina manchmal schwache. Gewöhnlich ist das bei den Adjektiven der Fall: *mai̯ra* „bitter" (neben *marīra*, welches selten verwendet wird) < √*mrr*, vgl. arab. *murr*, hebr. *mrr*, akkad. *marru*, *ḫai̯ma* „heiß" < √*ḥmm*, vgl. arab. *ḥamma*, akkad. *emmu*; *qai̯ra* „kalt" < √*qrr*, vgl. hebr. *ḳrr*. Im fem. Geschlecht genannter Adjektiva fehlt *i̯*: *marta* „bitter" (f.)", *ḫamta* „heiß" (f.), *qarta* „kalt (f.)". (Ausfall der Halbvokale bei fallenden Diphthongen in geschlossener Silbe ist in den semitischen Sprachen, hier auch in den modernen assyrischen Dialekten bekannt, vgl. *båi̯t* und *båt* „du willst".)

Nach Verlust der Gemination wurden ehemals geminierte Verben schwach (Verben mit schwachem zweitem Radikal). Z. B. *ki̯p* „gekrümmt werden" √*kpp*, vgl. arab. *kaffa*; *ti̯m* „beendet werden" √*tmm*, vgl. arab. *tamma* und hebr. *tmm*, *ši̯k* „umkommen" < *škk*, vgl. hebr. *škk*, arab. *skk* und andere. Im Kausativ gehen schwache Konsonanten verloren, und es bilden sich mit dem Präfix des Partizips *m* dreikonsonantige regelmäßige Verben (wie bei den kausativen schwachen Verben) *mäkıp* „er biegt" (vgl. *mälip* „er lehrt" von *i̯älip*). Schwache Verben an Stelle von geminierten treten auch in den altaramäischen Dialekten auf, z. B. entspricht in der jüdisch-aramäischen Sprache dem Verbum *kpp* die schwache Wurzel *ku̯p*.

Mithin waren geminierte Wurzeln (Nomina und Verben) einstmals auch für die assyrischen Dialekte kennzeichnend. Später ging die Gemination verloren, worauf zweikonsonantige Wurzeln entstanden, die sich den bestehenden schwachen Wurzeln (besonders beim Verbum) anglichen. Es ist durchaus möglich, daß in bestimmten Fällen schwache Wurzeln nicht auf geminierte Wurzeln der anderen semitischen Sprachen zurückgehen (solche Entsprechungen und Parallelen sind sogar innerhalb ein und derselben Sprache bekannt), sondern sich aus ursprünglichen zweikonsonantigen Wurzeln entwickelt haben.

Kapitel XII. Metathese

Metathese kommt in den semitischen Sprachen, also auch in den modernen assyrischen Dialekten, ziemlich häufig vor. Bei der Konsonantenmetathese kann es sich sowohl um eine Kontakt- als auch um eine Distanzmetathese handeln.

1. Kontaktmetathese. Von einer Metathese sind meistens Sonorlaute und Spiranten betroffen (besonders das velare spirantische *ḫ*), seltener Verschlußlaute (*b*, *p*, *d*, *t* und *q*), das pharyngale ʿ, das gutturale ʾ und das palatale *i̯*. Z. B. *ml* > *lm*: *qalma* „Laus“ < *qamlā* (vgl. arab. *qaml*, äthiop. *qᵘ̯emāl*, aber akkad. *kalmatu*), *mḫ* > *ḫm*: *ḫmåṭå* „Nadel“ > *mḥāṭā*, wie z. B. in tiar. *mḫāṭa* erhalten (Mcl., Dict. 101), vgl. auch hebr. *māḥāṭ*, *lḫ* > *ḫl*: *ḫlēpa* „Decke“ (urm., salam.) < *lḫēpa*, das von arab. *liḥāf* kommt usw.

Nicht selten vollzieht sich auch eine Metathese in den Wurzeln der Verben, z. B. *ḫk* > *kḫ*: √*lkḫ* „lecken“ > √*lḫk* (Nöldeke, Neusyr. 67), *sḫ* > *ḫs*: √*ḫsp* (< √*ḥsp*) „verunstalten“ < √*sḥp*, *kb* > *bk*: ṭūrʿāḇd. √*rbk* „reiten“ < √*rkb* (*raúḫo* „sie reitet“, Nöldeke in: ZDMG. 35 [1881], 223), *zb* > *bz*: √ *bzq* „säen“ < √*zbq*.

Analysiert man die entsprechenden Beispiele, so zeigt sich, daß Sonorlaute und Spiranten, die auf Verschlußlaute folgen diesen vorangestellt werden (*zb* < *bz*), treffen aber Sonorlaute mit Spiranten zusammen, so kommen die Spiranten an die erste Stelle, bei zwei Spiranten kommt zuerst das velare *ḫ* (*mḫ* > *ḫm*, *lḫ* > *ḫl*, *sḫ* > *ḫs*).

Besondere Aufmerksamkeit verdient die Metathese des ersten und zweiten Radikals in den Verben mit anlautendem schwachem Konsonanten. In einigen Formen gerät der am Wortanfang stehende schwache Konsonant *i̯* an die zweite Stelle. So, wenn *i̯* nach Verlust von Schwa vor einen Konsonanten zu stehen kam. Auf diese Weise wechselt der Radikal von der schwachen in die starke Position über und kann darum nicht schwinden. Das ist bei den Verben der I. Konjugation der Fall, d. h. bei deren Nomina actionis, den Infinitiven und den hieraus gebildeten Tempora: im konkret. Präs. und im unvoll.-konkret. Prät., z. B. *ki i̯älip* „er lernt", aber *li̯āpa* „das Lernen" (√*i̯lp*), *ki i̯ätiv* „er setzt sich", aber *ti̯ävtä* „sitzen" (√*i̯tb*). Dasselbe geschieht auch bei einigen Verben mit anlautendem ʾ: *ki āsir* „er verbindet" und *si̯āra* „das Verbinden" < √*ʾsr*.

Eine solche Metathese ist weder den alten noch den neuen semitischen Dialekten bekannt, darum darf sie als für die modernen assyrischen Dialekte kennzeichnend aufgefaßt werden.

Hier noch eine interessante Tatsache. In den Dialekten existiert neben dem Verbum *iälid* „gebären" (√*i̯ld*) die Variante *i̯ädil*, welche aus der ersten Form durch Metathese entstanden ist. *i̯ädil* wird in derselben Bedeutung gebraucht wie *i̯älid*, im Salamassischen und Urmischen jedoch mehr im Hinblick auf Tiere, z. B. bedeutet *i̯ädil* in den genannten Dialekten gewöhnlich „Eier legen". In der von uns in salamassischem Dialekt aufgezeichneten Anekdote von Maulā Naṣreddīn ist von dem Gebären einer Kasserolle die Rede: *qazanča i̯edla* „die (kleine) Kasserolle gebar", und nicht *i̯alda* (oder *i̯elda*). Hier verbindet sich mit der Metathese also noch eine semantische Differenzierung.

2. Distanzmetathese. Von der Distanzmetathese sind in der Regel dieselben Konsonanten betroffen wie von der Kontaktmetathese: Sonorlaute, Spiranten, Dentale, z. T. auch das pharyngale ʿ und das uvulare *q*. Z. B. *l . . . d* > *d . . . l*: *qd̄ilä* „die Schlüssel" < *qlīdā* gr. κλη̃ιδα (*qlīda* begegnet in Ašita und im Mossulischen, Mcl., Dict. 269), *gd̄ilä* „Eis" < *gᵉd̲īlā* < *gᵉlīd̲ā*, wie im Syr., *l . . . m* > *m . . . l*: *simältä* „Leiter" < **sillamtā* (vgl. hebr. *sullām*, arab. *sullam* und jüd.-aram. *sulmā*), *m . . . r* > *r . . . m*: tchum. *gûrimthâ* (Mcl., Dict. 52) „kleine Kohle" und urm. *gimurta* und *kömür* „Kohlen" < türk. *kömür*.

Auch in Verbalwurzeln tritt Distanzmetathese auf: statt *måsi̥* „Macht" (√*mṣʾ*) haben wir im Salamassischen, Kurdistanischen und manchmal auch im Urmischen *åmi̥s* (√*ʾmṣ*), d. h. der dritte Radikal geriet an die erste Stelle (*mṣʾ* > *ʾmṣ*).

Die aktive Teilnahme von Sonorlauten an der Metathese ist in den semitischen Sprachen bekannt, eine Metathese von Verschlußlaut und Verschlußlaut ist dagegen auch in den assyrischen Dialekten äußerst selten.

Kapitel XIII. Entstehung von Hilfsvokalen

In den semitischen Sprachen treten zur Vermeidung eines Zusammentreffens von Konsonanten gewöhnlich Vokale auf, die mit den benachbarten Konsonanten neue Silben bilden.

Solche Vokale, die zur Erleichterung der Aussprache auftreten und weder zum Stamm noch zu Morphemen gehören, heißen Hilfsvokale. Sie entstehen gewöhnlich am Wortanfang. Die semitische Aussprache kennt keinen zweikonsonantigen Wortbeginn.

Hilfsvokale sind in allen modernen assyrischen Dialekten entstanden. Sie können sowohl gemeinsemitisch als auch nur den genannten Dialekten eigen sein (besonders bei neueren Lehnwörtern).

Hilfsvokale können am Wortanfang und im Wortinneren auftreten. Am Anfang dienen sie zur Beseitigung des zweikonsonantigen Wortbeginns, obwohl ein solcher für die assyrische Aussprache heute keine Schwierigkeiten mehr bietet. Der zweikonsonantige Wortanlaut ergibt sich infolge Ausfalls kurzer und überkurzer Vokale nach dem ersten Stammkonsonanten. So gingen z. B. zweisilbige Nomina, die in der ersten Silbe einen kurzen bzw. überkurzen, in der zweiten einen langen Vokal hatten (Typ. *qitāl, qatāl* usw.), nach Verlust der kurzen Vokale in die Gruppe der einsilbigen Nomina mit zweikonsonantigem Wortanlaut über (*qtāl, qtīl, qtūl*): *nvī̯ịä* „Quelle“ < *nᵉḇīịā, ẖmärä* „Esel“ < *ḥimārā* (vgl. arab. *ḥimār*) usw. Dasselbe Bild bietet sich bei den Infinitiven und den Partizipien des Passivs der Verben der I. Konjugation. Ebenso ist es bei Lehnwörtern: *ǧvanqa* (kurd.) „Bursche“, *qdīlä* (gr. (κληῖδα Acc. Sing.) „Schlüssel“ usw.

Daneben begegnen in den Dialekten aber auch Hilfsvokale, die zur Beseitigung eines zweikonsonantigen Wortanlauts dienen. Zweikonsonantiger Wortanlaut kann auf zweierlei Weise beseitigt werden: I. durch Aufkommen von Hilfsvokalen am Wortanfang (prothetische Vokale) und 2. durch das Aufkommen von Vokalen zwischen den ersten beiden Konsonanten (Trennungsvokale).

In einigen Fällen traten prothetische Vokale schon in einer früheren Periode auf. So z. B. das prothetische *i* zweikonsonantiger Nomina, wie ṭūr'ābd. *isma* „Name" (Mcl., Dict. 307), vgl. arab. *ism*, in den anderen assyrischen Dialekten aber *šimä, šumâ* (mos., Mcl., Dict. 301) < √*šm*, *ištä* „Boden" < *štā*, vgl. arab. *ist*, syr. *eštā*, akkad. *išdu*, aber hebr. *šēṯ*. Dreikonsonantige Nomina haben prothetische Vokale, wenn sie auf schwachen Wurzelkonsonanten ausgehen, z. B. *aḫri* „Leerung" < √*ḥr'* (Nöldeke, Neusyr. 22), *irḫi*, kurdist. *arḫı* < *raḥịā* (ebenda 123), *armunta* „Granatapfel", aber kurdist. *rûmânâ* und *rimüntâ* (Mcl., Dict. 21), vgl. auch syr. *rummānā*, hebr. *rimmōn* usw.

Einige dieser prothetischen Vokale müssen ziemlich alt sein, z. B. in *årpå* „vier", *ärmiltä* „Witwe". Davon zeugt das Vorhandensein von prothetischem *a* (mit hartem Ansatz: *'a*) in allen semitischen Sprachen: vgl. arab., äthiop., hebr., aram. *'arba'*, akkad. *arba'* „vier" (bei den Ordnungszahlen aber kein *a*: arab. *rābi'*, hebr. *rᵉḇī'ī* usw.), arab. *'armilat*, syr. *'armiltā*, Wechsel von *r*/*l* und *l*/*n*: hebr. *'almānā* und akkad. *almattu*, Pl. *almanâti* „Witwe" (aber arab. *murmil* „arm" aus derselben Wurzel *rml*).

Vokale treten auch jetzt noch am Wortanfang auf, jedoch in beschränktem Maße, so z. B. in Lehnwörtern: *usṭoł* „Tisch" < russ. *stol*, *ušqoł* „Schule" < russ. *škola*, *iskülāịä* „Schüler", griech. σχολή (so auch im Syrischen). Ziemlich häufig begegnen prothetische Vokale in Verbalformen mit zweikonsonantigem Anlaut, z. B. im Imperativ der Verben der I. Konjugation: *urḫuṭ* „laufe!" < *rḫuṭ*, *ištiχ* „trinke!" < *štiị* < *štī*, ebenso im Perfekt (*ırḫıṭłå* „sie ist gelaufen" < *rḫịṭlå*) und im Infinitiv (*ırḫāša* „gehen" neben *ḫāša* ohne anlautendes *r*). Auch in einigen Partikeln (Adverbien, Präpositionen) treten Hilfsvokale auf: *ułtuḫ* < *ltaḥt* „hinab, unter", *ułuł* < *l'al* „hinauf, auf".

Trennungsvokale an Stelle prothetischer erscheinen zwischen dem ersten und zweiten Konsonanten eines Wortes, meistens geschieht das bei neueren Lehnwörtern, z. B. *ḳuruška* „Krug" < russ. *kružka*. Ähnlich ist es bei Lehnwörtern mit dreikonsonantigem Anlaut, hier erscheinen die Vokale aber zwischen dem zweiten und dem dritten Konsonanten: *sḳiłåd* „Lager" < russ. *sklad*.

Die semitischen Sprachen kennen prothetische Vokale auch bei einkonsonantigem Anlaut (amhārisch *zā* „dieser" > *'ezā*, *šōh* „Stachel" > *'ešōh*, hebr. *'ᵃziqqīm* „die Ketten": Brockelmann, Grundriß 214—215). Aus den assyrischen Dialekten gehört hierher *imä* „hundert“ (mos. *üma*) neben *ma*, das als Komponente in den Nomina numeralia zur Bezeichnung von Hundertern verwendet wird: *trema* (*tre* und *ma*),„zweihundert“, *ṭłåmå* (*ṭłå* und *ma*) „dreihundert“ usw.

Die in den genannten Fällen auftretenden Hilfsvokale sind immer eng (*i* und *u*), wenn sich in ihrer unmittelbaren Nachbarschaft weder Pharyngale, Gutturale noch der Sonorlaut *r* befinden (vgl. *armunta*, *ärmiltä*, aširat. *arẖi*). Daß sich Pharyngale, Gutturale sowie *r* mit *a* vertragen, ist aus allen semitischen Sprachen, besonders den nordsemitischen, bekannt. *a* tritt als prothetischer Vokal vor *ḥ* im Dialekt von Ṭūr'Ābdīn: *'aḥṭītō* „Sünde“ (Brockelmann, Grundriß 217).

Natürlich harmonieren die Hilfsvokale mit den Vokalen des Stammes hinsichtlich der Labialität (vgl. *urẖuṭ* „laufe!“, aber *i̥rẖi̥ṭłå* „sie lief“, *ušqoł* „Schule“ und *ıšqap* „Schrank“ aus. russ. *škaf*). Dieselben Vokale (*i*, *u*, *a*) begegnen in ähnlichen Fällen auch in anderen semitischen Sprachen, wo sie ebenfalls mit den Vokalen des Stammes harmonieren (vgl. arab. *uktub* „schreibe!“ statt *ktub*, aber *iḍrib* „schlage!“ und *isma'* „höre!“ statt *ḍrib* und *sma'*).

Prothetische Vokale erscheinen auch, wenn der erste der beiden Anfangskonsonanten ein Sonorlaut oder ein Spirant ist. Stehen die betreffenden Konsonanten an zweiter Stelle, so treten meistens Trennungsvokale auf (vgl. die aus dem Russ. entlehnten Wörter: *qırant* „Wasserhahn“, aber *ušqoł* „Schule“). Vor Explosivlauten begegnen prothetische Vokale äußerst selten und zwar nur im Mossulischen (*ᵉbdinie* „auf der Seite“ < *bdinie*). Hier muß noch auf solche Fälle hingewiesen werden, wo in den semitischen Sprachen, also auch in den assyrischen Dialekten Vokale vor einem Konsonanten entstehen. Es handelt sich dabei ausnahmslos um Sonorlaute oder Spiranten. Die Entstehung von Hilfsvokalen vor Konsonanten in den modernen assyrischen Dialekten ist also unbedingt mit der Sonorität bzw. Frikativität letzterer verbunden. Die Erklärung für genannte Erscheinung muß man in der phonetischen Natur dieser Konsonanten suchen, da man ja entsprechende Parallelen auch in Sprachen anderer Systeme finden kann, z. B. im Russ., wo es dial. *iχto* „wer“ < *χto* < *kto* und *išla* „sie ging“ < *šla* (ebenso serbokroat. *išla*) heißt.

In den Dialekten entstehen Hilfsvokale auch im Wortinneren, wo sie zur Auflockerung von drei aufeinander folgenden Konsonanten dienen:

kälbä „Hund“, aber *käliptä* < *kälbtä* „Hündin“, *mälkä* „Kaiser“, aber *mäliktä* < *mälktä* „Kaiserin“, *åqi̥rvå* „Skorpion“ < *ʿaqr^{e}ḇā*, *mäšiknä* „Wohnung“ < *mašk^{e}nā*, *i̥såqtå* „Ring“, aber mos. mit Vokal *i: iziqṯa* (Mcl., Dict. 237) < *ʿīzaqtā* < *ʿizz^{e}qtā*. In den drei letzten Beispielen sind überkurze Vokale (Schwa) geschwunden, was wiederum zur Entstehung von Hilfsvokalen geführt hat. Treffen drei Konsonanten zusammen, so steht der Hilfsvokal nach dem ersten von ihnen. Dasselbe beobachtet man auch in anderen Dialekten des Aramäischen: dem Syrischen, Mandäischen, Jüdisch-Aramäischen. Auch in anderen semitischen Sprachen treten Hilfsvokale im Wortinneren häufig auf.

In den semitischen Sprachen kann man auch beobachten, daß sich die auslautenden Halbvokale *i̯* und *u̯* nach Konsonanten zu den entsprechenden Vollvokalen verwandeln (vgl. äthiop. *badw*, „Wüste“, < *badu̯*, hebr. *péri* „Frucht“ < *pari̯*: Brokelmann, Grundriß 213). In den assyrischen Dialekten sind ähnliche Fälle unbekannt, es ist jedoch nicht ausgeschlossen, daß assyr. *kǟlü* (kudč. *ki̱lü*, tiar. *čālu*, Mcl. Dict. 132) „Schwiegertochter“ von *kalu̯* kommt, wo *u* (das später in *u̯* überging) nach Verlust der Gemination entstand (vgl. syr. *kall^{e}ṯā*, hebr. *kallā* usw.) oder daß diese Wurzel im Semitischen neben *kll* existierte.

Verglichen mit den altaramäischen Dialekten weist das Urmische die stärksten phonetischen Veränderungen auf (ostassyrisch), während das alte Lautsystem am besten im Dialekt von Ṭūrʿ Āḇdīn erhalten geblieben ist.

Die Übersetzung hält sich, was die sprachlichen Formen angeht, an deren Wiedergabe im russisch geschriebenen Teil von Cereteli's Buch. Sie tut es auch dort, wo nach unserer Ansicht eine andere Schreibung der rekonstruierten Etyma angängig wäre. Gelegentlicher Vergleich mit dem georgischen Text brachte uns in ernste Verlegenheit. Denn die sich entsprechenden Formen weichen nicht selten in der Schreibung von einander ab. Wir haben jedoch nicht gewagt, die Schreibungen im russischen Text nach denen des georgischen zu ändern, abgesehen von offenkundigen Druckfehlern (russ. Text: *mabāḥa*, georg. Text: *malāḥa* u. a.).

BEILAGE 4

NACHRICHTEN ÜBER HEUTIGE NESTORIANER

1.

Y. A. Yunan aus Mabrūka bei Rās el-ʿAin (Vereinigte Arabische Republik) übergab A. Moortgat 1958 folgendes selbstverfaßtes Gedicht in altsyrischer Sprache, das uns durch J. Friedrich zur Verfügung gestellt wurde[1].

ḳollāsā meṭṭol mettāutḇānōṯ mār yaʿḳōḇ agnāṭios tlīṯāyā
pāṭriyarkā d-āsōryāyē ārṯāḏoksāyē (āu yaʿḳōḇāyē)

1. *ʿesrīn wa-šḇaʿ b-īraḫ tešrīn hāu ḳaḏmāyā*
la-šnaṯ 1957 l-māryā mšīḫā hāu naṣrāyā
b-ḫemeṣ mḏīttā ḏ-aṯrā ḇrīḵā hāu d-Sōriyā
(h)wā zoyyāḫā ḏ-mettāutḇānōṯ komrā mʿal(l)yā

2. *b-ṣeḇyān rōḫā hāu ḳaddīšā eṯgḇī raʿyā*
mār yaʿḳōḇ agnāṭiyos hāu tlīṯāyā
w-et(t)sīm komrā w-pāṭriyarkā hāu ʿellāyā
l-ḵorsyā ḏ-anṭyoḵī hāu ʿattīḳā w-hāu ḳaḏmāyā

3. *hā eṯgḇī lan ḫāsyā rabbā mlē zahyōṯā*
mabbōʿā ḏ-pilāsop̱iyā w-yam ḫeḵmṯā
men sep̱wāṯēh nap̱ḳīn mellē ḏ-mal(l)p̱ānōṯā
w-ṭāḇēn saggī ap̱ men dahḇā w-marganyāṯā

4. *mār yaʿḳōḇ ḫasyā mhīrā šmeš āsōryāyē*
hā meṯmnē ḇa-sḏer mšam(m)hē ṯēbēlāyē
ḏ-hā ezdayyaḫ men baitāyē w-men barrāyē
ḏ-ḵol atrāwwan men hend w-ṯorkī w-ʿārāḇāyē

5. *b-lēlai w-īmām lā šālē lēh b-ḵaššīrōṯā*
d-ʿoḏran kol gnes da-ḇnai-nāšā ḇa-šp̱īʿōṯā
w-lā ḫāsan l-hōn kol mā ḏ-neṯbʿōn la-snīḳōṯā
w-aḵ gabbārā (h)ū māṭē l-nīšēh b-ḵol zāḵōṯā

[1] Vgl. J. Friedrich, Zwei russische Novellen in neusyrischer Übersetzung und Lateinschrift (Abh. Kunde Morgenl. 33, 4. 1960) VII.

6. *dōṣ lam aḫai ō ḇnai arām ba-pṣīḫōṯā*
ḏ-yāuman dnaḥ lēh snēgrā rabbā l-sōryāyōṯā
ḏ-hū lan nehwē aḵ šōr rāmā wa-mšāuzḇōṯā
l-ḵol da-m'āḳīn w-ap d-allīṣīn men bnai omṯā

7. *yabbeḇ ḳālēḵ omṯā ḇrīḵtā ḏ-sōryāyōṯā*
l-māryā mārēḵ w-mār lēh šoḇḥā w-ḳarreḇ segdṯā
(h)wā lēḵ rēšā ḏ-lait aḵwāṯēh b-sōryāyōṯā
mār ya'ḳōḇ agnāṭeos mhīr b-yaḏ'āṯā

8. *ḳobbal-ṭaibō l-ḵenšā m'al(l)yā hāu d-sonhādos*
ba-mhāunā'īṯ gḇā l-mār ya'ḳōḇ agnāṭiyos
da-hwā ra'yā w-īṯeḇ b-ḏokkaṯ šlīḥā paṭros
d-ner'ē 'ānē wa-nḳāwwāṯā ḏ-īšō' kresṭos

9. *men pōm 'laimē āṯōrāyē ḏ-ḵol 'āmarṯā*
wa-prīšā'īṯ da-ḇgāu sōryā w-ap gāzartā
šalīn borkṯāḵ wa-mḳar(r)ḇīn laḵ tahnyāṯā
ḇ-yāumā ḏa-šḳalt ḥoṭrā rabbā hāu d-ra'yōṯā

10. *men pōm 'laimē āṯōrāyē ḏ-sōryā w-leḇnan*
tahnyāṯā lebbānāyē laḵ mḳar(r)ḇīnan
ap borkṯāḵ wa-ṣlāwwāṯāḵ met(t)pīsīnan
kol nesḥānā w-ḥolmānōṯā laḵ šalīnan

Übersetzung:

Lobpreis hinsichtlich der Inthronisation Mār Jakob Ignatius' III., des Patriarchen der orthodoxen Assyrer (oder Jakobiten)

1. *Am 27. Oktober*
des Jahres 1957 des Herrn Messias aus Nazareth,
in der Stadt Homs, die ein gesegneter Ort Syriens (ist),
vollzog sich das Gepränge der Inthronisation des hohen Priesters.

2. *Durch den Willen des Heiligen Geistes wurde erwählt als Hirt*
Mār Jakob Ignatius III.
und wurde bestimmt als Priester und oberster Patriarch
für den Stuhl von Antiochia, den alten und ersten.

3. *Siehe, er wurde uns erwählt als großer ἐπίσκοπος, erfüllt von Reinheit,*
Quelle der Philosophie und Meer der Weisheit.
Von seinen Lippen gehen aus Worte der Belehrung
und viel Wertvolleres (?) dazu als Gold und Edelsteine.

4. *Mār Jakob, der Heilige, der Kundige, die Sonne der Syrer —*
siehe, er wird gezählt zur Klasse der Berühmten, der Oikumenischen,
(er,) der — siehe — gefeiert wurde von den Leuten des Innern sowie den Auswärtigen
aller Orte, von Indien, der Türkei und den Arabern.

5. *Bei Nacht und Tag ruht er nicht im Eifer,*
zu helfen der ganzen Menschheit in Freigebigkeit.
Und nicht weist er sie ab, wenn immer sie ihn anflehen aus Bedürftigkeit.
Und wie ein Held führt er sein Vorhaben aus in aller Rechtschaffenheit.

6. *Frohlocket also, Brüder, o Söhne Aram's, in Freude,*
daß heute erstanden ist ein großer Verteidiger der Assyrerschaft,
der uns gleichsam eine hohe Mauer ist und Rettung
für alle, die traurig und niedergedrückt sind von den Söhnen des Volkes.

7. *Laß froh erschallen deine Stimme, gesegnetes Volk der Assyrerschaft,*
für den Herrn, deinen Herrn und meinen Herrn — ihm sei Preis — und bring (ihm) Verehrung dar.
Es ward dir ein Haupt, das nicht seinesgleichen hat in der Assyrerschaft,
(nämlich) Mār Jakob Ignatius, erfahren in den Wissenschaften.

8. *Dank der hohen Versammlung der Synode,*
daß sie einsichtigerweise erwählte Mār Jakob Ignatius,
der Hirt wurde und sich setzte an den Platz des Apostels Petrus,
damit er weide die Schafe Jesu Christi.

9. *Durch den Mund assyrischer Jünglinge der ganzen Oikumene*
und im besonderen der in Syrien und der Gezira
erbittet man deinen Segen und bringt dir Glückwünsche dar
am Tage, an dem du erhobst den großen Stab der Hirtenschaft.

10. *Durch den Mund assyrischer Jünglinge Syriens und des Libanon*
bringen wir dir von Herzen Glückwünsche dar.
Dabei sind wir deines Segens und deiner Gebete überzeugt.
Jeglichen Ruhm und jegliches Heil erbitten wir für dich.

Bemerkungen

Allgemeines:

Zum Inhalt des Gedichtes schreibt der Verfasser in seinem Brief vom 20. 10. 59: „Let me write about the poem on the inthronisation of high Patriarch of Antiochia. This Patriarch is not our Patriarch. He is the Patriarch of Western Syrians: *āsōrāyē maʿrbāyē*. They are known as Jacobites as we are named Nestorians . . . Both of us we are from the same race, Assyrian race. We are *āsōrāyē madnḥāyē* . . . Our brothers, *āsōrāyē maʿrḇāyē* have many schools and secondary schools and have also a Theology college in Mosul. Most of them do not speak Syriac. Their church is more administered than ours because their Patriarch is near them whereas our Patriarch is too far from us. They live in Syria, Iraq, Turkey and Lebanon. There is no difference in the following words: *āṯūrāyā, āsōrāyā, sōrāyā.* We are classically known as Eastern Assyrians. Our church war settled before Nestorius. Our Patriarchal seat was in past near Baghdad *sālīḵ ktīsp̄ōn* (selecia ctesipon[1]), then it changed to the northern countries for the reason of bad circumstances which met us. Before the world war I our Patriarchal seat was in the village of Kudchanis (Haykari), which was in eastern Turkey. We consider all western Assyrians as our brothers, we love them and they love us as sincere brothers.“

Das Versmaß ist silbenzählend. Man zählt, unter Anrechnung von Besonderheiten (s. u.), zwölf Silben in jedem Vers. Vgl. unten die Bemerkungen zu den einzelnen Strophen.

Schrift und Punktationssystem des Gedichtes sind nestorianisch. Die hier vorgelegte Umschrift hält sich möglichst genau an die Vorlage, nur bei Fehlen der Punktation oder graphischer Undeutlichkeit ist sie nach eigenem Ermessen bei möglicher Wahrung der Gewohnheiten des Autors gegeben. Ḥēṯ erhält gemäß der ostsyrischen Aussprache des Zeichens (Th. Nöldeke, Kurzgef. syr. Gramm.[2] [1898] 4 § 2) die Umschrift *ḫ*.

ʿṣāṣā rwīḥā wurde als *ō* oder *ŏ* gedeutet und die Entscheidung, ob kurz oder lang, gemäß den Gesetzen der guten Überlieferung gefällt (vgl. hierzu Barhebraeus' Grammatik: A. Moberg, Buch der Strahlen, die größere Grammatik des Barhebräus 2 [1907], 84f.). Dabei muß offenbleiben, ob der Dichter möglicherweise eine andere Quantität wünscht. Die Nestorianer

[2] Seleukeia-Ktesiphon.

besaßen schon in alter Zeit eine eigenwillige Einstellung zu den Vokalquantitäten (Th. Nöldeke, a. O. 29f. § 42—49). Hinzukommen mögen Einflüsse seitens des örtlichen neuostaramäischen Dialekts (des der Mosul-Ebene: Alkoš und Fellīḥī). Doch ließe sich nur durch mündliche Befragung des Dichters ermitteln, wie weit im vorliegenden Text *ō* und *ŏ* von solchen Einwirkungen betroffen sind.

ʿṣāṣā alīṣā, also *ū* oder *ŭ*, kennt das Gedicht nicht. Alle erwarteten u-Laute sind durch ʿṣāṣā rwīḥā wiedergegeben, was der Erklärung bedürfte. Vielleicht liegt die Lösung in dem Umstand, daß „bei den Ostsyrern der Laut *o* früh in *u* überging" (Th. Nöldeke, a. O. 33f. § 48). Ein moderner Nestorianer, der feinstes Altsyrisch zu schreiben strebt, wird sich möglicherweise bemühen, diesem Lautwandel in seinem Text nicht stattzugeben. Da er in der Unterscheidung nicht sicher ist, setzt er aus Vorsichtsgründen überall *ō̆*, auch da, wo die älteste Schriftsprache *ū̆* verlangt hatte. Eine solche Sachlage läßt sich freilich nur vermuten. Eine Klärung könnte auch hier mündlicher Verkehr mit dem Dichter oder anderen Nestorianern erbringen. Für das Vermutete spricht, daß außerhalb seines altsyrischen Gedichtes — so bei Schreibung moderner Titel und Namen in seinen Briefen — Herr Yunan ʿṣāṣā alīṣā durchaus zu verwenden pflegt.

Rḇāṣā ḵaryā wurde entgegen dem maßgeblichen nestorianischen System (das „auf Grund guter Handschriften in nestorianischen Drucken" gebraucht wird: Th. Nöldeke a. O. 7 § 8) nicht als *ē* (vgl. auch A. Moberg, a. O. 2, 78f.), sondern als *ē oder ĕ* gedeutet. Dazu führten nicht nur allgemeine Zweifel an der Übereinstimmung der vorliegenden Punktationsweise mit dem System der besten alten Handschriften (über die mangelnde Konsequenz und Gemeingültigkeit dieses Systems Th. Nöldeke, a. O. 7f. § 8; C. Brockelmann, Syr. Gramm.[6] [1951] 9 § 7). Bestimmend ist, daß das im maßgeblichen System verwandte Zeichen für *ĕ*, *ĭ*: Rḇāṣā arriḵā im vorliegenden Text völlig fehlt. Man müßte, wollte man Rḇāṣā ḵaryā durchgehend als *ē* ansehen, sämtliche e-Vokale des Gedichtes als Längen auffassen, was, auch bei Berücksichtigung der Neigung der Nestorianer, Vokalquantitäten zu wandeln, nicht angängig, vornehmlich bei *e*-Vokal in geschlossener Silbe undenkbar ist. Rḇāṣā ḵaryā ist demnach im vorliegenden Text zweifellos für *ē* oder *ĕ* gebraucht. Für die hier gegebene Umschrift gilt im übrigen der gleiche Vorbehalt, der bei ʿṣāṣā rwīḥā (*ō̆*) angemeldet wurde: es bleibt zu ermitteln, ob und wo die Quantität der *e*-Vokale von dem erwähnten Längungs- oder Kürzungsbestreben der Nestorianer (für *e* im besonderen Th. Nöldeke, a. O. 33 § 47) betroffen ist.

Ḥḇāṣā verwendet der Dichter entsprechend dem maßgeblichen System für *ĭ*.

Im Gegensatz zu *e* kennt das Gedicht zwei *a*-Vokalbezeichnungen: Pṯāḥā und Zḳāpā. Im besagten vorbildlichen System meint Pṯāḥā *ă*, Zḳāpā *ā*. In der Umschrift wurde demgemäß verfahren. Aber zu bestätigen bleibt, ob und wie weit für den Dichter in der Tat die beiden Zeichen quantitative Prägnanz besitzen. Dazu gilt es, alle Wörter, deren *a*-Vokale in ihrer Quantität vom Erwarteten abweichen[2], zu betrachten und zu fragen, ob es sich um ostsyrische Besonderheiten handeln könne. 1. *ā* erscheint in geschlossener Silbe zu *ă* verkürzt: *naṣrāyā* (1 b); *raʿyā* (2a, 8c); *napḳīn* (3c); *ap* (3d, 6d; 10c); *aṯrāwwan* (4d); *ʿoḏran* (5b); *yāuman* (6b); *ḳobbal* (8a); *laḵ* (9c, 10b, d); *raʿyōṯā* (9d); *leḇnan* (10a). (Daneben stehen Formen mit unverkürztem *ā*. So: *māryā*, *mār*, *borkṯāḵ*, *ṣlāwwāṯāḵ* u. a.). Hier darf einer nestorianischen Besonderheit gedacht werden: Th. Nöldeke, a. O. 29 § 42: „Die Ostsyrer haben starke Neigung, lange Vokale in geschlossenen Silben zu verkürzen und schreiben dann oft geradezu *ʿalmīn* ‚Ewigkeiten' für *ʿālmīn* usw. und so in den Schlußsilben *ĕṯaṯ* ‚sie kam' für *ĕṯāṯ* usw." 2. *ă* erscheint in geschlossener Silbe zu *ā* gelängt: *ḥāsyā* (3a). Hier kann keine ostsyrische Eigenart vorliegen. Denn gerade das Gegenteil dessen wurde soeben als mögliche ostsyrische Besonderheit vermerkt. 3. *ă* erscheint für *ā* in offener Silbe: *arām* (6a); *šalīn* (9c); *šalīnan* (10d). Wieder kann es sich nicht um eine ostsyrische Besonderheit handeln. Denn wiederum gerade das Gegenteil dessen (d. h. Dehnung des *ă* zu *ā* in offener Silbe) ist in ostsyrischen Texten möglich: Th. Nöldeke, a. O.: „Andererseits dehnen sie (die Ostsyrer) gern kurze Vokale in offener Silbe, wenn sie ausnahmsweise bleiben, und schreiben so z. B. regelmäßig *armyāṯēh* für *armyaṯēh*". Von allen *a*-Vokalen mit ungewöhnlicher Quantität hätten sich demnach *vier* Fälle ergeben, die sich nicht als Ergebnis möglicher ostsyrischer Eigenwilligkeit auffassen lassen. Doch genügen diese Fälle nicht, die quantitative Prägnanz der Zeichen Pṯāḥā und Zḳāpā in der Punktationsweise des Ver-

[2] Das betrifft nicht den Umstand, daß der Diphthong *au* überall *āu* ist: *mettāuṯḇānōṯ* (Überschrift); *āu* (Überschrift;); *aṯrāwwan* (4d); *yāuman* (6b); *mšāuzḇōṯā* (6c); *mhāunā'iṯ* (8b); *nḳāwwāṯā* (8d); *bgāu* (9b); *b-yāumā* (9d). Hier begegnet man einer der klassischen Gewohnheiten der Nestorianer: Th. Nöldeke, a. O. 35 § 49 B; A. Moberg, a. O. 75f.

fassers anzuzweifeln. a) In *ḥāsyā* kann eine Verschreibung vorliegen; dafür spricht, daß das gleiche Wort 4a normal mit kurzem Vokal erscheint. Über derartige Versehen Th. Nöldeke, a. O. 29 § 42 Anm. b) Bei *arām* könnte es sich ebenfalls um ein Versehen handeln. Es kann auch, da es um einen Eigennamen geht, an eine jüngere orthographische Besonderheit gedacht werden. c) Bei *šalīn, šalīnan* rechnet, falls nicht ebenso ein Versehen vorliegt, vielleicht die Schreibweise, um Kenntnis der alten Wortbildung zu bezeugen, mit Ālaf als vollem Konsonanten und kürzt *ā* in der demzufolge geschlossenen Silbe: also *šā'* zu *ša'*. — Im übrigen braucht es sich da, wo der Dichter normal *ā* oder *ă* vokalisiert, durchaus nicht um die von ihm gewollte Aussprache zu handeln. Auch eine normal mit *ā* versehene geschlossene Silbe kann vom Dichter als Silbe mit *ă*, eine normal mit *ă* versehene offene Silbe als eine solche mit *ā* gemeint sein. Denn nicht immer, lediglich *oft*, bringen die Ostsyrer die quantitative Verwandlung eines *a*-Vokals durch veränderte Punktation zum Ausdruck: Th. Nöldeke, a. O. 29 § 42 („historische Punktation" wäre hierfür ein treffender Terminus).

Zu den einzelnen Strophen:

Zur Überschrift: *meṯṯol*: Die zweite Silbe ist nicht punktiert. Zur Schreibung ohne Vokalstütze *w*: Th. Nöldeke, a. O. 5 § 4. Das gleiche bei *kol* (5b, c, d, 9a, 10d). — Auffällig ist *agnāṭios* für Ἰγνάτιος. — *ā* für griech. ο in *ārṯāḏoksāyē* für ὀρθόδοξοι, nach Th. Nöldeke, weil man das Wort ohne *w* vorfand und „sie *o* ohne Vokalbuchstaben nicht ausdrücken können". Für *ϑ* steht Tau, im Gegensatz zu Ṭēṯ für τ in *agnāṭios*, gemäß der itazistischen Aussprache von *ϑ*. — *āu* steht in der Handschrift versehentlich außerhalb der Klammer.

Zu 1b: *ṣ (= 90)* ist für *9* verwandt. Die Lesung der Jahreszahl sprengt das Vermaß.

Zu 2b: Der Vers hat nur 11 Silben. Muß einer der Murmelvokale *(Ya'ᵃkōḇ)* mitgerechnet werden? — d: Nur wenn man *anṭyoḵ* (mit stummem *y* am Ende des Wortes, wie in *mār, lēḵ* u. Ä.) liest, ergeben sich 12 Silben. Zur einsilbigen Lesung *-ṭyo-* für -τιο- in *anṭyoḵ* Th. Nöldeke a. O. 28 § 40 H.

Zu 3b: *pilāsopiyā*. Wieder *ā* für griech ο. — c: *napḵīn* mit *-īn* statt *-ān*. — d: *ṭāḇēn* (statt *ṭāḇān*) für *ṭāḇīn*: Fehlschreibung?

Zu 4b: *ba-sḏer* für *ba-sḏar*. Fehlschreibung? Man zählt 11 Silben, vgl. 2b. — d: *torkī* „Türkei"?

Zu 5a: *b-lēlai w-īmām* für bezeugtes *lēlī īmām*. — c: *ḥāsan* für *ḥāsen*.

Zu 6b: Bei Lesung *āsōryāyōṯā* ergeben sich 13 Silben. Ist der Strich über Ālaf linea occultans? Wenn *sōryāyōṯā* zu lesen wäre, ergäben sich 12 Silben. — c: *šōr rāmā*. Das Substantiv ist indeterminiert, das adjektivische Attribut determiniert, zweifellos, um den Zwölfsilbler zu gewährleisten. Th. Nöldeke, Mand. Gramm. (1875) 304 Anm. 1, verweist auf: „. . . spätere nestorianische Dichter . . . die nach Erfordernis des Reims und Metrums, gegen die alten Sprachgesetze, den Stat. absol. für den Stat. emph. setzen und z. B. *bṯūl daḵyā, hāḏē ṣḇū* sagen". Man beachte auch die Haplologie: *šōrā (rā)mā*.

Zu 7a: Vgl. das zu 6b Bemerkte. — c: desgleichen. — d: Es ergeben sich nur 11 Silben, vgl. 2b.

Zu 8b: *b-* vor *mhāunā'īṯ* ist merkwürdig. Verschreibung für *d*? — *agnāṭiyos* (wie schon 2b). Andere Schreibung des Namens als in der Überschrift: *agnāṭios* und 7d: *agnāṭeos*. — c: *paṭros* für Πέτρος: *a* für griech. ε. Vgl. *a* für griech. ῐ in *agnāṭeos, agnāṭi(y)os*; für griech. ο in *ārṯāḏoksāyē, pilāsopiyā, sonhādos*. — d: *'ānē* für *'ānā*. Alte Kollektivform wurde zum Plural gewandelt. — *'īšō'* ist die bei den Nestorianern übliche Form: Th. Nöldeke, a. O. 27 § 40c.

Zu 9a: *men pūm* als Adverb bezeugt in der Bedeutung „memoriter". Hier dagegen ist *pōm* zweifellos als Stat. constr. zu verstehen. — *āṯōrāyē*. Vgl. oben die briefliche Bemerkung des Verfassers. c: *tahnyāṯā*. Das Wort scheint „Glückwünsche" oder ähnliches zu bedeuten. — Man zählt nur 11 Silben. Ist bei einem der drei Nomina die Doppelkonsonanz im Wortinnern aufgelöst (Th. Nöldeke, a. O. 37 § 52 A)?

Zu 10b: Zur Silbenzahl vgl. 9c. — c: desgleichen.

2

Der Verfasser des Gedichtes, Y. A. Yunan, gab uns in einem Brief vom 20. 10. 59, mit dem er die Sendung einiger weiterer selbstverfaßter Gedichte begleitete, folgende Erläuterungen:

„I have no more poems or prose manuscripts composed by me because the circumstances do not permit me to compose or work in literary works many years. The Aramaic (= Altsyrisch) language which is our classic language is already known as a dead language.

We have no press, no schools in Aramaic language. Our people use this language only in the church. This is the reason that I have not taken long steps to compose poems or proses more than these.

Most of my Assyrian people do not know their classic language. We speak the Vulgar Syriac which differs from the Aramaic. Most of our clergymen know read the Aramaic, but are the little who understand the meanings because their education is not high. We have no Theology schools or high colleges to graduate high educated clergymen.

Our forefathers were the founders of the most famous church in that age which is known as Assyrian church. The Assyrian church missionaries were the first who preached Christanity in Mesopotamia, Persia, Asia Minor, India, China and Japan. They rendered these peoples to Christianity. They built churches, they erected statues, they settled parishs, they founded colleges and high schools, for examp. School of Edessa (*Ōrhai*), now named Urfa, the school of Nisibin, the school of Beth-Abe (*bēṯ ʿāḇē*). Many millions *(sic)* of these our forefathers were massacred and killed as martyrs of Jesus Christ.

Although there were many difficulties in their way but they were able to continue their work and reach their aim preaching the Holy Gospel. Even this day you will find in the said countries many stones covered with Nestorian writings which are declaring to us that our forefathers were the oldest Christian missionaries.

We the Nestorian Assyrians are the descendents of these famous preachers. Although we could not reach the glory of our forefathers which had due to the circumstances which met us during long centuries.

The only think which remains with us of our forefathers is our Christian Faith. When our forefathers were preachers, their number was more than 50 millions [natürlich ohne Gewähr] although now the total of all Assyrians in the world can not reach 1 million. We are the remnant of the old christianity.

Our Patriarch is known as Mar Eshai Shimun, XXIII, Catholicus Patriarch of the East and of the Assyrians, CXIX (*mār īšai šemʿōn* 23 *ḳāṯōlīḳā paṭriyārkā ḏ-madnḥā wa-ḏ-āṯōrāyē* 119). Our Patriarch is the supreme leader and the spiritual and temporal leader of all Assyrians through the world (the Nestorian Assyrians). Our Patriarch was exiled to Cyprus in 1933 with all members of the Patriarch house. Afterwards he went to the USA., where he is still now there. He is forbidden to visit all Arabian countries.

We have only two Metropolitans one in Iraq known as Mar Youseph Hananisho (*mār yāusep̄ ḥnānīšōʿ meṭrāpāulēṭā w-ḳanōmā* [gemeint ist: *wa-ḳnōmā*] *paṭriyārkāyā*). We have another Metropolitan in Trichur, Malabar (South India) known as *mār thōmā*: Mar Touma (sic) Darmo. We have three Bishops in Iraq. This is all that we got the church leaders.

Let us write now about the Assyrians of Persia, their number may be more or less than 100000; their classic language is aramaic Syriac as ours. Some of them are ancient church of the East (Nestorian), the other parts are Roman catholics and Protestants. Before world war I there were in Urmia many missionaries' colleges and presses and Theology colleges but now all are closed.

The Assyrians of Iraq are about the Assyrians of Persia (sic) but most of them are of the church of the East. Before 1933 there was a press in Mosul but now it is closed. There are no Assyrians in Turkey. A great number of Assyrians was massacred during the world war I by the Turks and Kurds, the other number departed from Turkey to Iraq. As far as I know about the Assyrians in USSR. there is no religious communication between them and us, very difficulty to answer us. There are no schools in USSR. in our language. The young Assyrians there have lost their mother Aramaic language."

3

Über Nestorianer im Süden der UdSSR. wissen wir dank freundlicher Bemühung A. I. Charsekins (Machatschkala, Daghestanische ASSR.) vollständigere Angaben zu machen. Er schrieb uns unter dem 9. 10. 59:

„Es gelang mir, auf die Spur der ‚Assyrer' in Machatschkala zu kommen. Hier leben zwei assyrische Familien. Mit einem Familienvater, Iwanow Iwan Issajewitsch (68 Jahre alt), habe ich schon Bekanntschaft gemacht. Er kann noch ‚assyrisch' sprechen und wohnt mit seiner Frau und Tochter ein paar Wegminuten von meinem Haus. Die andere Familie wohnt in der Vorstadt: Neftegorodok Nr. 4. Der Familienvater ist schon in vorgerücktem Alter. Er hat zwei Söhne: einen Erdölingenieur und einen Schmied. Wie es scheint, gibt es außer diesen zwei Familien in Machatschkala keine Assyrer mehr. Aber nicht weit von Machatschkala, in der kleinen Stadt

Isberg, lebt ein Assyrer, Sergei Iljitsch Ischojew. Er arbeitet als Geschichtslehrer in der dortigen Mittelschule. Noch zwei assyrische Familien leben in Khasaw-Jurt, einem kleinen Städtchen nordwestlich von Machatschkala. Voraussichtlich kann man einzelne Familien auch in anderen Orten auffinden.

Außerhalb Daghestans gibt es im Kaukasus etliche assyrische Siedlungen: einige Dörfer neben Erevan in Armenien (Arzny, Dimitrewo, ehemals Koilassar, Dwin, Khoi, Döl oder Göl); ein Dorf neben Tbilissi: Mukhrali; noch eines an der Schwarzmeerküste neben Gelendshik und eine Siedlung neben der Stadt Armawir im Nordkaukasus. Diese letzte Siedlung entstand in 20 Jahrzehnten und war ursprünglich Pirajewo genannt, jetzt aber heißt sie Urmia. Vor dem zweiten Weltkrieg gab es eine Elementarschule in der Stadt Armawir, an der Unterricht in der assyrischen Sprache erteilt wurde."

Dem gleichen Gewährsmann verdanken wir eine Bibliographie der in der UdSSR. erschienenen Arbeiten über die neu-ost-aramäische Sprache, die wir anschließend in der Originalfassung mitteilen[1]:

СОВРЕМЕННЫЙ АССИРИЙСКИЙ ЯЗЫК

Список литературы

1. Работы по отдельным вопросам ассирийского языка

1. Айсорская азбука. «Сборниск материалов для описания местностей и племен Кавказа», 1884, вып. IV, стр. 1-8.
2. Алавердов, К. Совещание по вопросам ассирийской орфографии. В сборнике: «Письменность и революция», Москва-Ленинград, 1933, Сб. I, № 17, стр. 192-196.
3. Поливанов, Е. Из хроники современных национальных график СССР. (Проект ассирийского алфавита на русской основе.) «Революционный Восток», 1928, № 4-5, стр. 302-306.
4. Церетели, К. Г. Долгие гласные в урмийском диалекте арамейского языка. «Труды Тбилисского гос. университета», т. 47, 1952, стр. 91-110 (на груз. яз., резюме на русск. яз.).

[1] Leider ist sie nicht ganz vollständig, wozu man F. Rosenthal, Die aramaistische Forschung (1939) 257 Mitte und 268 Anm. 5 vergleiche sowie das bei J. Friedrich in: ZDMG. 109 (1959) 51f. Angeführte.

5. Юшманов, Н. В. Ассирийский язык и его письмо. В сборнике: «Письменность и Революция», Москва-Ленинград, 1933, Сб. I, № 17, стр. 112-128.
6. Юшманов, Н. В. Загадочное «m» новоассирийского императива. В кн.: «Язык и мышление», 5, Москва-Ленинград, 1935, стр. 93-96.
7. Юшманов, Н. В. Сингармонизм урмийского наречия (новоассирийского языка). В кн. «Памяти акад. Н. Я. Марра (1864-1934)», Москва-Ленинград, 1938, стр. 295-314.
8. Эйвазов, П. Некоторые сведения о селе Койласар и об эйсорах. «Сборник материалов для описания местностей и племен Кавказа», вып. IV, 1884, стр. 284-326. О языке — стр. 310-312.
9. Церетели, К. Г. К вопросу о гармонии гласных в урмийском диалекте арамейского языка. Тбилиси, 1945. Кандидатская диссертация, Тбилиси, 1945, VIII, 384 л. Рукопись. (Институт языка АН Груз. ССР.)
10. Церетели, К. Г. Очерк сравнительной фонетики современных ассирийских диалектов. Докторская диссертация. Тбилиси, 1955, XIII, 456 л. Рукопись. (Институт языкознания АН Груз. ССР.)

2. Тексты и учебная литература

1. Калашев, А. Айсорские тексты. «Сборник материалов для описания местностей и племен Кавказа», 1894, вып. XX, стр. 33-104.
2. Лопатинский, Л. Заметка к айсорским текстам. «Сборник материалов для описания местностей и племен Кавказа», Тифлис, 1894. вып. XX.
3. Лопатинский, Л. Еврейско-арамейские тексты. «Сборник материалов для описания местностей и племен Кавказа», вып. XX, отд. 2, Тифлис, 1894, стр. 1-32.
4. Эйвазов, П. Айсорские легенды и сказки. «Сборник материалов для описания местностей и племен Кавказа», вып. XVIII, Тифлис, 1894, стр. 59-109.

3. Словари

1. Калашев, А. Русско-айсорский и айсорско-русский словарь. «Сборник Материалов для описания местностей и племен Кавказа», вып. XX, Тифлис, 1894, стр. I-IV, 1-420.

Weitere Arbeiten K. G. Cereteli's, die im Voranstehenden nicht aufgeführt sind:

Церетели, К. Г. Урмийский сингармонизм. «Сообщения Академии наук Грузинской ССР», том 7, № 7, Тбилиси, 1946.

Церетели, К. Г. Основы урмийского сингармонизма. «Сообщения А. Н. Грузинской ССР», том 7, № 9-10, Тбилиси, 1946.

Церетели, К. Г. Случаи палатализации согласных в урмийском диалекте арамейского языка. «Сообщения А. Н. Грузинской ССР», том 9, № 8, Тбилиси, 1948.

Церетели, К. Г. О геминации в урмийском диалекте арамейского языка. «Сообщения А. Н. Грузинской ССР», том 13, № 9, 1952.

Церетели, К. Г. Притяжательные местоимения в урмийском диалекте арамейского языка. «Сообщения академии наук Грузинской ССР», том XIII, № 8, Тбилиси 1952.

Церетели, К. Г. Возникновение вспомогательных гласных в урмийском диалекте. «Сообщения А. Н. Грузинской ССР», том 14, № 1, Тбилиси, 1953.

Церетели, К. Г. Случай ассимиляции согласных в урмийском диалекте арамейского языка (на грузинском языке с резюме на русском языке). «Труды института языкознания Академии наук Грузинской ССР, Серия восточных языков, 1», Тбилиси, 1954.

Церетели, К. Г. Изучение современных арамейских диалектов в Грузии (на грузинском языке). Ал-Хикма, Бейрут, 1956.

Церетели, К. Г. Система спряжения глаголов в современных ассирийских (восточно-арамейских) диалектах. (На грузинском языке с резюме на русском языке.) «Труды института языкознания А. Н. Грузинской ССР, Серия восточных языков, 2», Тбилиси, 1957.

Церетели, К. Г. Следы каузатива на ša-/sa- в урмийском диалекте современного ассирийского языка. «Сообщения А. Н. Грузинской ССР», том 18, № 11, Тбилиси, 1957.

Церетели, К. Г. Очерк сравнительной фонетики современных ассирийских (арамейских) диалектов. (На грузинском языке с резюме на русском языке.) Тбилиси, 1958.

Церетели, К. Г. Хрестоматия современного Ассирийского языка со словарем. (На грузинском языке в на русском языке.) Тбилиси, 1958.

BEILAGE 5

KLARSTELLUNG

1

Es läßt sich nicht umgehen, einen Antipoden, O. Maenchen-Helfen, zu Worte kommen zu lassen. Maenchen ist ein Kritiker[1], der uns mahnt, vom Begonnenen abzulassen und sich den vertrauten Gefilden römischer Vergangenheit wieder zuzuwenden. Anders ausgedrückt: man will selbst als Geschichtsschreiber der Hunnen gelten, mag man gleich ein verhinderter sein.

Verhinderung entsprang in Maenchens Fall einem offenkundigen Verdienst. Verdankt man ihm doch, daß die Verbindung zwischen Hunnen und Hiung-nu nicht mehr ungeprüft hingenommen wird. Obwohl das letzte Wort noch aussteht, ist Maenchens Einwänden in diesem Buch Rechnung getragen worden. Freilich ergab sich ein Umstand, den er schwerlich vorausgesehen hat. Indem er die Trennung von den Hiung-nu der chinesischen Annalen vollzog, hatte der Sinologe Maenchen den Ast abgesägt, auf dem der Hunnenforscher den ihm zustehenden Platz hätte einnehmen können. Mochte man dem Sinologen in dem, was die Hiung-nu betraf, Gehör schenken, so wird man dem Hunnenforscher vorsichtiger begegnen. Geschichte der Hunnen kann nun einmal an dem vielsprachigen Quellenbestand nicht vorübergehen, der zuvor ausgebreitet wurde. Maenchen selbst erkennt dies an, indem er sich auf arabische und syrische Autoren beruft. Doch fehlt es an dem, was unerläßlich ist: Maenchen verfügt nicht über die philologischen Voraussetzungen.

Man sehe sich Folgendes an. Zacharias Rhetor wird nach der Übersetzung von Hamilton und Brooks, Josua Stylites nach R. Ghirshmans Hephthalitenwerk angeführt. Ghirshman muß auch für Ṭabarī herhalten, zumindest dort, wo Nöldekes Übersetzung unseren Kritiker im Stich läßt. Für Iohannes von Ephesos steht Marquart Pate, und der Liber Chalifarum wird in Chabots Übersetzung benutzt. Seitdem man sich darein schicken muß,

[1] In: Journ. Amer. Orient. Soc. 79 (1959), 295 f.

daß Priskos nach der deutschen Übersetzung angeführt wird[2], hat man sich ohnedies auf einiges in der Hunnenforschung gefaßt zu machen.

So entsteht denn manche Verwirrung. Zacharias wird Mitylene zugeordnet, was bekanntlich nicht zutrifft. Der wahrscheinliche Geburtsort des Verfassers, Amida, erscheint im Namen jenes Iohannes, den man nach Ephesos zu bezeichnen pflegt. Liber Chalifarum begegnet unter den „most important Syriac sources" (ein Blick in A. Baumstarks Syrische Literaturgeschichte 274 sei zum ersten Umlernen empfohlen). Die Behandlung einzelner Fragen fällt dementsprechend aus. Dafür ein Beispiel (S. 297 l). Daß die Hephthaliten Keulen hatten, geht auf eine Konjektur Nöldekes zurück; hätte Maenchen auch nur Wrights Übersetzung des Josua Stylites nachgeschlagen, statt das Zitat aus Ghirshman zu übernehmen, hätte er den Sachverhalt erkannt (die Stelle ist oben 2, 18f. besprochen worden). Genug: Maenchen ist des Syrischen nicht mächtig.

Auch als Kenner arabischer Quellen sucht er sich zu geben. Ṭabarī, so steht S. 297 r., habe die Kūšān als Türken bezeichnet. Eine Stelle wird nicht angeführt, wenn auch ersichtlich ist, daß Maenchens Wissen sich auf Nöldekes Übersetzung (102 Anm. 2) gründet. Dabei ist freilich ein Mißgeschick passiert. Maenchen hat Nöldekes Abkürzung „Spr." nicht auflösen können. Es handelt sich nicht um Ṭabarī, sondern um den von diesem *unabhängigen* Codex Sprenger 30. Überhaupt hat sich Maenchen schwer mit diesem arabischen Historiker. Bei einer zweiten Anführung (S. 298 l., unter Berufung auf Ghirshman) ist Ṭabarī mit Balʿamī verwechselt (von Maenchen natürlich, nicht von Ghirshman): hat dieser ‚Orientalist' wirklich Zotenbergs Übersetzung für die des arabischen Autors gehalten?

Wohin man kommt, wenn man mit Übersetzungen und Inhaltsangaben wirtschaftet, zeigt Maenchens Gedankengang, mittels dessen er die Tatsache, daß arabische Historiker und Geographen die Hephthaliten als Türken bezeichnen, zu entwerten sucht (S. 297 l.f.). Da wird angeführt, daß in Marwazī's neuntem Kapitel, über die Türken, slawische und finnisch-ugrische Stämme eingeschlossen seien (unter Berufung auf des Herausgebers, V. Minorsky's, Bemerkung auf S. 92). Ein Blick auf den Text zeigt, daß sie weit eher angeschlossen als eingeschlossen sind; daß der Übergang von den Magyaren, die den Türken zugerechnet sind, zu den Slawen markiert ist (*22, 3 und 12 arab.). Das ist alles, denn Nöldeke's Anm. 2 auf S. 53

[2] Der Islam 35 (1960), 193 Anm. 2.

der Übersetzung spricht von den Haiṭal und erwähnt andere „nordische Barbaren", ohne sie zu kennzeichnen. Und J. Walker an der von Maenchen angezogenen Stelle (Arab-Sasanian Coins LXXXI) spricht wiederum von den Hephthaliten. Die Behauptung, daß Ṭabarī Kūšān und Türken gleichgesetzt habe, hat sich bereits erledigt. Nichts von dem, was Maenchen anführt, beweist, was es beweisen soll. Auch bei den byzantinischen Geschichtsschreibern wird, was ausdrücklich vermerkt sei, Τοῦρκοι stets gebraucht, um solche, die entweder Türken sind oder deren herrschende Schicht diesen zugehört (Magyaren), zu bezeichnen: G. Moravcsik, a. O. 2², 320f.

Maenchens arabische Kenntnisse entsprechen sprachlich und sachlich den syrischen. Auch die iranistischen seien in Kürze gemustert. Diesmal geht es um den Namen der Hephthaliten. Ἐπτάλου λιμήν Peripl. P. Eux. 69 (19) weckt Lust zur Etymologie. „*Heptal*(*os*), which cannot well separated from the ethnic name, might also mean ‚seven'. If this were so, it would shed more light on the language of the Hephthalites" (S. 297 r.). Es wirft — fürchten wir — eher Licht auf Maenchens sprachgeschichtliche Vorstellungen. Sollte für ihn das unerklärte Suffix -*l*(*os*) den vermißten Hinweis auf die sieben mythischen Urkönige Samarkands, neuen und unbedachten Einfall Maenchens, enthalten? Im Übrigen darf man alles Gerede von *variae lectiones*, von vermeintlicher *lectio difficilior* in den chinesischen Wiedergaben beiseite tun. Die Hephthaliten selbst haben sich auf ihren Münzen als Ι(Α)Π(Α)ΤΑΛΑ bezeichnet. Das stimmt zu alttürkisch **yapïtïl*, wie denn der Plural **yapïtïl-ït* zu Ἐφθαλῖται paßt. Kein Zauberstück bringt zuwege, das anlautende *y*- zu beseitigen und auf iranisches *hapta*, *hafta*- zu kommen.

Auch mit dem Iranisten Maenchen ist es mißlich bestellt. Das hindert ihn nicht, anderen „infatuation about similar sounds" und dergleichen vorzuwerfen. Man sollte in Maenchens Lage vorsichtiger sein. Nahegelegt wird dies durch seine Gleichsetzung von Κερμιχίωνες, *karmir* (sic) *hyōan* (sic) mit *hāra hūṇa*, wofür er sich auf H. W. Bailey beruft. Natürlich hat erst Maenchens Ungeschick Hunnen und Chioniten verwechselt. Doch hat er Bailey nicht nur mißverstanden, sondern auch fehlerhaft abgeschrieben: *karmīr hyōn* steht im Bahman Yašt. „Infatuation about similar sounds?" Wie immer: daß die späteren Hephthaliten iranisiert waren, hat niemand bezweifelt, und ich habe es sogar behauptet.

Turkologisches wird von Maenchen meist vorsichtig, wenn auch nicht vorsichtig genug, umgangen. Über die Κιδαρῖται als „östliche" Hunnen (oben 1, 32f.), die Hephthaliten als Τοῦρκοι und Οὔννοι zugleich (oben 1, 39f.), Τουργοῦν (ebenda), *Yiltägin* und *tägin* (oben 1, 47; 51) fällt kein Wort. Gegen Κούγχας = **qun-qan* wird W. Barthold (bei J. Markwart, Wehrot und Arang *39f.) bemüht. Aber dessen Aufstellungen sind durch Bailey's zuvor erwähnte Abhandlung überholt (wie Maenchen natürlich weiß). Barthold's Zweifel wurde so wenig ernstgenommen, daß ihn G. Moravcsik[3] nicht einmal verzeichnet. Die Überlieferung bei Priskos, nämlich γούγχας, macht mancherlei anderweitige Bemühung Maenchens hinfällig. Sein Schweigen ist im übrigen verständlich. Denn eine Anführung der Beispiele hätte bestätigt, daß die Hephthaliten ihrem Ursprung nach Türken und Hunnen gewesen sind. Was noch bleibt, fügt sich dem Bild. Nominales und verbales Suffix (+^{0}*n* und —^{0}*n* S. 296 r. oben) sind nicht geschieden. Abwegiges über *tarxan* (S. 297 l.) mag sich mit erneutem Hinweis auf Moravcsik[4] erledigen. S. 297a ist J. Walker, Arab-Sasanian Coins 49 ein Fehlzitat.

Noch ein Wort über 'Ασπαροῦκις. Maenchen meint, es sei iranisch: **asparauka-*, unter Berufung auf Abajew. Er hat übersehen, was das neue Werk über Mcẖet'a (Mzcheta 1, 1959) auf S. 29, Abb. 4 und Taf. XLV 1 zeigt: daß vielmehr 'Ασπαυροῦκις auf der Gemme steht. Während sonst *Aspar-* (vgl. alttürkisch *išbara*, oben 1, 10) im Vorderglied erscheint, dürfte 'Ασπαυρ- ein bisher nicht belegtes **aspavar-**, *aspaβar*, **aspabar-* sein. 'Ασπαυρ- stellt sich zu 'Ασφώρουγος aus Olbia und zu altbulgarischem *Isporъ*, mit dem bekannten Wandel von *au* > *ou*, *ō* (*kyryawul*, *kyryaul* „Fasan" zu äserb. *gyrgoul*, *gyrgol*). *Ispor carъ* „Ritter-Zar"[5] entspricht genau 'Ασπαροῦχ, **išbar-oq* „dessen Pfeil (= Stammesorganisation, Herrschaftsbereich) Ritter sind".

Türkisch kennt Maenchen so gut oder so schlecht wie die zuvor genannten Sprachen. Ginge es nach ihm, so wären die Folgen für Hunnen und Hephthaliten schmerzlich[6]. Weder diese noch jene könnten sich zu

[3] a. O. 2², 165f.

[4] a. O. 2², 299f.

[5] G. Moravcsik, a. O. 2², 76.

[6] Nicht einmal die von Maenchen beklagten Wiederholungen innerhalb meiner Werke sind in einer Liste vereint, die brauchbar wäre. Wer sich dafür interessiert, mag sie in der Bibliographie meiner Schriften, zusammengestellt von E. Merkel, suchen (1958). Dort ist alles Nötige sorgfältig und bibliographisch einwandfrei verzeichnet.

ihrer Muttersprache bekennen. Darum nicht, weil sie es Maenchens mangelnder Sprachkenntnis zufolge nicht dürfen.

Es bleibt das Geographische, nicht einfach zu erörtern mit jemandem, der weiß, wo Gog und Magog saßen ... Orosius' Bemerkung 7, 33, 10, wonach die Masse der Hunnen *diu inaccessis seclusa montibus* lebte, veranlaßt Maenchen zu der Bemerkung, es seien die Berge, die jenes sagenhafte Volk von der Oikumene trennten, nicht der Kaukasus. Bei Orosius steht nichts davon, und er nennt Gog und Magog nirgendwo in seiner Darstellung. Aber einer, der dort gewesen sein will — Sallām, Dolmetscher des ʿabbāsidischen Kalifen al-Wāṯiḳ-billāh — behauptete, daß Gog und Magog nördlich des Kaukasus gelebt hätten (bei Ibn Ḫurdāḏbeh 162, 15f. de Goeje) ... Dort mag man denn nachlesen. Ernsthafter wird es, wenn es um die Sitze von Ptolemaeus ' Χοῦνοι geht. Sie gehören für Maenchen an den Dnjestr: dort setze sie auch der Codex Eberianus an. Schade, daß der Seragliensis, einzige Handschrift, die Ptolemaeus' authentische Karten enthält, davon nichts weiß. Schade auch, daß Ptolemaeus die Roxolonen, unmittelbare Nachbarn der Χοῦνοι, am Tanais-Don wohnen läßt (geogr. 3, 5, 24). Hinzu tritt erneut die Unkenntnis des Türkischen. Maenchen hat übersehen, daß Δαϊκὸς ποταμοῦ ἐκβολαί beim gleichen Ptolemaeus (geogr. 6, 13, 4) zeigen, daß der Uralfluß bereits seinen türkischen Namen — Δαΐχ und mit bekanntem Lautwechsel[7] *Yayïq, J̌ayïq, Yäyiq*[8] — trägt. Nach der Mitte des 2. Jahrhunderts, wohlgemerkt. Und wo gäbe es eine bessere Bestätigung dafür, daß die Χοῦνοι wirklich Hunnen und Türken waren, daß sie nördlich vom Kaukasus und weiter noch nach Osten wohnten. Als Gradangaben hat Ptolemaeus 98° — 48° 15'.

Zuletzt sei nun doch ein Befremden nicht unterdrückt. Nämlich darüber, daß eine angesehene Zeitschrift (und dazu eine orientalistische!) dies alles und noch Einiges mehr[9] abgedruckt hat.

[7] M. Räsänen, Materialien zur Lautgeschichte der türkischen Sprache (1949) 185f. Über das früheste Vorkommen oben 1, 418.

[8] Alles Nötige findet man bei G. Moravcsik, a. O. 2^2, 116, mit falscher Schreibung *Yäyïq*.

[9] Maenchens Vermutung zu dem oben 1. 416 f. von mir veröffentlichten Stein von Apscheronskaja: „stolen from Sovjet museum" wurde von dieser — wie gesagt: angesehenen — Zeitschrift gleichfalls nicht verschmäht.

2

Die Frage, die zuletzt aufgeworfen wurde, erklärt sich, sobald man erkannt hat, wer Bauer und wer König auf dem Schachbrett ist.

Im Jahr 1936 veröffentlichten die Verfasser „Das Jahr Zarathustras", in: Zeitschrift für Religions- und Geistesgeschichte 8 (1956), 1f. Die chronologischen Ergebnisse, zu denen sie damals gelangten, sind im vorliegenden Werk zugrundegelegt (oben, 1, 410f.; 2, 266; 279; 284). Nach Erscheinen des Aufsatzes erhielt die Leitung der Zeitschrift einen Brief W. B. Henning's. Darin wurde bemängelt, die Verfasser hätten eine frühere Veröffentlichung über den gleichen Gegenstand „without the slightest reference to the earlier publication" abgedruckt. Mit dem Hinzufügen: „such a procedure . . . is unworthy of a periodical claiming learned status". Gemeint war eine, allerdings scharfe, Kritik an Hennings „Zoroaster" (1951) in: La Parola del Passato 20 (1955), 322f. —, dem Betroffenen zufolge „a vicious attack".

Aus der brieflichen Antwort[10] der Schriftleitung sei das Wichtige herausgegriffen. Der Angriff („attack") sei nicht von uns ausgegangen, sondern von Henning eröffnet worden. Daß es sich um einen Wiederabdruck handle, treffe aus einer Reihe von Gründen nicht zu. Aber selbst, wenn es zuträfe, dürfe der Autor eigene, weiter zurückliegende Ausführungen benutzen, ohne daß er der Zitierungspflicht unterliege. Im übrigen wies die Schriftleitung die gegen sie gerichtete Kritik Hennings zurück. Sie stellte fest, daß in vorliegender Lage die einzig sachliche Lösung ihr darin zu bestehen scheine, daß Henning mit den Argumenten, die von uns gegen ihn gerichtet seien, sich auseinandersetze.

Der solchermaßen Angesprochene ist der Empfehlung nicht nachgekommen. Seit geraumer Zeit beschränkt Henning sich aufs Vorschicken anderer. Hennings heute an der Harvard University lehrender Schüler R. N. Frye hat sich als erster dieser wenig dankbaren Aufgabe unterzogen[11]. Nachdem er von uns mehrfach zurückgewiesen worden war (zuletzt in: Supplementum Aramaicum 112f.; Finanzgeschichte der Spätantike 366f.), hat er brieflich ausdrücklich auf weitere kritische Tätigkeit verzichtet. Wir glaubten, ihn zu seinem Entschluß unbedingt beglückwünschen zu

[10] Der Verfasser ist einer der angesehensten deutschen Kirchenhistoriker, an den Henning sich eigens gewandt hatte.

[11] Wir erfuhren von ihm, wieder brieflich, Henning habe ihn gescholten („chided"), wenn seine Kritik nicht scharf genug ausgefallen war.

dürfen. Auch ein bekannter Hamburger Arabist hat, nachdem wir gegen unseren Wunsch genötigt waren, die kritische Waffe umzukehren (in: Die aramäische Sprache 2. Lfg. 111f.), uns brieflich versichert, daß eine künftige Auseinandersetzung von seiner Seite entfalle. Wir waren in der angenehmen Lage, ihm die gleiche Versicherung abgeben zu können[12].

Gegenüber Henning's Mitstreitern von einst, Gelehrten von Namen und Rang, ist Maenchen Ersatz mit den Kennzeichen eines solchen. Er nimmt sich Hennings Anliegen an, läßt keinen Zweifel daran, daß er unsere Kritik mißbilligt, aber es bleibt bei solcher Stellungnahme. Um die vertretene Sache verteidigen zu können, fehlt es ihm an den Vorkenntnissen. Aber eine lenkende Hand scheint dafür zu sorgen, daß ihm Helfer erstehen. Mit Erstaunen lesen wir in: Revue Belge de Philologie et d'Histoire 38, 1 (1960) eine kurze Äußerung J. Duchesne-Guillemin's über eine unserer Veröffentlichungen, deren Ergebnisse gleichfalls im vorliegenden Werk auf Schritt und Tritt zu finden sind. Die Vorwürfe, die hier laut werden, decken sich mit denen, die Maenchen an uns zu richten pflegt. Duchesne-Guillemin berührt sich auch darin mit Maenchen, daß er ein Buch, darin fast tausend Seiten arabischer, syrischer und südarabischer Quellentexte verarbeitet sind, beurteilt, obwohl er zugestandenermaßen keiner dieser Sprachen mächtig ist[13]. Zuweilen klappt die Regie nicht ganz. Da werden die Beiträge unseres Mitarbeiters R. Göbl gerühmt (übrigens mit Recht). Nun gut: gerade Göbl war es, der Henning nachwies, daß er einer Fälschung zum Opfer gefallen ist (oben 1, 384f.).

Man versteht nicht, warum solche vorgeschickt werden, die des erforderlichen philologischen Rüstzeugs ermangeln. Sie werden nutzlos geopfert, und der Sache ist damit nicht gedient. Was zur Erörterung steht, kann allein durch Stellungnahme dessen gefördert werden, den es betrifft. Um es noch einmal zu sagen: es geht darum, ob Hennings zeitliche Ansetzung

[12] Die beiden Verfasser benutzen die Gelegenheit, um diesem Ungenannten für die selbstlose Bereitschaft zu danken, mit der er versucht hat, den bestehenden Gegensatz zu Henning — zu unserem Bedauern erfolglos — zu beseitigen.

[13] Bei Duchesne-Guillemin liegt dort, wo er sich den Anschein sachlicher Kritik gibt (in der Anmerkung seiner Notiz), ein Fehlzitat vor. Dasselbe war zuvor bei Maenchen festgestellt worden. Zu sagen ist, daß Bahrām keinesfalls Mars sein kann. Denn dieser ist allein in Duchesne-Guillemin's Vorstellung mit Ares eins. Aber auch Ares ist Bahrām nicht. Denn Bahrām-*Varəϑraγna* wird, wie „tout débutant" weiß, als Herakles dargestellt. — Über die Ansichten, die Duchesne-Guillemin zur Datierung Mšattā's äußert, wird später gehandelt werden.

Zarathustras, seine örtliche des Avesta sich halten lasse[14]; ob die Annahme aramäischer Ideogramme in arsakidischer Zeit auf grammatischen Fehldeutungen beruhe; ob Hennings Lesungen aramäischer und mittelpersischer Inschriften und Pergamente zutreffen; ob er über die unerläßlichen aramäischen Sprachkenntnisse denn auch verfüge; ob er mit dem Silbermedaillon Bahrām's II. einer Fälschung erlegen sei. Auf all diese Fragen hat Henning und allein Henning die schlüssige Antwort zu geben.

[14] Beruhigend, daß Henning anläßlich der großen Inschrift von Surx Kotal und der von ihm als baktrisch bezeichneten Sprache keine neue Lokalisierung des Avesta vorgenommen hat: BSOS. 1960, 47f. Indessen fällt ein anderes auf. P. Schmidt in: Indog. Forsch. 65 (1960), 187 beruft sich gegenüber der von O. Szemerényi begründeten und von uns übernommenen (Schmidt verweist fälschlich auf: Gesch. d. latein. Sprache 85f., wo doch die Erörterung S. 67f. beginnt) Einordnung des ältesten Chwārezmisch auf Hennings Bemerkung in: Handbuch der Orientalistik 1, 4, 115 Anm. 2. Er hat übersehen, daß diese durch unsere Antwort oben 1, 64 Anm. 1 erledigt ist, in der Henning nachgewiesen wurde, daß er Bērūnī nicht verstanden hat. Schmidt leugnet sodann das Vorkommen avestischer Wörter auf den aramäischen Inschriften von Taxila (die er mit Pul-i Daruntah verwechselt) und Ḳandahār (letztes bei Schmidt in falscher Schreibung). Schmidt spricht auch von einer aramäisch-griechischen Bilinguis (im zuletzt genannten Fall), während doch die Reihenfolge umgekehrt ist. Schließlich mag festgestellt werden, daß Schmidt sich nie als Kenner des Arabischen oder des Aramäischen ausgewiesen hat. Wir bezweifeln, ob angesichts des völligen Fehlens der philologischen Voraussetzungen solche Behauptungen ohne Rückendeckung gewagt worden wären. Schmidt gibt denn auch an anderer Stelle eine Beobachtung, die er Henning verdankt (in: Beitr. zur Namensforsch. 11 [1960], 204). Sollte sich unter der Bemerkung eine neue Avesta-Auffassung Henning's verbergen? An der zuvor genannten Stelle (S. 99) hatte dieser noch „von einem einst vielleicht in Sistan beheimateten Fortsetzer der avestischen Sprache" gesprochen (dazu oben 1, 410 Anm. 1).

ANHANG

NACHTRÄGE

ZUM ERSTEN BAND

S. 5. Zu Iordanes, Get. 121—122 vgl. O. Klíma in: Archiv Orientální 28 (1960), 299f.

S. 10. Zu altiran. **asbāra-* vgl. O. Klíma, a. O. 306.

S. 11. Anm. 72. Sozom., hist. eccl. 7, 26, 6—10; E. A. Thompson, A History of Attila and the Huns 38.

S. 46. Zu soghd*. *(ə)xšāvanvār* vgl. O. Klíma, a. O. 301.

S. 47. Zu *Barmūḏa, Parmūḏah* vgl. O. Klíma, a. O. 302f.

S. 71. Zu *adorsi, adossi* vgl. O. Klíma, a. O. 296f.

S. 73. Zu ost-osset. *ädtä* vgl. O. Klíma, a. O. 299.

S. 92. Zur Haartracht vgl. Agathias p. 20,3f. Nieb.: Türken und Awaren sind ἀπέκτητοι καὶ αὐχμηροὶ καὶ ῥυπῶντες. Mehr noch im Namen- und Sachregister von Niebuhr's Ausgabe unter *Avares.* Dazu Theodolf von Orléans, MG. poet. lat. 1, 484, v. 39, angeführt nach P. H. Schramm, Herrschaftszeichen und Staatssymbolik 1 (1954), 232: *crinitus Hunnus.*

S. 94. Zu den σκρίβωνες vgl. Agathias 171, 8f. Nieb. εἷς δέ γε ἦν οὗτος τῶν ἀμφὶ τὰ βασίλεια δορυφόρων, οὓς δὴ σκρίβωνας ὀνομάζουσιν.

S. 127. Ioh. Ephes. 3,220,2 von Tiberius II. gegenüber Munḏir b. Ḥāriṯ: *l-tāgā ḏ-malkūṯā ašwyēh.*

S. 130. Ioh. Ephes. 3,216,13f. uam. *ḥērtā ḏ-ṭayyāyē.*

S. 144, dritter Absatz. Vgl. noch *'rby* des aramäischen Aḥīḳar-Romans Z. 208 Cowley.

S. 188. Zum Gau Arabia und Verwandtem vgl. Treidler in: RE. s. v. Primis 1989f.

S. 200f. Die Hephthaliten kämpfen mit Bogen und Schwert: Zachar. Rhetor 2,21,13f.

S. 213. Zu *tarxan* und Verwandten vgl. O. Klíma, a. O. 301f.

S. 230 oben: Dazu G. Vernadsky, The Mongols and Russia (1953) 93f.

S. 230f. Gegen Einwanderung der Inder aus Südrußland: W. P. Schmid in: Indog. Forsch. 64 (1959), 291f.; W. Eilers und M. Mayrhofer in: Die Sprache 6 (1960), 107f.

S. 296. Ist zu lesen: *ynḥwt* = *yin* (west-osset. Dativ zu *ye* „er") *xvat* „ihm zu Eigen".

S. 354f. G. Labuda, Źródta, sagi i legendy do najdawnieszych dziejów Polskij (1960) 91f. und französ. Resümee 302f. über das Hunnenlied, mit Stellungnahme gegen H. Rosenfeld und für mich.

S. 364. Zu *Mundzucus* vgl. G. Schramm in: Jahrbuch für fränkische Namensforschung 20(1960), 129f.; 138f. Μουνδίουχος, *Mundzucus* stehen nebeneinander wie Ἀκάτιροι, Ἀκάτζιροι: G. Moravcsik, Byzantinoturcica 2[2] (1958), 194; 58f. Wie dieses einem alttürk. **aγač-äri* entspricht, so jenes alttürk. *mončuq* „Perle". Das war ein Name, der dem des Alanen Goar glich, vgl. arab. *ǧauhar* „Juwel, Perle", ein iranisches Lehnwort.

S. 384f. Zum Silbermedaillon Bahrām's II. zuletzt R. Göbl in: Numismatische Zeitschrift 78 (1959), 5f., der weitere, schlüssige Beweise der Fälschung vorlegt.

S. 422. Die Funde von Schami setzt ins 2.—1. Jahrhundert L. Vanden Berghe, Archéol. de l'Iran ancien (1959) 64.

ZUM ZWEITEN BAND

S. 12. Die Καδισηνοί zu den Hephthaliten gestellt bei C. D. Gordon, The Age of Attila (1960) 14.

S. 21f. Unsere Deutung von Ṭamūrāyē bezweifelt G. Levi Della Vida, brieflich 9. 8. 60 (im Folgenden mit LDV. bezeichnet), mit eindrucksvollen Gründen. Wir ziehen die Deutung zurück.

S. 30. Das Quellenverhältnis wird meist so verstanden, daß Barhebraeus das Werk Michael's ausschreibt: A. Baumstark, Gesch. der syrischen Literatur (1922) 318 und LDV. Diese Ansicht trifft nicht zu. Das oben 3,55 Zeile 7f. Erörterte zeigt, daß Barhebraeus den originalen Text Iohannes' von Ephesos vor sich hatte. Auch im vorliegenden Fall sind die Unterschiede zu erheblich, als daß solche Auffassung möglich wäre. Vor allem die richtige Datierung auf Maurikios' viertes Jahr konnte Barhebraeus bei Michael nicht finden.

S. 40. *Zūḫal* ist arab. *zuḥal* und so zu schreiben: LDV.

S. 42. LDV. deutet *ḥanafāwēyān* als ,,pagani".

S. 46. Äthiop. *nĕgūš* gehört zu hebr. *nāgaś* ,,den Tribut eintreiben", *nōḡeś* Dn. 11, 20 ,,Steuereinnehmer". So deutet J. Doresse, L'Éthiopie[4] (1956) 26 *nagāšī* als ,,collecteurs de tribut". Das entspräche genau den Nachrichten, denen zufolge die Laḫmiden in Medina den *ḫarāǧ* für ihre sasanidischen Oberherren erhoben: Altheim-Stiehl, Finanzgeschichte der Spätantike (1957) 149f. Zur Frage der lexikalischen Gemeinsamkeiten zwischen Äthiopischem und Altsüdarabischem, besonders auf rechtlichem Gebiet, vgl. M. Höfner in: Atti del Congr. internat. di studi Etiopici 1959 (1960) 439f.

S. 60 zweiter Absatz; vgl. 275. Die gleiche soghdische Prägung jetzt in Susa gefunden: J. Walker in: Numismatique Susiane (1960) 65. O. Szemerényi will *γrk* mit *γaru* (I. Gershevitch, A Grammar of Manichean Sogdian (1954) 164 § 1074a) verbinden.

S. 65. Zu Nēzak stellt LDV. noch arab. *naizak* ,,lancia, giavellotto". Er verweist zudem auf G. C. Miles in: Archaeol. Orient. E. Herzfeld 164—167; The Americ. Numism. Soc. Museum Notes 7, 207—210.

S. 67 letzter Abschnitt. *harawī* zu *harāt* wie *ḥamawī* zu *ḥamat*. LDV.

S. 69. Über den Namen des Frauenschuhs vgl. G. Rundgren in: Orient. Suecana 6 (1957), 60f. Dort S. 54f. eine kritische Stellungnahme zu G. Widengren's Darlegungen in: Arctica 11 (1956), 268f.

S. 78. soghd. *t'zyk, tāžik:* W. B. Henning, Sogdica 9 Anm. 1: H. W. Bailey, JRAS. 1939, 89f.; V. A. Livshits in: XXV Internat. Congress of Orientalists, Papers Present. by the USSR. Deleg. 1960, 18 Anm. 21.

S. 80 Zeile 9f. LDV. verbessert die Übersetzung in: ,,einen Späher von den Barbaren, der *tndr* genannt wurde" und ,,die Vornehmsten von Buchārā gaben ihm Geld".

S. 81 Zeile 8f. LDV. schlägt vor: ,,non dovrà mai aver paura di te". *Rāʿa* gebraucht wie 1187, 4.

S. 83. Über Choğend vgl. N. N. Negmatow in: Materiali wtorogo soweštanija archeologow i etnografow Srednej Azii (1959) 63.

S. 92 Zeile 9 v. u. Ġanawī LDV.

S. 111 Zeile 28. LDV. konjiziert *ka-l-mu'azzī* „come si venisse a fargli condoglianze", vgl. 2, 1158, 5.

S. 117 Zeile 4 v. u. Ḳušairī LDV., ebenso S. 119 Zeile 4 v. u. und S. 120 Zeile 3.

S. 119. Zu δ*yw'štyč* verweist O. Szemerényi auf Smirnowa-Bogoljubow in: Sowjetskaja Wostokowedenije 1955, 142f.

S. 121 Zeile 25. Yaškurī LDV.

S. 122. Zwei neue soghdische Briefe vom Berg Muγ: V. A. Liwsič in: Westnik drewnej istorii 2/1960, 76f.; The Sogdian Letters from Mt. Mugh. XXV Internat. Congress of Orientalists, Papers Present. by the USSR. Delegat. 1960 (Hinweis G. Frumkin's).

S. 166. Grußgestus mit Blume zwischen Daumen und Zeigefinger auf einer frühsasanidischen Schale aus Armazischewi bei Š. Ia. Amiranašwili in: Issledowanija po istorii kultury narodow wostoka (1960) 284 Abb. 1; 285 Abb. 2.

S. 276. Gepanzerte Lanzenreiter und ungepanzerte Berittene mit Bogentasche, geradem Schwert und Nagaika aus Panğikant bei A. M. Belenickij in: Materiali wtorogo soweštanija archeologow i etnografow Srednej Azii (1959) 201.

S. 294 Zeile 6 *wa-'īdāni* richtig LDV.

S. 297 Zeile 21. *az-zuhara* richtig LDV.

ZUM DRITTEN BAND

S. 18 Yārōks (vgl. oben 2, 38f.) kann auch Yārōkēs gelesen werden und gehört dann zu alttürk. *yaruq* „licht, Glanz".

S. 34f. Vgl. J. Burian in: Listy Filologickí 8 (1960), Eunomia 47f.

DRUCKFEHLERVERZEICHNIS

ZUM ERSTEN BAND

S. 42 Zeile 24: Mittelpersische
S. 53 Zeile 20: *karmīr*
S. 101 Zeile 15: Ötükän
S. 106 Zeile 8: 488-531
S. 158 Zeile 3: 1
S. 159 Zeile 3: Aigisymba
S. 190 Zeile 18: ʿĒzānā
S. 195 Zeile 4: erklingt
S. 203 Zeile 21: Hōm Yäšt
S. 229 Zeile 20: al-Kāšġarī
S. 251 Anm. 53: *sʿrpyṭ*
S. 314 Anm. 23: Kunst
S. 335 Zeile 13: sich einem
S. 346 Zeile 11: erinnern
S. 393 Zeile 5 v. u.: *H(W)ŠRT*
S. 403 Zeile 24: *-zbā-ta*
S. 447 r. Sp. Zeile 8 v. u.: ʿĒzānā. — 190 f.
S. 460 r. Sp. Zeile 10 v. u.: altiran.

ZUM ZWEITEN BAND

S. 60 Zeile 23: „haughtiness"
S. 155 Zeile 15: προσστάντες
S. 210 Anm. 45: προσηκούσῃ
S. 214 Anm. 65a: ἀσθένεια
S. 223 Anm. 101: καλονμένην ὀξολίμνην
S. 224 Zeile 21: *Orientis*
S. 302 unterste Zeile: nordöstlichen
S. 305: Die Karte muß um 180⁰ gedreht werden.
S. 324 r. Sp. Zeile 19: *tāzī*

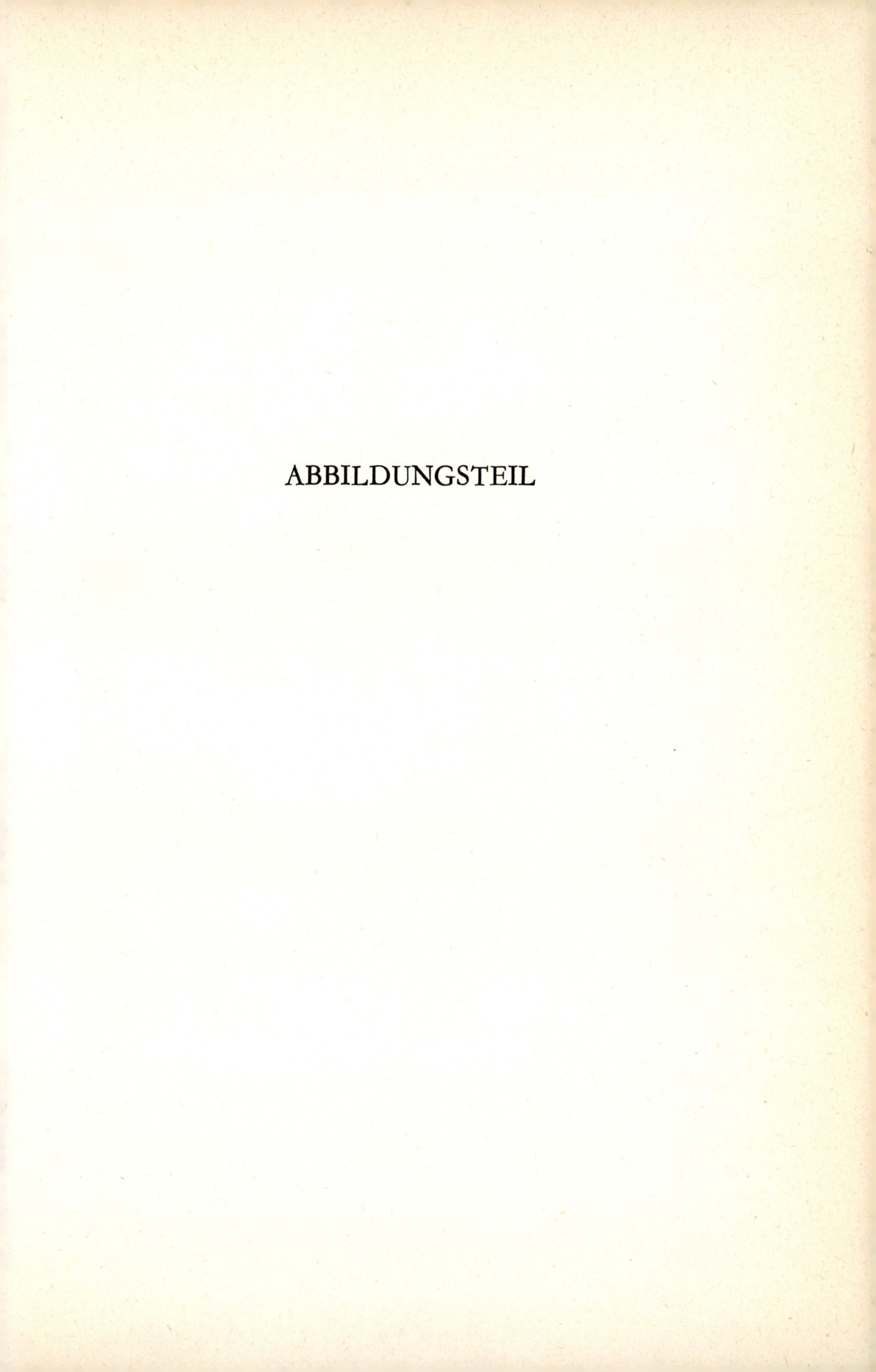

ABBILDUNGSTEIL

Abb. 1. Religiöse Disputation. Fresko aus Panğikant.

Abb. 2. Mittelpersisches Dipinto. Synagoge von Dura-Europos. Courtesy of Yale University Art Gallery.

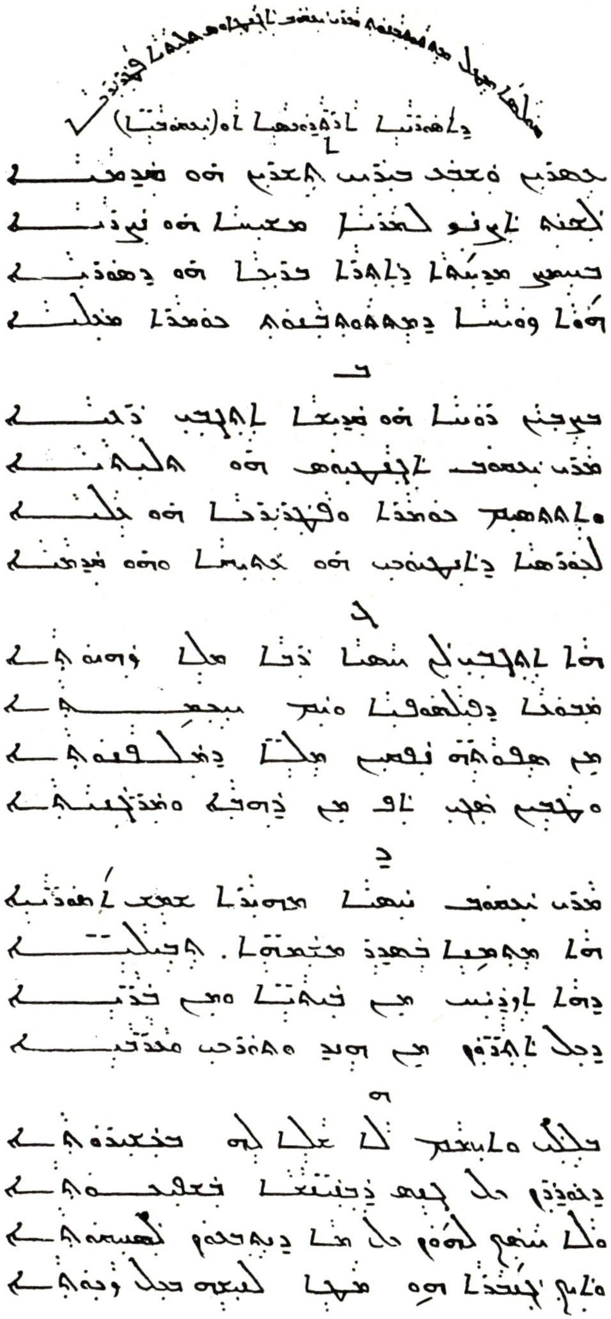

Abb. 3. Gedicht eines heutigen Nestorianers in altsyrischer Sprache.

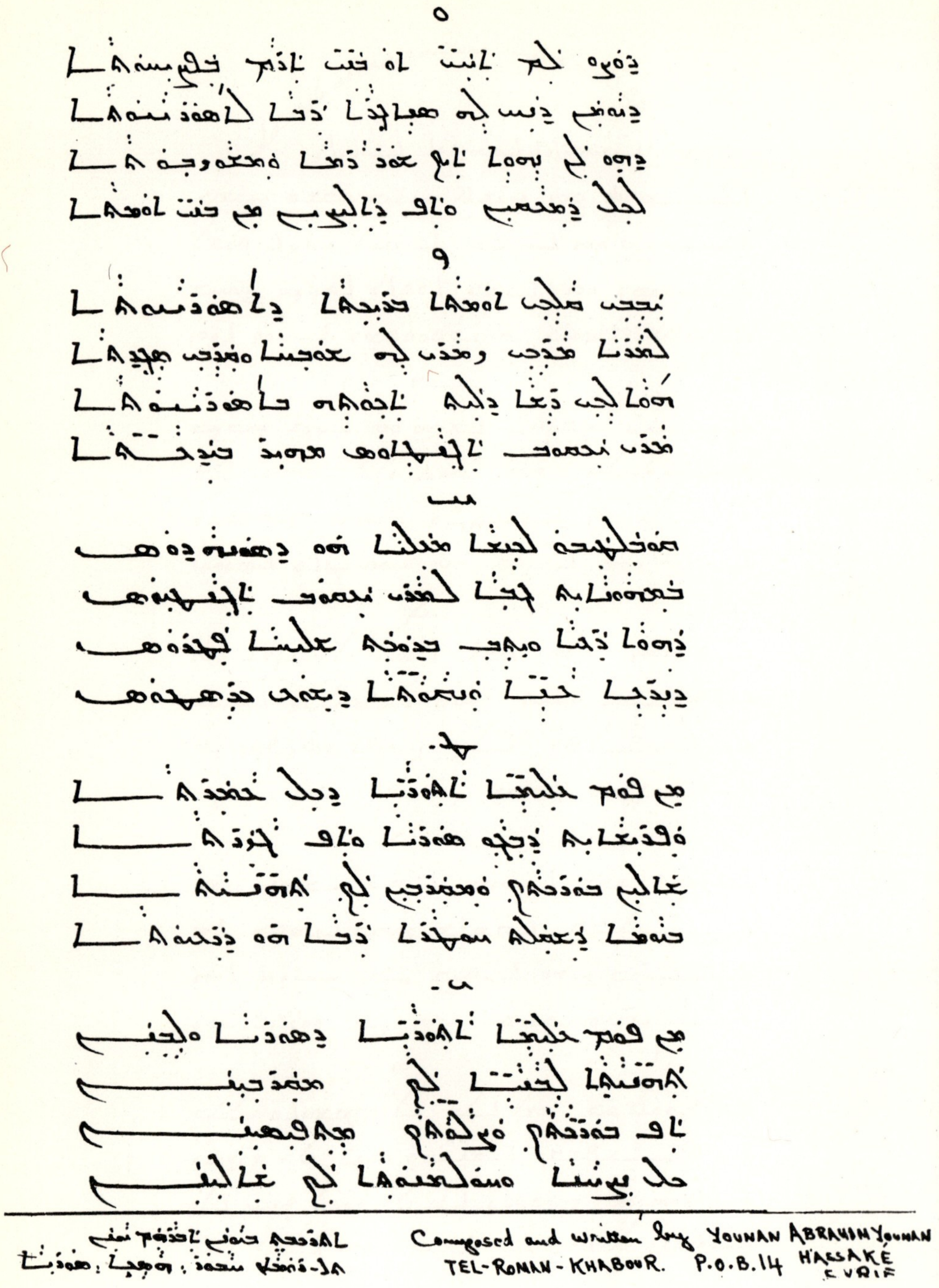

ܗ

[illegible]
[illegible]
[illegible]
[illegible]

ܘ

[illegible]
[illegible]
[illegible]
[illegible]

ܙ

[illegible]
[illegible]
[illegible]
[illegible]

ܚ

[illegible]
[illegible]
[illegible]
[illegible]

ܛ

[illegible]
[illegible]
[illegible]
[illegible]

[illegible] Composed and written by YOUNAN ABRAHIM YOUNAN
[illegible] TEL-ROMAN-KHABOUR. P.O.B. 14 HASSAKÉ SYRIE

Abb. 4. Fortsetzung von Abb. 3.

REGISTER

1. GESCHICHTLICHES REGISTER

Herrscher und Dynastien

Andere geschichtliche Personen (mit Ausnahme der kirchliche Würdenträger

Länder- und Völkernamen. Provinzen

Ortsnamen (einschließlich solcher von Flüssen und Gebirgen)

Titel und Ämter

Gruppen und Einrichtungen

Sachen

Dichten und Schreiben

Philosophie

Religion, Kirche, Sage

2. PHILOLOGISCHES REGISTER

Arabisch

Äthiopisch

Aramäische Mundarten (mit Ausnahme des Neuaramäischen)

Neuaramäische Dialekte

1. ALLGEMEINES

2. WÖRTERVERZEICHNIS[1]

[1] Eine Letter, die emphatischem *p* im Text entspricht, ließ sich in dem vorliegenden Schriftgrad nicht beschaffen.

Iranische Mundarten

Mittelindisch

Germanisch

Griechisch

Lateinisch

Türksprachen

Inschriften

Vom selben Verfasser erschienen bei Walter de Gruyter & Co.:

GESCHICHTE DER HUNNEN

Band I: Von den Anfängen bis zum Einbruch in Europa

Mit Beiträgen von Robert Göbl, Hans-Wilhelm Haussig, Ruth Stiehl und Erika Trautmann-Nehring

Mit 16 Abbildungen. X, 463 Seiten. 1959.

Band II: Die Hephthaliten in Iran

In Zusammenarbeit mit Ruth Stiel

Mit Beiträgen von Zelik I. Jampolski, Eugen Lozovan, Feodora Prinzessin von Sachsen-Meiningen, Erika Trautmann-Nehring

Mit 7 Abbildungen. IX, 329 Seiten. 1960.

RÖMISCHE GESCHICHTE

4 Bände. 2., verbesserte Auflage.

Band I: Bis zur Schlacht bei Pydna (168 v. Chr.)
124 Seiten. 1956. *(Sammlung Göschen, Bd. 19)*

Band II: Bis zur Schlacht bei Actium (31 v. Chr.)
129 Seiten. 1956. *(Sammlung Göschen, Bd. 677)*

Band III: Bis zur Schlacht an der Milvischen Brücke (312 n. Chr.)
148 Seiten. 1958. *(Sammlung Göschen, Bd. 679)*

Band IV: Bis zur Schlacht am Yarmuk (636 n. Chr.)
In Vorbereitung. *(Sammlung Göschen, Bd. 684)*

RÖMISCHE RELIGIONSGESCHICHTE

2 Bände. 2., umgearbeitete Auflage.

Band I: Grundlagen und Grundbegriffe
116 Seiten. 1956. *(Sammlung Göschen, Bd. 1035)*

Band II: Der geschichtliche Ablauf
164 Seiten. 1956. *(Sammlung Göschen, Bd. 1052)*

WALTER DE GRUYTER & CO · BERLIN W 30
vormals G. J. Göschen'sche Verlagshandlung · J. Guttentag, Verlagsbuchhandlung
Georg Reimer · Karl J. Trübner · Veit & Comp.

Berthold Rubin

Das Zeitalter Iustinians

4 Bände. Ganzleinen

Band I:

XVI, 539 Seiten, 16 Tafeln, 11 Kartenbeilagen. 1959.

Justinian und Theodora. Reichsidee und Kaiserkritik.
Politik und Kriegführung im Osten

Die übrigen Bände werden im Abstand von wenigen Jahren folgen

Band II:

Der Untergang der Vandalen und Goten. Die Balkanpolitik.
Kriegswissenschaftliche Zusammenfassung.

Band III:

Verwaltung, Wirtschaft, Gesellschaft, Literaturgeschichte.
Profane Wissenschaften. Recht. Kultur- und Sittengeschichte.

Band IV:

Kirchengeschichte. Theologie. Kunstgeschichte und
weltgeschichtliche Nachwirkung des Zeitalters Justinians.

WALTER DE GRUYTER & CO · BERLIN W 30
vormals G. J. Göschen'sche Verlagshandlung · J. Guttentag, Verlagsbuchhandlung
Georg Reimer · Karl J. Trübner · Veit & Comp.